U0905895

本书为2016年度教育部人文社会科学重点研究基地重大项目『高考制度改革研究』（16JJD880029）之成果

高考与教育教学的关系研究

刘清华／著

高考改革研究丛书

刘海峰／主编

華中師範大學出版社

新出图证（鄂）字 10 号

图书在版编目（CIP）数据

高考与教育教学的关系研究/刘清华 著．—武汉：华中师范大学出版社，2016.12

（高考改革研究丛书/刘海峰主编）

ISBN 978-7-5622-7630-2

Ⅰ.①高… Ⅱ.①刘… Ⅲ.①高考—关系—教育研究 Ⅳ.①G632.474②G40-03

中国版本图书馆 CIP 数据核字（2016）第 315053 号

高考与教育教学的关系研究

责任编辑：吴兰芳　　责任校对：梅　兰

编辑室：学术出版中心　　电话：027-67867792

出版发行：华中师范大学出版社　　社址：湖北省武汉市洪山区珞喻路 152 号

电话：027-67863426/3280（发行部）　027-67861321（邮购）

传真：027-67863291　　邮编：430079

网址：http：//press.ccnu.edu.cn　　电子信箱：press@mail.ccnu.edu.cn

印刷：湖北新华印务有限公司　　督印：王兴平

封面设计：甘　英　　封面制作：胡　灿

开本：710mm×1000mm　1/16　　印张：22.75

版次：2016 年 12 月第 1 版　　印次：2016 年 12 月第 1 次印刷

字数：384 千字　　定价：57.00 元

欢迎上网查询、购书

总　序

高考是我国各类考试中最重要、影响最大的考试。高考改革不仅关系到国家创新人才的培养、学生的健康成长，而且关系到社会公平的维护、高等教育资源的分配，还涉及宏大的社会利益再分配问题，关系到维护我国改革发展稳定的大局，是一项“牵一发而动全身”的社会系统工程，具有综合性、系统性。高考改革事关教育全局，不仅已成为重大的民生议题，而且是教育领域中最复杂、最敏感的问题，受到民众和国家教育主管部门的高度关注。

2010年7月正式颁布的《国家教育中长期改革和发展规划纲要(2010—2020年)》列有关于招生考试的专门一章，即第十二章“考试招生制度改革”。在中国历次教育改革文件中，这是第一次将招生考试单独列出一章，足见此问题在现阶段的重要性。2012年7月，国家教育考试指导委员会在北京成立，研究制定考试改革方案，指导考试改革试点。国家专门成立一个国家级决策咨询机构来指导高考改革实践，说明考试招生改革意义非常重大。2013年11月，十八届三中全会通过了《中共中央关于全面深化改革若干重大问题的决定》，其中教育方面最主要的就是考试招生改革的内容。2014年9月公布的《国务院关于深化考试招生制度改革的实施意见》，是恢复高考以来最全面、最系统的改革文件。以往也有各种各样的高考改革政策出台，但多数都是单项的或者某一个侧面的改革，而这次改革涉及考试招生的方方面面，是一个顶层设计的系统改革，标志着高考改革进入一个新阶段。

由于高考是一个至为复杂的大规模选拔性考试，是一项“横看成岭侧成峰，远近高低各不同”的制度，从某一特定的角度去观察，站在某一种特定的立场去评说，可能所见都是事实，所言也都有一定道理，但也可能会出现盲人摸象、各说各话的情况。因此，在评价高考时，重要的是全面和客观。

而要理性地、全面地评价高考，提出切实可行的改进意见，就应该对高考进行全面深入的研究。

中国是考试制度的发源地，不仅是一个考试古国，而且是一个考试大国。有些西方国家的大学入学考试只是一种测量手段，只是在小范围内引起关注，只是一个部分人关心的话题。然而，受传统和现实的制约，中国人却将高考变成了文化，变成了经济，变成了政治，变成了盛大的仪式，变成了一种备受关注的社会活动，变成了一种惯例式的全民动员。在有五千年悠久文化传统和千余年科举考试影响的中国，在一个幅员辽阔、人口众多、地域和城乡文化教育水平差异很大的中国，在民众高度重视甚至是过度重视教育的中国，高考既与世界各国的大学入学考试有相同的规律，也有不少独有的现象和问题。

长期以来，高考作为一项影响重大、关注度甚高的重要制度，总体而言是“三多三少”，即新闻报道多，理论研究相对较少；一般议论多，深入分析相对较少；零星探讨多，系统研究相对较少。近年来，情况有了一些改观，特别是2012年前后讨论异地高考政策问题，2014年《国务院关于深化考试招生制度改革的实施意见》出台以后，出现了研究高考改革的热潮，许多相关论文见诸报刊。但是，对于整个高考制度还缺少系统的研究，尤其缺少真正有分量的高考改革研究著作。

高考改革是一个谁都能说得上两句的话题，但又是一个专业性很强的问题。要谈谈自已关于高考改革的观点，发表一两篇文章不难，而要深入阐述自己的观点，发表不重复的系列论文或出版专著却很难。为了将高考研究推向深入，并为现实高考提供决策参考和理论依据，在深入研究的基础上，特组织一套“高考改革研究丛书”。

作为中国高考研究的重镇，厦门大学考试研究中心一直将高考改革作为重点研究方向之一，推出了一系列研究论文和专著，研究成果为全国性的和部分省市的高考改革提供重要的理论支持。本丛书是中国第一套较全面、深入研究高考改革的丛书，对高考从理论、制度、政策、法治、内容、形式，到招生考试的区域公平、民族政策、效度和评价等各方面进行全面的研究，同时对美国、英国、法国、俄罗斯、加拿大、澳大利亚、日本和我国台湾地区的高校招生考试制度等进行了探讨；既有对高考制度的理论剖析，又有对高考改革的一些热点问题的专题论述；是从理论到实践、从宏观到微观、从国内到域外，对高考制度及其改革进行的全面而深入的研究。

“高考改革研究丛书”是对高考的基础性、系统性研究。2015年，该丛书获得国家出版基金资助，出版社与丛书主编将原来已出版的十多本著作加以修订，并扩充至22本，使之成为一个更全面、成气候的书系。本丛书基本上由我自己的著作和历年指导通过答辩的高考研究博士论文、博士后出站报告为基础构成。在我历年指导的众多博士论文或博士后出站报告中，以高考研究为选题的占大多数。要想真正为高考改革提供参考，我们的研究应力求建立在对招生考试历史与现实充分了解的基础之上。为了使这些论文的写作不至于陷入空谈，我总是要求博士生和博士后多了解高考实际。多年来，以高考为选题的博士生和博士后一般都要到部分省市教育招生考试院等考试机构实习，真正深入招生考试第一线，多与考试管理工作者接触交流，这样他们才不会太书生气，所写论文才能脚踏实地。凡是研究别国高校招生考试制度的博士生和博士后，都通晓所在国的语言文字，并尽可能到研究对象国去搜集资料和实地调研，多位博士生和博士后都在研究对象国留学多年或做访问研究一年以上。

丛书中每本著作各有专攻，希望都能切中肯綮，真正做到既有学术价值，也有现实意义；对高考改革的顶层设计，对高考改革的顺利推行，进而对维护教育公平和社会稳定起到一定的作用。恢复高考40周年即将到来，相信本丛书的出版能够为高考改革提供理论支撑，为完善中国的考试招生制度贡献绵薄之力，作为一名上世纪的77级大学生，我深感欣慰。

刘海峰

2016年10月6日

目　录

第一章 导论：高考改革面临的基本问题

放眼世界各国，今日的考试，包括高校招生考试，具有极高的合法性，正如英国学者罗伯特·蒙哥马利所说："考试已经这样稳定地站定了脚跟，要废除它似乎比取消篝火节或者圣诞节更无可能。"[①] 同时，废除考试这种极端的言行如今已经很少了，但对考试措施的批评以及改革建议时有所闻。

据研究揭示，美国的 IQ 测试从 20 世纪 20 年代就开始受到抨击，其中不但有种族歧视问题，更有类似我国对"应试教育"的批评。斯达特门在为 1979 年的《教育测验法》所做的准备陈述中指出："标准化考试只是用来证明中产阶级子女的成绩。它使工人阶级的子女处于不利地位从而前景暗淡无光。以性向、能力或智力等术语进行的测试事实上只证明了一种价值和家庭背景。"斯特安钮在 1981 年出版的《测试陷阱》中，对"能力本位主义"遮盖下的阶级利益和社会权力进行了全面的揭示。20 世纪末理曼在《大考试》中对 SAT、ACT 作了考察，认为它们对美国中学生的深刻影响有如我国高考所具有的效能[②]。日本早在 20 世纪三四十年代就有了"考试地狱"之说，其后改革不断，但分数主义教育至今没有根本改变，儿童从进小学那天起就开始为升大学拼命努力学习，一些"私塾"更是大量出现，这些"私塾"一是文化补习学校，二是升学预备学校，结果形成了所谓的考试产业。欧洲国家高校招生一般施行资格考试制度，升大学看起来很轻松，其实问题同样很多，不但"文凭病"与考试教育现象大量存在，而且儿童面临过早分流的缺

---

① 罗伯特·蒙哥马利：《考试的新探索》，黄鸣译，广西人民出版社，1984 年，第 76 页。

② 周作宇：《教育、社会分层与社会流动》，《北京师范大学学报》2001 年第 5 期，第 86 页。

陷。这种多轨制的教育制度及相应考试制度导致的结果，一般也是中产阶级家庭中的成员或者拥有较多政治、经济、社会、文化资本的幸运者居多，这方面的问题可以从法国会考中看得十分清楚①。

抛开他国高校招生考试问题不论，由于发展水平与文化心理差别很大，我国高考改革也许面临诸多更为复杂的问题。从考试研究的角度，归纳起来主要有三类问题：一是考试的社会学问题，它涉及考试与外部诸因素的关系，如考试与社会政治、经济的关系，与文化的关系，与教育、教学的关系等。二是考试的认识论问题，主要是考试与内部诸因素的关系，如命题、评卷、统计分析等。三是考试的管理学问题，主要是考试实施管理问题②。

高校招生考试（简称高考）不只是考试，还有录取环节以及对整个高考系统的管理环节，例如，当前高考中的“择优录取”问题，录取分数线的区域公平问题，由考生状告教育主管部门引出的招生中的“依法治招”问题，如此等等，皆说明对高考的研究，虽然同样可以划分为与上述3类问题相似的问题，但就高考而论，无论是实践表现还是理论研究都更为复杂。这说明我们有必要把近、现代意义上中外的“高校招生考试制度”作为专门的对象进行研究，总结出高考活动的基本规律及原则，以期直接指导高考改革实践。

在中国长期的考试历史中，考试认识论的水平，决定了考试质量的高低，而考试社会学的是非，却决定着考试的存废。在西方的考试理论中，考试认识论的著作比较多，而考试社会学的论述很少见③。在我国，则是各方面的理论研究都还处于很不成熟的阶段。例如，从科学的角度对考试进行系统研究始于20世纪80年代初，第一本《考试学》专著（廖平胜、何智雄、梁其健著）诞生于1988年，由华中师范大学出版社出版。而有关高考社会学理论的专门论著，2003年前出版的仅有寥寥几本，如由吉林教育出版社1994年出版的《考试与教学》（贾非著），由四川教育出版社1995年出版的

① 刘清华、李占伦：《会考：法国社会关系结构再生产的关键机制》，《考试研究》2006年第3期。

② 转引自杨学为：《中国需要“考试学”》，《中国考试改革研究》，北京大学出版社，2001年，第150页。

③ 转引自杨学为：《中国需要“考试学”》，《中国考试改革研究》，北京大学出版社，2001年，第125页。

《考试制度研究》（贾非著），由云南大学出版社 1999 年出版的《大规模考试的社会控制功能研究》（张宝昆著）。专门从历史视角进行全面深入探讨的专著则只有《科举考试的教育视角》（刘海峰著），由湖北教育出版社 1996 年出版。

高考社会学的基本问题，涉及高考与外部诸因素的关系，如高考与社会政治、经济的关系，与文化的关系，与教育、教学的关系等。这些基本问题的研究，事实上还不能满足高考改革实践的需要。

第一节　高考与政治经济的关系问题

已有的研究主要从历史的视角，研究了自 1977 年恢复高考以来，高考与政治经济的关系。例如，《恢复高考廿年——兼论高考与社会经济的关系》（杨学为，2001），《高考改革与政治经济的关系》（刘海峰，2002），都谈到高考受制于我国的政治经济状况，同时高考对改革开放以来的政治经济产生了积极的作用，目前的高考改革要充分考虑各种政治经济因素的制约作用，不可轻率行事①。但“倾斜的高考分数线问题”，“高考的录取率问题”，“高考与社会分层问题”，“高考的政治经济功能问题”，“国际化背景下的高考产业问题”，仍是有待深入研究的问题。

一、高考受政治经济制约的机制

高考受政治经济制约的机制，一般以三种方式体现出来。第一种方式就是直接的政治干预，它会影响高考制度的存废与改革。影响存废的最典型案例就是 1966 年开始的“文化大革命”，把高考当作阶级斗争的工具，认为高考没有突出政治，而直接取消统一高考制度。影响高考改革的典型案例，就是近年来每年“两会”期间人大与政协委员，都会就高考公平问题或者高考带来学生学习负担重的问题提出提案，要求改进高考招生计划的公平分配，要求改进高考科目设置与命题质量。

第二种方式就是高考的竞争性程度，总体上会明显受高等教育资源供求

① 转引自杨学为：《恢复高考廿年——兼论高考与社会经济的关系》，《中国考试改革研究》，北京大学出版社，2001 年，第 378～393 页；刘海峰：《高考改革与政治经济的关系》，《教育发展研究》2002 年第 6 期，第 34～38 页。

关系这个经济因素的直接影响。由于 1998 年以后我国高等教育大众化进程的加快，高等教育资源和入学机会的总供给有了质的飞跃，高等教育从精英阶段发展到了大众化阶段，全国高等教育平均毛入学率由过去不到 15%已经发展到了今天的 36%，北京、上海、天津的高等教育毛入学率则已经超过了 50%，开始进入普及化阶段初期。受此影响，我国高考机会的竞争已经从过去"上大学"的竞争，发展到了今天的"上好大学和好专业"的竞争。不过，我国的高水平大学特别是世界一流大学数量，还远远不能满足老百姓日益增长的教育需求，按照如今几乎所有的世界大学排行榜来看，我国的世界一流大学即使在亚洲来比也并不是最多的，如果放到全球来看，则不足美国的 1/50。单以教育部直属高校而论，每年招生总规模也不过才 30 多万，这里面能接近世界一流大学的主要是北京大学和清华大学两所高校，而我国的人口数量是美国的 4 倍多。所以，我国高考的竞争明显受到高等教育资源特别是优质教育资源供给不足这个经济因素带来的巨大压力影响，它从根本上制约着高考公平的深层次改革，从而使得高考改革一直在相对十分有限的"蛋糕"里做出种种程序公平和机会公平的配置机制改革。

第三种是高考的内容标准乃至管理方式，直接体现执政者的思想与意识形态。不论是考试标准还是招生标准，都要贯彻国家的教育方针政策，体现执政者的思想与意识形态，为培养社会主义建设者和接班人服务，为建设创新型国家服务。而考试质量是国家高度关注的问题，千年科举历史表明，没有考试质量或者说考试质量不高的考试，就会严重影响国家的人才选拔质量，损害国家的科技发展水平，降低国家的经济发展水平，这是我国十分注重考试科目与内容改革的重要原因。就管理方式而言，原教育部高校学生司司长瞿振元同志在 2001 年全国招生工作总结研讨会上讲："在传统计划经济下，……高校招生权是国家专属权力；不承认高校的独立利益，高校没有自主招生权。但是，随着社会主义市场经济的逐步建立和民主法制建设的进步，随着高等教育规模的日益扩大，招生考试权的性质已经并将继续发生变化……现在的招生考试制度是国家教育考试制度的最主要的种类，但它不再是国家行政性质的考试，而是国家统一组织的社会性质的考试。所以，高等学校招生考试权已经不是国家专属权力，而是一个社会权利体系。"谢小庆教授在转述这段话以后，进一步认为，考试是测量人的生理心理属性的工具。作为一个工具，它只能是工具的使用者意志的体现。当这个工具被国家机关使用时（如国家公务员考试），它可以是国家机关意志的体现。当这个工具被其他人使用时，他就应该是其他人意志的体现。例如，托福(TOEFL)、学术评价测验（SAT)、研究生水平考试（GRE）等考试的用户主要是美国的数百所大学，这些考试所体现的只能是这些用户（大学）的意志。对于编制这些考试的美国教育测验服务中心（ETS）来说，这些大学就是它的上帝。ETS必须小心翼翼地讨这些大学用户的欢心。这些考试的生命力维系在这些用户的认可之上。如果这些考试不能体现这些用户的意志，ETS就会垮台。因此，ETS不断地根据这些用户的需要改进着自己的考试。总之，政府该管的是考试质量，不该管的是考试的实施①。以上论述明显表明，教育考试管理方式可以发生变化，但不能否认的是考试体现了国家意志。

总之，高考直接涉及“谁有资格参与高考”、“以什么样的标准分配进入高等学校的机会”、“谁最后获得了进入高等学校的机会”等②。同时，高考管理方式也会随着国家权力的调整而发生变化。基于此，高考受政治经济影响的确直接而显著，国家通过为考试制定法律法规、考试标准甚至进行命题等来传播和执行自己的意志，其受政治经济制约不言而喻。

二、高考的政治经济功能

高考的政治经济功能，主要表现在两个方面。首先是维护国家政权的功能。高考选拔的人才，总体上是德智体全面发展的人才，是体现国家意识形态需要的人才，是国家建设需要的人才。没有任何一个国家，会通过高校招生考试来选拔反国家政权和社会的人、没有道德或者道德水准很低的人。1952年7月21日，教育部颁发的《关于实现一九五二年培养国家建设干部计划的指示》指出，各地高等学校严格实行统一招生，是实现这一干部培养计划的关键。这使得高考在承担为高校选拔合格新生职责的同时，也肩负选拔国家后备干部的重任③。当前市场经济条件下，高考肩负的主要任务也许不再是选拔国家后备干部，而是国家各行各业的建设者，但也不能否认高考依然具有部分选拔国家后备干部的功能。

其次是帮助实现高等教育的经济功能。从高校来说，各专业招生计划多

① 谢小庆：《行政权力应退出考试领域》，《中国改革》2004年第12期，第42～43页。

② 陈兴德：《高考规律论纲》，《教育与考试》2009年第3期，第22页。

③ 郑若玲：《高考的社会功能》，《现代大学教育》2007年第3期，第32～33页。

少，要反映社会经济发展的需要，总体上要体现国家的经济结构和产业发展对人力资本的结构性需求。从学生个体来说，高考是学生进入高等教育门槛的钥匙，而高等教育相对中等教育而言更具有增加个人收入、社会职业流动与升迁的经济功能。因此，高考很大程度上是学生个体实现高等教育经济功能的手段，它从根本上调节着高等教育资源的配置，起着高等教育机会分配的政治经济功能。按照舒尔茨的人力资本理论，人力资本的积累是社会经济增长的源泉，人力资本是投资特别是教育投资的产物。在人力资本理论与知识经济情形中，传统生产格局中的要素组合与依存关系发生了极大的改变，以往居于次要地位与被动状态的劳动力这一生产要素如今跃居显位，对经济产出的作用越来越大①。而劳动力水平的提升更加依赖高等教育的生产，依赖供求不平衡条件下高考制度的检测与选择。与古代中国社会个人致富依赖权力世袭不同，现代社会的高考于个人而言无疑是获取高等教育投资资格与致富机会的最重要门槛。由此，高考公平问题就直接涉及考生竞争机会的多寡和经济利益。

对高考改革而言，老百姓首先想到的便是改革公平与否。从公元前 165 年汉文帝首次举行书面考试算起，考试已有两千多年的历史。其间考试经历了许多变革，但贯穿始终的主旋律是追求公平。1977 年恢复高考以来，20 世纪 80 年代实行了招收委培生和自费生的招生体制改革，到后来出现“分不够、钱来凑”的现象，破坏了高校招考中的公平规则，最终遭到唾弃。而保送生选拔中的“重重黑幕”，特别是“送官不送民”，也曾引起民众义愤。在录取制度方面，20 世纪 80 年代为扩大高校招生自主权而增加投档比例的改革，造成录取季节“条子、票子满天飞”的腐败现象。近年来讨论热烈的高考录取分数线的失衡，也是一个直接关系到不同地区考生高等教育机会分配的公平问题。2001 年开始试行的“自主招生录取”改革，至今仍旧有城乡不公平、重点与非重点高中不公平的责难。2006 年中国政法大学关于招生指标分配的所谓“破冰之举”的改革，总体上拥护多于反对，便反映了民众对教育机会公平的渴望②。政治是经济的集中体现与反映，高考没有经济

① 江涛：《舒尔茨人力资本理论的核心思想》，《扬州大学学报》（人文社科版）2008 年第 6 期，第 85～86 页。

② 庞守兴：《质疑高校自主招生改革方案》，《教育发展研究》2003 年第 10 期，第 26～28 页。

功能也许就不一定会牵涉到每一个老百姓的切身利益。

三、实现高考政治经济功能的改革趋势

正是基于高考具有国家政治经济功能的考量，近年来我国教育行政部门开始有效治理高考公平问题，也开始强化对高考质量的管理改革。

（一）关于高考公平方面的治理

在考试公平方面，新中国建立以来国家几乎一直坚持从全国一张卷到2000年以来各省一张卷的统一高考制度。不过从政策上坚持把学业考试分数作为高校是否录取学生的唯一依据，明显不利于学生的全面发展。2014年教育部出台的高考改革新方案明确要求实施“语数外统一高考＋3门高中学业水平考试＋综合素质评价”的新考试招生录取模式。为保障考试公平，教育部还加大了对高考加分政策的治理力度，取消了若干不合理的加分政策。可见，真实的公平竞争历来不是来自“不患寡而患不均”的平均主义传统的挑战，而是来自平等主义向特权的挑战。在此方面，世界各国的共识是实践罗尔斯所言的“照顾弱势群体的补偿原则”。之所以不给或者少给普通大众考生群体中各种获奖的竞争优势者加分的道理，正是在于这类群体不属于补偿原则照顾的范围，而高校择优录取政策的实施，事实上已经解决了大众中的竞争优势者依照效率原则优先录取的问题。所以，高考加分政策一般适合于弱势群体的考生。

在考试公平和区域公平的平衡方面，为了解决20世纪90年代以来我国日益倾斜的高考分数线问题，《国家中长期教育改革和发展规划纲要》（2010—2020年）明确提出：“基本要求是保障公民依法享有受教育的权利，重点是促进义务教育均衡发展和扶持困难群体，根本措施是合理配置教育资源，向农村地区、边远贫困地区和民族地区倾斜，加快缩小教育差距。教育公平的主要责任在政府，全社会要共同促进教育公平。”为此，2007年教育部实施了支援中西部地区招生协作计划。而同年教育部实施国家农村贫困地区定向招生专项计划，如北京师范大学等6所教育部直属师范大学实施免费师范生计划，面向中西部农村地区每年招生大约1万人，不但上一本高校的人数预计增加10%，而且对于培养中小学教师起到了积极推动作用。2014年教育部出台的高考改革新方案，首次提出了要改进招生计划分配形式，要求部属高校公开招生名额的分配原则和办法，合理确定分省招生计划，严格控制属地招生比例。如果能够落到实处，这无疑将更加有利于提升高考竞争

的区域公平性。

在监管制度方面，2012 年教育部针对防范舞弊的新形势修改出台了《国家教育考试违规处理办法》，加大了对舞弊作弊者的处罚力度，使得高考监管有法可依。2014 年的新高考方案，针对高校的违规招生现象还提出充分发挥招生委员会的作用，对招生工作实行第三方监督，建立招生问责制等若干保障公平竞争的监管举措。这些举措有待落到实处。不过，在学生综合素质评价方面，高考新方案如何保障考生综合评价材料的真实性，以及高校评价的相对客观性，同样需要教育主管部门、中学、大学、考试机构等明晰责权、各负其责的制度监管。比如：在保障综合素质评价材料的真实性方面，需要建立学生之间能够互相监督的阳光平台；在保障高校客观评估方面，需要学习世界一流的大学招生经验而建立较大群体的教授委员会去评估学生的材料①。

（二）关于高考质量的管理

政府的质量管理方式的确需要更加注重宏观政策的引导，做好高考制度的顶层制度设计。21 世纪以来，这方面取得了很大的成就，注重顶层制度设计的明显例证就是《国家中长期教育改革和发展规划纲要》（2010—2020 年）（以下简称《纲要》），在第十二章“考试招生制度改革”第三十四条中提出了“推进考试招生制度改革”的总体原则和战略规划目标，指出要建立“按照有利于科学选拔人才、促进学生健康发展、维护社会公平的原则，探索招生与考试相对分离的办法，政府宏观管理，专业机构组织实施，学校依法自主招生，学生多次选择，逐步形成分类考试、综合评价、多元录取的考试招生制度”。另一个重大顶层制度设计，就是 2014 年国务院颁布了《关于深化考试招生制度改革的实施意见》，提出了高考考试科目改革的基本模式，提出了维护高考公平的明确思路举措。尤其是提出了高考改革的总体目标，即 2014 年启动考试招生制度改革试点，2017 年全面推进，到 2020 年基本建立中国特色现代教育考试招生制度，形成分类考试、综合评价、多元录取的考试招生模式，健全促进公平、科学选才、监督有力的体制机制，构建衔接沟通各级各类教育、认可多种学习成果的终身学习“立交桥”。

---

① 刘清华：《从科举兴废看考试招生制度的改革方向》，《国家教育行政学院学报》2015 年第 2 期，第 62～63 页。

教育考试管理就层级而言，既有教育行政部门的依法宏观管理，也有考试机构的中观管理，以及考试机构内部各业务部门的微观管理。就考试机构内部管理范围而言，既涉及考试组织及其队伍建设、考试流程各环节的学术管理，也有部分代替教育行政部门职能的行政管理，目的是提升考试和招生质量。就考试机构管理过程而言，涉及考试的计划、组织、控制、创新管理等方面。就考试机构的管理权力而言，涉及与教育行政部门、各级学校、社会的关系问题。就其属性而言，考试机构既有社会属性一面，即考试关系到国家发展和社会进步，需要国家依法宏观管理。同时，也有自然性一面，即考试机构的业务工作主要是程序性和技术性的工作，因此需要专业化管理。总之，考试管理学方面的理论，既要考虑考试的规律，也要符合教育发展的规律和教育管理方面的规律。对于教育主管部门，如何依法管理招生考试仍然还有很大的改革空间，这从 2000 年以来教育部每年发一个“普通高等学校招生工作规定”即可得到明证。就考试机构而言，改革开放 30 年来，教育考试机构在管理职能方面发挥的作用，要远高于业务职能，考试机构如何深化改革，提升效率，已是摆在教育事业面前的一个重大现实问题。不过这种管理职能主要体现在对高考的监督管理上，而这是教育行政部门让渡和赋予的权力，所以相应的管理方式其实也是承袭了行政管理部门的已有各种办法。《教育法》第 20 条规定：“国家实行国家教育考试制度。国家教育考试由国务院教育行政部门确定种类，并由国家批准的实施教育考试的机构承办。”但各省市教育考试机构的组织建设，在名称上很不一致，有“考试中心”、“招生考试中心”、“教育考试院”、“教育招生考试院”、“考试局”等各种称谓。在编制上，各省市也不一致，有的属于政府的内设机构，有的属于事业单位，有的介于二者之间。在业务上，各省市考试机构的专业化水平也很不一致，尤其与发达国家的教育考试机构相比，总体的专业化水准和创新考试的能力上，尚远不能适应考试科学化和公平化的需求。所有这些，无疑给考试管理的理论探讨提出了很多重大而现实的理论课题①。

具体的高考质量问题，主要需要专业化的考试机构和招生机构去直接负责。强化高考质量，实际就是加强选才的专业化建设。以选择适合高校培养目标要求的各种类型的真才为目的，当以招考机构的学术性组织建设为基

① 刘清华、吴茳：《考试改革需要理论理性与实践理性》，《考试研究》2015 年第 1 期，第 6 页。

础。这种学术性在高校招生机构体现为专业化的综合评价学生的能力，从而不断完善招生各环节的制度设计，选择更适切的生源。考试机构的学术性主要是为中学和大学提供更加专业化的考试服务能力，如开发承接新考试的能力、完成高质量命题的能力、评估分析试题的能力等。2014 年，国务院颁布《关于深化考试招生制度改革的实施意见》，任务之一是着力解决唯分数论影响学生全面发展的突出问题，提出实行“高中学业水平考试＋语数外高考＋综合素质评价”的教育招考模式。在这种以学生全面发展和个性发展为理念的高考文化深度变革的情况下，如果高校招生部门还是没有建立健全专业化的学生评价与研究部门，还是停留在几个行政管理人员临时聘请老师按学科考试总分数录取学生的阶段，那么根据培养目标要求去实施综合素质评价的任务将大打折扣，甚至落空。如果考试机构没有专业化的学业考试评价与研究部门，那高中学业水平考试和语数外高考的繁重命题任务，就可能在考试标准和能力测试方式上由于缺乏长期研究而大打折扣，其结果不但是选才目的不能很好实现，而且引导教学的功能也不能很好实现，以至于高中学生依然生活在题海战术中，大脑被应试培训过度滥用而泯灭了迎接大学学习挑战的主动积极性与创造性。事实上，仅仅以我国各省市的高中学业水平考试来看，情况就不容乐观，不但各省市的考试举办者各不相同（有考试院举办的，有教育研究院举办的，还有教育厅基教处举办的），而且功能定位也差异悬殊（有定位高校招生的，有定位高中毕业的，结果是等级呈现方式多样而无序）。可见，向专业化管理转型是当务之急。

第二节　高考与文化的关系问题

这方面，《传统文化与高校招生考试改革》（刘海峰，1995）和《再论传统文化与高考改革》（刘海峰，1996）提醒我们要注意高考改革的文化制约因素，它关系到高考改革的可行性问题，如统考的存废问题、“宽进严出”问题等①。“高考与当代文化创新问题”，则关系到高考改革的观念与价值问题，《全国统一高考制度与中华民族创新精神》（冯增俊，2001）一文，则提

① 刘海峰：《传统文化与高校招生考试改革》，《再论传统文化与高考改革》，《上海高教研究》1995 年第 3 期，1996 年第 1 期。

醒我们要以创新文化作为高考改革的出发点[①]。

高考本身就是一种文化即高考文化，包括价值观、制度、态度和社会心理等方面。就价值观而言，概括起来现行高考文化的价值观追求集中体现在公平、科学、效率三个方面。创新、人本、诚信，是对高考制度价值取向和高考文化价值追求的进一步提炼和明确，它们和公平、科学、效率一道构成了改革高考制度、创新高考文化的核心价值。就制度论，恢复高考30多年来，我国基本形成了以全国统一考试招生为主、单独考试招生为辅、免试入学为补充的高校招生制度体系，渐具自身独有的特点与优势。就态度和社会心理论，社会一般的认识和心理是高考制度最为公平合理、分数面前人人平等，这种认识虽有其天然的合理性，但也并非完美无缺，需要培育积极发展的高考文化[②]。高考是一项具有鲜明中国特色的基本的教育考试制度。作为中学与大学之间的桥梁，高考不仅对大学选拔新生、中学的教育和教学具有调节与指挥作用，而且承载着整合教育系统、维系社会稳定的重任；它上关国家安定和民族前途，下系青年学生的个人命运和千家万户的喜怒哀乐，因而历来是中国教育界乃至全社会关注的一个焦点[③]。

一、高考改革受文化制约的主要机制

高考改革的文化制约机制，主要有三个方面：一是高考改革受考试测评等科技文化的制约；二是高考改革受社会文化的制约；三是高考改革受教育文化的制约。最后一个方面的问题，是本书研究的一个重要内容。

考试测评技术文化，主要涉及考试命题、阅卷、统计分析等方面。其中尤以测量方面的理论为考试技术中最为根本的问题。如对经典考试理论、概化理论、项目反应理论的研究，就是考试命题甚至高校招生评价中极为关键的理论问题。任何时候，考试对教学的导向都是一个重要的问题。单以经典考试理论中的效度理论而言，就是可以深入探索的学术问题。事实上，一个效度不高的考试，再高的信度都是意义缺失的。甚至可以说，在效度较低的

---

① 冯增俊：《全国统一高考制度与中华民族创新精神》，《华东师范大学学报》（教育科学版）2001年第12期，第26～29页。

② 荀人民：《创新高考文化　促进高考制度建设》，《中国高等教育》2007年第2期，第7～8页。

③ 刘海峰：《高考是一种文化》，《教育与考试》2007年第6期，第8页。

情况下，信度越高往往选出来的人越低能。不同的“效标”，让人们评价考试的标准是否科学时，结论往往大不相同。坚持能力立意的命题改革方向，看起来没有太大的问题，可实际情况是每个学科的能力究竟是以记忆能力、理解能力、分析能力、应用能力、评价能力为主，还是以创新思维能力为主，其命题思路和选人结果就大不相同。另外的现实情况是，以大学一年级、二年级、三年级、四年级的成绩分别作为预测“效标”，其预测效度评价结果可能就差异很大。如果以用人标准这个“效标”来衡量，与用人的社会贡献这个“效标”来衡量，或用不同行业或者不同学科的人才标准来作为“效标”，同样是预测效度的结果差异悬殊。因此，究竟什么样的“效标”适合作为高考命题预测效度的评价标准，依然是一个值得探讨的学术问题。它关系到考试大纲和教学大纲的科学性问题，关系到综合评价改革究竟怎样改的问题，更关系到高校招生用什么标准的问题，而这些都直接引导着中学的教育教学。无怪乎心理测量学家们发现，“效标”只能在很有限的领域内为测验提供有说服力的效度检验，更多的情况下则是捉襟见肘，难以自圆其说。对此，谢小庆教授还追踪了效度概念的新发展。在 1985 年《教育与心理测验标准》（第 5 版）出版之前，效度研究的核心概念是“效标（criterion)”，在 1985 年以后效度研究的核心概念是“证据（evidence)”，在 2006 年《教育测量》（第 4 版）出版以后，效度研究的核心概念演变为“理由（warrant)”，效度研究被视为一种通过构造“理由系统”和“理由网络”对效度所进行的“论证（argument)”、对测验分数做出可接受的（plausible）解释的过程①。

高考改革受社会文化的制约，主要表现在两个方面，其一是社会正式制度文化，另一个是社会非正式制度文化即社会文化心理和传统习俗等。社会正式制度文化总是与国家权力或某个组织相连，是指这样一些行为规范，它们以某种明确的形式被确定下来，并且由行为人所在的组织进行监督和用强制力保证实施，如各种成文的法律、法规、政策、规章、契约等。社会非正式制度文化是指对人的行为不成文的限制，是与法律等正式制度相对的概念，包括价值信念、伦理规范、道德观念、风俗习惯和意识形态等②。就此而论，高考改革受到的正式制度约束，主要是国家的政治经济制度，我国从

① 谢小庆：《测验效度概念的新发展》，《考试研究》2013 年第 3 期，第 57～59 页。

② 崔万田、周晔馨：《正式制度与非正式制度的关系探析》，《教学与研究》2006 年第 8 期，第 43 页。

1977 年恢复高考以来的几乎所有高考制度变迁，都是政府主导下的强制性制度变迁，自上而下的通过制定高考相关的政策法规得以快速、有效的执行，正说明了这种制度文化的制约性。

从社会文化心理制约机制来说，高考改革困难的重要原因，的确是整个社会存在恋考心理。整个社会承认一个人的才能主要依据他在国家考试中的成绩，而不是根据家庭出身给他带来的权势和财富；存在统考心理，公平的考试，必然是全国统一考试，统一招生计划、统一命题、统一分数线及统一录取。不经过考试的招生，都是假的或者至少是不可信的。统一纸笔测试之外的考试方式，都因社会诚信不足而不足信，不是真正的公平；存在投机心理，考试本身所蕴含的这种功利性，导致应试者为了最快、最大限度地获取显在或潜在的利益而进行激烈的竞争，甚至不惜破坏竞争规则；存在伪科学心态，没有真正将考试作为一项科学的事业来对待，科学办考，努力提高考试的科学性停留于口头上，实际工作中却不愿真正花费时间、花费人力物力以提高考试的科学化水平①。注重人们的社会心理，顺乎民意的改革措施就会得到人民群众的拥护，就会取得较好的效果；相反，违反人们的社会心理的改革措施往往推行比较困难，甚至难以推行。社会心理因素虽然对高考改革有一定影响和制约作用，但这种因素相对于经济、政治因素来说并不起决定作用。不能离开政治状况、经济发展水平谈社会心理的制约作用，更不能任意夸大社会心理的制约作用②。从文化传统而论，1 300 年科举制度的实行，形成了中国普遍重视教育，信奉读书至上的传统。中国大陆和台湾地区以往互相隔绝，但台湾地区也于 1954 年开始实行联考制度。两岸政治制度迥异，经济发展程度也不一样，却殊途同归，不约而同地于 20 世纪 50 年代初在世界上率先走上大学统一招考之路，建立基本相同的统一招考制度，除了当时各自的政治原因和大学招考发展的内在动力驱使以外，这主要还是中华传统文化的因素在起作用③。

中国统一高考制度的建立，正是由于正式制度和非正式制度的共同作

---

① 胡向东：《中国高考面临的文化困境及出路》，《湖北招生考试》2009 年第 12 期，第 6～8 页。

② 张盼：《高考改革中的社会心理因素研究》，《湖北招生考试》2011 年第 4 期，第 38 页。

③ 刘海峰：《文化国情决定高考模式》，《中国教育报》2013 年 3 月 22 日，第 006 版。

用。其佐证有三：一是新中国成立后国家掌握了所有的政治经济权利，包括私立高校和教会大学等高等学校全部国有化，招生考试的权利自然归国家所有；二是高等教育的供需矛盾突出，高等教育资源供给严重不足，国家政策倾向于使更多的干部、工人、农民接受高等教育；三是“大一统”、“科举公平取士”传统文化的影响观念铭刻在国人的记忆里①。

二、高考的文化功能

高考的文化功能，主要是对社会主流文化的选择与传承，对人类文化的整合和创新，人类文化总是在继承和创新中不断发展。历史上的科举制，就是对四书五经等儒家经典文化的继承。现在的高考制，是对现代科技文化的继承，但国家更期待能选育出对现代科技文化有创新潜质的人才。

高考的文化功能有实然功能和应然功能之分，前者代表现实作用，而后者代表理想追求。就现实文化功能而言，高考制度贯彻“公平竞争，择优选才”原则，主要以考试成绩为标准决定录取，为国家输送了大量合格新生，有效传承了社会的主流价值观和科技文化。以作文为例，“文革”前的作文题大都以政治话题为中心，例如1951年第一道高考作文题：“一年来我在课外努力的工作”，直到1965年的高考作文：“给越南人民的一封信”。1979年—1986年，高考作文命题反映了发展国民经济的强烈愿望和“尊重知识、尊重人才”的选才观念，如1981年的“毁树容易种树难”，1983年的“漫画：这下面没有水，再换个地方挖”，1985年的“给《光明日报》编辑部的信”。1990年—1999年，作文题有的以马克思主义哲学为中心，如“玫瑰花有刺”，“假如记忆可以移植”，有的关注学生的思想情感和个性态度的表述，营造想象的空间，意在启智扬思，如1991年关于“圆”的想象作文，1992年“清理路旁的脏物”，1995年的围绕寓言诗“鸟的评说”展开想象，拟写诗中两种鸟的对话片段等。近十几年，高考作文更加贴近生活，挖掘生活之泉，思考社会人生，体现了开放、包容的文化内涵。如2000年的“答案是丰富多彩的”，2003年的“感情亲疏和对事物的认知”，2004年的全国卷Ⅰ“相信自己与听取别人的意见”。近些年来的高考作文命题更多地将人们的关注视角带入到当下，回归至社会和现实生活中来，如2004年的湖南卷“家

---

① 李涛、陈玉玲：《新中国高考制度变迁的文化透视》，《当代教育与文化》2011年第4期，第79页。

庭教育"，2010 年的江西卷"找回童年"，有的鼓励跳出自我，关注他人，如广东卷"与你为邻"①。从科技文化的继承性来说，1977 年恢复高考以来，重新树立了"要尊重知识，尊重人才"的文化精神，废除了高校招生的推荐制，恢复了全国统一招生考试制度，坚持以考试为主的学术评价标准。20 世纪 80 年代到 90 年代中期高考的科目设置，基本采用"六一七模式"，即文科考语数外政史地，理科考语数外理化生政，重新使得大学回到了科技人才培育的轨道。

但高考面临的高考公平与效率矛盾，高考的理想性文化功能要进一步增强公平正义。这是作为社会制度的高考的首要价值，如同真理是思想体系的首要价值一样。从社会政治经济制度而言，高考是对教育资源的竞争性分配，所以公平正义不可能不成为作为一种社会制度的高考的首要价值，这是一种求善原则。求善，则要选择能承载社会伦理、更能承担社会责任的大学新生，把他们培育为能为社会做出道德示范的建设者。这也是 2014 年国务院出台的高考改革新方案特别注重公平正义原则及改革举措的依据。另一个方面，高考改革还面临素质教育与应试教育的矛盾，所以作为思想体系的高考的首要价值，就是求真。求真，就是高考招生与考试标准，发挥人作为文化动物具有继承性和创新性的一面，既要通过考试内容标准等传承人类文化的精髓，传承人类的科技与伦理思想，又要通过招生评价标准来适度体现人的创见性，为高校培养具有科技创新发展潜力的大学新生，创新是 21 世纪的教育目标分类学提出的最高目标。

三、实现高考文化功能的改革趋势

为实现求善求真的高考文化功能，就需要在求善层面，设立公平竞争的考试法则。在考试实践中，其实践理性的正当性，在形式层面必须能够激励考试者之间的公平竞争，合乎社会道德、政治、法律等领域的相关公平公正原则或规范。考试实践的竞争规范从普遍的层面规定了应当做什么以及应当如何做，公平竞争的正当性原则由此既构成了考试活动选择的根据，又引导着考试活动的展开。否则这种考试规则既不能得到社会的认可，也不能维护社会秩序的稳定，这是考试组织必须公开宣称的考试法则。科举历史和现实

---

① 刘凤、徐晓红：《中美高考作文体现的文化差异及其思考》，《沈阳工业大学学报》（社会科学版）2014 年第 5 期，第 471 页。

一再表明，选拔性考试的每个环节如果不能让公民之间进行公平竞争，在考试机会面前没有平等的竞争权利，这种考试一定会招致社会显在或潜在的不满，最终损害政府的合法性和执政公信力。

要真正求善，还需要改革高考制度促进考生群体更好发展。从实质层面看，选拔性考试最终是获取更好发展的现实机会，增加个人发展的更好条件，考试多大程度上能满足促进人的更好发展需要，这是更广泛意义上的向善原则。一般意义上，这既是西方人所讲的天赋人权，也是人道主义的考试观，更是社会的和谐发展观。由此，提升社会资源的丰富程度，为每个人提供适合其发展的教育机会，满足人的受教育需求，将是人类社会的长期奋斗目标。在优质教育资源有限的情况下，逐步增加弱势地区群体的实质性竞争机会，也是逐步缓解倾斜高考分数线的必由之路。任何时候，考试实践体现向善原则欲传达的意思是：人是目的，而非手段。人是社会的人，考试实践必须依据现实条件满足人的合理需要，实现教育和社会的和谐发展。

要践行求真的价值追求，则要设置高效的考试。考试要如何实践才能体现出更高的价值理性，最终要通过工具理性实现。考试计划的形成、考试程序的确定、考试手段和方式的选择，都需要依据考试规律和教育规律以及社会现实条件，它是考试实践的实然与必然统一，唯有本着现实条件和考试规律与教育规律的实然与必然，考试实践过程才能有效地展开并达到人类社会预期的发展目标。从这个角度而言，考试机构需要设置高效的考试，考试改革唯有和技术理性相容，改革才具有可行性。作为人的理性的两种不同形态，实践理性与理论理性并非彼此隔绝。事实上，说明世界与改变世界本身具有内在的关联性，对世界的理解以改变世界为价值目标，世界的变革则基于对世界的理解①。对于考试改革而言，二者自然缺一不可，一般意义上谈不上孰轻孰重，孰高孰低。那种认为教育研究需要从理论理性向实践理性转向的命题②，显然是错误地理解了理论理性和实践理性的关系，将两种形态的理性概念等同于理论和实践这两个概念，这恰恰是一定程度上脱离了理性。

---

① 杨国荣：《实践理性：基于广义视域的考察》，《学术月刊》2012 年第 3 期，第 46～48 页。

② 李太平、刘艳楠：《教育研究的转向：从理论理性到实践理性——兼谈教育理论和实践的关系》，《教育研究》2014 年第 3 期，第 4～10 页。

第三节　高考与教育教学的关系问题

从教育的目的看，高考与教育教学的关系，应该说是高考与其他外部要素关系的核心，因为一个基本的前提是：在高质量的高中教育基础上，高校就可能选拔到更为优秀的人才，从而大学教育才可能有较高的新生质量起点；高考尽可能反映高校教育目的的要求，高校就会选择到适合自身培养目标要求的新生，这有利于高等教育目的的实现，并最终带动、促进、激励高中教育的发展。高考作为一种选才活动，自然要尽可能有利于教育的发展即有利于育才，如此，才可能最终促进社会政治、经济以及文化的发展。

在高考与教育教学的关系问题上，如今基础教育中有关“应试教育”的文章，可谓是汗牛充栋，在轰轰烈烈的批评应试教育的观点中，其矛头往往就是直接指向高考。高考被认为是实施素质教育的最大障碍，学校教育尤其是高等教育多样化发展中，个性不足的主要原因之一，往往也是高考。正是上述这些原因，高考与教育的关系是目前需要研究的热点和难点问题。这里，我们不妨以几个有代表性的研究观点来具体揭示这个问题。

观点一：2002 年教育部考试中心前主任杨学为先生，从历史的视角，在《广西今年的高考改革——暨纪念全国统考五十周年》一文中认为，自 1952 年 6 月 2 日教育部发出通知以来，全国高等学校实行统一考试已经五十年了。五十年来，高考遇到的重要矛盾有：政治与业务的矛盾，理论与实践的矛盾，共性与个性的矛盾，大学招生与中学教育、教学的矛盾。兹转述有关内容如下①：

> 关于政治与业务的矛盾，随着 1957 年反右斗争扩大化，党的“左”倾错误的发展，高考被扣上“资产阶级政治挂帅”、“智育第一”的帽子。1966 年，废除高考成为教育领域“文化大革命”的“突破口”，上大学成了“白专道路”、“扩大三大差别”、“复辟资本主义”。1977 年，在邓小平同志的亲自领导下，恢复高考，择优录取，同时批判了政治审查工作中“左”的错误。1978 年，邓小平同志又专门论述了红与专的问题。至今二十多年来，政治与业务的矛盾已经解决。
>
> 由于高考是大规模笔试，所考查的知识、能力偏于书本上的，实验

① 杨学为：《广西今年的高考改革——暨纪念全国统考五十周年》，《中国教育报》2002 年 5 月 17 日。

也是在纸上写，不利于中学生动手能力的培养。“文革”期间，毛泽东同志要求“从有实践经验的工人农民中间选拔学生”，在“四人帮”的操纵下，导致否定理论，否定书本知识，禁止应届高中毕业生上大学。恢复高考后，基础理论重新得到重视，但碍于大规模笔试，考查动手能力的问题虽比“文革”前有所改善，但始终没有得到基本解决。

关于共性和个性的矛盾，1952 年全国统考后至 1956 年，每年统考前都发生一场“统考好还是学校单独招考好”的争论。由于统考节省人、财、物力，节省时间，特别有利于重点大学从全国各地选拔优秀新生，所以，每次争论的结果都是坚持统考，而加以改进——主要是兼顾不同类别高等学校的特点，如艺术体育类、文理类，以及体现考生的志愿。恢复高考后，改革录取体制，由于高等学校负责录取、省级招办监督，实行以志愿为主的投档办法，建筑系加徒手画等，都是在继续解决共性与个性的矛盾。但总的说来，仍然是统得过多而个性不足。这种状况，不利于选拔市场经济条件下需要的多种人才，不利于培养创新精神，不利于拔尖人才的成长。

至于大学招生与中学教育、教学的矛盾，自 1963 年教育部提出纠正片面追求升学率以来，可谓愈演愈烈，九十年代（20 世纪 90 年代*）以后，教育部进一步提出克服“应试教育”，实施素质教育，虽然取得不少成绩，但基本状况恰如有人形容的那样“素质教育轰轰烈烈，应试教育扎扎实实”。

观点二：1997 年胡中锋、董标、李方在《我国高考的回顾与反思——兼论构想“新高考制度”的出发点》一文中，从历史的视角，对新中国成立以来的高考制度进行了回顾与反思，其中除了高考过程的欠科学性问题，即科目设置及所考科目的权重问题，高考的效度、信度问题至今没有解决好以外，论者着重提到的两类问题，主要是高考与学校教育的关系问题。兹介绍如下①：

一、高考导向的片面性

论者认为高考的片面性表现在两个方面，其一，现行高考重智，轻德、

* 编者注

① 胡中锋、董标、李方：《我国高考的回顾与反思——兼论构想“新高考制度”的出发点》，《江西教育科研》1997 年第 4 期。

体、美、劳，基本上属于“智力中心论”。就此而言，它很像教育史上的“形式训练说”的再现，造成教育过程的偏向性以及由此而来的学生整体素质发展的片面性。其二，就智育而言，现行高考重知识轻能力，基本上属于“知识中心论”。其又像是“实质训练说”的贯彻执行，因而对教育过程的导向必然是重知识轻能力，进而又造成学生智能发展的片面性。主要原因在于没有“建立一个以学科检测为主，以全面考核为辅的多元化高考制度”，另外就是高考方法的局限性，忽视或没有很好地测试学生的能力。

二、高考结果的残酷性

论者认为由于诸多教育及社会的原因，高考竞争的结果无非两个：一部分人“金榜题名”，从而成为“天之骄子”，社会的“宠儿”；另一部分人“名落孙山”，成为家庭乃至社会的“包袱”，身心受到严重的摧残。因此，追求“金榜题名”成了考生及家长的唯一目标。当然，竞争也具有合理性，它激发了人们的竞争精神，焕发了人们的自主意识，增强了社会的生机和活力。

观点三：2000 年韩广才、符永宏、兰登明在《我国高考招生制度的问题透视》一文中，专门对现行招生制度的利弊作了较为全面的阐述，其中主要的是有关高考与教育的关系问题。现将有关招生制度弊端的论述转述如下①：

（一）不能完全实现选拔人才的功能，科学性和完整性不足

以单纯文化课知识为主和“一次考试定终身”，有时并不能正确衡量一个学生的全面素质，“高分低能”和“漏才现象”在所难免。因为教育考试基本上测量的是带有共性的内容，难以考查学生的个性品质。在教学大纲中列出的知识、能力方面的内容，有些是要教但不考的，有些是教学中要培养但无法考查的，如科学态度、学习兴趣、探究能力等。在我们另外的调查中，也发现有类似有趣的印证。如在中学生回答“您心目中素质全面的学生在班级中的文化课成绩排名一般处于什么位置?”时，只有 15.38％认为是前 5 名，有 28.85％的人认为是前 10 名，而多达 50％的人认为在 10 名～

① 韩广才、符永宏、兰登明：《我国高考招生制度的问题透视》，《江苏理工大学学报》（社会科学版）2000 年第 3 期。

25 名之间。在大学里，我们也同样可以发现，高考成绩较低的同学各方面表现出色的现象比比皆是。

（二）破坏了对中学教育正确的导向作用，严重阻碍了基础教育由应试教育向素质教育的转轨

高考指挥棒巨大的牵动效应倾向于构建一个应试教育体系，而应试教育带来的弊端是多方面的。表现有：①由于片面追求升学率导致应试教育的畸形发展。中学一切工作以考试和升学率为中心来安排，考什么，教什么，把系统的学科变成孤立的知识点、能力点，又在知识点上提高标准，反复练习，最终形成所谓“深挖洞”式的教育结构和学生片面的知识结构。②阻碍了学生德智体美的全面发展。为了提高学生的应试能力，学生成了考试的奴隶和题海中的机器人。学生的思想道德修养、文化艺术素养、体育运动水平等均得不到有效的培养和提高，这样的学生没有个性，没有特长，没有业余爱好，是书呆子。而且升学的期望成为学生严重的精神负担，身心健康受到损害。③难以培养学生的创造能力。高中教学不仅要教会学生应掌握的知识，而且要教会学生运用知识的能力。在应试教育的泥潭里，学生只能被动、机械地死记硬背现成的知识，难以生动活泼地学习，创造力受到极大的抑制。④在应试教育的阴影下，造成中学教育思想以及教学内容、方式的严重封闭和固化，对任何形式的教育教学改革产生排斥和阻碍作用。

三、现行招生制度也给高等教育带来负面影响

高校专业志愿的盲从和就业的供需矛盾；应试教育的超负荷运行暂告结束，“减负”心理与大学的教育管理要求的矛盾；短线专业过度热门、长线专业备受冷落与招生计划国家下达的矛盾都为学生接受高等教育留下了后遗症。现行招生制度中，高校实质上未获自主权，学校的独立法人地位在招生上并未体现，考生自主选择权未受尊重。

观点四：2001 年冯增俊在《全国统一高考制度与中华民族创新精神》一文中，分析了全国高考制度的利弊问题，其中主要的问题还是高考与教育的关系问题①。

---

① 冯增俊：《全国统一高考制度与中华民族创新精神》，《华东师范大学学报》（教育科学版）2001 年第 12 期，第 26～29 页。

该文指出，一个国家的教育，只有以创新作为保存、选择和传递文化的出发点，激活并实现保存、传递和选择这三种教育功能的形式创新，才会是最具有活力的，也才会使民族文化充满创造性，从而对新挑战做出创造性的应答，使国家兴旺发达。全国统考制的影响在本质上与科举制读13经并无大异，它虽有一些作用，但其要害就是统一，强调“一刀切”。这种统一泯灭人一生中最有创造性年华的发展，让富有想象力的学生沉湎于死记硬背和冗长繁琐的揣摩求证之中。

第一，统考制实际上也是强行要求全国数百万学生（实际上影响到一亿多名中小学生）都按照一个步调受教育，都只能读同样的书，用同样的方式教学。这在世界知识日新月异，教育理论和教学方法层出不穷的今天，仍施行此等教育方式，的确是不可思议的。

第二，统考制度的目的是要在全国范围内公平全面地选拔最优秀的学生，但这种做法在本质上却限定学生只能按照一种思维模式来进行思考，极大地扼杀了儿童的创造性。统考中的标准答案实际上是一把无情的大铡刀，冷酷地截断了儿童的一切灵性和好奇心。

第三，统考制度是应试教育的土壤，助长了各种偏科、片面追求升学率、把分数凌驾于一切教育活动之上，而不顾人的全面发展尤其是人格的健全发展；也是造成弄虚作假，押题猜题，把人生的希望都押在分数上，赌在一次高考之上的根源。

第四，统考制度断送了教育科研的生命，迫使教育科研成为统考的附庸，为统考服务，任何研究都不能越过升学率一步。

上述观点的简要罗列表明，在高考改革面临的种种问题中，高考与教育的关系问题特别为世人诟病。事实上，几乎凡是论及高考改革的文章，都免不了要谈到学校教育，至于谈到“应试教育”的文章，更是车载斗量，不可胜数。然而，在有限的理论研究中，大量的学术批判虽然有利于建设性意见的出现，但终究代替不了建设性意见。同时，现实中只重视研究高考与高中教育的关系，或者只重视研究高考与高等教育的关系，不利于解决好高考与高等教育、高中教育三者间的关系。这也就是本书在诸多的理论与实践问题中，选择研究高考与学校教育的关系，即研究高考与高等教育、高中教育关系的原因。

英国学者罗伯特·蒙哥马利说：考试的影响在英国是如此深远以至只有

历史学家的探索才有助于弄清楚这个复杂的问题[①]。我国也许同样如此。为此，本书首先从历史的视角，尽可能借鉴历史学家的观点，对高考与教育的关系作一简要勾勒，使高考改革以史为鉴，使当前的高考改革之路能够更为平稳。

考试制度调整的过程，便是检验坚持标准的过程[②]。高考制度调整的过程，也同样是检验坚持标准的过程。这就有必要分析高考与学校教育的基本理论关系，使高考的标准与教育的标准尽可能协调，把冲突尽可能减少；使高考的过程尽可能兼顾高等教育、高中教育的需求，兼顾教育及社会的需求，兼顾不同素质的需求及不同考生的需求；使高考的结果对教育具有尽可能好的反馈，进而在社会舆论上有一个良好的导向，在教育教学发展上有一个正确的导向，以减少或降低高考的负面影响。总的来说，如何使高考按照自身的规律发展，如何寻求高考系统与教育系统的良性互动，需要从基本理论上进行说明。

高考改革也许是管理者的“爱好和职业前程所指引的方向”，所以当他们面对不同的声音，尤其是情绪化的声音时，改革就容易出现急躁与盲动，尤其是出现对教育的误导。若希望高考改革的过程避免盲动，就需要清除改革者眼睛里的障碍物，从实践层面处理好高考改革与教育的关系。这就需要从应用理论上辨明高考与应试教育的关系，与素质教育的关系，与会考的关系，找到高考改革的合法路径。

“教育要面向世界”，“教育研究也要面向世界”。所以，笔者在对国内高考与教育关系做了初步研究的基础上，也试着把眼光转向国外的发达国家，主要是美国、日本、英国、法国、德国，看看他们高校的招生考试与教育教学是什么关系，有些什么共同特征，以期能为我国高考改革提供经验、教训。

提到“改革”这个词，理论家的眼睛就会发亮起来。因为，它虽然难下定义，却意味着进步和改进是必然的前景[③]。这种警示比较中肯，因此，在

---

① 罗伯特·蒙哥马利：《考试的新探索》，黄鸣译，广西人民出版社，1984 年，译序部分第 3 页。

② 罗伯特·蒙哥马利：《考试的新探索》，黄鸣译，广西人民出版社，1984 年，第 73 页。

③ 罗伯特·蒙哥马利：《考试的新探索》，黄鸣译，广西人民出版社，1984 年，第 60 页。

以上所有研究的基础上，本书提供了一种高考改革的宏观思路，严格地说，它只是处理与教育关系的宏观思路。我想，这是高考改革的核心。高考的社会功能的发挥，需要通过高考的教育功能起作用。一个没有教育效益的高考，往往也是没有社会效益的。寻求高考与教育的关系，也首先是为了“不舍本逐末”。换句话说，可能任何高考改革，皆需要尽可能有利于提高教育的质量。

最后需要说明的是，高考与教育教学的关系研究，重点在于较为宏观地、系统地探讨高考与高等教育、高中教育的关系，书中涉及与教学的关系，主要是就“教育途径或手段”意义上的教学而言的，而不是较为微观地探讨高考与各科教学的关系。关于后者，国家“八五”科研子课题，已经涉及高考与高中教学关系的研究，并出版了各科《考试说明》（高等教育出版社，1992，1993，1994，1995，1996）等书。

第二章　高考与教育教学关系的历史研究

中国是考试制度的故乡，古代的科举考试曾对我国社会发展的各方面和西方现代文官考试制度产生过重大而深远的影响。近代的学校考试制度是伴随西学东渐、科举制的变革而逐步形成的，但逐渐本土化的时期主要在民国时期，期间的单独招考、统一招考、实行会考制度等实践给今天留下了许多经验与教训。新中国成立以来，我国对高校招生考试制度（简称高考）进行了制度化建设，创立、废除、恢复与改革的历程，同样有着诸多经验与教训。所以，探索高考与学校教育关系的历史发展规律，无疑可以为当前的高考改革提供一定的历史借鉴，使高考改革有利于中学的育才、大学的选才。

第一节　科举时代“高考”与教育教学的关系

一般认为，隋炀帝大业元年进士科的设立是科举制起始的主要标志，它开创了中国选举制度史上一个新时代——科举时代（公元 605—1905 年）。

科举是中国古代的一种公务员考试，它是联系教育与仕途的纽带，其目的是选拔从政人才。高考是高校新生的入学考试制度，它是联系高中与大学的纽带，考试的目的是获取高校入学资格。但绵延了 1300 年的科举，与高考有许多共同之处。其一，两者都是竞争性的选拔考试，采用公开考试、择优录取的公平竞争方式；其二，两者都是国家考试，由国家举办；其三，两种考试都有严格的考试程序，如考试所实行的编号、闭卷、弥封、监考、回避、入闱、复查等；其四，科举与高考的作用与影响都有两面性，似一把锋利的“双刃剑”。在上述意义上，“科举有如古代的高考”①。从科举看高考

① 刘海峰：《科举存废与高考存废》，《高等教育研究》2000 年第 2 期，第 39 页。

与教育的关系，也就能从科举考试与教育的关系中得到规律性启示。

一、科举考试与教育教学的关系

处理科举制和学校教育的关系，作为一个明智的统治者，一般都采取重学校、轻科举制，或者学校教育与科举制并重的方针①。前者大都出现在开国初，以兴教育培养统治人才、灌输统治思想最终化民成俗。后者大都出现于封建王朝蓬勃发展、国家兴旺发达的时期，目的是提高官吏素质、扩大封建统治的基础。虽然科举与学校并列，“两者却不处于并列和同等的地位，科举成为凌驾于学校之上的一种考试制度，学校教育是受科举考试所制约的”②。这体现在以下四个方面。

（一）科举考试的目的支配了教育的目的

科举考试的唯一目的，就是笼络天下英才，选拔统治阶级需要的各级官员。这给了科举时代的士子尤其是乡贡一条出路，即“学而优则仕”。但除此之外，一般士子没有其他可实现垂直流动的出路，这使得教育教学的目的与科举考试目的一致，即“储才以应科目”。这样，科举取士的标准就成为学校培养人才的标准，科举时代的教育也就成为“科举教育”。科举所取之士需要的是能熟读儒家经典、恪守圣贤说教、效忠封建政治的官员，学校教育也就尽量朝着“修身、齐家、治国、平天下”的方向努力。结果是科举考试的目的支配着教育教学的目的，教育教学的目的依附于科举考试的目的。

（二）科举考什么决定了学校教什么、士子学什么

1. 从考试内容与教学内容的联系看

唐朝考试科目有秀才、进士、明经、明法、明字、明算、史、道等，内容涉及方略策、诗赋、经学、法学、书法、数学、史学、道学等。应试者以明经、进士两科为最多。以明经科为例，其考试的主要内容是儒家经典，含大经、中经、小经三类，《礼记》、《左传》为大经，《毛诗》、《周礼》、《仪礼》为中经，《周易》、《尚书》、《公羊》、《谷梁》为小经。通二经者，须通一大经、一小经或二中经。通三经者，须通大中小各一经。通五经者，大经

① 张建仁：《试探隋唐时期科举制与学校教育的关系》，《争鸣》1991 年第 3 期，第59 页。

② 刘海峰：《科举考试的教育视角》，湖北教育出版社，1996 年，第 139 页。

须全通，其他各经任选。《论语》和《孝经》为共同必考内容。与此相同的是，唐代国子监下属的国子学、太学和四门学的教育内容也是上述 9 经，《孝经》、《论语》是公共必修课。唐太宗下令撰定《五经正义》作为统一教材，而且是科举考试的重要依据和标准答案。以进士科来说，其考试的主要内容是贴经、试杂文以及时务策，到后来尤其注重诗赋，学校教育也因此重视写诗作赋能力的培养。其他各科的考试内容与教育内容也基本一致。

经过宋朝的改革，至元朝以后，常科考试除武举外，只有一个进士科，内容局限于儒家经典。基本的发展脉络是：范仲淹发起的“庆历兴政”，在教育和人才选拔方面的措施之一就是改革科举，考试的重点因现实的需要而集中于治国安邦的对策和儒家经典。王安石对于科举考试的改革，使科举与经义之间的关系更为密切，考试内容专门以经义取士。《三经正义》曾经是官定的统一教材，也是科举考试的基本内容和标准答案；辽金元时期，科举考试内容范围大大地扩展了，不是局限于《四书》、《五经》，而是扩大到经、史，甚至百家之言。元统一中国后，考试以《四书》为主要内容和范围，以程朱理学为考试标准答案；明清时期，考试内容流于空疏，明永乐年间颁布的《四书大全》、《五经大全》、《性理大全》为命题范围和标准答案，不可逾越。清代，四书文以朱熹《四书章句集注》为准，《易》以程颐传、朱熹本义为准，《书》以蔡沉传为准，《诗》以朱熹集注为准，《春秋》一段时间以赵安国传为准，《礼记》以陈浩集传为准等①。可见，教育教学目的的转化、依附，决定实际的教学内容与科举考试内容一致。

2. 从考试测试的素质与教育培养的素质的联系看

隋唐以来，科举考试文科基本上是笔试，武科基本上是考操作。笔试的题型主要有 5 种：

（1）贴经。就是将经典上的文字用纸贴掉几个，叫应考的人填出来，这类似于现在的填空题。

（2）墨义。就是考概念的解释，类似于今天的简答题。墨义在唐代有时改为“口义”，即以口头回答考题的大义。

（3）策。类似于今天的问答题。

（4）论。即论述文。

① 转引自杨学为：《对科举的再认识》，《中国考试改革研究》，北京大学出版社，2001 年，第 138～139 页。

(5) 诗赋。明经科主要考贴经和墨义，即着重测试记忆能力。进士科主要考策问和诗赋，即着重考查理解、综合、分析、应用能力。但北宋中叶以后，进士科主要考经学。另外在封建时代，记忆先圣经典，思不出其位，可以述不能作，正是统治者的愿望与意志。所以可以认为，以选士为目的、以儒家经典为主要考试内容的科举，主要考查了士子们的记忆、理解能力，学校教育也主要是培养、考查士子的记忆、理解能力，这两者是一致的。

无疑，科举考什么，决定了学校教什么，士子学什么。

(三) 中举者的素质总体上反映了考生平日的实际水平

科举能否选拔出真才？废科举以后较流行的观点是，科举难以选拔人才，相反倒是埋没了不少人才，极端的看法认为科举只能选拔庸才，中国历史上的状元也不例外。

当前比较一致的意见是，科举在遗漏某些人才的同时，也可以选拔出素质较高的从政人才，而且在大多数情况下，考生的考试成绩与其平日实际水平基本相符①。例如，李白、曹雪芹这样的文学大家和李时珍等科学家，就是被遗漏的真才。至于科举选拔出的真才，则可以随意举出许多。有研究显示，在 1 300 余年的科举史上，曾产生出 700 多名状元，近 11 万名进士，数百万名举人。科举牢笼中的儒学英才，有善于治国安邦的名臣、名相和雄才大略的政治家，有杰出贡献的思想家、文学家、艺术家、诗人、学者、教育家、科学家、外交家等，比如唐代的孙伏伽、王维、张九龄、韩愈、柳宗元、刘禹锡、颜真卿、柳公权、白居易，宋代的欧阳修、王安石、苏东坡、司马光、朱熹、包拯、寇准、张九成、张孝祥，明代的杨慎、康海、汤显祖、张居正、海瑞、徐光启，清代的纪晓岚、刘墉、郑板桥、钱大昕、林则徐、张謇、蔡元培等，他们都是中华民族的英才②。

历史证明，科举确实会遗漏某些真才，但中举者的素质总体上很高，与他们的平日水平基本一致。毕竟，他们是在“一切以程文定去留”的考试中凸现的，他们从成千上万的应考者中脱颖而出，考生考前在不知道别人水平程度的情况下，倘若没有平日尽可能的努力，在选拔人数极其有限的情况下要中试往往不大可能。这是历史的真实面貌。看来关键问题是，考试的标准

① 刘海峰：《科举能否选拔真才》，《高教自学考试》1998 年第 4 期，第 9 页。

② 李介：《科举制度与社会平等》，《安庆师范学院学报》（社会科学版）2004 年第 4 期。

是否是当时社会的真才标准？一种考试标准、一次考试能否真正测试选拔出所有具有真才实学之人？

整体来说，科举时代选拔的从政人才，都是当时社会中有真才实学之人。不过，他们中大多数人的才主要限于人文类素质。虽然唐代设有明算科，清末也一度建立算学科举，但官本位的封建国家，其传统就是重治术不重技术，所以这些科不但录取人数少，而且同等级别考试出来所得科名也低。另一方面，虽然从唐代开始就有制科以“待非常之才”，但制科名目在历史发展中逐渐简化、集中、固定。唐前期科目五花八门，唐德宗（780—805）以后变成贤良方正直言极谏四个“定科”，以后在宋元明清时期，制科已无足轻重了，人才的选拔集中到常科上来。再说常科也经历了由多科到单科、内容趋向统一的历程。唐代科目众多，曾有秀才、明经、进士、明法、明字、明算、童子、道举、史科、开元礼等，发展到北宋中叶以后，为了统一思想、加强中央集权，合并为进士科，再以后虽有宋代经义、诗赋进士之分，金代经义、词赋、策论进士之分，但从元至明清，科举考试只设进士科。合并后的进士科，从内容范围上讲兼并包容了其他各科，但科下无目，实际上是在选拔通才，只有通文律、究义理、明古今者方可能中选①。既没了制举，又只有一种选拔官员的通才考试标准，要测试出所有具有真才实学之人，在适度增加选拔人数的情况下，遗漏某些人才，尤其是专才也就在所难免了，这是历史的事实。

（四）科举考试的教育功能

回顾科举考试的历史，它对教育教学既有正功能，也有负功能。

1. 正功能方面

科举考试激发了士子学习的根本动机，尽管中举机会很小，但“朝为田舍郎，暮登天子堂”的魔力，使得以才学为主要录取依据的科举制，诱导着士子刻苦学习文化知识，调动着一代又一代士子的学习积极性，推动了重学风气的形成，促进了学校教育的发展。具体地说，科举考什么，学校就教什么，士子就学什么，这使教育的主流文化传承功能发挥到极致。

科举考试的教育正功能产生的原因，从考试的技术属性说，通过考试选才，相对推荐方式，考生间的素质更具有了可比性；从考试的社会属性说，

---

① 刘海峰：《科举考试的发展规律》，《高教自学考试》1998年第10期，第6页。

坚持考试、择优选才，则确立起了封建社会相对公平的人才选拔体制，刺激了一代又一代士子的学习积极性。唐代开元年间曾出现“五尺童子耻不言文墨”的社会风气。宋代，理学大师朱熹曾感叹道：“居今之世，使孔子复生，也不免应举。”① 明清时期，绝大多数读书人被科举吸引，近代有学者感叹说：“科举鼓励之功，有甚于今日十万督学之力也！”②

2. 负功能方面

科举制“学而优则仕”的单一考试目的，使教育教学目标导向单一化为“做官”，科举不考什么，士子就不学什么，进而使教育教学内容多局限于儒家经典等人文学科范围，强化了中国先秦以来重视人文知识，轻视自然科学的传统弊病，以至于工商异类被视为“旁门左道”，科技发明被看作“奇技淫巧”，窄化了人的素质结构，消解了学校教育的全面功能，尤其是经济功能。

更可怕的是，单一考试目的的科举制的长期实行，高度统一、多年变化不大的经义、策论考试内容，难免使士子们“两耳不闻窗外事，一心只读圣贤书”，一心设法收集历年登第者的范文和策论以提高应试技巧，难免使教育乃至整个社会养成了轻视实学、空疏无用的学风，加大了后世文化创新的惰性与阻力。

科举考试的教育负功能产生的原因，从科举考试的社会属性说，封建社会制度及其相应考试制度的局限，使其只可能有一种选拔官员的考试，它没法很好地满足当时社会的全面发展需要。从测量的内容、技术属性来说，文举长期的几乎单一的偏重知识记忆的人文素质考试标准，强化了重文轻器的传统。不重视自然科学技术，当然也就不可能有测量理论的出现，以至于明清科举走向程序复杂繁琐的八股文，成为了历史的必然，由此产生很大的片面导向教育教学的负功能也是必然的。

（五）科举考试革废的教育意义

从历史长河分析，科举考试的兴起是为了选拔儒学政治英才，改革科举则是为了强化大一统的儒学英才观，废除科举则意味着人才观由儒学英才向科学英才的现代转型。

---

① 转引自苗春德：《宋代教育》，河南大学出版社，1992 年，第 59 页。

② 邓嗣禹：《中国考试制度史》，（南京）考选委员会印行，1936 年，第 398 页。

1. 改革科举是为了强化大一统的儒学英才观

1300 年科举考试，经历了诸多人才观方面的革新过程，择其要者而论之，有制科的弱化与常科的统一，文学选才与经学选才的争议，开放应试资格的努力等，但所有这些实践，总体上是朝着强化大一统的儒学通识人才选拔方向发展。

(1) 制科选才转向常科选才。制科与常科相对，目的是“待非常之才”。唐代制科与汉代以来的制举或者说特科一脉相承，由皇帝临时下诏选拔各种专门人才。唐代制科共有一百多科，大体上包括文辞、经术、治道、谏诤、军事、长才、拔取遗才、激励风俗八类。考试内容一般为对策，“考策官”多为临时诏定，考试地点多在皇宫殿庭，考试名义上由皇帝主持，事实上皇帝确也不时亲临策试，制科榜首称“敕头”，类似后世的状元。它为后世殿试的确立打下了基础。有研究显示，唐代各科目中，制科“其来最古，得人亦多”。参加制科考试者既有未仕的“草泽之士”，也有已仕的官员和已经获得科举出身或其他出身而尚未得任实官的人。有科举出身的人参加制科，与唐代科举及第仅获得任职资格有关系，唐代科举及第如要做官还需参加铨选考试，依其“身、言、书、判”特别是“书”做铨选依据。两《唐书》有传的官员以制科入仕的有 47 人。唐前期进士出身应制科入仕者有 15 人，后期有 22 人，若加上应宏辞科入仕或应制科等然后辟署入仕的 45 人，共有 82 人，占进士总数 469 人的 17.4%①。

宋、元、明、清殿试制度化以后，制科随之衰落。南宋学者王应麟在《困学纪闻》中说：“唐制举之名，多至八十有六，凡七十六科，至宰相者七十二人。本朝制科四十人，至宰相者，富弼一人而已。”宋元明清时期，制科已无足轻重了，人才的选拔集中到常科上来。这种科目统一趋向与别头试、锁院、糊名、誊录等项制度的理念类似，体现客观公正的精神。

常科里的科目与考试内容变化，值得注意。明洪武十七年颁行的《科举成式》把算学完全排斥在外，其后学校教育中也就不见算学的影子，科学技术完全退出了官方主流的教育体系。明代永乐后科举考试，要求考生必须以两部《大全》对《五经》、《四书》的解释，作为答题的统一依据。另外答卷格式在成化后固定以八股文为统一文体，足见明代科举一面是循着进一步体现客观公正精神的方向发展，更大的一面则是加强思想控制的趋向也愈益明

① 刘海峰：《科举考试的教育视角》，湖北教育出版社，1997 年，第 36～38 页。

显。而当时世界开始走向商品经济，同时也是西方科学技术进入飞速发展的时代。显然明朝统治者对此并无察觉，仍与前代统治者一样，其施政的着眼点是强化皇权和维护自然经济基础上的统治秩序，而科举制度不过是达成此目的的最得力工具。这是其社会发展迟缓、不能及时向近代转化的重要原因之一①。既然是加强中央集权，这里的常科成为统治者强化大一统的儒学人才观之工具，也就在情理之中了。

（2）文学选才转向经学选才。考试内容的变化，是宋朝科举制改革的一个重要方面。改革的主要原因，是唐代进士科重诗赋的趋向十分突出，其文学性质愈来愈明显，诗赋成为主要的考试内容和录取标准。诗赋贴取代经学考试内容，其得人亦最为盛，这对社会产生了日益突出的消极影响。士子们日常所习，均为于现实政治无多大用处的诗赋辞章之学，既不懂治国安邦之术，也不知钱粮兵谷之事，经这样的科举考试选拔出的官员，与中国的传统儒家文化距离愈来愈大，形成了轻薄、浮艳、不务实际的文风，且难以胜任封建专制国家的行政管理事务。这一状况一直到北宋中期仍未有多大改观，以至于仁宗时朝廷很难选到好的治国之才。

科举轻诗赋、重治国安邦之策及儒家经典，首先始于范仲淹的庆历新政。范仲淹在主持庆历兴学时，不仅对专以诗赋取士极为不满，而且首次在实践中将诗赋贬于次要地位。他认为，“六经传治国治人之道，而国家乃专以辞赋取进士，以墨义取诸科，士皆舍大方而趋小道，虽济济盈庭，求有才有识者十无一二。……其取士之科，即依贾昌朝等起请：进士先策论而后诗赋，诸科墨义之外更通经旨，使人不专辞藻，必明理道，则天下讲学必兴，浮薄知劝，最为重要”②。

其后经过王安石等的极力直谏，经义与诗赋之争的结果是，宋神宗采纳了王安石的建议，罢去诗赋、贴经、墨义，规定士子各专治《易》、《诗》、《书》、《周礼》、《礼记》中的一经，并兼学《论语》、《孟子》。进士科省试内容依次为经义、论、策。殿试也一改以前诗赋论三题的办法，变为试策一道。熙宁八年（公元 1075 年）朝廷颁布王安石所著《三经新义》，作为科举考试的专用教材和标准答案，经术派占据了上风。北宋中期以后，进士科考

① 郭培贵：《论明代科举制的发展及其消极影响》，《内蒙古社会科学》（汉文版）2003 年第 5 期。

② 刘海峰，等：《中国考试发展史》，华中师范大学出版社，2002 年。

试内容出现重经义甚于诗赋的现象，而由皇帝亲自主持的殿试考题更加关注现实社会问题，希望于科场中选拔真正的治国之臣①。

至南宋，经义和诗赋之争仍十分激烈，对是否以诗赋取士曾出现过多次反复，最后争论平衡的结果是在宋高宗绍兴三十一年（公元 1161 年）进士科被分为“经义进士”和“诗赋进士”两科。从此以后，有关经义和诗赋的激烈争论渐渐平息②。文学转向经学，即使两者并存，无疑是强化了吏的儒化。

（3）应试资格转向开放。抛开科举及第的名额不论，科举考试的报考对象，除了倡优皂隶等少数“贱民”之外，在中国传统社会里任何个人都可以通过自己的攻读，通过科举制度提供的“金榜题名”的相对平等机会，进入统治精英阶层。科举取士没有年龄限制，它为每一个失败者始终保留着下一次成功的机会与希望，避免了群体性的社会不满的凝结。科举制使得历代统治者可以不断从平民阶层中补充新鲜血液，吸纳在智识能力上更具竞争力的优秀分子③，也扩大了统治基础。

工商之家不得预于仕，此规定一直沿用到唐朝。传统的重农抑商观念普遍视工商业者为“贱民”，还有的职业如剃头的和唱戏的等被视为“贱业”，也不能参加考试。到宋代，科举考试的人员向社会各个阶层延伸，工商之士也被允许参加科举考试。所有的应试者包括士、农、工、商四大阶层，均站在同一平台上参与竞争，通过“一切以程文定去留”的科举考试，进入仕途甚至跻身高官显贵，无疑激发了社会各阶层积极向学。正所谓“科举鼓励之功，有甚于今日十万督学之力”。据何炳棣在《中华帝国的晋升阶梯》中统计，1371 年至 1904 年间获取进士功名的有 42％来源于平民家庭④。明代著名的政治家张居正、清官海瑞就是来自平民家庭。另有研究显示，参加发解试的读书人数在北宋真宗时为 10 万人，到英宗时达 42 万人左右，发展到南宋末则有可能接近百万人。这种几乎所有的文化精英分子均被吸引到科举考试中的局面，使封建统治对立面的力量大为削弱，扩大了统治的阶级基础，

① 徐红：《宋朝科举制度的改革与社会价值观的演变》，《历史研究》2005 年第 6 期。

② 刘海峰，等：《中国考试发展史》，华中师范大学出版社，2002 年。

③ 肖功秦：《从科举制度的废除看近代以来的文化断裂》，《战略与管理》1996 年第 4 期。

④ 何炳棣：《中华帝国的晋升阶梯》，哥伦比亚大学出版社，1962 年，第 112～113 页。

加强了统治力量，由此也维系了中国传统社会的稳定①。

2. 废科举由儒学英才转向科学英才

1905 年废科举，从人才观上看，实为社会发展的一种必然转型，是从儒学英才转向科学英才的必然之举。科学英才来源于传播科学、培养科学人才的学校，而“科举一日不废，即学校一日不能大兴，将士永远无实在学问，国家无救时之人才，中国永远不能进于富强，即永远不能争衡于各国”②。

从才学上看，显然废科举相当于消解了儒学的地位，消解了我国因科技人才奇缺而落后挨打的一个原因。从根源上讲，尽管不是科举，而是中国的传统文化重治术不重科学技术，限制了自然科学人才的培养与选拔，阻碍了我国自然科学技术的发展，但毕竟科举与传统的儒学国学是辩证关系，既相互促进又相互阻碍。儒学作为文化道术，其整体的文化功能因这样一个政治制度的搭载而有相对稳定的发挥实现③，其结果必然是强化了儒学的地位，强化了儒学人才即今天的人文社会科学人才的地位，偏废了自然科学与自然科学人才及其培养。

科举由国家统一出题、统一考试、统一《四书》、《五经》教材，确实维护了国家统一和社会的相对稳定，不过这种稳定最终付出了社会发展落后而陷入衰弱的沉重代价。科举考试内容主要是经学，即圣人说的话，这就使经学得到了发展，并逐步演化成“国学”，经学正是国学最主要的部分。汉武帝以来，国学的整体面貌转变成以尊孔读经为主，以后总的来说没有太大的变化。经学取士把教育的功能狭隘地变成了单单是为了考试做官，它在很大程度上抑制了国学在自然哲学领域的发展，阻碍了我国新教育的发展与科技人才的培养，拉开了中国与西方国家的差距，所以废止它也有必然性。

科举阻碍新学校新教育发展兴盛的事例之一，是 1840 年鸦片战争以后洋务运动致力于培养实学人才，使中国的自然科学有了一定的发展，但是由于人们热衷于科场，招生的质量受到了限制。正如鲁迅在《呐喊》自序中说：“那时读书应试是正路，所谓学洋务，社会上便以为是一种走投无路的人，只得将灵魂卖给鬼子，要加倍的奚落而且排斥的。”洋务运动创办了一

---

① 徐红：《宋朝科举制度的改革与社会价值观的演变》，《历史研究》2005 年第 6 期。

② 逯惠娟：《科举制度的废除与近代教育的分流》，《邢台学院学报》2004 年第 2 期。

③ 张弘：《科举与国学：在纠葛中共存》，《新京报》，http://cul.sina.com.cn2005/09/09。

些新式企业如招商局、电报局等，他们需要用西方的生产技术和管理方法来经营管理，出生于科举的举人秀才对这些东西十分陌生，无法胜任工作。如果还是八股取士、策论取士，新的人才很难产生。西学东渐之后，各门自然科学如物理、化学等向全世界传播，我们的“知识分子”茫然无知，还在整天“子曰诗云”，如何跟得上社会发展的步伐①。科举的目的是选拔官员，但新形势下需要的外交、法律、管理、警察、军事、科技、金融、财务、民政等很多方面的官员，却无法通过科举来选拔，也不是临时开设的“经济特科”所能囊括的。科举考试的基础是国民教育体系，而要进行国民教育就只能采用现代教育制度，设立各类各级学校，设置人文社会科学和自然科学的各种课程。科举只是为统治阶级选拔行政官员，无法为社会选拔各类人才。当行政官员在全社会的人才中所占比例越来越低时，科举制的适应范围也越来越小。“无可奈何花落去”，科举最终退出历史舞台势所必然②。

事例之二，甲午战败后，以康有为为首掀起了戊戌维新运动，其文教措施包括调整旧有书院，增设西学课程，特别是在全国各地陆续成立一些专门的院校，如杭州求实中西书院、天津中西学堂、湖北农务工艺学堂等，1898年中国还有了自己的大学——京师大学堂，但科举制选拔不出这样的新教育人才。科举制规定了士子自幼及长都须习诵儒学经典，所学知识皆以科考为目的。尤其是明初实行八股文取士以来，“因命题范围狭窄，士子揣摩试题，读时文选本，模拟仿作，而束书不观，不务新知”，就连传统的经史正宗学问的发展都受到严重危害，更不要说富国强兵单能从孔孟程朱的学问里找到答案。据统计，1905年全国工矿企业已达400家左右，铁路、轮船等新式交通事业也逐渐兴办，这些无疑需要大量科学技术人才来操作和管理。同时，新式学堂的急剧增加需要众多的具有新知识的教师，显然科举制无法选拔出这类新式人才③。为此，1904年清政府终于颁布了《学务纲要》，为小学、中学、大学实业教育等各类性质的学校制定了规章制度，其宗旨是端正

① 陈清泉：《科举制曾经先进一时 被废除也顺理成章》，《光明日报》2005年11月21日。

② 葛剑雄：《科举制度——存废皆有理》，《新京报》，http://cul.sina.com.cn 2005年9月9日。

③ 徐辉：《废除科举制与中国社会的现代转型》，《厦门大学学报》（哲学社会科学版）2003年第5期。

趋向，造就通才。随后废科举也就成为特殊国情下培育新式科学人才的一种强力之举了。

废科举后，限于儒者自身的知识结构和历史的思维定式，痴恋科举茫然不知前途者固然不少，但在救国于水火的特定历史环境下，更多的文人逐步转向研习新学，转向新式学堂，新式教育因此而得到了迅速的发展。1905年以前，新式学堂学生人数最多不过258873人，而1907年达1024955人，1905年到1909年，每年仍净增50万人，1912年学生人数更达2933357人。知识体系、结构的新旧不同，导致了旧知识分子的沉沦和新知识分子的崛起，新知识分子通过进入新式学堂或者出国留学，逐步完成了自身的转变①。废科举废除了绅士群体的产生机制，催生了新的阶层，中国知识分子成为新的法律制度下的自由职业者。20世纪初，中国学术文化开始出现了繁荣与发展，以经学为主导的传统学术格局逐渐解体，大批具有现代性的分支学科相继独立②。

二、权力视野下的科举公平观与科学观

科举制度是重视公平而压制学术的人才选拔制度。从权力视野看科举的公平观和科学观，可以发现公平竞争是等级社会下国人的刚性权力要求，是统治阶级加强精英治国的需要，行政权力服务于公平竞争的策略是尽可能谋求形式上的机会平等和实质上的机会平等，但这并不能得出考试制度改革首重公平的结论。科举压制科学，因为科学不是国人的刚性权力需求，更因为行政权力的意识形态统治逻辑，但恰恰是这些逻辑削弱了学术的自由逻辑，影响了选贤任能的选拔目的实现，加剧了中国科技的落后。吸取科举的历史教训，当今选拔性考试制度改革，任何时候都要考虑公平性，但不得以牺牲科学性为代价，相反还要吸取科举的历史教训，大力加强招生和考试部门学术权力自由的逻辑，削弱行政权力对学术的干预，始终注重考试科学性的能力建设。即使在解决二者矛盾的时候，也要尽可能通过区域集体公平的逻辑去解决，以谋求选拔考试制度改革促进人和社会的健康发展。

---

① 武端利：《科举制的废除与近代知识分子阶层的转型》，《伊犁教育学院学报》2004年第3期。

② 杨齐福：《清末废科举的文化效应》，《中州学刊》2004年第2期。

（一）重视公平而压制科学的科举制度能否说明考试制度改革首重公平

回顾1300年的科举考试历史，追踪学界对科举制度的研究，可以清楚看到科举制度是重视公平而压制科学的人才选拔制度。千年间，公平竞争始终是科举制度的主旋律，维持着社会秩序的相对稳定，而学术标准却越来越禁锢着科学的发展，禁锢着人和社会的发展，最终在外敌入侵下连同看似稳定的国家政权一同瓦解，值得今日考试制度改革引以为戒。这种情况下，我们能从理论上说科举制度留给我们的历史遗产是考试制度改革首重公平吗？

1. 公平竞争是科举制度的主要精神

公平竞争是科举制度的主要精神，已成为学界的共识。科举制的“公平竞争、平等择优”原则是其被西方借鉴的根本原因①。

科举制的公平竞争精神，有非常强大的制度保障。法学视角的科举制度研究，发现科举法规非常完备，包括了从报名、考试、阅卷、发榜到录用等方方面面的严格规定。比如，唐朝时散见于律、令中的科举法规；宋朝的《天圣礼部考试进士敕》、《至和贡举条制》、《熙宁贡举敕式》、《政和新修御试贡举敕令格式》、《绍兴重修贡举敕令格式》；元朝《大元通制条格》中收录的《学令》；明朝我国第一部完整的考试规则《科举集成》；清朝的《钦定科场条例》、《续增科场条例》和专门的《兵部题准武场条例》等。但科举制度毕竟不是科举法制，科举制度的首要目标是选才，而科举法制的目标是通过维护科举制度的秩序与公平，达到考试治理与公平选才的目的。科举科目由多渐少，考试内容由繁至简，考试文体由多样变成单一，多多少少反映了公平性目标逐渐取代选才目标的历程。但这样的结果却是，用严苛而详尽的法律来规制科举考试却限制了科举制度改革的基本动力，压抑了考生与官员的能动性，并导致科举制度发展的停滞与墨守成规②。

在科举制度发展史上，几乎所有重要的改革，都服务于追求公平的取向③。从“兼采时望”到“糊名考校”、从归并考试科目到指定考试内容、

---

① 刘海峰：《科举制对西方考试制度影响新探》，《中国社会科学》2001年第5期。

② 覃红霞：《科举学的法律视角——以〈钦定科场条例〉为例》，《厦门大学学报》2010年第5期，第72页。

③ 徐梓、王炳照：《科举制度的公平追求及其对自身的戕害》，《教育学报》2005年第4期，第3～6页。

从考试形式多样走向八股文取士，无一不是公平的价值取向。正如顾炎武所说："国家设科之意，本以求才；今之立法，则专以防奸为主，如弥封、誊录一切之制是也。"①

2. 人才选拔标准沦为逐步标准化的道德文章

按道理说，科举制度的目的是选拔优秀官员，考试评价标准的科学性是首位的，公平性只是保证考试效度的制度保障。但时至今日，仍然不时可见主张考试制度改革首重公平的呐喊。坚持这类观点者说，这是科举给高考最重要的启思，也是科举留给当今社会最宝贵的文化遗产之一。这很像科举制度错位价值观的历史复活。

人才选拔标准实际上保证的是人才选拔的效度，理论上这是首位的价值追求。但以此视角去分析文官选拔制度的历史演变，可以发现这是一种"一切以程文为去留"的标准，考试内容由内容较广泛的诗赋之"文"演变到内容较狭窄的经义之"文"，由形式较灵活的、广义的经义之"文"演变到形式较固定刻板的"八股文"②。由于八股文被认为是"学术界最大的障碍物"，这样一来，我国科举时代选拔的人才与选贤任能的初衷渐行渐远，实际选拔的主要是这样几类人才：①能用诗赋表达对贤能道理理解的了解之士；②能用文采高妙的诗赋表达事物之士；③选拔诗赋文采高妙之士；④能对儒家七经中贤能道理了解之士；⑤能用八股文体表达对四书五经中道理的了解之士；⑥八股文制艺高妙之士③。科举制的实质是一种开放报名、公平竞争、择优录取的考试制度。如果学术竞争标准沦为一种缺乏科学性的学术躯壳，那择优录取中的"优"，显然只是统治阶级自己认可和认为的"优"，而不是依照科学的学术评价标准认可的"优"。其结果是难逃厄运，阻碍人和社会的发展进步，在内忧外患下随同清代国家机器垮台被最终废除。

如果科举制度重视公平而压制科学的结论成立，那就是说，科举制相比之下不太重视甚至压制人才选拔的科学性。尽管科举考试内容历经诗赋到经义的演变，但相比公平竞争而言，这不过是时代学术文化发展的自然变迁与

① 顾炎武：《日知录·糊名（卷十七）》，长沙岳麓书社，1994年。

② 何怀宏：《选举社会——秦汉至晚清社会形态研究》，北京大学出版社，2011年，第86页。

③ 孙开建、陈为峰：《以信度效度论科举之演变》，《复旦教育论坛》2009年第6期，第40页。

内容变化，体现到了考试内容标准上。这种重视公平与压制考试内容标准科学性的背后，究竟是什么样的权力因素在起作用呢？下面对此做一简要探讨，以有助于理性认识今日考试选拔制度改革中的公平性和科学性问题。

（二）重视公平竞争始终是稳固政府行政权力之必须

科举历史似乎说明，重视公平竞争并不能保证政府行政权力一劳永逸的稳固。不过，它仍然是稳固行政权力的必要条件，这从老百姓的权力要求、精英统治权力的需要，都能找到合理的理论基础。行政权力服务于公平竞争的逻辑，主要是机会平等，包括形式上和实质上的机会平等。这对我们理解考试制度改革重视公平的价值观，推进考试制度改革进入实质性公平，都具有重要历史启思。

1. 公平竞争是等级社会下国人追求利益的刚性权力要求

按照费孝通先生的研究，中国古代社会是一个差序格局和差序人伦的社会。所谓差序格局的社会，说得明确点就是等级制度的社会，而等级制社会则自然是等级的人伦，这即“是从自己推出去的和自己发生社会关系的那一群人里所发生的一轮轮波纹的差序”。“伦”重在分别，在礼记系统里所讲的十伦，鬼神、君臣、父子、贵贱、亲疏、爵赏、夫妇、政事、长幼、上下，都是指差等。“不失其伦”是在别父子、远近、亲疏。伦是有差等的次序。其实在我们传统的社会结构里最基本的概念，这个人和人往来所构成的网络中的纲纪，就是一个差序，也就是伦①。正因为有差序人伦的不平等现实，即使经年累月不断努力劳作，要改变和提升自己的社会身份，也仍然是一件很困难的事情，尤其是面对古代社会士族门阀势力依然强大的现实，面对血缘门第影响着中下层庶族向上流动的现实。在科考逐步成为读书人改变人生的唯一正途情况下，其“朝为田舍郎，暮登天子堂”社会流动升迁功能，自然就对老百姓产生了巨大的吸引力，人们看到了经由科举当官是实现由卑到尊的位置转换的现实路径。毕竟官员不仅握有权力，享有相当的声望与财富，他们的家属还享有法律规定、习俗承认的种种特权，这些特权表现在礼仪、婚姻、丧葬、祭祀、交通、饮食、衣饰、建筑等生活的各个方面②。于是，渴求公平竞争必须成为社会特别是处境不利者获取科举利益的普遍愿望

① 费孝通：《乡土中国》，三联书店，1947 年，第 26～27 页。

② 转引自何怀宏：《选举社会——秦汉至晚清社会形态研究》，北京大学出版社，2011 年，第 104 页。

和刚性权力。

2. 公平竞争是加强精英统治权力的意识形态逻辑需要

对统治阶层政治实践而言，重视贤能治国一直是儒家思想的主张，也是政治实践一直努力的方向。儒家非常关注少数精英和理想人格培养问题，因为精英或理想人格的作用，在于社会规范“礼”的人格化和示范作用，同时也是通过他们来保证制度化的文化和意识形态传承。所以科举制度重视公平竞争，目的是选拔出真正的贤能治国之才，加强少数精英统治的权力，维护社会秩序的稳定。显然，科举制是一种精英官僚再生产的机制，是一种社会精英和社会结构再生产的机制。东汉以来的战乱纷争教训表明，如果不能很好地解决官员的选任问题，就无法建立起绝对效忠于自己的职业官僚系统，就不能消除来自上层社会的对大一统皇权的威胁与挑战①。当然，我国自古乱世就有大家先覆的结局，历次战乱后的新政府本身也需要挑选精英治国。明代八股文这种考试形式和经学思想内容紧密结合的考试，很大程度上正是适应了这种公平竞争原则中加强权力的意识形态逻辑，才得以沿用五百年。

3. 行政权力服务于公平竞争的基本策略

既然老百姓和政府权力都需要公平竞争，那如何去保证能公平竞争呢？纵观历史，科举制的基本逻辑其实就是谋求机会平等。这种机会平等，首先是形式上的机会平等，主要体现为开放报考资格，考试标准上一切以程文为去留，防止和惩治考试作弊。关于开放报考资格，历史的事实已经清楚显示，除了倡优皂隶等少数所谓贱民以及女子不准报考外，自科举制产生之日起，就基本确立了政府公开招考、士民“怀牒自列于州县”的自由报考原则。至于一切以程文为去留问题，史实也表明科举所考之学主要是儒家关于道德人生的学问。即使有关于政事方面的策论考试，但基本不占主导地位。由于出题、考试、阅卷、发榜等方方面面，都几乎用制度规定尽可能排除人情干扰，剩下的就只是众考官去评价考生文章在“清真雅正”上的高明程度了。当然，在科举强大的利益面前，防止和惩治作弊始终是政府维护公平竞争的最为艰巨的任务，这也是为什么古代科场法规那么严密繁多的重要原因。

其次是实质性机会平等。对考生而言，不论原初的社会阶层身份差异如何，皆有较高比例的中试机会，同时同级别考试的中第者大致拥有相同的职

---

① 孙立平：《科举制：一种精英再生产的机制》，《战略与管理》1996 年第 5 期，第 38～41 页。

位与待遇。关于这个问题，如今已有大量的历史学、社会学学者进行了研究统计，这些数据能充分说明至少约1/3还多的寒门子弟通过科举实现了向上流动，尽管这一数量相对于下层占绝对数量的老百姓而言并不算多，但这对中国的社会结构产生了深远的影响。正是由于科举制的社会流动功能，中国官民二元结构中还产生了一个特殊的“士”阶层，这是一个粘连官与民的不断流动的阶层，他们不断赋予官员阶层以强大活力。总之，科举制调节着社会结构的平衡，它使上层的精英可以从一种权力、财富、声望的等级结构中得到满足，下层潜在的精英则因这种等级结构并不对他们封闭而抱有希望①。

关于实质性机会平等，还有一个特别重要的策略是谋求不同区域的集体机会公平。它关系到各区省的实际录取比例与指标，是实实在在的集体机会平等。这方面，唐代主要是北方举子占绝对优势。北宋以后则因北方战乱、经济南移而南方举子占绝对优势。所以出现北宋中叶有关分区取士与凭才取士之争，代表北方士子的司马光主张分区取士，主张凭才取士的是代表南方士子的欧阳修。发展到明代，由于洪武三十年（1397）会试的“南北榜”事件，完全按分数高下取士逐步演变为分区分省定额取中，其分区录取比例后来较多的是南卷55%、北卷35%，中卷10%②。这里的逻辑凸显的是实质上的区域群体机会公平，类似今日高考确定分省录取指标及相应录取分数线的道理一样。就考生个体而论，不是全国而是各区域内的一切以程文为去留。这样做的好处，是可以照顾边疆和文化教育相对落后地区，调动这些地区读书人的学习积极性，促进教育的发展，维护民族的统一。它是区域群体机会公平与教育发展水平甚至经济等之间的矛盾，体现在了考试结果上，所以其智慧的解决之道是采取分区定额取士，而不是靠削弱考试的科学性解决，最终并未影响考试效率。还需要强调的是，这种区域群体的机会公平问题，即使在明朝也并没有出现按人口实行平均主义配额的情况，足见群体机会公平也绝对不是机会的绝对相等。现实中，那些提出教育或考试公平与效率产生矛盾的论者，也许正是把机会平等理解为了机会绝对的相等，这种公平观估计任何时候也难以行得通。还有可能的情形是，这些论者把效率理解为绝对的考试分数，实际上在压制科学的科举时代，这些分数也不是代表绝

① 何怀宏：《选举社会——秦汉至晚清社会形态研究》，北京大学出版社，2011年，第106页。

② 刘海峰：《科举取才中的南北地域之争》，《中国历史地理论丛》1997年第1期。

对的效率。这样的考试效率观，在今日的考试制度改革里仍旧不时出现，也许正是历史的教训重演，即试图完全以书面的试卷考试论英才。

（三）压制科学是行政权力直接控制学术权力的结果

政府的行政权力有自己的职能范围，驾驭甚至代替学者行使学术权力本身是一种职能错位，这种缺乏权力基础的考试制度实践，一旦把考试标准制度化为某种诗赋或者经学经典，必然产生压制科学的历史后果，从而最终通过扰乱生产关系而破坏科技生产力，贻害人的发展进步和社会的繁荣发展。当然，就科举考试的标准而论，中第者的水平不能不说是反映了举子们的真才实学，也不能不说是那时的佼佼者。如果深入研究那时的会试试卷，也的确会看到如果不是诗赋水平高或者经纶满腹还真不能写出高水平的道德文章。如果看看明清那些科举出身的官员翻译出来的大量西方科学著作，不能不佩服这些人的学识功力深厚。但这些，也改变不了君主专制制度下行政权力直接驾驭学术权力而阻碍科学的全局后果。

1. 追求科学理性不是古代中国社会的刚性权力要求

农业社会的古代中国，谈不上多高的科学理性，经验论才是农业社会的根本法宝。科举以来，积极向学不过是为有朝一日实现身份的改变，享有更高的社会地位与物质待遇。实际上，以血缘关系为纽带的差序人伦社会下，实用理性才是包括科举时代的古代中国一以贯之的传统科学思想，不论是秦汉的宇宙论哲学还是魏晋的本体论哲学亦或是宋明的心性论哲学，这和自然科学超越经验论的分析型思维知性逻辑要求相差悬殊。这方面，科举考试的诗赋、经学、政事内容即为追求实用理性的明证，它们主要是救治社会弊病。这种体现在兵、农、医、艺上的实用理性，与天文、历数、制造、炼丹等不同，这是涉及极为广泛的社会民众性和生死攸关的严重实用性，并与中国民族的生存保持直接的关系。反映在哲学上，中国古代的辩证思想虽然非常丰富而成熟，但它是处理人生的辩证法而不是有精确概念的辩证法，在天人合一的世界观下并没有主客体之分，因而类似“气”、“神”、“道”、“理”等等，就常常是中国哲学和整个中国文化的基本范畴。实用理性阻止了思辨理性的发展，排除了反理性主义的泛滥，造就了中国民族的思维模式和中庸心理，比如贵领悟、轻逻辑、好历史，以服务于现实生活，保持现有的有机系统的和谐稳定为目标，珍视人际，讲求关系，反对冒险，轻视创新……①。

---

① 李泽厚：《中国思想史论》，安徽文艺出版社，1999 年，第 308 页。

因为这种实用理性，中国人更在乎的是把整个人生智慧用于举业和中举后的政事，用于如何维系政治稳定，而少有用科学精神去质疑或者探索考试内容的科学性如何之类的“荒唐”问题。因为科学与否，关键在于有没有历史出处，是不是出自圣贤之口或得自于历史经验。事实上，追求科学理性需要的是整个国家的学术制度导向问题。这方面最明显的例子，就是明清时期大量翻译西方科技类著作，但既有的儒家学术制度丝毫不能动损，合理的主张不能进入国家政策层面。官至礼部尚书的明代进士徐光启在翻译了大量科技类著作后，提出了“欲求超胜，必须会通；会通之前，先须翻译”的发展科学之路，但只能靠他自身数年践行，结果是重新振兴了历算学《崇祯历书》，成为当时天文学家学习和研究西方天文学的主要著作，堪称明代天文学发展所取得的伟大成就。

2. 压制科学是行政权力驾驭学术权力的结果

随着宋朝中央集权管理体制的强化，唐朝诗赋取士的格局随着宋前期范仲淹领导的“庆历新政”而开始发生改变。宋仁宗庆历三年（1043）七月，范仲淹任参知政事，在韩琦、宋祁、欧阳修等人的支持下，于九月上奏十项改革方案——《答手诏条陈十事》，明确提出改革专以诗赋取士的科举制，把考试重点放在儒学经义上：“进士先策论、后诗赋，诸科取兼能经义。赐第以上，皆取诏裁。余优等免选注官，次第人守本科选。”① 由于内容和标准没解决好，改革是昙花一现。二十五年后的王安石变革最终把此理想变为了现实，他不但确立了经学的地位，通过《三经新义》解决了内容和评判标准，还创立了“三舍法”，把取才和养才一并用于学校。王安石还将进士、明经两科合二为一，留存进士科名目，充以经义内容并增加进士名额，使得科举常科唯进士科仅存，最终形成了诗赋取士与经义取士平分秋色乃至于后来经学为主导的格局。

因为实用理性，科举考试的内容必然反映的主要是以人和人的关系为中心的人文教育内容。从精神文明看，这些儒家人文教育内容强调自我身心调养，个人和社会的和谐互动，人类和自然的和谐相融，对塑造中华民族的人格和心灵具有重要价值②。从糟粕看，除了强调等级观念，很多经学内容都

① 马先彦：《科举考试内容与评判标准的首次匡定——对王安石科举改革的几点思考》，《贵州社会科学》1998 年第 6 期，第 88 页。

② 朱幸福：《美国大学教育写真》，清华大学出版社，2010 年，第 235 页。

是无需证明的儒家真理，也不允许质疑和证明。因为从事正统科学事业的士大夫是依附在皇权体制下的官员，他们的学术权力代表的是皇权意志，他们注疏的四书五经就是那时的科学性知识，是不容置疑的正统真理。这种权威主义的价值取向，过度崇拜古代圣人，固守经典著作，不利于科学的发展。从西汉的《七略》奠定重道轻器的知识倾向，到唐初《随书·经籍》对经、史、子、集的分类范式，直至清乾隆年间的《四库全书》，"经"的思想统领了所有知识。难怪乎，李约瑟说纵然有墨家概述的一种完整的科学方法论，但它们在中国历史中淡出了，对自然思想家并没有产生太大影响，对西方更是毫无影响①。事实上，在墨家的科技结构中，同时具备理论、实验和技术这三个要素。《墨经》囊括了逻辑学、哲学、政治学、伦理学、经济学、生理学、心理学、数学和物理学（尤其是力学、光学）等各门学科的内容，堪称一部微型的古代百科全书。它在中国古代科技史上首次将纯粹的科学主义价值观与注重实用的工具主义价值观融为一体②。不过，科举制中并非没有自然科学的科目如数学、天文学之类，只是地位不如经学高。行政权力控制学术权力的意识形态逻辑明显压制了科学发展。

古代中国的智慧的确是实用理性至上而科学并不发达，尽管在公元后的13个世纪里不乏辉煌的科技成就并陆续传到欧洲，但这并不是有组织的科技研究的结果，更没有产生一整套科学原理。因为科研并不是一项持续进行的工作制度，不是一种由社会传播的、有意识加以发展和利用的理论与实践的体系③。李约瑟指出，中国超越西方之处主要体现在技术方面，自公元1世纪至公元15世纪，在将自然科学知识应用于实际的人类需要方面，中国文明比西方文明更为有效④。这个根本原因，其实不是费正清学者认为的中国文字对人的束缚，也不是因为中国学者没有制订出一套比较完整的逻辑体系，没有这种研究的工作制度，而是法律意义上正式的科举考试制度延续了中国的传统实用理性思想，主导了中国读书人的结果。更准确地说，是秦以

① 托比·胡弗：《近代科学为什么诞生在西方》，周程、于霞译，北京大学出版社，2010年，第234页。

② 童恒萍：《重估墨家学说的科技价值》，《学术研究》2009年第12期，第23页。

③ 费正清：《美国与中国（第四版）》，张理京译，世界知识出版社，1999年，第71页。

④ 托比·胡弗：《近代科学为什么诞生在西方》，周程、于霞译，北京大学出版社，2010年，第229页。

来逐步升级的君主专制制度下行政权力驾驭和执掌学术权力的结果。这种结果反映在科举与学校教育的关系上，就是学校教育在明代以后沦为科举制度的附庸，科举制度成为教育制度的重心。即使是唐宋初期带有现代探究性教学特点的书院，明清时候也是以举业为重要目标追求。很明显，科举制度背后的逻辑，主要是大一统皇权专制的行政权力驱使，维护专制统治才是学问的实用理性目的。所以，中国人的发明创造力的确是缺乏科学研究自由以及将精力和智识好奇心设置在形而上学问题不会被提及的智识安全区的结果①。结果是 11 世纪以来，我们在近代科学的核心研究领域如天文学、物理学、光学和数学等方面，不仅落后于西方，而且也落后于阿拉伯。反映在考试的科学性上，就是历朝考试管理规则都多，而考试理论成果寥寥。

3. 行政权力服务于考试选拔标准科学性的基本逻辑

既是官员也是掌握学术权力者的考官很大程度上决定着考试质量。隋代科举考试之事由尚书省吏部尚书负责管理，具体事务由吏部侍郎来办理。唐代最初由吏部考功郎中主持，后来转入礼部，由礼部侍郎执掌，考试官的选拔从品德、学识和处事才干几方面进行综合考察，并常常以皇帝的名义亲自任命。宋代创立殿试制度后，主考官名义上由皇帝担任，但考试试卷等具体事务，则临时选拔官员办理。明代殿试称为廷试，考官在考前几天由礼部提请皇帝裁定，具体官员根据考试具体事务设置，一般都包含读卷官、受卷官、收掌试卷官、监视官、提调官、印卷官、供给官等。清代殿试由皇帝主持，具体负责考试事务的官员和明代大体类似。总的来讲，科举考试的考官位重，最高级别的考试都由一、二品高官担任，而且他们都须进士出身，属于往日之士子，尤其衡文者一般都是享有文名、确有文才的、求才若渴的官员。行政权力服务于选拔标准科学性，主要体现在考试方面，一是力求出题质量高，二是力求评判标准高。至于什么是高质量，什么是清真雅正的评判标准，则取决于考官学识以及其承载的上述统治阶级压制科学的价值观。而在学术被行政权力高度控制的情况下，考官们再高的学识也走不出压制科学的滥觞。考试思想的先进性和超前意识往往得不到当局的认可，只有在社会发展到一定程度，考试弊端已是积重难返之时，才会重新加以考虑、肯定或

① 托比·胡弗：《近代科学为什么诞生在西方》，周程、于霞译，北京大学出版社，2010 年，第 230 页。

深知它的价值，部分地加以实施①。所以，即使是科举制度推动下的宋代学术繁荣，也主要是限于人文领域，诸如以朱熹为代表的道学，以陆九渊为代表的心学，以叶适为代表的永嘉事功之学，以吕祖谦为代表的婺学，以陈亮为代表的永康之学，以及宋词、宋诗、话本、书法、雕塑、音乐、歌舞等文学艺术方面的繁荣。

综上讨论，可以认为科举制的公平竞争和科学性问题其实都十分重要，都各有自己的逻辑。公平竞争始终是科举时代保障选拔目的实现的基本手段和主旋律，源于等级社会中国人的刚性权力要求，也是统治阶级加强精英治国的需要。行政权力服务于公平的策略是尽可能实现形式上的机会平等和实质上的机会平等，但这并不能得出考试制度改革首重公平的结论，更不能把公平理解为平均主义的机会相等，即使明朝在解决区域集体机会公平问题上我们也没看到用机会相等的理念来解决。科举制度压制科学，是由于行政权力控制学术权力自由的意识形态统治逻辑，也因为它不是中国人的刚性权力需求，但恰恰是这些逻辑加剧了中国科技的落后，影响了考试质量和选拔目的实现，贻害了人和社会的发展。所以在当今选拔性考试制度改革问题上，任何时候都要考虑公平性，但不得以牺牲科学性为代价，相反还要吸取科举的历史教训，大力加强招生和考试机构学术权力自由的逻辑，削弱行政权力对学术的干预，始终注重考试科学性的能力建设，避免把招生部门和考试机构办成行政管理权力为主导的机构，凸显其致力于全面评价学生的学术部门的性质和宗旨。即使在解决公平与科学矛盾的时候，也要尽可能通过区域集体公平的逻辑去解决，以谋求选拔考试制度改革尽可能促进人和社会的健康发展。

三、启示：从科举看高考与教育教学的关系

从科举与教育教学的关系，反观当前高考与教育教学的关系，同样可以发现历史有惊人的相似，分述如下：

其一，今日所谓的“应试教育”，从现实中绝对的否定意见看，它是本真的语义意义上“应试教育”概念的“异化”，即完全指一种“负面的教育

---

① 田建荣：《中国考试思想发展：特点、规律及启示》，《教育研究》2004 年第 4 期，第 82 页。

观念或教育行为”，就如《中国人毁掉的三个称谓》① 中“同志”、“小姐”、“农民”被异化而成为消极概念一样，它们实际上只能用于特定情景或语境。一般而言，一个概念的本真的语义，使用起来往往不受环境限制，也更易为大多数人所理解和接受。因此，本真的语义意义上的应试教育，抛开社会性质、实际目的等差别，单从教育作用与影响方面讲，也就类似“科举教育”。对于高中来说，它的实际名称也就是“高考教育”，意思是“考大学的教育”。这恐怕是多数教育实践工作者心目中的应试教育。高中教育等同于高考教育，同样表明，高考目的支配了高中教育的教学目的，高中教育的教学目的依附于高考目的。

其二，目的的依附，产生了高中教育教学围绕高考转的结果，正如科举时代学校教育教学围绕科举考试转一样，它表明了这样一个“指挥棒”规律，即“高考考什么决定了中学教什么、学生学什么”。除了内容范围与实际教学尽量一致外，考试以知识或能力为主，教、学也就朝知识或能力方向来训练和考查；高考能够兼顾德智体等几方面择优录取，教育教学也就尽量向德智体等几方面努力；高考命题注重运用理论分析现实问题的能力，学校教育教学也就尽量朝着理论联系实际的方向努力。同时，高考是选拔性考试，对抱有只要有大学可上而没有择校想法者，招生规模的大小在一定程度上也就决定了考生个人学习强度的大小；对想要择校、择专业的考生，在考前很难知道别人实际水平的情况下，在考生水平与考试难度是“水涨船高”的关系下，考生往往追求最大的学习强度。如此不同的要求，也就导致教师尽量向高标准看齐，至少根据往年试题难度对学生尤其是中等以上成绩的学生在学习负担上加码。结果是“考多难，教、学多一点难”。这是高考指挥教育教学的又一面。

其三，教育教学围绕高考转，“高考能否选拔真才”的问题与责难也就出现了，这与“科举考试能否选拔真才”的问题很相似。比如，“高分低能”的说法，“有才无德”的说法，“越是成绩好的孩子素质越差”的说法，等等，不一而足。

其实，缘于公平的考试竞争，考上大学者总体上素质是很高的，他们在大学的学习也反映出了这个结果。类似科举时代以人文类素质为主要标准并

---

① 曹有刚：《中国人毁掉的三个称谓》，《读者》2001 年第 21 期；俞桂斌摘自《山西家庭报》2001 年 8 月 13 日。

非反映了当时社会发展的真正需要一样，关键的问题是，高考的标准是否很好地反映了当前社会发展的要求？一次考试是否遗漏了真才尤其是专才？

对于前一个问题，随着20世纪末以来以能力立意为重点的命题改革的快速推进，以综合素质为择才标准的制度化建设，问题可能会得到进一步的解决。但可能还是存有不少问题，原因是高考需要区分学生的真正发展水平，如果仍然只有一次考试，一种考试形式，无论怎样改进命题，考试的效度也是有限的。因为高考内容有限，教育教学内容相对无限，如果考虑学生在学习中还会生成新的目标，大学还要求一定的专业性向，一次考试尤其一份试卷考各个层次、各种科类的学生，就更显“力不从心”了。一次考试还是两次考试抑或是多次考试，一份试卷还是多份试卷，一种形式还是多种形式考核，表面上看是考试次数与形式问题，实际是考试与录取的标准问题。次数与形式变了，考试标准就变了，至少部分学生的综合素质就不同了，自然考生的位次也就很可能与一次考试、一种形式考试的结果不同。这样一来，录取中的公平与效率就更可能不同了。从这个角度说，高考除了一次中学基本学业考查以外，至少还应有一次大学专业性向考试。考试内容应尽可能涉及所有课程，高考考题的设计要体现综合素质考查，除了文字考试，还应有制度化的面试、平时业绩考查等①。对于后一问题，在1999年扩招以后录取率一般都在50%以上，遗漏专才的可能性已经减少。不过历史证明，根本的办法还在于制度化的特长考试。

其四，高考的历史显示，正如科举考试有教育正、负功能一样，高考也有教育正、负功能。大家熟知的高考的教育教学正功能，即是通过“高考考什么，中学教什么，学生学什么”的规律来实现的。负功能的主要表现：一是教育目标的相对无限性与实际测量目标的有限性的矛盾，导致考试目标实际上不可能穷尽教育目标的缺陷；二是在规定的教育教学目标中，通过“高考不考什么，中学就不教什么，学生就不学什么”的规律起消极作用。例如，曾经有一段时间，文科不考理化生，理科不考史地，中学文、理科班相应科目的教育教学，就在一定程度上不受重视。又如，过去教育实践的状况是，高考不以“应用知识的能力”为主，中学的教、学一般也就不会以培养、学习这些能力为主。

以上说明，“高考教育”属于典型的应试教育，具有不可避免的缺陷或

① 王前：《关于应试教育的一种文化解读》，《教育参考》2001年第4期，第27页。

负功能。但同时，高考的教育正功能表明，高考教育或者应试教育有其存在的合理性，它与素质教育不是绝对对立的，与高考的教育负功能也是不同的。就高考与教育教学的双向关系看，我们要指出的问题不仅仅是高考教育或者应试教育，还应看到高考本身的负功能问题和把整个高中教育等同于高考教育的问题。我们要解决的问题是，一方面尽量减少高考的教育负功能，另一方面尽量减少教育教学中为高考而背离教育、教学规律的观念与做法，即减少教育教学自身的负功能，比如根据录取率的变化，对高中生因材施教，加强对教师和学校管理人员“有关科学精神、科学价值观念、科学思想方法的教育，调整对教师和学校的考核与评估标准”等①。现实中，我们既要看到高考的教育教学负功能，同时也不能忽视实际教育教学自身的负功能。

现代社会，高考的教育负功能产生的原因，与科举考试的教育负功能产生的原因有类似之处，它主要决定于高考的内容与技术属性。内容属性，反映在测量标准上，主要是一次考试缺乏效度，其主要表现是教育目标的相对无限性与实际测量目标的有限性的矛盾，进而信度也会有偏差。反映在考试结果上，主要是缺乏对中学、大学的全面信息反馈，以至于许多中学比较盲目地给所有学生加重负担，以至于大学不甚了解中学教育教学情况，不太关心高考，招考自主权无形中失去了一定的合法性基础。测量的技术属性，如考试的次数问题、形式问题、试卷编制问题等，都是影响考试质量的重要原因。如是，尽量减小高考的教育教学负功能需要在高考内容与技术方面双管齐下，承认考试是指挥棒的客观事实，“积极地、恰当地运用这根指挥棒，推动、引导教学改革，以提高教育质量”②。

其五，社会的发展需要人才观的转型。评说废科举制的千秋功罪，似乎是一件非常困难的事情，不过其人才观的现代转型意义不言而喻。美国学者顾立雅认为，“中国对世界文化的贡献远不止造纸和火药的发明，现代的由中央统一管理的文官制度在更大范围内构成了我们时代的特征，而中国科举制在建立现代文官制度方面扮演过重要角色。可以明确地说，这是中国对世界最大的贡献”③。梁启超、钱穆、潘光旦、胡适等很多大学者都肯定了科

① 王前：《关于应试教育的一种文化解读》，《教育参考》2001年第4期，第27页。

② 潘懋元：《我对招生考试的基本看法》，《湖北招生考试》2002年第56期，第4页。

③ 杨齐福：《科举考试大规模的智慧测验，人类文明的结晶》，《光明日报》，http://cul. sina. com. cn 2005/11/19。

举制的合理性。

废科举考试，其实也废除了其合理性。我们的确可以从考试社会学上惊叹发明制度化考试的伟大，惋惜废除制度化考试的流弊，但我们不要忘记当时特殊国情的无奈，更不要忘记从人才观上反思统治者仅仅注重人文社会领域人才选用的重大教训与失误。人才是选才制度的核心问题，社会发展的转型需要人才观的转型，今天社会的发展需要各种层次与类型的人才，不同的岗位需要不同类型的人才，选用人才尽可能不要局限于一个标准，局限于一个领域，不管是人文社会科学领域还是自然科学领域，不管是学术型领域还是技能型领域。如此，方能培育一个考试与教育良性互动的和谐社会。

第二节 民国时期高校招生考试与教育教学的关系

中国近代的高校招生考试，包括清末学堂招考与民国时期的高考两个时期。鉴于前一时期是科举考试向近代高校招生考试转型的过渡时期，这里也就略微提及学堂招生考试，以作为讨论民国时期高校招生考试与教育关系的前奏。

洋务学堂的招生考试是近代高校招生考试的起点，主要标志是考试目的不在于选官而在于选拔合格新生，考试内容不仅检测传统人文知识及读写基本能力，而且考查一些粗浅的近代自然科学知识。但那时高校招生考试“摆脱不了科举考试的束缚”①，广大士子仍醉心于科举考试，对洋务学堂的招考或漠不关心，或态度鄙夷，甚至激烈反对。从维新变法办新式学堂以后，高考仍旧摆脱不了科举考试的影响，一些新学堂以奖励出身来刺激学生投考，国家也一度保留仕学馆和进士馆的招生。随着1904年《奏定学堂章程》（又称《癸卯学制》）的颁布实施，以及1905年科举制的废止，清末高等教育逐步建立了一套高校自行举办的招生考试制度。不过，大学生源程度低的问题，尤其师范生源相对缺乏的问题，同等学力问题，以及变通高校招生考试对中等教育的负面影响问题等，一直困扰着高校招生考试，直到民国时期②。

---

① 薛成龙：《近代中国高校招生考试研究》，厦门大学硕士学位论文，1999年5月，第5页。

② 薛成龙：《近代中国高校招生考试研究》，厦门大学硕士学位论文，1999年5月，第9页。

民国时期高校招生考试发展演变的历史，已研究较多，如《中国考试制度史》（谢青、汤德用主编，黄山书社 1995 年版），《近代中国高校招生考试研究》（薛成龙，1999 年厦门大学硕士论文），《中国考试发展史》（刘海峰等著，华中师范大学出版社 2002 年版）等。笔者这里拟从史实出发，就高校招生考试与学校教育的关系作一专门探讨，以对当前的高考改革提供历史的借鉴。

一、改革调整单独招考：民国时期协调高考与教育教学关系的主要措施

民国高校招生制度的演变历史，依据高校招生考试的不同特征，有论者认为它经历高校单独自由招生阶段（1911—1932），计划控制与统一招生阶段（1933—1940），招生形式多元化阶段（1941—1949）[①]。这种划分，对国立、公立大学的招考演变历史而言，是较适合的。但它不适合于公立专科类高校与私立高校的招考演变历史，因为民国时期的这类高校基本上始终实行的是单独招考模式[②]。以 1938 年—1940 年看，单独招考的院校分别为 75（私立 47）、73（私立 47）、72（私立 45）所，高校总数分别为 97、101、113 所，括号中私立学校的学生占公、私立学校学生总数的比例分别为 42.9%、40.3%、42.1%[③]。可见单独招考进来的学生比例之大。

历史显示，实施单独招考，高校拥有较大的招考自主权，招生考试形式灵活多样；但对中学、大学的教育教学带来一定的负面影响。因此，教育部在处理单独招考与教育教学的关系时，采取了控制入学标准与学科人数比例两种措施。

（一）控制入学标准，减少对中学、大学教育的负面影响

在实际招考中，虽然北京大学、清华大学、上海交通大学等一些知名大学坚持严格招生，但也有不少高校利用《壬子癸丑学制》中允许招收经考试有同等学力者，但并无比例限制之规定，降格招考，致使所录同等学力学生

---

① 高耀明：《民国时期高校招生制度述略》，《高等师范教育研究》1997 年第 4 期，第 69 页。

② 教育部教育年鉴编纂委员会：《第二次教育年鉴（二）》，商务印书馆，1948 年，第 530～543 页。

③ 熊明安：《中华民国教育史》，重庆出版社，1997 年，第 372～373 页。

程度不合大学要求。因此，1914 年 7 月，教育部通令直辖各专门以上学校，此后招收新生，除了应对升学之毕业生从严甄拔外，其遇有同等学力之学生，尤应严行甄录，以杜冒滥。切勿稍涉瞻徇，致妨学务①。以后，教育部于 1915 年 6 月、7 月又两次通知各省，规定“各项专门学校招生，务须一律从严，所录各生，同等学力者不得逾中学毕业生十分之二，以昭核实”②。

鉴于高校招生考试内容多与中学教学实际脱节，给中学教学造成很大困难，教育部于 1919 年公布各专门学校大学招生办法训令，对考试科目分别作程度说明。要求招考预科生，“命题概须依照中学毕业程度，勿使太过不及”；“各高等专门学校及大学招考新生，除外国语外，其他各种科学，应以本国文命题。生徒答案，应用本国文，其能以外国文作答者听”③。

（二）控制学科人数比例，调整高等教育的学科结构

民国初期，教育部已开始加强实科建设，控制文科的发展，但招生办法未变，两者比例仍严重失衡。1922 年颁布新学制，大学设置标准放宽。文科因所需办学经费少，仕途吸引力大，其招生规模居高不下。1931 年全国高校在校生有 44 167 人，其中，文科（法政、文哲、教育、商科）占 74.5%，实科（工、理、医、农科）仅占 25.5%④。九一八事变以后，不造就多数实用科学人才，不足以应付非常环境及各种建设之需要⑤，因此采取控制招生的措施已迫在眉睫。

1933 年 5 月教育部颁发各大学及独立学院招生办法，纠正文法科畸形之发展，规定除女子学院外的各公、私立大学包括独立学院兼办甲类（包括文法商教育艺术）学院及乙类（包括理工农医）学院者，如甲类学院所设学系与乙类学院所设学系数目不同，则任何甲类学院各系所招新生及转学生之

---

① 潘懋元、刘海峰：《中国近代教育史资料汇编·高等教育》，上海教育出版社，1993 年，第 767 页。

② 《中华民国教育法规》，1919 年 5 月。

③ 《教育部公布专门学校大学校中学校招生办法训令》，《教育杂志》，1919 年第 11 卷第 3 号，第 11 页。

④ 薛成龙：《近代中国高校招生考试研究》，厦门大学硕士学位论文，1999 年，第 30 页。

⑤ 教育部教育年鉴编纂委员会：《第二次教育年鉴（二）》，商务印书馆，1948 年，第 503 页。

平均数，不得超过任何乙类学院各系所招新生及转学生之平均数。专办甲类学科之独立学院所招新生之数额，不得超过各该学院 1931 年新生数额，有特殊情形须经过教育部核准，否则新生入学资格不予审定，或作其他纠正处理。

1934 年 4 月教育部作进一步限制规定，招生以学系为单位，文科类学院各系招生不得超过 50 名（女子学院及医学院或医科学生暂不受此限）。

1935 年，教育部依据各该系科师资情形、设备状况，以及 1934 年招生实际情形，改以实际名额控制取代比例招生。规定大学文科类学院每一学系，所招新生及转学生之平均数为 20 名。以后除成绩特优经教育部于招考前特准者外，以 30 名为限（女子学院除外）。

1936 年招生办法同 1935 年。1937 年亦参酌前两年办理。变革的是，1937 年，为适应全面抗日战争的需要，提高大学程度，教育部在中央大学、浙江大学和武汉大学三校试行过"联合招生"。经过 5 年招生比例控制，本年度全国高校在校生 31 188 人，未分院系学生 681 人，文科类 15 227 人，实科类 15 280 人，实科类（理、工、农、医）首次超过文科类（文、法、商、教育、艺术）学生①。

其后，除了国、公立大学 1938 年—1940 年实行统一招考外，教育部对全国公立专科学校及私立高校，1940 年以后包括国、公立大学，始终进行招生比例、命题标准的控制，甚至对考试科目也有原则性的规定②，这较为有效地调节了高等教育的学科结构平衡发展，减轻了考试标准与中学课程标准不衔接而产生的负面教育教学问题。但单独招考对教育教学的负面导向问题，除了上面几点，其他问题始终未能解决。例如，各校自行招生，宽严极不一致，有的录取标准高，有的录取标准低，有的考试科目多，有的考试科目少，但学生往返投考要做数种准备，且不说经济困难之苦与选择高校之有限，其身心之苦是必然的了。真可谓"费时、费事、费金钱、费精神"③。

① 教育部教育年鉴编纂委员会：《第二次教育年鉴（二）》，商务印书馆，1948 年，第 531 页。

② 教育部教育年鉴编纂委员会：《第二次教育年鉴（二）》，商务印书馆，1948 年，第 537～543 页。

③ 黄龙先：《大学统一招生考试的检讨（下）》，《教育通讯》（第二卷）1939 年第 48 期，第 9 页。

何况即使统一招考的3年，单独招考的院校数在高校总数中还是占了绝对的多数，其学生数也占了多数，众多学生受单独招考之苦是毫无疑义的。

二、实行统一高考：民国后期协调高校招生考试与教育教学关系的尝试

高校统一招生考试（1938年—1940年），是我国近代高校招生制度改革的一次重要尝试。实施范围主要包括国立、公立大学，私立高校与公立专科学校不在其列。其出发点主要是“籍统一的标准，提高学生的程度，免考生彷徨歧路兼考数校之苦”①。同时“求大学教育合理的调整”。简言之，就是要尽量克服单独招考的弊端。

1938年6月，教育部针对单独招考的弊端，在多年计划控制招生的经验与三校“联合招生”试验的基础上，设立统一招生委员会，颁布国立各院校统一招考办法大纲。在武昌、长沙、吉安、广州、桂林、贵阳、重庆、成都、昆明、延平、永康、南郑设立12个招生处，办理新生报名、考试等事宜。统考定于9月1日至4日举行。笔试分文法商师范、工科、医农3组。考试科目为公民、国文、英文、史地、数学5门，另任选理、化、生1门。命题要求以高中课程标准为限，以教育部审定的通用教科书为依据，试题数目以一般考生能于规定时数内完卷者为准，不宜空泛或偏重记忆；较难者与较易者约各占25%，难易适中者约占50%。口试，师范生在笔试同日举行，其他院系在笔试取录后自行举行。沦陷区上海国立院校仍自行招考新生。参加这次统一考试的国立高校计有22所，占当时专科以上院校（共77所）的22.7%②；应考人数11 119名，录取人数5 460名③。由于事属首创，筹备不及，加上战时交通、邮电阻隔，该年统一招考存在一些不足。如命题与阅卷仍由各招生区自行办理，试卷难易、评分宽严不一，从而给教育部确定录取标准和统一分发带来较大困难。

---

① 黄龙先：《大学统一招生考试的检讨（上）》，《教育通讯》（第二卷）1939年第46期，第2页。

② 教育部教育年鉴编纂委员会：《第二次教育年鉴（二）》，商务印书馆，1948年，第531页。

③ 转引自刘海峰，等：《中国考试发展史》，华中师范大学出版社，2002年，第229页。

1939 年，统一招考继续发展。考区共设 15 个、招生处 13 个，参加统一招生的有 26 所国立大学及 2 所省立大学。应考人数 21 338 名，实考人数 20 006 名（含同等学力者 4 209 人），录取人数 5 371 名①。本年度最大的招考改进之处，是由教育部统一命题。同时，试卷评阅由于交通困难无法集中一处，改为由所在地国立大学院校负责，无此类院校者，送至附近院校评阅。不过，本年度最大的问题是录取标准的统一，未能体现出高校院系的个性。

1940 年，针对前两年统考的不足，教育部将临时性的统一招生委员会改设为常设性机构，加强统一考试组织建设，改进填报志愿及录取分发办法，考生志愿以学校和学院为单位，采用分组标准制录取学生。第一组报考人数多为名额有限的法科，考分要求最高；第二组、第三组招生名额多，报考学生少，适当降低考分要求。三组笔试科目一律定为 8 门，公民、国文、英文（或德文）、生物 4 科，三组均同。学生入学后由学校预先试分系，学年结束再考核其成绩、志愿及各系容量，正式分系。这种做法较好地体现了统考的共性与个性。本年统一招生的规模进一步扩大，参加统一招生的国立、省立大学及独立学院共 41 所，设有 16 个考区、18 个招生处。应考人数 18 151 名，实考人数 16 160 名（含同等学力者 876 人，不含上海四院校所招学生），录取人数 7 024 名②。命题及评分标准改善，命题委员会除拟订试题外，还拟订答案并附评分标准一份。同等学力更受限制，在招收同等学力学生方面，明确界定了报考资格，公立大学招收同等学力者的数额也由原定的 10%降到 5%。

1941 年，高校统一招考被迫中止，单独招考、联合招考、委托招生、成绩审查以及保送免试 5 种招生方式，由各高校酌量采用，直到民国结束。主要原因是抗日战争进入相持阶段，加上随后的解放战争，交通更加困难，形势更加严峻。因此，本阶段的招考形式多样化，实为不得已而行之。自然，也就很难评说如何处理它与教育的关系。

回顾国立、公立大学三年统一招考的尝试，尽管在实践中也存在命题覆

① 教育部教育年鉴编纂委员会：《第二次教育年鉴（二）》，商务印书馆，1948 年，第 533～534 页。

② 教育部教育年鉴编纂委员会：《第二次教育年鉴（二）》，商务印书馆，1948 年，第 536 页。

盖面窄、题型单一、录取标准宽严不一、统一分发困难等局限性，但也基本达到实行统考的初衷，发挥了重大的积极作用：它继续有效地控制了全国高校科系发展的平衡问题，从整体上提高了高校生源的质量①，加强了高考与中等、高等教育的衔接。

三、实行会考制度：构建了民国后期高校招生考试与教育教学的有效中介

中学正式实行毕业会考制度始于 1932 年，1934 年扩大到师范学校，1937 年逐步推进到职业学校，抗战期间后方省份仍然坚持中学毕业会考，直到 1947 年废止。会考制度推行的 15 年间，它成为高校招生考试与学校教育的有效中介。理由是：实施会考制度主要起因于教育弊端，目的在于改进教育造就人才；会考制度对改进教育造就人才起到了积极作用；这种积极作用从高校招生考试的视角看，实际上是提供了大学教育的基础保障，提高了中学生进入高校的整体水平，也有利于弥补当时单独招考对教育教学导向的缺陷。

（一）会考制度的实施，主要是起因于教育的弊端，目的是改进教育以造就发展资本主义所需要的大批建设人才

据 1929 年 3 月 25 日国民党在南京召开第三次全国代表大会的政治报告载，中国教育有“学校滥、办学之人滥、师资滥、教材滥、招生滥、升学滥”六大弊端②。这种状况，是极不利于造就资本主义所需实用人才的。因此，在本次会议确立了教育乃国家建设永久之任务以后，改进教育的许多政策接二连三地出台，例如，1929 年 4 月 26 日确定了“三民主义国民教育”的宗旨和方针；1930 年 4 月 15 日，第二次全国教育会议审议的《改进全国教育方案》，要求中、高等教育先求质量的提高，不作数量的增进；1931 年 5 月 9 日国民政府行政院公布了《地方教育经费保障办法》；同年 6 月 1 日，国民政府公布的《中华民国训政时期约法》第 5 章第 47 条～58 条为国民教育专章，规定了三民主义为中华民国教育之根本原则；同年 9 月 3 日，国民

① 朱师逖：《大学统一招生能代替中学毕业会考吗》，《教与学月刊》1940 年第 5 卷第 4 期，第 1 页。

② 谢青、汤德用主编：《中国考试制度史》，黄山书社，1995 年，第 607 页。

党第三届执行委员会第 17 次常务会议通过《三民主义教育实施原则》，含各级各类教育的目标与实施纲要，纲要内分课程、训育、设备等项；九一八事变后国民政府更加迫切需要依靠教育造就实用人才①。

正是以上的主要原因，1932 年 5 月 26 日教育部公布的《中小学毕业会考暂行规程》，规定各省市教育行政机关为整齐小学、初级中学、高级中学普通科学生毕业程度及增进教学效率起见，对于所属各中小学应届毕业经院校考查合格之学生，举行会考。因会考损害小学生的身心健康遭到合理反对，1933 年废除了小学毕业会考，公布了《中学学生毕业会考规程》。1935 年 4 月 6 日，修正公布了这个规程，高中会考科目有：公民、国文、数学、物理、化学、生物、历史、地理、外语（去掉体育）。毕业会考各科成绩，应以学校各科毕业成绩（其中，各科学年成绩占 3/5，毕业考试成绩占 2/5）占十分之四，会考成绩占十分之六合并计算。应以 60 分为及格标准。毕业会考各科均须及格始得毕业。各地会考时间统一为每年 6 月最后一星期及 1 月第一星期内举行等。

（二）会考制度对改进教育造就人才起到了积极作用

这恐怕也是在战事不断的情况下还坚持实行会考制度到 1947 年才废止的原因。以 1936 年全国教育学会平津两分会的调查结论（总论）看：

(1) 会考目标代表了中学教育目标的一部分。

(2) 会考利弊共存，在行政、教师、学生、程度、成绩及标准上说，利大于弊；在教训、课程、教学、经费上说，弊大于利。

(3) 被调查人对会考的态度，校长赞否各半，学生多数反对，阅卷委员、教务主任、训育主任多数表示赞成。

(4) 改良办法，一为改进会考，包括行政、考试科目、考试与课程的标准、命题、考期、考区、考试过程组织、阅卷、记分、榜示、毕业与升学、补考等 13 个方面；一为取消会考而用他法代替，家长的办法是严行人学考试、注重期考与月考、严聘教员、领导、学生自动用功、提倡学术竞赛、教学设备完善等，阅卷委员的办法是学校考试严格，阅卷委员与家长共同的办法是使督学督促教职员与学生努力、实行抽考制，训育主任与阅卷委员共同

① 宋荐戈：《中华近世通鉴——教育专卷》，中国广播电视出版社，2000 年，第 165～172 页。

的建议是派人监视学校毕业考试。上述建议，当时的评论是“不禁失望”，唯抽考制可行，但须以会考的形式。

(5) 当时作者的观点是，会考制度有缺陷，但实行后有相当的效果。如校风之整饬，师生之努力，学生会考及升学之成绩较前增高，就是显著的效果。反对者所攻击的如忽略体育与德育，教学方法受不良影响等，实际上在会考之前已经存在、固定了①。

再以和上述调查同时所载的会考问题理论研究《分论》看，与《总论》即调查结论相似的是，会考制度利弊共存，主张改进者有之，主张取消者有之，但改进的倾向似乎更明显。摘其中一作者孙钰的观点如下：有利的一面，如学校工作紧张了，学校请教员认真了，教员讲课认真了，复习机会增多了，学生荒嬉的动作减少了，挂名的学生被淘汰了，买卖式的学校减少了，学校风潮减少了，课程与部定标准接近了，学生的程度提高了；有弊的一面，如会考不考的科目忽略了，操行忽略了，教育与生活离开了，教育方法不讲了，学生生活的能力降低了，感情的陶冶没有了②。通观《分论》，积极的方面，一是有利于国家控制中等教育的质量；二是强化了国家的管理；三是加强了教师管理；四是加强了学生管理。有弊的一面，主要是会考的方法不当，如会考之前有毕业考试，之后有高考，加上会考标准不妥当，增加了学生的负担，损害了学生的身心健康，忽视了教学方法，容易滋生舞弊行为等。

综合《总论》与《分论》，改进会考是确定无疑的结论。1936 年 4 月 20 日，教育部根据各地举办会考的经验，通令各地削减会考科目，规定初高级中学会考科目为：国文、外国语、数学、理化、史地，共 5 科。不再由学生成绩计算学校成绩。重申各校对学生的操行及体育成绩，把它作为晋级和毕业的条件严加考核。

(三) 从高校招生考试的视角看会考的积极作用

会考提供了大学教育的基础保障，会考“整齐了中学生的毕业程度”，实际是提高了中学生进入高校的整体水平。另外，它有利于弥补单独招考对教育教学导向的缺陷。如上所说，自 1912 年直到民国结束，除开 1938 年一

① 《毕业会考问题研究专号》，《教育杂志》，1936 年第 26 卷第 4 号，第 20～22 页。

② 《毕业会考问题研究专号》，《教育杂志》，1936 年第 26 卷第 4 号，第 23～25 页。

1940 年部分国立、公立高校实行统考，单独招考是主流模式。由于单独招考实际标准的不统一，往往加剧了中学教育教学水平的参差不齐，不利于中学整齐教育教学水平。会考的实施，则有利于弥补这个缺点。它在高考与中学教育教学之间，架起了一座桥梁，是有效的中介。

还需要指出的是，1940 年有论者认为，“大学统一招生能代替中学毕业会考”[①]。其前提：一是以大学入学资格代替中学毕业资格，二是统考应包含所有公、私立专科以上学校。其根据是统一招考与会考主要目的完全一致，职能上且相重叠，即它们都是教育行政机关加强学校管理促进教育效能的重要工具：前者在提高各院校新生的程度，而后者则在提高中学毕业生的程度。这种观点是不全面的，明显的缺陷是“二者事实上职能上重叠很小”，因为在当时，实际能成为各院校新生的数量，远远低于高中毕业生。再说，两种考试的标准是有差别的。因此，当时的高校招生考试不能代替会考。

另外，沟通高校招生考试与会考的关系也很难。事实之一，保送免试入学缺乏普遍的意义。自 1932 年实行中学毕业会考制度后，高校开始招收会考优秀者为保送免试生。实行高校统一招考期间，每年都为保送优秀生留有一定名额，但比例很小。1938 年，各省市教育行政机关保送高中会考及格学生前列 15%。因为会考成绩是否完全可靠成问题，各省市会考宽严的程度不一致，为尽可能确保学生优秀，1939 年高中会考保送名额被缩减为 10%，大学先修班优秀生（前列 25%者）由学校保送免试入学，如果保送学生想被优先录入志愿学校，还需要参加招生考试，否则进入志愿学校的把握便不大，这实际是削减了保送生选择志愿学校的机会[②]。1941 年，考虑到会考的整体作用，教育部将保送免试生名额重新增至 15%。以后，还为游击战区及沦陷区中学毕业生到内地高校升学制定了相应的保送、选送招生政策。

事实之二，1943 年，教育部以举办高中毕业生夏令营的形式，就赣、黔、甘三省试办“联合考试”，以沟通高中会考与高校招生考试。其中甘肃、江西两省的结果很糟糕，次年即被暂停办理。主要原因是在低录取率情况

---

① 朱师逖：《大学统一招生能代替中学毕业会考吗》，《教与学月刊》1940 年第5 卷第 4 期，第 1 页。

② 朱师逖：《大学统一招生能代替中学毕业会考吗》，《教与学月刊》1940 年第5 卷第 4 期，第 1 页。

下，两者考试目标有质的差别，高考需要区分度，会考并不需要刻意地区分。1947 年，教育部又试图变更联合考试办法，因为政治、军事等各方面面临失败的局势，实际上并未实行。

四、“升学主义”：民国时期高校招生考试与高中教育教学关系的反映

蒋介石认为，民国以来的教育是失败的教育，教育失败是他失败的根本原因。在进一步谈到学校教育失败的原因时，他认为首要的缺点是升学主义。这是小学和中学教育的根本缺点。小学的课程是为了升入中学做准备；中学的课程是为了升入大学做准备。中、小学课程没有帮助中、小学生教他们在家庭中怎样做子女。更没有教那些不能升入中学和大学的中、小学生到社会上去怎样求生活。只因大学入学考试重视某几个科目，所以从小学到中学都是把这几个科目作为目标来努力教授和学习①。

以上这段话，蒋介石对他失败的原因及教育失败的原因归纳固然失之偏颇，但他关于“升学主义”的论述，则从侧面反映出了民国时期高校招考与学校教育的实际关系，反映出了高校招考对高中教育的支配与导向等影响。

事实上，中学是大学的预备，不仅在西方教育中有浓厚的传统，也折射出中国科举教育“不中科举非好汉”的遗风。尽管近代民国中等教育的任务，一方面是为高等教育输送合格人才，另一方面也为社会造就中等人才。可事实是，民国时期“中学为大学服务，中学课程设置过分以升学为目的的趋向始终十分突出”②。例如，民国初年，中学课程引进了手工、家事、园艺、缝纫等，但升学仍然是主要目标。1922 年新学制后的课程改革，高中与地方情形结合，照顾升学、就业，但升学倾向仍旧突出。1933 年 12 月，国民党在第四届中央执行委员会第 3 次全体会议“确立教育目标改革制度案”中，规定“中学为预备人才之地，应提高程度，充实内容，并采取绝对严格训练主义”，使升学教育受到从未有过的重视。同年颁行的《中小学正式课程标准》，取消了学分制、选科制、职业科，使升学教育成为中学教育的唯一目标。其后，在不断的批评声中，虽经改革，在 1936 年《修正中学课程标准》中规定视地方情形开设职业科目 4 小时，1940 年修订课程规定

① 熊明安：《中华民国教育史》，重庆出版社，1990 年，第 217 页。

② 熊明安：《中国近现代教学改革史》，重庆出版社，1999 年，第 105～106 页。

高中自第二学年分甲、乙两组分别侧重理、文教育等，但成效不大。造成这种结果是因为升学观念，也因为当时职业教育地位不高、战时师资与设备等条件不够，即使是在学校实行分科制以后，选择职业科的人也并不多。有资料表明，1930 年职业科含农、工、商等科的学生，只占各科学生总数的 7.7%，甚至进入职业科的学生也有的要求转入普通科[①]。因此，这里借用“升学主义”一词来反映其关系，它表明：高校招生考试事实上成了高中教育的主要目标追求，从中学的双重任务来看也就是高校招生考试的价值远远大于就业的价值。

五、借鉴与启示

从处理高校招生考试与教育关系的措施中，我们看到，近代意义上的高考，招考的形式、命题的难易、录取新生人数的多少，不仅和中学教育教学息息相关，还和大学教育教学的发展相关。具体来说：

(1) 统一高考与单独招考皆利弊共存，两者相比，前者更有利于中学的教育教学，也有利于整齐高校新生的入学水平，缺点是体现高校院系专业的个性不足，但通过分组标准制定招考措施、进大学后一定时间才分系的做法等，也能照顾到大学院系与专业的特殊需求。

(2) 单独招考也有其自身的优点，即高校招考灵活，能很好地体现高校专业的要求。在民国很长时间所有高校皆实行单独招考的情况下，其最大的缺点就是不利于学生对高校的多样选择，加剧了学生报考的身心之苦，同时大学多样化的个性招考标准，对大学的自律提出了要求。历史上的北大、清华就一直坚持了严格的入学标准，但为私利也曾有过高校“招生滥”、“升学滥”的历史。

(3) 会考制度是架设在高校招生考试与学校教育间的一座有效的桥梁。不过考试的方法要适当，主要是考试标准要体现课程标准，体现出时代的素质要求。如此，方可夯实高等教育的基础，更利于提高高校新生的质量。

此外，沟通高校招考与会考的关系很难，如何减少“二者职能上重叠”，如何吸取历史上“联合招考”的教训，对今天如何处理高考与会考的关系，皆有着方法论的借鉴意义。

民国高校招生考试与高中教育的关系，总体上可以用“升学主义”一词

---

① 熊明安：《中国近现代教学改革史》，重庆出版社，1999 年，第 126 页。

来表达。这对反思今日消极含义上的“应试教育”是有启示的：即只要高考的价值仍然大于或者超过高中直接就业的价值，对高考目标的狂热追求就存在持续下去的理由。

第三节　新中国成立以来高考与教育教学的关系

中华人民共和国成立以来，我国高考经历了创立与反复、废除、恢复与改革三个阶段。其间，既有一定的经验，也有诸多的教训。目前的高考改革尽管尚面临各种问题尤其是所谓的“应试教育”问题，但从高考内容改革为重点的国家政策可以看到，高考改革的总趋势是朝着以“素质教育思想”为指导的方向前进。

一、建立统一高考制度：有利于克服单独招考给教育教学带来的弊端

新中国由单独高考到统一高考的实践（1958 年除外）再次表明，统一高考有利于克服单独招考给教育教学带来的弊端（民国时期国立、公立大学 1938 年—1940 年统一招考的实践已经证明了这点）。

（一）1949 年大部分行政区中绝大多数大学实行单独招生

1949 年，中央政府考虑到当时高等学校复杂多样的性质，为保持高等教育的连续性，迅速恢复高等教育的各项工作，在“维持现状，立即开学”的方针指导下，各高等学校仍沿旧制，以单独招生为主。

东北区的招生，按照中共中央东北局、东北行政委员会 8 月 1 日颁布的《关于整顿高等教育的决定》文件执行，该文件规定大学新生必须“具有高中毕业程度，经入学考试合格者”。各学校应按照这个标准对“现有学生实行严格甄别”，“除哈尔滨工业大学和大连大学外，今年（1949 年）暑假期间一律不得招考新生”。原因是东北的高等学校当时“多数质量不高，招生不按规章，学生很多不够大学程度”①。华北区国立大学的招生，按照华北

① 大塚丰：《现代中国高等教育的形成》，黄福涛译，北京师范大学出版社，1998 年，第 249 页。

高等教育委员会第一次常委会的规定，实行“统一领导，分别招生的招生原则”，对几所大学采取联合招生的方式也表示认可。最终北京大学、清华大学、南开大学实行联合招生，北平师范大学和北洋大学也实行了联合招生。其他高校则实行单独招生。结果出现华北区的名牌大学招生不足额的情况，如北平师范大学、南开大学的文学院和财经学院、辅仁大学都进行了第二次招考。华东区的招生，除了上海市的国立大学外，其他公、私立大学和专科学校都是采用各校单独招生的方式。上海市高等学校的统一考试，从 8 月 11 日上午 9 时开始，交通大学、上海法学院、上海商学院等 16 所高校采用统一试卷同时进行。填报志愿时，考生只能填报三个系科，不填校名，录取时去掉政审、体检不合格者以及低于录取分数线者，按考生分数高低将报考同一系科者依次安排到各个大学①。

单独招生中，也有少量大学实行“委托招生”。例如，南京大学为武汉大学、浙江大学招考学生，同时南京大学也委托武汉大学、浙江大学以及北京大学代为招考新生。浙江大学除了在杭州，还在南京、上海分别利用南京大学的入学考试和上海市的统一考试招考学生，并代为南京大学和中正医学院招考学生。其他如西北、中南和西南各地区也在新中国成立后纷纷自行招考了一些学生。

实行以单独招考为主的结果是，命题、录取等虽然体现了各自的办学特色，然而高考与教育教学间的矛盾问题也随之出现。一是各校之间招生结果不平衡，条件好的高校生源充足，条件较次的学校则多次招考还不足额。二是成绩较好的学生往往被几所大学录取，在选择其一、放弃其余的情况下，不免使各校新生报到率高低不一，最高的为 75%，最低的仅为 20%②。

（二）1950 年各大行政区内招生考试的统一性明显加强

1950 年 5 月 26 日，针对上述存在的问题，也为了促进高等学校招生的规范化，中央人民政府教育部（正式成立于 1949 年 11 月 1 日）首次颁布了面向所有高等学校的招生规定，即《关于高等学校一九五〇年度暑期招考新生的规定》（简称《规定》）。《规定》要求本年度高等学校招生，由各大行政区分别在适当地点定期实行全部或局部的联合或统一招生，如有困难，允许

① 大塚丰：《现代中国高等教育的形成》，黄福涛译，北京师范大学出版社，1998 年，第 253 页。

② 《中国教育年鉴 1949—1981》，中国大百科全书出版社，1984 年，第 337 页。

各校自行招生，但招生名额由各大行政区负责审核。《规定》还指出，这样做的目的是为了“开始有计划有步骤地培养新中国的各种专门人才和建设干部，逐步纠正过去高等学校在（单独）招生上的不合理状态及减少学生的投考困难”①。

东北区的招生，该年 3 月 31 日东北人民政府在《关于当前高等教育工作的决定》中指出，对当年暑期招考新生采取“统一办理、统一分配”的政策。统一招考的院校有沈阳工学院、沈阳农学院、东北人民大学、东北师范大学、哈尔滨外国语专门学校、大连大学、中国医科大学、延边大学、哈尔滨工业大学、东北商业专门学校、东北航海专门学校等 11 所。华北区的招生，直属教育部领导，由华北区 17 所院校 1950 年 6 月成立的联合招生委员会负责，办公处设在北京大学，考点设置分布在北京、天津、上海、南京、广州、武昌、重庆、西安、太原、焦作、开封、唐山、济南以及福州和长沙 15 个地区，以注意地区平衡，发挥宏观调控的职能。华东区的招生，根据华东军政委员会 5 月召开的高等教育工作会议精神，决定“在沪、杭、宁实行统一招生”。暑期统一招生委员会由同济大学、南京大学、交通大学、复旦大学、浙江大学、上海医学院、江苏医学院、上海商学院、药学专科、吴淞商船专科以及上海市立工业专科学校等 11 所院校组成。之后山东大学、厦门大学、淮河水利专科学校加入，委员会共计 14 所院校。考点设在上海、南京、杭州、厦门。

此外，西北区有西北大学、西北工学院、西北农学院、西北医学院、兰州大学、西北师范学院和西北畜牧兽医学院等 7 所高校实行统一招生。中南区规定，同一市内的省立大学实行统一招生，国立、公立大学实行个别招生。西南区则采取“局部联合招生”的方式。

总的来看，1950 年全国 201 所高等学校中，73 所高校（36.3%）实行联合招生②。各校招生不足额的情况得到了很大改善，大部分学校一次招生即招满足额。不过，不少高校在统一招考之后实行单独招考，在学生录取上则处于不利的地位。

（三）1951 年各大行政区之间招生考试的统一性明显加强

在总结前一年招生经验的基础上，教育部发布的《关于高等学校 1951

① 《人民日报》，1950 年 5 月 29 日。

② 大塚丰：《现代中国高等教育的形成》，黄福涛译，北京师范大学出版社，1998 年，第 262 页。

年暑期招考新生的规定》继续强调，“为进一步改正各校自行招生所产生的混乱，减少人力、物力及时间上的浪费，各大行政区教育部（文教部）可根据各地区的具体情况，分别在适当地点，争取实行全部或局部高等学校统一或联合招生，全国统一考试日期；如有困难，仍允许各校单独招生；在其他地区招生时应尽量采取委托的办法进行”①。

华北区、东北区的统一招生，考点分布在全国 16 个城市，两区 67 所高校，最终实行统一招生的有北京大学等 42 所院校。华东区有 51 所院校参加统一招生。东北区参加华东区统一招生的院校有 16 所，与 1950 年的 7 所相比，数量增加了一倍多，占东北区高校总数 33 所的 48.5%②。

其他地区的统一招生，西北区与 1950 年相同，有 7 所高校；中南区有 29 所，占总数 34 所的 85.3%；西南区 30 所高校，有 20 所（占 66.7%）采取大区联合招生③。

总的来看，本年度统一招生的规模迅速扩大，全国 214 所高校中参加统一招考的学校达 149 所，比例高达 69.6%，比前一年度的 36%将近翻了一番④。另外，因为调剂等原因仍有高校招生不足额的问题，但统一招考的优点很明显地体现出来：国家统一考试，节省了高校大量的人力、物力，提高了新生报到率；统一的标准，有利于考生间的公平竞争；通过填报志愿，扩大了考生对高校的选择范围；考生在同一地点准备同一标准的考试，减轻了考生报考数校的经济与身心负担。

（四）1952 年开始全国实行统一招生考试

在全国实行统一高考大势所趋的情况下，1952 年 6 月 12 日，教育部发布了《关于全国高等学校一九五二年暑期招收新生的规定》，第一次明确规定全国高等学校一律参加全国统一招生考试，中央成立全国高等学校招生委员会，直接组织领导高校招生工作，包括拟订招生计划、组织命题、制订标

① 大塚丰：《现代中国高等教育的形成》，黄福涛译，北京师范大学出版社，1998 年，第 261 页。

② 大塚丰：《现代中国高等教育的形成》，黄福涛译，北京师范大学出版社，1998 年，第 263 页。

③ 大塚丰：《现代中国高等教育的形成》，黄福涛译，北京师范大学出版社，1998 年，第 264 页。

④ 刘海峰，等：《中国考试发展史》，华中师范大学出版社，2002 年，第 333 页。

准答案、评分标准等，各大行政区也成立招生委员会负责本区具体事务，执行国家政策。

从此，直到“文革”前，除1958年由于政治运动的原因统一高考制度被改回到各校单独招生或者联合招生的老路外，其他时间，即使1953年至1957年几乎每年招生前都开展一场“统一招生好，还是单独招生好”的争论，但总是赞成者越来越多，反对者越来越少，统一招考制度始终得以维持，统一高考的上述优势始终得以体现。统一招考的原因，如上所说，可以归结为“效率”，即提高了国家管理招考的效率，减轻了考生报考的身心负担。按照日本学者大塚丰的观点，促进统一招考制度形成的另一背景是“统一国家的观念”影响，以及作为统一考试典型代表的“科举”历史的影响等①。

需要特别说明的是，1952年至“文革”前的统一高考实践中，录取标准问题尽管在今天看来可能有诸多商榷之处，但它仍然从另一视角体现了统一高考的优势。例如录取工作中始终采取了对工农“从优录取”或“从宽录取”的原则，尽管有时免试保送工人、农民、工农干部和老干部、工农速成中学毕业生的措施过于急于求成，在一定程度上降低了学生的文化质量，但这使得高等学校招收的学生中，工农及其子女的比例逐年增加。1953年工农家庭出身和本人是工农成分的新生，占新生总数的27%，1958年上升为55%，1965年又上升为71%②，客观上有利于加强新政权的统治基础，这是当时的一种教育质量观。

二、废除高考制度：“文革”期间教育导向的失控

1966年—1971年，“文化大革命”的进行使得各省、市、自治区不能开展招生工作，高等学校停止招生。而全国统一高考的办法，到1976年“文革”结束则整整中断了10年。

1970年、1971年两期试办班，在北京大学、清华大学等部分高校招收工农兵学员。1970年6月27日，中共中央批转了北京大学、清华大学《关于招生（试点）的请示报告》，其中规定的入学条件是：政治思想好、身体

---

① 大塚丰：《现代中国高等教育的形成》，黄福涛译，北京师范大学出版社，1998年，第265～266页。

② 谢青，等：《中国考试制度史》，黄山书社，1995年，第829页。

健康、具有三年以上实践经验、年龄在20岁左右，有相当于初中以上文化程度的工人、贫下中农、解放军战士和青年干部；有丰富实践经验的工人、贫下中农不受年龄和文化程度的限制。

1972年开始，大部分高等学校陆续恢复招生，招生办法是“自愿报名、群众推荐、领导批准、学校复审”，招收对象是具有两年以上实践经验的优秀工农兵学员，文化条件是具有相当于初中毕业以上的实际文化程度，取消文化考试，以政治表现、路线觉悟、实践经验等作为选拔学生的标准。其直接的结果是大大降低了教育质量。例如1972年5月8日，国务院转发的北京市教科组《关于高等学校试办补习班的报告》反映：北京市11所高等学校招收的工农兵学员，文化程度参差不齐，初中文化程度以上的只占20%，初中程度的占60%，相当于小学程度的占20%①。

1973年，根据周恩来关于加强基础理论的指示精神，国务院批准教科组《关于一九七三年招生工作的意见》，其中强调要“全面掌握入学条件，保证学生质量”，特别是文化质量。《意见》规定：“各地应遵照毛主席关于‘又红又专’的指示，在群众推荐、政审合格的基础上，重视文化程度，进行文化考查，了解推荐对象掌握基础知识的状况和分析、解决问题的能力，保证入学学生具有相当于初中毕业以上的实际文化程度。同时也要防止‘分数挂帅’。考查的内容与方法，各省、市、自治区可根据本地具体情况和各专业的不同要求试验。”② 然而，张铁生的“白卷事件”，引发了一场围绕高校招生“文化考查”的讨论。结果，“文化考查”被冠以“旧高考制度的复辟”、“资产阶级向无产阶级的反扑”等罪名，考试交“白卷”的张铁生则是“反潮流的英雄”。此后直到1977年恢复高考制度之前，再没有进行过入学考试。“读书无用论”的口号四处弥漫。

回顾以上“文革”招生历史，代替统一考试的办法是推荐制度，即自愿报名、群众推荐、领导批准、学校复审的招生办法。其结果，“自愿报名”成了幌子，因为“地富反坏右”的“黑五类”子女没有报名资格，有报名资格的“可以教育好的子女”，也是“基层不敢送，领导不敢批，学校不敢收”；至于后三个招生环节，则无一例外地成了“走后门”的代名词。“这一切，对招生工作和整个高等教育的破坏，都是灾难性的。它严重地妨碍了优

① 廖其发主编：《新中国教育改革研究》，重庆出版社，1996年，第82页。

② 杨学为：《高考四十年》，《中国考试》1997年第2期。

秀人才的选拔。招收的学生，文化水平低，程度不齐，教师难教，学生难学，教学质量大大下降”①。而造成这一切的原因，除了政治等原因外，就考试而言，主要是推荐制度先天的缺陷——缺乏客观的可比较的标准，它不可能承担起选拔人才的任务，也就不可能引导教育教学水平的提高。

三、恢复并改革统一高考：调整对教育教学的导向

（一）恢复统一高考的教育教学导向作用

1977 年 8 月，刚刚复出的邓小平自告奋勇抓教育，主持召开了科学与教育工作座谈会。此次会议彻底抛弃了“文革”中的“推荐制度”，恢复了“文革”前的“统一考试，择优录取”的招生办法。是年冬，570 万考生参加了阔别已久的高考。从此，广大青少年面前又有了一条奋斗竞争的光明之路。

恢复高考的教育教学导向作用是巨大的。痛思“文革”历史，废除高考是“文化大革命”的突破口，教育因为没有正确导向已基本失控。喜庆高考恢复，我们没有忘记，1977 年邓小平恢复高考是在真理标准问题讨论之前，是在破除“两个凡是”之前，是在打破“两个估计”之前，是在党的十一届三中全会重新确立“解放思想、实事求是”的路线之前，这种以恢复高考为突破口的伟大革命实践，除了起到政治、思想路线上“拨乱反正”的伟大作用外，从教育思想上看，反映了邓小平“坚持高考、以考选才”的考试思想②。可以说坚持高考、以考选才，实际是从社会制度上确立起了现代化的人才选拔机制；“统一考试，择优录取”的招生办法，在理论上也就是以综合素质作为选才标准，以综合素质来导向教育教学及人才的社会分流。结果很显然，它“从根本上改变了‘读书无用论’弥漫的社会风气，重新确定了选拔人才的公平、公正和平等竞争的原则”③，挽救了教育，“挽救了我们的民族和国家”。它使高校选拔出一批批在素质上与“文革”期间有着天壤之别的新生，极大地提升了高等教育质量，使中国的人才培养重新走上了健康的轨道④。

---

① 《搞好大学招生是全国人民的希望》，《人民日报》1977 年 10 月 21 日社论。

② 刘清华：《试论邓小平的考试思想》，《湖北招生考试》2002 年第 8 期，第 8 页。

③ 杨学为：《高考四十年》，《中国考试》1997 年第 2 期。

④ 刘海峰，等：《中国考试发展史》，华中师范大学出版社，2002 年，第 347 页。

（二）改革高考对教育教学导向调整的成效与问题

恢复高考后教育尽管走上了健康之路，但也不可避免地碰到了很多改革发展中的问题。其中，中小学很具有普遍性的一个问题，是所谓的从“片面追求升学率”到“应试教育”的问题。对高中而言，主要有两大特点，一是追求高考升学率，二是追求高考升学率而出现了违背教育教学规律的做法。高校的一个主要问题是招生自主权问题，长期以来，与我国高等教育集权管理相一致的是，招生计划管理体制也是高度集中的。其主要表现是，在招生计划管理上，国家实行严格的指令性招生计划，由政府教育主管部门直接编制，并将计划指标层层下达，地方与高校缺乏必要的招生计划调节权；在高校录取管理上，学校不能自主决定招生方案、招生规模与系科比例，不利于高校在培养人才方面发挥主动性和积极性。

面对上述问题，在邓小平“改革高考——适应现代化”① 的高考改革指导思想下，即在改革高考内容、形式或相应管理制度最终建立现代化的人才选拔机制的思想指导下，高考主管部门确定了“科研先行”、由“试验到逐步推广”的指导方针，对高考进行了全方位的改革。在 1985 年《中共中央关于教育体制改革的决定》颁布以后，尤其是 1992 年邓小平南方谈话后，随着《中国教育改革和发展纲要》的颁布，高考改革终于进入逐步深入的多元化的试验期。更可喜的是，20 世纪末期以来，随着 1999 年高校扩招政策的推行，高考的全方位改革真正进入了以“内容改革为重点”的阶段。回顾实践历程，应该承认，改革高考、调整教育教学的导向取得了很大的成效，但问题也是不容忽视的。

1. 高考宏观管理制度的改革在一定意义上提升了高校的新生质量

(1) 招生管理制度的改革。为了解决高等教育在农村地区存在的“招不来，分不去，留不住”这一“老大难”问题，1983 年，国家教委正式提出“定向招生，定向分配”的办法。1984 年，国家教委、国家计委、财政部共同颁发了《高等学校接受委托培养学生的试行办法》，实行合同制委托培养的调节招生办法。1985 年，《中共中央关于教育体制改革的决定》规定，可以从参加统一高考的考生中招收少数国家计划外的自费生。这样，不收费的国家计划招生和收费的国家调节招生的“双轨制”同时并存了。由于委培生

① 刘清华：《试论邓小平的考试思想》，《湖北招生考试》2002 年第 8 期，第 10 页。

和自费生质量严重下降影响了高等教育质量，同时还产生了“权力干预”、“分不够钱来凑”等不正之风的社会影响，1994 年，以国家教委所属高校为主体的招生并轨改革开始，到 2000 年，一直由国家“全包”的师范专业也实行了收费上学，招生并轨改革完成，高校新生的整体质量有了制度保障。

（2）录取体制的改革。“文革”前 14 年，高等学校主要采用“分段或分级录取”的办法，即按考试成绩的高低和考生志愿的顺序，从高分到低分分段录取。自 1977 年恢复高考以来到 1983 年，高校招生依然一直实行“招办负责、分段录取”的体制。1983 年，为扩大高等学校的招生自主权，在原来的录取办法基础上增加了投档比例（通常为 120%），即招生部门按多于录取数 20%的比例向招生学校提供考生档案，录取与否由招生学校提出意见，报招办审核批准，遗留问题由招办负责处理。由于以上体制过分强调总分，限制和削弱了相关科目的作用，限制了高校招生的自主权，影响了办学积极性，不利于贯彻“德智体全面考核、择优录取”的原则，1984 年“学校负责、招办监督”的录取体制开始实行。实行后由于它具有明显的优越性，1987 年，国家教委颁布了《普通高等学校招生暂行条例》，决定逐步实行“学校负责、招办监督”的录取体制，调阅考生档案数、录取与否由学校决定，遗留问题由学校负责处理，由招办进行监督。这体现了高校办学的自主权，赋予了高校以法人地位，符合教育改革的方向。

（3）保送生制度的改革。为了对中学实施素质教育和鼓励中学生的全面发展，也为了高等学校能选拔出具有较好的专业适应性的优秀人才，1985 年，国家教委决定在北京大学等 43 所高等学校进行招收保送生的试点工作。1988 年，国家教委颁发《普通高等学校招收保送生的暂行规定》，对推荐保送生的中等学校的条件、保送生的条件、高等学校招收保送生的程序等做出明确规定，保送生工作从此步入正规化、法制化和制度化轨道。1998 年，教育部在上海、湖北、河北、黑龙江、四川五省（市）试行保送生综合能力测试。同年 12 月 4 日，教育部发出《关于 1999 年普通高校招收保送生的通知》，明确规定，除获全国中学生学科奥林匹克竞赛省赛区一等奖的保送生外，1999 年普通高等学校招收的保送生必须参加由教育部统一命题的综合能力测试，并以此成绩作为录取的重要依据。然而，随着 1999 年以后保送中的弊端“荐良不荐优、送官不送民”现象的日渐突出，取消该制度的呼声日渐高涨。2001 年 3 月，教育部对保送生工作做出了“压缩规模，严格标准，严格管理”的规定，将 2001 年的保送生压缩控制在 5 000 人，并较大程度地提高了保送的标准和条件①。

保送生制度实行10余年来，为高等学校输送了一批德智体全面发展或有某些特长的优秀培养对象，尤其作为一种特长生的招考方式，它使得少数中学奥林匹克学科竞赛的尖子生和优秀运动员等脱颖而出。这恐怕是纵有腐败等弊端，还继续维持保送生制度的最大理由。

(4) 建立会考制度。1952年统一高考制度建立以来，我国的高校招生考试与高中毕业考试一直是合二为一的。恢复高考以来，随着“片面追求升学率”现象的愈演愈烈，高考对中学教育教学的单一“指挥棒”作用也越来越明显，一定程度上扭曲了普通高中教育的性质和任务，干扰了中学教育目标的实现。因此，1983年教育部在《关于进一步提高普通中学教育质量的几点意见》中便提出：毕业考试要和升学考试分开进行，并号召有条件的地方试行毕业会考制度。毕业会考是国家承认的省级普通高中文化课毕业水平考试，考试科目包括中学教学大纲的9门必修课。它是考核普通高中学生文化课学习是否达到必修课教学大纲规定的基本要求的水平性考试，与选拔性考试的高考不同。1984年，上海开始着手进行高中会考制度的试点改革。此后，浙江省于1988年在全省普通中学的高中实行证书会考制度。在各地试点均取得良好效果的基础上，1992年，普通高中毕业会考制度在全国范围内（西藏除外）实行。

15年会考制度的建立与改革实践表明，会考对于纠正学生偏科，促进学生的全面发展，调动大多数学校办学和学生学习的积极性，调整一些地方失控的高中办学规模，检查评估各地区办学状况与质量，以及运用会考成绩招工招干等方面，都发挥了积极的作用。此外，在建立会考制度的基础上，还进行了减少高考科目的改革，将水平考试与选拔考试分开，使两者各司其职，各尽其用，也在一定程度上减轻了高考给学生带来的心理负担。

然而，随着会考改革的深入，其弊端也日渐显现。例如，会考变成了“小高考”，从而加重了学生的学习负担；会考试题过易，通过率高，会考标准不能较好体现省级高中毕业文化水平，以至于许多中学存在“应付会考，对付高考”的状况；不少省市仍按比例确定及格线或等第。如此等等，说明如何更好地发挥会考对中学教学的导向功能，如何更好地处理它与高考的关系等，都是有待解决的问题。

① 朱文琴：《为何对保送生一压二严》，《光明日报》2001年3月8日C1版。

（5）实施分省考试与分省命题制度。分省考试与分省命题制度的形成，正是针对全国统一考试制度的负面教育影响，改革全国统一高考制度的产物。

2000 年开始推广的分省考试制度，源于 1999 年广东省的 3＋X 科目试验。该年度，适用于全国面上的高考科目设置方案为“3＋2”科目组，分文科和理科两类，文科考生参加“语文、数学、外语、历史、政治”的考试，理科考生参加“语文、数学、外语、物理、化学”的考试。广东省在试验的基础上进一步深化改革，实行“3＋大综合＋X”的科目设置方案。浙江、江苏、吉林、山西等四省的高考科目方案为“3＋文综/理综”科目组，分文科和理科两类。其中，“3”是语文、数学、外语；“文综”包括历史、政治、地理，“理综”包括物理、化学、生物。2002 年，广东、河南、上海继续实行 2001 年的 3＋文理综合测试＋1，广西实行 3＋X（X 取值范围为语数外以外的 6 门课程以及综合能力测试和其他技能测试，X 由招生学校选定，本科选 2 门，专科选 1 门）。其他如北京、山西、天津、江西、青海、贵州等全国大部分省（区）实行 3＋文科综合/理科综合。至此，分省考试制度全面实施。其总体特点是，很多省市的高考科目组不同，但命题都是由国家考试中心统一负责。该制度实行的结果是，各省考生学科基础不同，学力的可比性出现了困难，是否影响了学生公平的学习竞争，至今争议很大。

2004 年开始大规模推进的分省命题制度，可谓是一种彻底的分省考试制度，它最早始于 1987 年上海的单独命题，上海获得单独命题权是由于其录取率大幅度提高、基础教育比较发达等诸多原因。北京 2000 年也获得了自主命题权。分省命题，意味着相关省市考试院将代替原国家考试中心的命题职能，负责本省市的命题，不过命题需要遵守教育部考试中心颁布的《考试大纲》。2004 年的高考，我国 723 万名考生使用了 15 套试卷，是历年高考试卷种类最多的一年。该年度，上海、北京、天津、辽宁、江苏、浙江、福建、湖北、湖南、广东、重庆等 11 个省市，自主命题了全部或部分高考科目试题。2005 年高考分省命题新增山东、安徽、江西三个，试点省份达到 14 个，几乎占到了全国一半的省市。

分省命题制度的出发点，是为了各省市推进实施素质教育。时任教育部部长周济的解释是，“高考是一个指挥棒，我们要不断改进基础教育，加强素质教育，分省命题是一个重要组成部分。其优点是有利于进一步推进基础教育的改革，进一步推进素质教育。中国的基础教育是由各个省分头负责，各省对于本省的基础教育负有直接的、主要的责任。如果各省都能够参与到高考命题中，对于推进本省中小学素质教育的改革和发展有极大的好处”。就试题命制本身看，官方的意见认为，2004 年省命题实现了平稳过渡，较好地发挥了“考试指挥棒”的作用。

来自基础教育实践界的反对意见，至今仍认为这一制度不可取。代表性的反对理由主要有 4 条：一是没有统一的标准，无法评估教学的优劣，更不能做到招生公平公正；二是“高考分省命题”将掩盖高考录取中的“地区歧视”，使“地区歧视”合法化、模糊化、制度化；三是造成人力和财力上的极大浪费，给各省增加不必要的经济负担；四是参与命题的人数几十倍地增加，会增加漏题、泄题的概率，给“以权谋私”者带来更多的“机遇”，甚至会产生大量新的腐败①。

应当看到，分省命题制度只是高考管理体制上的变化，目的是促进各地政府加大投入，推进实施素质教育，而公平与否主要取决于各省市的相对公平的计划招生数或录取率，它不取决于是否分省命题。按照这种目的，中国将继续推行这一制度，尽管它也确实存在增加了人力、物力甚至是负担的缺陷，尽管它确实给各省市教育的可比性带来了比较大的难题，尽管它确实在一定程度上掩盖了各地录取率不公平的问题，并加剧大量的高考移民问题出现。不管如何，保障各省在国家所属大学的竞争上有相对公平的录取机会，是这一制度的前提，这个前提下的制度缺陷才是社会发展必须承受的代价，这个前提下的高考移民，也就只是各省市之间的教育资源的互惠。

还应当看到的是，分省考试与命题制度的形成，意味着把全国统一高考时期的一个教育考试标准，变成了至今的 10 多个标准，是这些不同的教育考试标准在引导着今天各省市的基础教育，而不是整个中国只有一个标准。举个例子说，原来几乎全国中学生都写一个作文题目，现在则是 10 多个省市各自写不同题目的高考作文。就文化考试而论，如果能够保证命题质量(事实上已经不是问题)，这不能不说是有利于整个中国的基础教育发展。遗憾的是，人们认为全国统考时期德智体综合录取办法不能得到很好地体现，至今仍处于探索之中。综合录取办法仍然需要各省市积极的探索，这是全面的素质教育目标的要求。

---

① 李维世：《高考分省命题不可取》，《燕赵都市报》2005 年 5 月 21 日。

2. 考试内容改革开始注重高校的个性素质要求

(1) 就高考科目看。新中国成立后至“文革”前考试科目历经了变化，但总的变化还是不大的，考生一般按文、理两类或文、理、医农三类考5门～7门高中课程。

上海方案：1985年上海市取得了高考的命题权并开始实行高中会考制度。在会考的基础上，1987年开始，上海高考只考语数外三科，同时与会考成绩“硬挂钩”。1988年开始实行3（语、数、外）+1（政、史、理、化四科中选一），其中文科类：3+1（政、史），理科类：3+1（理、化）。学生在同一类中可以跨组报名，录取时通过换算分数可以互相调剂。该方案的优点是，共性（语数外）个性（专业科目）明显，科目总数少，有利于减轻学生负担，有利于考试管理。缺点是：录取时调剂考同类但不同科目的考生，在分数换算上有待科学化；不考生物、地理不利于高中的相应学科教学。

三南方案：1991年，湖南、云南、海南三省开始实行与上海方案完全不同的“四科四组”，它们分别是：①语文、政治、历史、外语；②语文、数学、物理、外语；③数学、化学、生物、外语；④语文、数学、地理、外语。此方案各科目组都突出外语，且专业科目性向突出。但实行下来，缺陷也十分明显：一是第一科目组不考数学，第三科目组不考语文，有利于偏科生，但不利于中学教学，偏科生考上大学后，还会不利于大学中以此两科为基础的相应学科教学；二是各组考生不能互相跨组，结果各科目组竞争程度不一，使整个考试失去了一定的信度，客观上造成不少落榜者水平高于中榜者的现象，大学择优录取的原则没能得到很好的贯彻执行；三是本次考试中各科目组组内的区分度都非常差，表现在相应的重点大学、一般本科、专科学校三个档次上的分数线相差皆非常小，两个档次间相差多的有8分左右，少的相差只有1分。

1999年广东3+X科目改革方案。本方案是在总结、论证上海方案、三南方案的基础上形成了3+2科目方案以后再论证、总结为3+X的。3科为语文、数学、外语，它们是所有考生的必考科目，其中数学考题文理相同。X在广东试验时包括物理、化学、地理、政治、历史、生物6科，为高校与考生双向选考的科目，这与3+2中的2为必考科目不同，前者为选考。3+X方案实行标准分制度，录取时给出两条线，语数外3门给出综合分，每一录取批次都确定综合分的最低录取控制分数线，以及选考科目的资格线，同时达两线视为上线考生，才可以出档。录取时为便于各院校、专业的平衡协调，高校各专业还指定了兼招科目，上了兼招科目资格线也有机会被录取。由于广东试验的成功，经反复总结，现在 X 可以涵盖中学所有学科以及学科基础上的综合科，从 X 所具有的开放性的特点看，它甚至也可以包括一定的实践能力考查科目。从各方面反映的情况来看，该方案推广实行以来，有争议的问题主要是综合科目设置问题，不管是文科综合、理科综合还是文理综合，它究竟是否必要，标准如何掌握，等等。其实综合科目的推出，实质是伴随能力立意为重点的命题改革的产物，它触动了多年来学生能力结构失衡的弊端，如综合运用知识解决问题的能力问题，这是对教育教学导向上的重大改革，其意义是不言而喻的。不过，该科目标准的掌握及权重问题，的确有待深入研究。

2000 年这一方案试点范围有所扩大。2002 年，广东、河南、上海继续实行 2001 年的 3＋文理综合测试＋1，广西实行 3＋X（X 取值范围为语数外以外的 6 门课程以及综合能力测试和其他技能测试，X 由招生学校选定，本科选 2 门，专科选 1 门），其他如北京、山西、天津、江西、青海、贵州等全国大部分省（区）实行 3＋文科综合 /理科综合。

当前，高考科目改革处于积极的探索之中，例如，有论者提出“综合考试＋X”方案①，以弥补 3＋X 或“3＋综合”方案之不足。还有论者提出，为解决学生偏科和减轻学生的学习负担，较合理的科目设置方案应为：考试科目由语文、数学、外语、文科综合、理科综合 5 门组成，考试仍分文理两类，考试科目门数与名称文理皆同，数学科亦文理同卷，其中，文科综合是指政治、历史、地理三科的综合，理科综合是指物理、化学、生物三科的综合。不过，为满足高等学校的专业差异，文理两类在综合科目考试的难度上仍应有所侧重，即文科类的文科综合科目难度较理科类大，文科类的理科综合科目难度则较理科类小，反之亦然，等等②。这些改革建议反映出，科目设置仍然是当前一个突出的问题。

（2）就高考所测素质看。其实完整的科目设置，首先至少是德智体美劳诸方面。事实上，如何贯彻“德智体全面考核，择优录取”的原则，坚持以

① 胡中锋、董标：《高考科目改革新走向》，《瞭望新闻周刊》1999 年 6 月 28 日第 26 期。

② 郑若玲：《高考竞争与科目改革》，《高等教育研究》2000 年第 4 期，第 44 页。

"综合素质"作为高校选拔录取新生的标准，是大学保证教育质量、提高科学文化水平、早出人才的重要一环，也是对中学教育教学影响最大的一个问题。例如，高考录取标准如何体现新生素质基础共性与高校专业个性，高考是否"冲击德、体"，高考是否引起中学生"学业负担过重"，高考考知识与考能力、与素质是何关系，等等。

恢复高考以来到20世纪90年代以前，由于高考竞争激烈，国家高考管理部门的主要精力集中在恢复和完善过去行之有效的考试制度上，尽量为考生创造公平竞争的环境，对考试内容的改革、考查能力的研究等则无暇顾及。当时着重研究并消化的是布卢姆《教育目标分类学》中有关认知与技能两个领域的问题，情感领域的研究则未来得及进行；90年代前半期着重研究和实践的是认知目标、技能目标学科化的问题，主要编制了指导教学的《考试大纲》，大大克服了试卷制作者和考生的盲目性；90年代后半期以来重点进行考试制度研究，明确了高考改革的重点是"考什么"和"怎么考"的问题，目的是保证高考改革的方向[①]。随着90年代末以能力与素质立意为重点的命题改革的施行，虽然3＋X科目改革中X可以包括综合科目、一定的实践性科目，这对学生发展中能力结构的导向可能产生积极而深远的作用，但学生能力结构导向不全面的问题，比如综合能力、实践能力、创新精神缺乏的问题，以及知识、能力、素质及其关系的问题等，目前仍然是理论上首先亟须解决的问题。不解决上述问题，不管高考方法改革如何完美，高考与教育教学的矛盾冲突都不会有根本的好转。

3. 高考模式改革的有益探索

上海工业大学方案。1993年上海市率先在上海工业大学实行"面向社会，自主招生，择优录取"的试验。方案是：该大学当年所招新生全部为自费生，毕业不包分配；其招生不参加全国或上海市的统一高考，而是按照高中会考成绩择优录取。具体规定是：1993年上海应届毕业生的语文、数学、外语3门会考成绩，至少必须在2个B、1个C以上方可报名本科；报名专科需在2个C、1个B以上。非应届毕业生则参加其委托上海市考试中心举办的"高中文化水平测试"，成绩符合上述规定者亦可报名。未录取者或被录取后放弃资格者，可参加上海市统一高考。本方案实行的结果是，对上海

① 马金科：《高考能力考查的研究与实践》，《高等教育研究》2000年第3期，第32～33页。

工业大学来说自主招生可谓非常成功，理由是提升了生源的质量以及学校的社会声望。对考生而言，毕竟减少了一次统考的压力。有争议的是，其提前依据会考成绩招生，对其他高校而言不公平；另外学生升学的压力提早到会考就开始出现，水平性质的会考也因此演化为选拔性的高考。

2002 年广西本、专科分卷考实验，即本科用教育部考试中心的试卷，为全国统考，可报考的科目组 12 个；专科由广西命题，在本科录取之后进行，科目组分为 7 个。这是高考改革的重大举措，它改变了所有学生考一张试卷从而不利于提升薄弱高中教育积极性的做法，对引导中学教育教学起到了良好的作用，也有利于大学按培养目标招考、培养人才。不足之处是，不同科目组的考生调剂很困难。

积极试验大学自主招考制度。“有助于扩大高等学校办学自主权”，这是当前中国高考制度改革的重要原则之一。1999 年 6 月 13 日，《中共中央国务院关于深化教育改革全面推进素质教育的决定》中提出：按照有助于高等学校选拔人才、中小学实施素质教育和扩大高等学校办学自主权的原则，积极推进高考制度改革。鼓励有条件的省级人民政府进行多种形式的高考制度改革试验，扩大学校的招生自主权和考生的选择机会。2001 年，《国务院关于基础教育改革与发展的决定》中提到高考制度改革时，继续强调包括扩大高校自主权在内的“三个有助于”原则。2002 年，《教育部关于积极推进中小学评价与考试制度改革的通知》中提出，要继续深化高考改革，积极探索综合评价、择优录取的高等学校招生办法。高等学校招生制度改革要继续按照“三个有助于”原则，坚持德智体全面衡量、择优录取和公平竞争、公正选拔。

长期以来，不管是全国统一高考制度，还是 2000 年开始推广的 3＋X 分省考试制度，或者是 2004 年开始大规模推进的高考分省命题制度，始终没有能够解决高校招生个性缺乏的弊病，原因是高校缺乏自主权，因为考生众多，高考竞争仍然比较激烈，部分高校也不容易驾驭这个招生的自主权。高校招生考试制度需要体现什么自主权呢？1998 年 8 月 29 日第九届全国人民代表大会通过的《高等教育法》第二章第 19 条规定，高级中等教育毕业或者具有同等学力的，经考试合格，由实施相应学历教育的高等学校录取，取得专科生或者本科生入学资格。第四章第 32 条规定，高等学校根据社会需求、办学条件和国家核定的办学规模，制定招生方案，自主调节系科招生比例。可见，“制定招生方案，自主调节系科招生比例”，就是法律赋予高校的招生自主权。

既然是以扩大高校办学自主权为高考制度改革的原则，在高考制度上，还能扩大高校的什么自主权呢？是考试自主权吗？从另一法规还可以清楚地看到，高校“制定招生方案”的自主权，并未明确表明包括“举办考试”的自主权。1995 年 3 月 18 日第 8 届全国人民代表大会通过的《教育法》第二章第 20 条规定，国家实行国家教育考试制度。国家教育考试由国务院教育行政部门确定种类，并由国家批准的实施教育考试的机构承办。第九章第 79 条规定，非法举办国家教育考试的，由教育行政部门宣布考试无效；有违法所得的，没收违法所得；对直接负责的主管人员和其他直接责任人员，依法给予行政处分。按照上述法规，高校要取得“举办招生考试”的自主权，则只能依靠国家的授权，因为国家批准的实施教育考试的机构，只是目前的国家考试中心，以及各省（直辖市）的教育招生考试机构。

这种背景下，2003 年教育部开始在 22 所大学进行自主招考实验，招生数量规定不超过本校招生计划的 5%。自主招考实验，2004 年扩大到 28 所大学，2005 年扩大到 42 所大学，2006 年扩大到 53 所大学。特别值得一提的是，复旦大学、上海交通大学该年度扩大了自主招生计划（大约为本校招生计划的 10%），还把面试成绩作为是否录取学生的重要参考，改革了高校的招生录取评价体系，真正试图体现大学的个性招生要求。

高校自主招考实验，是高校招生考试举办主体的拓展，目前尽管许多高校并没有举办单独的考试，而是主要依靠中学的推荐以及全国性竞赛的获奖证书等材料，但它确实触动了高等教育管理体制。其中反映出的问题，无论是经验还是教训，都有着非同寻常的意义。

有评价说，自主录取弥补了人性弱点，它能保证平时成绩一贯优异的学生不再因为一次失误而与理想的大学失之交臂，它可以使“偏才”有一条“绿色通道”，然而这也对大学与中学的自律性提出了挑战，自主招考需要公正的规则。另据人民网的报道，自主招考也有遇冷的情况，成绩优异的一般不需要利用自主招考的通道，而高校还是习惯依照学业成绩来选择。“不拘一格降人才”的自主招生政策，在实际操作中还是陷进了许多人为设置的怪圈。人们依然习惯于以成绩、证书来衡量人才，因为总体成绩无法达到冒尖水平，一些在某一方面有突出才能的专才或偏才却无法进入自主招生高校的视线①。从高校反馈的情况看，中学往往“荐良不荐优”，高校也划定了部

① 周大平：《关注高校自主录取的新政策》，《河南教育》2003 年第 10 期。

分重点中学的范围，实际招生的结果往往是部分高校5%的指标都没用完①。有学者说，在无才可选的问题上，中学指责是高考制度造成学生个性单一，高校认为中学培养不力，其实是一个先有鸡还是先有蛋的死结。事实也是如此，大规模高考更多照顾的是共性，而基础教育培养出来的学生都是批量生产的，在这种条件下，真正出类拔萃的偏才能有多少呢？

不管如何，越来越多的专家呼吁，大学招生应逐渐成为学校行为而不再是政府行为，学校应可以根据自己的教育理念来选择学生，学校也可以委托现在各省市的考试院等机构继续主持共性考试。自主招考的院校数增加，在很大程度上既是高校生源质量竞争的结果，也是高校自主权的需求结果。

4. 高考方法的改革已经向科学化方向进展

（1）标准化考试改革。20世纪80年代中期以前，高考基本上是沿用传统的考试方法，命题队伍依靠经验命题，试题质量缺乏科学管理的指针，试题难易水平不稳定，评分手段落后、误差大，考务的人工管理效率低下，难以有效完成日益扩大的巨大考务工作量。这些缺陷，既不利于中学教学，也不利于大学择优。

为了使高考更好地适应社会的发展需要，我国于1985年从美国引进标准化考试并首先在广东地区进行英语、数学两科的考试试验。标准化考试是一种具有统一标准、按照系统的科学程序组织并对误差做了严格控制的考试。其标准化的内容包括试题编制、考试实施、阅卷评分、分数组合与解释四个方面。1986年开始，又在广东、山东、辽宁、广西联省（区）进行了英语学科标准化考试试验。经过4年成功的试验，1989年8月，国家教委颁发了《高等学校招生全国统一考试标准化实施规划》，决定将标准化考试逐步在全国推行。

我国高考的标准化改革，以1993年为界大致分为两个阶段。第一阶段的改革侧重于考试大纲的制定、试题的编制与论述题评分细则的制定、题库的建设、分卷考试以及机器阅卷等。第二阶段主要是分数制度的改革。国家教委考试中心多次召开专家研讨和论证会议，研究高考建立标准分数制度的科学性和可行性，并在参考国内试点经验和国外先进方法的基础上，于1993年制订了《普通高等学校招生全国统一考试建立标准分数制度实施方案》，规定标准分数制度由省级常模量表分数、等值量表分数和等级量表分

---

① 张乐、张奇志：《高校自主招生为何浙江遇冷》，人民网，2004年8月。

数组成。同年，广东、海南、湖南三省建立标准分数制度，以省级常模分数作为录取的依据，不再公布原始分数；黑龙江、北京等8省市则进行了模拟试验。在试验的基础上，1995年初，国家教委颁发了《高考质量评审工作暂行办法》，在评审标准化考试前面三个环节改革的同时，也加快了标准分数制度改革的步伐。至1997年，全国已有一半以上的省、市、自治区完成了建立标准分数制度的工作。

短短十几年，我国的标准化考试改革在编制试题、建设题库、提高考试实施的技术含量、建立科学的分数制度等方面都取得了令人鼓舞的成效。但也还存在一些有待解决的问题，如试卷中主、客观题的比例问题，题库的充实及其题目难度常模的建立，对标准分数制度的进一步推介与使用，在省级常模分数基础上建立全国性的常模分数等等。

特别需要指出的是，为实现高考手段的现代化，进入20世纪80年代中期以来，我国开始了对国外60年代随计算机发展而兴起的项目反应理论进行学习、应用与开发研究，这为我国题库建设提供了新的理论与技术支持，比传统的作为标准化考试理论基础的经典考试理论，进一步提高了对考生真实水平的测量准确性。目前，代表最新测量思想的认知成分测量研究、代表最新测验技术的计算机自适应测验的开发应用，皆已有成功的尝试①，适应了21世纪计算机化考试的趋势。

(2) 录取方法的改革。在录取方法上，为了有效地完成不断增加的录取工作量，保障高考的有效性、公平性，20世纪80年代以来，各地招办逐步引入计算机管理。1996年起，广西、天津陆续开始“网上录取”的实验，在收到良好效果的基础上，1999年教育部又确定了北京、上海、辽宁、四川、重庆、湖北、云南等7省（市）参加实验。目前各省、自治区、直辖市招办都已实现了招生录取计算机现场管理，全国招生网上录取系统基本建立，适应了现代信息技术发展的要求，收到了省时、省力、省经费的效果，更起到了廉洁、公正、高效率的作用。它标志着我国的招生工作在现代化管理水平上又上了一个新台阶，这是近50年的高考录取改革历程中最大的台阶。

然而，由于网上录取尚处于试点阶段，还存在许多有待解决的技术弱点

---

① 戴海崎：《国内项目反应理论IRT应用研究述评》，《考试研究》2002年第3期，第38页。

和难题，例如招生管理系统和信息代码统一的问题，考生详细的基本信息登录问题，在专业微调时扩大高校的招生自主权问题，提高招生队伍的思想和业务素质问题等等。

(3) 考试次数的改革。这是近几年才引起人们关注的热点问题。由于它涉及的社会影响面十分广泛，尽管前些年已有一些零星的关于两次高考的讨论，但一直未被提上议事日程。1999 年 2 月 13 日，教育部颁发了《关于进一步深化普通高等学校招生考试制度改革的意见》，提出：现行的一次性全国统考暂时不变，积极探索一年两次高考的方案，在试点的基础上待条件成熟时再实施。1999 年 12 月 18 日，教育部决定 2000 年 1 月 19 日～21 日在北京、上海、安徽三地市进行春季高考的试点。总结此次春考的经验教训，有的论者认为，一年举行两次高考应长期坚持下去，但两次高考应该是完全相同的两次机会，即两次招生在录取率及招生学校数量、专业、档次上都大致平衡。同时，两次高考必须以不断扩大高等教育规模为前提。此外还应与高校内部体制改革配套进行①。这符合增加学生机会的改革方向。

5. 高校扩招总体上有利于素质教育的实施

(1)“片面追求升学率”现象的出现。早在 1957 年，主要由于高考录取率（见表 2-1）从 1952 年的 90.17%连续下降为 1957 年的 41.91%，大部分学生不能升学时，就出现过学习负担重、学习紧张的呼声。1958 年—1960 年各年录取率分别大幅度回升为 96.9%、83%、88.79%时，上述呼声没有了。而当 1961 年的录取率大幅度下降为 45.43%、1962 年的录取率大幅度下降为 27.46%时，上述问题又出现了。为此，1962 年 4 月 13 日，教育部通知要求加强对高中毕业班工作的领导，坚决纠正为争取较高升学率而采取的一些错误做法。1963 年 1 月 24 日，教育部发出《关于中学教学工作几点意见》，第一次提出要求各地采取有效措施，制止有些学校因片面追求升学率在教学中采取的错误做法。1964 年 5 月 4 日，教育部在《关于克服中小学学生负担过重现象和提高教学质量的报告》中提出了六条改进措施，并认为造成学生学习负担过重的原因是片面追求升学的思想。国务院在批示中指出：克服中小学校学生学习过重的现象和片面追求升学的思想，不但是提高教学质量所必需的，而且是关系到办什么样学校、培养什么样的人的重大问

① 田建荣：《高考形式的统一性与多样性》，《高等教育研究》2000 年第 4 期，第 45～46 页。

题，必须引起各级党委和政府的足够重视①。

(2) 从“片面追求升学率”到“应试教育”。恢复高考后，先是中小学教育曾一度被冠以“升学教育”，因“升学教育”一词国外一般指“升学指导”等含义，以后又用“应试教育”一词取代“升学教育”，表示一种负面含义——“教育病”。再以后，由于有论者提出要辩证理解“应试教育”，故直到当前，对“应试教育”一词的理解，目前仍有两种理解，其一是中性的理解，即“以应对升学考试为目的的教育”的意思，它既包括素质教育的一面，也包括“教育病”的一面；其二，即完全的负面含义，指一种“教育病”，如学业负担过重，复习资料泛滥，偏科教育，偏智而忽视德、体的教育，面向少数升学有望的学生而忽视多数学生的教育，违反学生身心发展规律的教育问题等等。也有观点把第一种理解称之为“日常语义”的理解，第二种理解称之为“学术语义”的理解②。本书取第一种理解，原因是这种理解符合教育的实际状况。不管是“片面追求升学率”还是“应试教育”，它们共同追的是“高考”，这就必然具有提高学生素质的一面，而在现实国情下难免有不当的追求方式，也就难免会出现一些违背教育教学规律的做法，这就是“教育病”的一面。

恢复高考以后，面对中小学越来越普遍的“片面追求升学率”或“应试教育”问题，国家教委频繁颁发相关的文件规定，极力控制“教育病”的一面。例如，1979 年、1980 年，教育部明确提出了克服片面追求升学率的“五条措施”；1982 年，教育部、国家出版局颁发《关于出版学生复习资料等图书的规定》；1983 年颁发《关于全日制普通中学全面贯彻党的教育方针，纠正片面追求升学率倾向的十项规定（试行草案）的通知》，其中明确规定不准编印对付升学考试的习题集、练习册等；1986 年国家教委、国家出版局、国家工商局联合发出《关于严禁擅自编写、出版、销售学生用复习资料的规定》；1988 年 5 月 11 日，国家教委发布《关于减轻小学生课业负担过重问题的若干规定》；1990 年 2 月 15 日，国家教委发布《关于重申贯彻〈关于减轻小学生课业负担过重问题的若干规定〉的通知》；1991 年 4 月 16 日，国家教委发布《关于加强中小学学生用练习册、寒暑假作业、辅导材料编写和使用管理的规定》，同年还颁发《关于加强中小学生竞赛活

① 杨学为：《高考四十年》，《中国考试》1997 年第 2 期。

② 叶澜主编：《中国基础教育的文化使命》，教育科学出版社，2001 年，第 143 页。

动管理的通知》；1993 年 3 月 24 日，国家教委颁发《关于减轻义务教育阶段学生过重课业负担、全面提高教育质量的指示》，提出了解决好课业负担过重问题的十项规定，10 月 4 日国家教委办公厅颁发《关于加强普通中小学教学用书管理的紧急通知》；1994 年 7 月 6 日，国家教委颁发《关于进一步加强中小学生竞赛、评奖活动的通知》，11 月 10 日颁发《关于全面贯彻教育方针，减轻中小学生过重课业负担的意见》；1995 年 2 月 9 日，国家教委、中国科协颁发《关于停办各类学科奥林匹克学校（班）的紧急通知》，2 月 27 日，国家教委颁发《关于加强中小学生复习数据管理的意见》；1998 年 2 月 6 日，国家教委颁发《关于推进素质教育，调整中小学教育教学内容，加强教学过程管理的意见》等①。

（3）“素质教育”的提出与实施。“素质教育”概念的首次出现，一般认为是言实在《上海教育》（中学版）1988 年第 11 期上发表的《素质教育是初中教育的新目标》一文，该文指出初中教育应全面培养学生的素质，包括“思想道德素质”、“劳动技术素质”、“科学文化素质”、“心理健康素质”。“素质教育”一词首次见诸教育主管部门正式的教育指导性文件中是 1994 年，该年中共中央、国务院召开全国教育工作会议，分管教育工作的国务院副总理李岚清作总结讲话，指出：现在社会上对教学改革呼声很强烈，基础教育必须从“应试教育”转到素质教育的轨道上来，全面贯彻教育方针，全面提高教育质量。素质教育进入全面实施阶段大致始于 1997 年，该年国家教委总督学柳斌先后五次发表关于素质教育的谈话，旨在统一认识，动员各界参与推进“素质教育”。其后，国家教委在烟台召开全国中小学实施素质教育经验交流会，会后发表了《关于当前积极推进中小学实施素质教育的若干意见》，阐述了实施“素质教育”的意义等问题。

恢复高考后的“片面追求升学率”、“应试教育”问题，纵有大量文件规定，但其基本状况如有人形容的那样，“素质教育轰轰烈烈，应试教育扎扎实实”②。这其中的原因之一是与“文革”前相似，即与高考相对较低的录取率直接相关。恢复高考后，高校招生人数与报考人数，与“文革”前相比

① 廖大海主编：《走向现代教育——减轻学生过重课业负担新探索》，北京大学出版社，2000 年，第 283～311 页。

② 杨学为：《广西今年的高考改革——暨纪念全国统考五十周年》，《中国教育报》2002 年 5 月 17 日。

有了数倍的增长，但录取率很长时间保持在一个很低的状态，1977 年—1984 年各年的录取率，比“文革”前的最低录取率 27.43%还低。其后，1985 年、1986 年稍有提高，但接下去直到 1992 年的 6 年时间，录取率始终低于“文革”前的最低录取率。1993 年录取率开始缓慢提升，到 1999 年终于有了较大幅度的提升（见表 2-1）①。至今，高校的录取率始终在 50%以上，学生的绝对竞争压力有了一定的缓解（见表 2-2）。

表 2-1　1952 年—1965 年、1977 年—2000 年高考录取率　（单位：万人）

年度	报考人数	录取人数	录取率（%）	年度	报考人数	录取人数	录取率（%）
1952	5.9	5.32	90.17	1982	186.7025	30.4935	16.3
1953	8	6.23	77.88	1983	167.2727	35.9807	21.5
1954	12.5	9.23	73.8	1984	164.3565	42.6854	25.98
1955	17.5	9.78	55.9	1985	175.8972	49.9292	28.4
1956	36.1	18.46	51.14	1986	191.4340	57.2055	29.9
1957	25.2	10.56	41.91	1987	227.5063	59.6661	26.2
1958	27.4	26.56	96.9	1988	271.6408	69.4842	25.6
1959	32.7	27.14	83	1989	266.2118	61.8940	23.2
1960	32	28.41	88.79	1990	283.2751	61.8124	21.8
1961	37.2	16.9	45.43	1991	295.6261	61.9874	20.97
1962	38.9	10.68	27.46	1992	302.6357	75.4192	24.9
1963	39.8	13.28	33.37	1993	286.1361	92.3952	32.3
1964	34.4	14.7	42.74	1994	250.8061	89.9846	35.9
1965	35	16.42	46.92	1995	253.0813	92.5940	36.6
1966 年—1976 年　停止高考							
1977	570.0000	27.2971	4.8	1996	266.5917	95.6812	35.9
1978	610.2640	29.2278	4.8	1997	284.2659	108.0411	38
1979	468.4802	28.4102	6.1	1998	319.1307	108.3627	33.96
1980	332.7869	28.8111	8.7	1999	284.0972	154.8554	54.5
1981	258.9020	28.2962	10.9	2000	340.0000	173.4000	51

资料来源：刘海峰，等著：《中国考试发展史》，华中师范大学出版社，2002 年，第 343、353 页。

① 刘海峰，等：《中国考试发展史》，华中师范大学出版社，2002 年，第 343、353 页。

表 2-2 2001 年—2015 年普通高等教育高考录取率 （单位：万人）

年度	报考人数（万人）	录取人数（万人）	录取率（%）
2001	453.5	268.28	59.2
2002	528.3	320.50	60.7
2003	620	382.17	61.6
2004	723	447.34	61.9
2005	867	504.46	58.2
2006	950	546.05	57.5
2007	1010	565.92	56.0
2008	1050	607.66	57.9
2009	1020	639.49	62.7
2010	957	661.76	69.1
2011	933	681.50	73.0
2012	915	688.83	75.3
2013	912	699.83	76.7
2014	939	721.40	76.8
2015	942	700	74.3

资料来源：见《全国教育事业发展统计公报 2001—2015》。

应该承认，高考恢复迄今，我们在高考制度、内容、方法上进行了一些卓有成效的改革。尤其进入 20 世纪 90 年代以来，我们有了更为明确的素质教育指导思想，我们力图建立现代化的人才选拔机制，特别是人才选拔的标准，以正确引导教育事业蒸蒸日上。不过，高校录取标准中共性与个性的矛盾尚未得到较好的解决，大学招生与中学教育教学的矛盾仍旧十分突出，高考科目与内容改革仍旧处于探索阶段。总之，当前的基本状况被人形容为："素质教育轰轰烈烈，应试教育扎扎实实"。

第三章　高考与教育教学关系的基础理论研究

本章主要运用系统论、矛盾论以及实证的研究方法，旨在对高考与高等教育、高中教育的关系做出一般性的分析，探求高考在目的、过程、结果三个方面与高等教育、高中教育的联系，从而提出自己的研究结论。

第一节　高考目的与教育目的

从高中、高校系统的连接看，高中教育的目的就是培养德智体美等方面全面发展的合格的高中毕业生。合格的高中毕业生，也是合格的高校新生。高等教育的目的，就是培养具有创新精神和实践能力的高级专门人才。但高中教育系统与高等教育系统之间的矛盾，迫使高考系统不得不插入其间，于是高考目的合法地成为了高等教育目的与高中教育目的之间的调节阀。

一、高考目的、高等教育目的、高中教育目的

（一）高考目的

从教育视角说，高考目的就是高校通过考试来选择新生，保障高校的生源质量。简言之，就是为了招收较高质量的新生。就社会视角说，高考目的主要在于促进社会人才的有序竞争、合理流动，维护社会安定。

高校为什么主要通过“考试”方式来选择新生，因为另一种选才方式“推荐”缺乏标准的客观性与可比性。历史已经表明，完全采用推荐方式选才尤其是选拔大批量的人才，易滋生腐败进而导致社会的无序竞争，阻碍社会的进步。主要通过考试的方法选择高校新生，既在于知识的内在逻辑，知识是社会进步的力量，知识是学校教育的基础，也在于考试可以对知识进行有效的测量。用日本学者藤田英典的话说，“学校作为学习更高深的知识、

更先进技术的空间被分成若干阶段。在结构上，前一个阶段的学习为下一个阶段的学习作准备。这是一个以准备程度的高低来决定一个人在下一阶段进入什么样学校的体系。非学绩至上主义的学校体系、非能力至上主义的学校体系是不可能有的”①。从这点讲，高考目的通过高考目标体现，但主要是考试目标。

高校为什么需要“选择”人才，首要的原因是高等教育的供给小于学生的求学需求。试想，如果每个公民不仅能上大学还能上自己满意的专业，那就不需要“选择”了。我国高等教育正在迈入高等教育大众化阶段，与世界发达国家相比，高等教育的发展还远不能适应社会发展的需要，高中生上大学的需求还远未得到满足，目前在读大学生占 18 岁～22 岁人口的比例大约在 21%，全国每年的录取率平均在 60%左右，这就意味着全国在校高中生，每年有 4 成左右不能升入高等学校。在这种情况下，作为一种选才活动的高考，就必然承担起高校“选择新生”的任务。

高校需要“选择”人才的另一个重要原因，在于高校总体培养目标到专业培养目标的多样化，每所高校都需要考虑招收到适应本校培养目标的新生。大家知道，《国际教育分类法》总体上把高等教育的培养目标分为理论型 5A1 与技能型 5A2。1998 年教育部颁布的《普通高等学校本科专科目录》划分的学科大类，有哲学、经济学、法学、教育学、文学、历史学、理学、工学、农学、医学、管理学等 11 个，实际的高校专业，至少有 249 个，它们有不同的人才培养规格，很大程度上也会有不同的新生入学质量规格要求。正是在这种意义上，著名教育学家潘懋元教授指出，高考需要从选拔性走向适应性，适应性考试功能观的确立，并不意味着对高考选择性功能的否定与抛弃。国外的研究型大学，入学要求十分严格（如美国），有的专业型高校，社会地位高，毕业出路好（如法国），竞争很激烈，入学标准也很高。在中国，即使高考录取率达到 100%，高校招生仍需要通过入学考试。但此时高考的选拔功能，只是作为高校的局部功能，融入了高考的适应性功能②。

---

① 藤田英典：《走出教育改革的误区》，张琼华、许敏译，人民教育出版社，2001 年，第 150 页。

② 潘懋元、覃红霞：《高考：从选拔性到适应性考试》，《湖北招生考试》2003 年第 12 期。

从社会学上讲，高校通过高考选择人才，最终是为了国家多出人才，出好人才。也可以说，这种选才任务的确定，是任何国家办教育的重要社会功能之一。南开大学高教所教授王处辉认为，姑且不论教育资源是否有限，国家办教育总是为求人才，而人才总是有水平等差异而表现出一种教育分层现象，不可能在水平上出现你好我好大家好的平等局面，所以高校择优选才具有一定的必然性和合理性。

（二）高等教育目的

与高考目的不同，我国高教法明确规定，高等教育的目的是“使受教育者成为德智体等方面全面发展的社会主义的建设者和接班人，高等教育的任务是培养具有创新精神和实践能力的高级专门人才，发展科学技术文化，促进社会主义现代化建设”。

我国高校目前的培养目标，表现在专业结构上，其类别是多种多样的。如上所述，专业大类有 11 个，实际的高校专业至少有 249 个。表现在学校类别上，主要有以培养科学与研究型、科学应用型、操作和生产型人才为主的不同类型高校，这些不同类型的高校有不同的高等教育质量规格，有不同的新生入学质量要求，最终为的是培养社会各行各业需要的高级专业劳动者。

（三）高中教育目的

按照《中华人民共和国教育法》关于教育方针的规定，高中教育的目的，同样是“培养德智体等方面全面发展的社会主义事业的建设者和接班人”。在具体培养目标上，以普通高中为例，长期以来人们比较一致的看法是“升学”与“就业”的双重任务论。国家教育行政部门对此亦有多次规定。1954 年 1 月，教育部召开的全国中学教育会议上正式确定的任务是：不仅供应高等学校以足够新生，并且还要供应国家生产建设以足够的具有一定政治觉悟、文化教养和健康体质的新生力量。1963 年 3 月公布的《全日制中学暂行工作条例草案》规定的任务是，“为社会主义事业培养合格的新生”。1978 年 1 月教育部颁发的《全日制十年中学计划草案》规定的任务是，“为国家培养合格的劳动后备力量和为高一级学校培养合格新生”。

随着 1999 年《中共中央国务院关于深化教育改革全面推进素质教育的决定》的颁布，以及 2001 年《国务院关于基础教育改革与发展的决定》的颁布，高中教育规模进一步扩大，普通高中与中等职业学校的比例有调整，普通教育与职业教育沟通的高级中学得到一定的发展，但高中教育的职能目标或者说培养目标，没有太大的变化。主要依据在于高等教育的供给，在很长一段时间内，还不可能满足高中的升学需求。还需要看到的是，随着高等教育大众化的快速推进，适应终身学习的要求，高中如何培养学生的基本学习能力也已经提上重要议事日程。

二、高考目的与高等教育、高中教育目的之间的关系

（一）高考目的与高等教育目的

首先，高考目的要适应高等教育目的之需要。即高考要选择德智体美等全面发展的高中生，选择更加符合培养高级专门人才具有创新精神和实践能力所需要的高中生。

广义的高等教育目的概念，可以分解为高等教育目标、教学目标等多个亚层次目标。这些目标，最终体现了高等教育质量的规格。

由于社会对各种专业人才的质量规格需求是多样化的，高校的质量标准也就是多样化的。多样化的质量标准要求，理论上也就有多样化的新生选择标准。根据书面的解释，“衡量教育质量的标准是教育目的和各级各类学校的培养目标，教育目的规定的受教育者的一般质量要求，亦是教育的根本质量要求；培养目标规定受教育者的具体质量要求，是衡量人才是否合格的质量规格”①，因此从高等教育目的和培养目标的要求说，各级各类高校的高考选拔标准，一般都包括德智体美等方面的基本质量要求。但从培养目标看，各级各类高校是有不同的质量规格的，例如有以培养科学与研究型或科学应用型或操作和生产型人才为主的不同类型高校，同类高校内部不同的专业，也要求有不同的性向，其相应的选择标准也就各不相同。不过也应承认，高等学校也有共性的质量要求，即相对全面的素质要求。

其次，高考目的与高等教育目的要求之间存在着张力。也可以说，两者之间存在着矛盾。高考目的能在多大程度上体现高等教育目的之要求，最终体现为所招新生的质量符合高等教育培养目标所要求的基础素质程度。理论上，凡是高中合格毕业生，在性向上又基本符合高校培养目标的要求，就可以视为能够继续进入相应高校的专业学习。因此，高考目的只能永远趋近高

---

① 《教育大词典增订本（上）》，上海教育出版社，1998 年，第 798 页。

等教育目的对新生的质量要求，而没有高校满意的最高限度。

在高考目的与高等教育目的要求之间的矛盾方面，根据笔者在有关招考部门的调查显示，当前比较突出的几个问题：一是许多公办高校实际上不太关心高考与本校培养目标的关系，他们往往最多注意录取的分数线高低，以此间接表明自身的办学质量与学校实力；二是许多专科学校与民办高校关心的问题或者说抱怨的问题，主要是一份试卷考所有的学生，以至于他们只能录取被淘汰下来的考生，影响了自己的办学质量。这个问题自 2002 年广西实行本、专科分卷考试实验以后，情况有了一定的变化，但当时的实验情况表明，它仍然是一次不太成功的实验，主要是意识到了多样化质量观问题，但高职考试做法上仍然是本科之后的一次“本科缩影”考试，有高中生中学习差的考高职之明显痕迹。

（二）高考目的与高中教育目的

1. 高考目的是高中教育的主要目的之一

这基于两点，一是基于高中在目前的“双轨制”分流情况下单一的升学任务而言的；二是基于在单一任务情况下尚有大量高中生不能升学的现实情况而言的。也就是说，高中教育的主要目的，是为高校输送合格的人才。也可以说，高中教育的主要目的，是为了上大学，实现高等教育的个人升迁功能、社会流动功能等等。

高考的目的成为高中教育的主要目的，意思是高考的目标是高中教育的主要目标之一。高考目标，从素质结构上说，首先是德智体美等方面的具有相对较高的综合素质，或者是在某方面具有特长；从对象目标说，主要是录取率以内的学生，或者说达到录取标准的学生；从选拔方法的角度说，主要是考试目标，即学科考试目标，表现为高中各学科中的认知、技能目标，高中生只有在学科考试目标中获得相对的好成绩，才有可能敲开高校的大门。

2. 高考目的与高中教育目的之间的矛盾冲突

（1）高中教育面临努力趋近高考标准的矛盾。受办学条件等诸多因素的影响，它预示着许多地方主要是贫困地区的高中，很难使高考目的成为高中教育的目的之一。

（2）“双刃剑”似的功能导向矛盾。高考的直接目的，是为高校选择更加优质的人才。选择人才的数量受高等教育供给的限制，必然是只有部分高中生成为实际对象目标，这就需要通过考试等方法把考生水平“区分”出来，以至于考试选择标准好比“调节阀”、“过滤器”，它始终让一部分学生处于标准之下，或者说让一部分学生达不到标准。它预示着部分考试成绩离标准较远的学生，产生失去学习积极性的可能，或者有被加重身心负担的可能。

（3）素质目标导向的矛盾。选择标准如果是对学生德智体美等素质的全面要求，则考生也就朝全面发展的方向努力。选择标准如果体现了高校专业的性向标准，还会导向学生的性向学习目标。高考以客观题为主，高中生就可能注重陈述性知识，发展自己的记忆能力；高考以主观题为主，高中生就可能注重程序性知识，在记忆基础上发展自己的高级智慧能力。

综合上述讨论，高考目的与高等教育目的、高中教育目的的关系，可用图 3-1 表示。

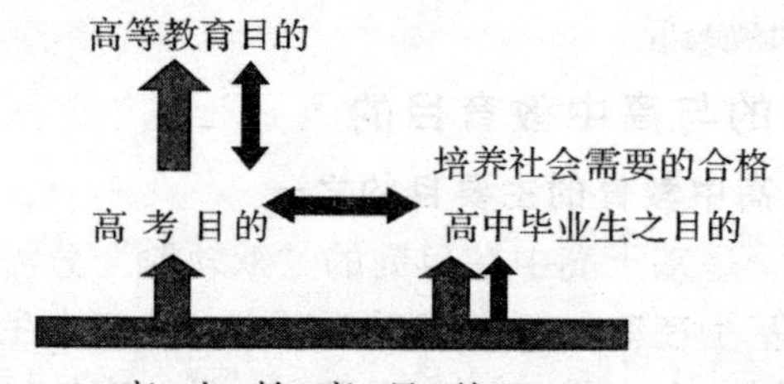

图 3-1 高考目的与高等教育目的、高中教育目的之关系

注：大箭头代表正面作用，小箭头代表负面作用

首先，如大箭头所示，高中教育的主要目的之一是高考目的，它为高等教育目的的实现起着基础质量保障的作用，因此高考目的所要求的高中教育的全面素质基础，理论上应该是高校教育目的所要求的、带有高校教育共性要求的、基础的全面素质。这也就是日本学者藤田英典所指出的，“学校作为学习更高深的知识、更先进技术的空间被分成若干阶段，在结构上，前一个阶段的学习为下一个阶段的学习作准备”。离开这一条，高考就只能迁就高中教育目的，随高中教育的起伏进退而无可奈何，而不是主动促进高中教育及时与高等教育的衔接而适时进行调整，既影响高中教育的创新发展，也影响高等教育发展的后劲。当然，高校所要求的高中教育全面的素质基础，最终效果如何还得取决于高中自身的改革发展，但起码高考给了高中教育改革、发展的一种动力或推力机制。不过，如小双箭头所示，高考目的适应高等教育目的之要求的程度永远没有高校满意的上限，反过来说，它可能给高等教育带来某种负面影响，比如部分大学新生基础素质较差，缺乏进一步学习的能力与动力等。

其次，如大箭头所示，高中教育目的之二是培养社会需要的合格高中毕业生的目的，它起着提升劳动者素质的作用；但如小箭头所示，高考目的与整个高中教育目的之间有着矛盾的一面，高考受强大社会功能的牵引，受高考竞争的种种消极影响，高中教育的另一任务，即培养社会合格高中毕业生的目的可能兼顾得不好，以至于难以顺利完成。

3. 高考目的与高等教育目的、高中教育目的的矛盾关系，源于高中教育目的与高等教育目的的矛盾关系

更直接地说，其矛盾源于高中教育与高等教育的矛盾关系。高中教育与高等教育间数量与质量的供需矛盾，使得即使是普通高中教育在教育结果上仍然是一个分流阶段。因此，在普通高中合理配置一定的职业教育课程，使能够升学和不能升学的学生都具有一定的职业意识与初步社会实践能力也是必要的。

第二节　高考过程与教育教学的关系

从活动的过程视角来理解高考，高考活动过程是高考目的的实现过程，是高考目的的渗透过程。高考目的与高等教育、高中教育目的间的关系，正是通过高考活动过程来展开与体现的。

一、高考过程是体现高等教育目的、高中教育目的需要的过程

（一）高考过程的组成要素

高考作为选才的一种活动，它自然就有自身的结构或者组成要素。曾经有一种观点认为，“透过现象考察考试，它是主试者与被试者两种主体之间的一种交互活动。凡考试都有四个基本要素：主试、被试、测试内容与结果”①。但分析高考选才活动，它不只有考试，还有录取等环节的活动。因此，宏观说来，高考选才过程主要包括与考试有些不同的必需的 4 大要素：选才者——高校；被选者——高中毕业生；选才标准；选才方法。考试活动只是高考选才活动中的一部分，当然从知识测量角度看它是主要的部分。

① 廖平胜，等：《考试学》，华中师范大学出版社，1988 年，第 46 页。

需要说明的是，4 大要素中，“高校”作为一个要素集合体，代表的是现实中各级各类高校的总和；“高中生”作为一个要素集合体，代表的是所有高中毕业生；“选才标准”作为一个要素集合体，代表的是各种不同的质量标准，是一个学生各种素质的总和，是高考目的的具体化；“选才方法”作为一个要素集合体，代表的主要是考试的方法，其次还有对学生素质的综合评价与录取方法，其中还包括这些方法所用到的技术、特殊环境等，它们是达成选才目的或者说选才标准的各种手段的总和。

（二）高考过程各要素间的关系

正是源于各要素集合体代表了丰富而复杂的局部要素，实践中高考选才的过程，也就是无数个以“选才标准”为核心的 4 大要素间矛盾运动的过程。选才结果，也就是 4 大要素之间矛盾运动的结果，它促进选才过程产生新的矛盾运动（见图 3-2）。

从图 3-2 中各要素间的相互作用方式可以看到，高考过程具有以下特点：第一，选才系统中每一个要素的变革，都会影响到其他要素的运行，进而改变整个选才过程的运行方式，换言之，4 种要素在实践中是一体的；第二，选才过程明显地与高等教育、高中教育系统发生着联系，联系的方式是各要素相互间的矛盾运动；第三，理论上逐一分解以上运行过程中的矛盾运动，如箭头所示，至少可以找出 6 对矛盾。它们分别是：高校与高中毕业生的矛盾；高校与选才标准的矛盾；高校与选才方法的矛盾；高中毕业生与选才标准的矛盾；高中毕业生与选才方法的矛盾；选才标准与选才方法的矛盾。此外，按照主体的不同，还有各高校之间的矛盾；各高中毕业生之间的矛盾等。

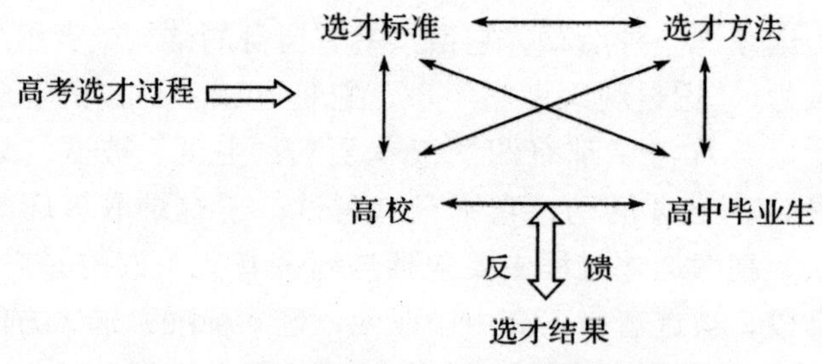

图 3-2　高考过程各要素相互作用示意图

1. 高校与高中毕业生的矛盾

这是一种资源供求中主、客体之间的数量与质量的矛盾，它由高考的选拔目的与任务决定，是高考选才活动中各种矛盾之源，其他各种矛盾由此而产生。

首先，在高等教育资源供给有限的情况下，教育资源的竞争是必然的。这种情况下，它预示着“双刃剑”似的功能导向矛盾，即只有部分高中生成为实际对象目标，另一部分学生处于标准之下，或者说让一部分学生达不到标准。它预示着部分考试成绩离标准较远的学生，产生失去学习积极性的可能。

其次，即使是高等教育资源非常充足，但各高校的教育质量与入学要求总是有差别的，高中毕业生的水平与个人需求及选择也是有差别的，再加上劳动和职业的差别还存在，社会分层还依然存在。因此，处于不同高等教育发展阶段，这种矛盾的表现可能不一样，例如发达国家的考生已进入了对名校与理想专业的竞争，而发展中国家的大多数考生是对上大学的机会的竞争，这种矛盾的存在将是一个历史的、永恒的进程。

2. 高校与选才标准的矛盾

这是一种质量矛盾，意思是选才标准在多大程度上能够体现出高校的要求。从理论上说，高校的质量标准是多样化的，多样化的质量标准要求有多样化的新生选择标准，包括体现高校内部不同专业方向的一定的性向标准。

不同类型高校的不同选择标准，体现了各校新生的质量，决定了各高校教育质量的基础，影响到高等教育的效率与效益。不过，要反复强调的是，高校与选才标准的矛盾，永远有一个幅度，因为从理论上讲，一个合格的高中毕业生，就具有进入他感兴趣的高校相应专业学习的素质基础，但高校始终要有自己的基本素质要求与个性要求，以通过高考推进高中教育目的的适时调整，以更好地实现目的。

3. 高校与选才方法的矛盾

选才方法是实现选才标准的各种手段的集合体，现实中与高校的矛盾，也就因此而表现得比较复杂多样。选才方法在多大程度上满足高校选才的需要，这是一个永恒的矛盾。选才方法最终毕竟服务于高校一定的质量标准要求，而质量标准有一个幅度，最终取决于高中毕业生的实际水平。因此，衡量选才方法是否科学有效，关键是看它能否达到为本校挑选真才的目的。

首先，以考试方法来说，它是选才方法中主要的基础的选择方法。高校对笔试、口试、操作考试等不同方法的采用，一定意义上体现了高校培养目标的要求。笔试与口试主要可以检测学生的认知水平、思维能力与学习能力，操作考试主要可以检测学生的动手能力，各种实践调查、社会服务活动、校内活动成绩主要可以检测学生的社会实践意识与一定社会适应能力。

其次，以录取方法来说，世界性的趋势主要是依据多种资料进行综合评价的录取办法。这种录取方法，根本上还是为了评价学生综合素质符合高校要求的程度高低，以及性向素质是否比较符合所报专业要求。这实际上是决定学生能否最终考上所报大学的最后一次“考试”，不过主考官必须是以德才兼备的资深教授为主所组成的招生委员会。这其中的原因，正如美国著名学者亨利·罗索夫斯基介绍美国耶鲁等大学的选拔与录取时所说：（招生）委员会中教授所占比例最大，因而它能反映出他们最好的判断力，外界的影响是微乎其微的。校友、名人、捐赠人以及各种类似的人物，时时都在为他们的子女、亲戚和朋友施加外部影响。每年的秋天，久不往来的朋友和一些泛泛之交，突然都出现了，有时还带上一点小礼物，表示强烈希望我见见他们的子女①。

此外，还存在一种建立在考试基础上的特殊政策方式的选拔方法。中外历史都表明，对待落后地区、少数民族地区的弱势群体，选择标准往往较低，以利于把他们导入主流社会，高校采用这种方法，直接反映了自身对高等教育效率与公平兼顾的程度。我国 20 世纪 90 年代后期高考录取线向京、津、沪的倾斜引起了众多质疑，关键就在于倾斜的对象与范围出现了一定程度的错位。另外，对某方面有专长的学生，一般只能采取特殊录取方法，以适应特殊个体的身心发展规律。

4. 高中毕业生与选才标准的矛盾

从高中育才的角度看，高中生的各种素质发展总是一个逐渐趋近、超过选才标准的过程，但能否超越选才标准，取决于高中生之间的实力竞争。这是一种博弈的过程。就学生间的竞争而言，这基本上是建立在一种不确定的信息基准之上，一个高中生到底具有多大的相对竞争优势，只能凭借自己的努力程度，只能依靠教师的经验与判断水准，只能建立在往年选才标准的基础上。一个主要原因就在于，选拔性考试中，选才标准是随着高中毕业生整体水平的上升而提高的。但不论如何，任何一种选择标准，首先是适应高校教育共性要求的、高中教育所要求的全面的基础素质目标。高中毕业生间的

① 亨利·罗索夫斯基：《美国校园文化——学生教授管理》，谢宗仙，等译，山东人民出版社，1996 年，第 58 页。

竞争，首先是这种综合素质的竞争，其次才是学生间在体现高校个性要求的选才标准方面的竞争。否则，就可能在全面素质的竞争上，人为地抬高了面向全体的高中教育目标要求，影响了高中整体目标的实现。从这个角度说，选才标准是一种高校录取中的评价标准，它包括两个方面，第一个标准即全面素质标准适宜用水平考试，第二个标准即个性标准适宜用常模参照考试。这样，两种标准加起来，选才的目的达到了，育才的目的也兼顾了，避免了高考目的对高中教育整体目标的冲击。当然，高考结果即只有部分人能上大学的现实对高中教育的冲击、影响，则是另外一个问题。

高中毕业生与选才标准的矛盾，表现在选拔性考试方面，即对第二个标准——个性标准的测试上，实际上就是厦门大学高教所刘海峰教授所说的"保持难度与减轻负担的矛盾"①。没有一定的难度和区分度，不足以把考生的水平区分开，而要维持一定的难度和区分度，往往又会加重某些考生的负担。高考是常模参照性考试，决定考生是否能被录取、上什么大学，取决于他在考生中的相对位置，所以多数考生会尽最大努力去积极备考，这种竞争迫使试卷难度会维持在一定的水平之上。因此，竞争性的考试，一般都有必要的学习负担，但对实际水平相对位置靠后的考生而言，要考上大学，这种负担则相对较重。不过，正如早在 20 世纪 80 年代初期邓小平所言，"学生负担太重是不好的，今后仍然要采取措施来防止和纠正。但是，同样明显的是，要极大地提高科学文化水平，没有'三老四严'的作风，没有从难从严的要求，没有严格训练，也不能达到目的"②。正是在这种意义上，我国考试中心杨学为先生的下面一段话是有道理的，"长期以来，不少人历数高考的种种'罪恶'，其实那并不是考试的'罪恶'，而是竞争的后果。有的人也承认'竞争'，也承认'择优'，却不愿见到'淘汰'，幻想保留'择优'而消灭'淘汰'"③。

5. 高中毕业生与选才方法的矛盾

这主要表现为学习方式导向的矛盾。以高中生要达到选择标准的要求来

---

① 刘海峰：《高考改革中的两难问题》，《高等教育研究》2000 年第 3 期，第 36～38 页。

② 《邓小平文选（1975—1982）》，人民教育出版社，1983 年，第 101～102 页。

③ 转引自杨学为：《高考竞争与国情》，《中国考试改革研究》，北京大学出版社，2001 年，第 413 页。

说，由于考试是主要的选才方式，高中生就要努力趋近考试所要求的方式。恢复高考以来，考试基本上是采用笔试的方式，所以学生也注意笔头功夫的训练，实践性环节就可能注意得不够。

由于还有“特殊政策方式的选拔方式”，例如对少数民族地区等的学生适当降低要求录取，这在以效率优先的情况下，一定程度上兼顾了区域公平，起到了促进社会合理分层的作用。但生活中往往可以发现一种奇怪的“户籍迁移暗流”又称“高考移民”，或者是“民族身份变动暗流”现象。又如当前北京、上海等地区的录取率很高，于是北京、上海等地区的“户口”则对高中生显示出特别的吸引力与价值。

6. 选才标准与选才方法的矛盾

这是当前高考选才中的重要矛盾，是目的与手段的矛盾关系。选才标准最终体现为一种质量标准，它需要通过一定的选才方法来实现。这些方法从宏观上说，主要是考试方法。不能以考试分数为唯一录取标准的依据，可以说是不同地区质量标准有差异，也可以说是单一的考试方法体现出来的只是考试标准，而非选才标准的全部。

不同的选才标准，需要不同的方法。前述高校培养目标，例如科学与研究型、科学应用型、操作和生产型人才就表现为不同的质量规格，每种质量规格就代表了相对高校全体而言的个性标准，它要求有不同的考试选才方法，或者至少是不同的试题与试卷。当然，对于高中而言，由于所有升学还是不升学的学生，都至少需要达到高中全面素质目标的合格要求，因此共性标准从理论上说可以统一检测。至于统一检测时采用何种更具体的测试方法，要视具体目标而定。但从理论上肯定选才标准包括高校共性要求或者高中的共性标准和高校个性标准，是高考选才首先需要确定的目标与任务。离开这点，谈高考科目设置，不管变换什么形式，都是毫无意义的，尽管最终目的与关键还体现在命题中对素质目标的检测程度。也正是基于此，现在的3＋X科目改革，尽管建立在大量调研的基础上，2002年26个省（市、区）均试行了3＋文科综合/理科综合，广东、河南、上海、江苏、广西试行“3＋大综合＋1”或其他方案，但从高校录取评价来说，仅仅考虑这种共性的科目测试，也许还不是理想的方案，理由是它至少没有较好地体现出高校的个性要求，仅仅用单一的选拔性考试方法来检测，也就不可避免地冲击了高中教育目的目标的全面实现。

如果有了一定的标准，却不能找到有效的方法来鉴别，最终质量标准就不能很好地体现出来。例如质量标准中，品德素质、心理素质，在统一考试中我们至今就很难鉴别出谁高谁低，而只能找到下限。一个人违了法，大家往往才能看出其品德或者是心理出了问题，一个人得了精神病，大家往往才知道其得了心理疾病。难怪乎有人认为统一考试往往只是“智”方面的学科考试。其实，学科考试本身也能反映出一定的品德、心理素质。高考的公平竞争精神，对考生的毅力和拼搏勇气是一种磨炼，也有助于培养学生合理安排时间的能力。学生夜以继日地发愤学习，以优异的成绩参加高考，接受国家和社会的挑选，表现了有志青年为祖国的富强、为科学文化的繁荣而奋斗的决心，表现了年轻人对社会、对父母、对家庭的责任感，这是政治，是德育。至于选报志愿，更表现了考生对社会分工、对国家需要、对个人利益与国家利益的态度，也反映了考生的人生观、责任感，因此，高考选才并非单纯的智育①。人的身体素质，虽然能鉴别谁高谁低，但高考选才标准中很难正常体现出来（除非有特殊传染疾病和特殊专业要求），因为民主的观念认为残疾人也有上大学的权利，难怪部分高中生缺少锻炼，这是很有关系的。正如需要兼顾区域公平一样，正如把特长生与非特长生区别对待一样，看来把残疾人与非残疾人在某些标准上区别对待也是必要的，这避免了在德、体等素质要求上只设下限（即不要出现问题就行）而往往导致消极的教育观念与践行。

从理论上说，为了考生间标准的可比性，考试永远是统一的。不管是全省统一还是全国统一，在哪种范围内统一，目的上说主要取决于高校招生时对同一范围内的学生要能有效地进行标准间的比较，以避免出现不公平的矛盾。

不过，选才过程中选才标准与选才方法既是一对矛盾，统一考试这一必然的方法，也就与选才标准避免不了矛盾。换句话说，我们没必要苛求统一考试的方法，统一考试实在解决不了的问题，还可以寻找别的办法辅佐它，在没找到辅佐方法之前，更不能轻言废除统一考试。正是基于这种考虑，我们就需要正视“统一考试与考查品行的矛盾、统一考试与选拔专才的矛盾、考试公平与区域公平的矛盾”②。另外，“考测能力与公平客观的矛盾、扩大自主与公平选才的矛盾”③ 也都是我们需要正视和重视的系列的“两难问

---

① 杨学为：《莫把高考当作单纯的“智育”》，《求是》1996 年第 22 期。

② 刘海峰：《高考改革中的两难问题》，《高等教育研究》2000 年第 3 期，第 36～38 页。

③ 刘海峰：《高考改革中的全局观》，《教育研究》2002 年第 2 期，第 21～23 页。

题”，对它们的精辟概括、总结、提炼是对考试理论的贡献。它提示我们在高考改革时要自觉树立全局观的理念，不要为了改革而改革，出现改革凿空的尴尬。一句话，所有这些两难问题，也都属于选才标准与选才方法的矛盾。

7. 高校与高校之间的矛盾

选才活动中高校与高校之间的矛盾，属于选才过程中单个结构要素内部的矛盾，它是整体选才系统结构中选拔主体之间的矛盾。它主要表现为各高校与高中生、选才标准及方法的联系方式不同。简言之，就是各高校在生源数量、质量间的矛盾，这种矛盾如果在教育市场条件下，会形成高校之间的竞争关系，这种竞争是“有序”还是“无序”取决于教育市场中宏观规则的健全程度，以及各高校自身招生政策的健全程度。

8. 高中生与高中生之间的矛盾

现实中高中生之间的矛盾，主要表现为每个高中生与高校、选才标准及方法的联系方式不同。由于高中生与高校、选拔标准及方法之间，表现出资源供求矛盾与功能双重性和学习导向的矛盾，高中生之间也就形成了一种竞争关系，竞争的有序还是无序取决于高中教育是否合理的引导，例如取决于因材施教的教育分流方式，树立多样化的人才质量观，社会舆论的正确导向等；取决于选才方式的引导，在因材施教的前提下，同时设置面向全体的、测试全面素质的标准参照考试和反映高校要求的常模参照考试等。

正是上述两个主体要素，高校与高中生在现实中表现为无数丰富多样的个体，现实中选才过程的矛盾关系也就复杂多样，采用统一考试的方法实际上就是平衡诸多矛盾关系的迫不得已的办法。这样，它才可能较好地兼顾各高校之间的矛盾关系，同时也才可能较好地兼顾各高中之间的矛盾关系。简言之，就是尽量兼顾各高校的利益，同时兼顾各高中的利益，求得国家宏观管理的最大效率与效益。从这点说，我国的科举制度采用统一的考试模式，有其管理的理论基础；民国时期，从单独考试走向统一考试的实践也有必然性；新中国成立以来很快由高校单独考试走向统一考试，也有其必要性。

（三）高考过程的基本规律及原则

高考过程的基本规律，反映了各组成要素间的内在联系。高考的基本原则是对基本规律的反映，是高考系统中一系列活动如高考内容的选择、方法的运用等的准则。在分析高考运行过程中的各对矛盾运动基础上，我们可以尝试总结高考过程的基本规律及原则。

由以上论述可以看到，选才活动 4 大要素间的 8 对主要矛盾运动，实践中常常是交织在一起的；就整个选才系统而言，矛盾之源是高校与高中生之间的矛盾，而高校与高中生的矛盾，本质上是高等教育与高中教育在数量和质量方面的矛盾，其他各对矛盾由此而生；质量由选才标准来体现，所以选才标准是矛盾的主要方面，是整个选才过程的关键和核心，其他各要素的运行、发展最终为了它的发展。见图 3-3。

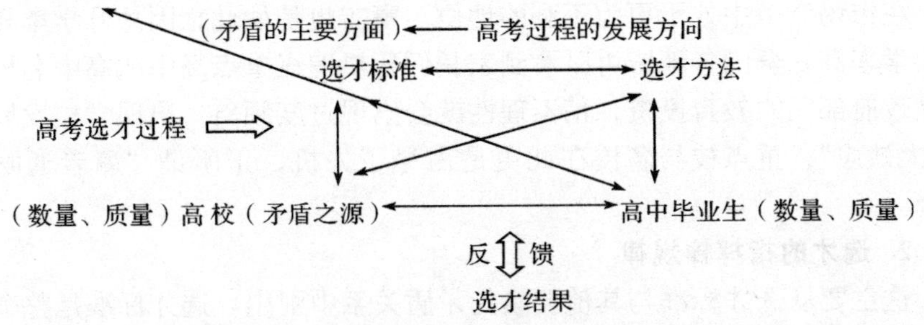

图 3-3 高考过程基本矛盾运动示意图

按字面解释，规律就是事物之间的本质联系，或本质之间的联系。由上面分析的各对矛盾关系可见，高考过程的本质是一种选才过程，高中教育与高等教育在数量、质量方面的供求矛盾条件下，从选才主体——高校的角度说，它是各高校依据一定的质量标准对学生进行质量鉴别与挑选的过程；从选择对象——高中毕业生的角度说，是高中生之间的一种主动竞争过程，是高中生向着标准、超越标准、超越同伴的一种竞争博弈过程。

据此，我们尝试把选才过程的基本规律表述为：选才的竞争性规律，选才的指挥棒规律，选才的双刃剑规律，选才过程的基本原则。

1. 选才的竞争性规律

这条规律主要从高校与高中毕业生的根本矛盾关系中引出，从高中毕业生与选才标准之间的矛盾关系中引出，从高校与高校之间的矛盾关系中引出，从高中毕业生之间的矛盾关系中引出。它表达的主要意思是，在高等教育资源的数量、质量与高中生的数量、质量以及需求之间存在必然矛盾的情况下，抛开国际化形势下的生源大战不论，国内高校之间存在生源竞争，特别是高中毕业生之间存在由上大学到上重点大学乃至于热门专业的竞争，这种现象已经在我国的发达城市和西方发达国家的招生考试中体现出来。

选才的竞争规律，表现在高校的招生上，如果招生的“游戏规则”不健全，则可能出现招生中的虚假广告宣传，各种形式的招生腐败问题。表现在考试上，高校与高中生间的供求矛盾关系，使考试的根本性质具有一定的选拔性，即考试必须维持一定的区分度，这就是常模参照性考试存在的依据。表现在学生的学习上，还决定考生的学习负担可能超过他们的身心发展水平，特别是学习相对落后的学生，更可能招致自尊心的受损以及其他各种形式的挫折与失败感。就整个中学教育而言，它会因为教育质量起点与条件的差异，而出现更大的教育地区发展不平衡，进而很可能出现升学率低的地区，在市场竞争中处于更为不利的地位。事实也是如此，因为升学率和升重点大学率高，全国各地皆可以看到家长们狂热追逐重点高中或高中名校，纵然是政府部门的教育投资，稍不理性就会出现过度倾斜，出现学校发展中的“马太效应”，重点校与名校在此更是占尽了先机，正所谓“赢者通吃”的社会。

2. 选才的指挥棒规律

这主要从选才标准与其他要素的矛盾关系中引出。选才标准是整个选才过程系统中矛盾的主要方面，所以不论是选才方法的改进，还是高中生学习方式与目标的改进，或者是高校教育目的对新生的需求，都围绕着选才标准而进行。例如历史上的科举教育，民国时期的“升学主义教育”，新中国成立以来出现的“应试教育”，都反映了高考对教育的导向。选才标准最终体现为质量标准，就目前时代的需要来说，它一方面是高中全面素质的发展导向，另一方面也要导向高等教育分类发展的个性目标导向，过于偏向任何一方，皆是不利的。当然，它对高等教育个性的导向，永远只能有一个幅度，没有满足的极致，而只能有一个下限或者说最低要求，因为终身教育的需求，最终是解决高校与高中生间的数量与质量矛盾。或者简单说，一个合格的高中毕业生，从质量要求说，就可以选择他（她）感兴趣的高校相应专业学习。

3. 选才的双刃剑规律

主要由高校与高中毕业生的矛盾关系引出。它说明的是选才数量在一定录取率的条件下，高考具有正、负双面性教育功能，好比一把锋利的“双刃剑”。正面功能，主要是引导高中生积极向学，有序竞争，提高高中教育的水平，加固高等教育的质量基础等等。但在竞争条件下，它可能同时使没有通过选择标准的学生产生身心负担，甚至失落、失败的情结，扰乱高中教育另一任务或者说是目标的实现。此外，这种双刃剑规律反映在目标的导向中，可能由于选才目标的误导，如“文革”时期的误导，或者现实中改革的失误，使得高考选才可能部分偏离高中教育的轨道，或者偏离高等教育个性需要的一面而导致高中教育、高等教育人才培养质量的下降。

4. 选才过程的基本原则

根据高考过程的 3 条基本规律，结合各要素间的矛盾关系，选才过程的基本原则，主要的可表述为 4 条，即选才的公平、公正原则，选才的科学、合理原则，选才的可行性原则及选才的教育性原则。

(1) 选才的公平、公正原则。提出这条原则的主要根据在于选才的竞争规律。公平指向的群体主要是高中生群体与高校群体，意思是高中生之间在升学问题上要有竞争的平等权利，高校之间在招生问题上要有平等的竞争权利。公正指向的是选才者群体，包括高校和国家教育行政主管部门，最终是依法管理，保障竞争者之间平等的竞争权利。也就是说，在有序竞争中，公平是核心目标，公正是基本保障。

高考的公平竞争，包含两个基本方面。一是考试公平，意思是在报考资格、命题内容、试卷评阅等方面，考试机会均等，考生权利平等。二是区域公平，意思是计划录取率或者说计划的录取机会，在各省（直辖市、自治区）大致均衡，考生权利平等。过度偏离公平、公正的竞争原则，就会出现影响社会政治稳定的因素。

(2) 选才的科学、合理原则。提出这条基本原则的主要依据在于选才的指挥棒规律。科学主要指选才标准、方法是否科学，是否体现了时代的科学技术知识能力。合理主要指是否符合择优选才、公平竞争的目的性与愿望。

无论是选才标准还是选才方法，既要考虑高校教育目标的需要与可能，也要考虑高中教育目标的需要与可能，做到尽可能科学、合理。例如，选才标准在注重高中教育的全面素质要求时，也要兼顾高校的适度个性要求。单以高中毕业生来说，选拔标准既要有面向普通学生的，也要有兼顾特长生需要的；既要有面向普通阶层的，也要有兼顾特别贫困阶层的；既要有面向非残疾人的，也要有面向残疾人的。以考查能力来说，既要有基础素质的，也要有较高认知与智力要求的题目；既要有认知的，也要有一定的实践性题目；以高考功能来说，既要肯定正功能，也要始终重视克服负功能等等。

(3) 选才的可行性原则。这主要是从全面要素间的矛盾，特别是选拔方法与其他要素的矛盾关系引出的。它表达的主要意思是，对选才标准的测试要有可行性。例如，单单依靠统一考试，就很难解决好考查品行、选拔专才、区域公平的矛盾，它需要借助其他辅助办法，比如考查品行需要借助非常有说服力的、长时间的实践行为表现才可能，所谓“路遥知马力，日久见人心”的说法是有一定道理的。至于选拔专才则需要另辟蹊径。解决区域公平，则只能在全面调查基础上，按短、中、长期计划渐次实施，且必须是考试基础上的兼顾公平，以求保证基本的教育效率。其他如“灵活多样与简便易行的矛盾、考出特色与经济高效的矛盾、改革设想与循序渐进的原则”①，都说明了选才的可行性原则的重要性。

（4）选才的教育性原则。提出这条基本原则的主要理论支撑点在于选才的双刃剑规律。选才的最终结果是一部分人升入了高校，一部分人则成为所谓的“落榜生”。对这两部分人群，教育主管部门要拿出切实可行的教育措施，给予分别的教育政策引导，让他们各自树立起正确的人生价值观，达到尽可能提高全体国民素质的教育宗旨。

总的来看，高考改革尚面临“教育与社会的两难选择”②。如果进一步分析高考与社会其他系统的关系，还可能会有其他的基本规律及原则，但任何具体的高考改革实践可能最终需要通过高考过程的 3 条基本规律及相应的原则来实现。否则，很可能会出现高考过程与高等教育、高中教育大幅度的矛盾冲突。

二、高考过程与高等教育、高中教育目的的矛盾冲突

关于这个问题，上面的分析实际上已经涉及很多，但最终目的是揭示高考过程的规律，使得高考目的尽可能满足高等教育目的、高中教育目的的需要，实现高考与高等教育、高中教育的良性互动。为了更为清晰地说明高考过程与高等教育、高中教育的关系，这里特作必要的补充说明，根据基本规律及原则，呈现有关矛盾冲突的简要的观点，主要是思路，以便在实践中正视和应对这些矛盾，从理论上研究这些矛盾。

（一）高考过程与高等教育目的的矛盾冲突

1. 负面功能冲突

表现：录取率以外的部分高中生，身心负担过重，产生挫败感。策略：继续因地制宜地积极发展各种形式的业余制高等教育，满足不同地区高中生

① 刘海峰：《高考改革中的两难问题》，《高等教育研究》2000 年第 3 期，第 36～38 页。

② 刘海峰：《高考改革的教育与社会视角》，《高等教育研究》2002 年第 5 期，第 38 页。

求学的实际职业与学术需要。

2. 导向性矛盾冲突

表现：主要是质量标准导向失误。策略：总体上要把握好研究型、科学应用型、生产与操作型人才的特殊性向标准；同时制定明确的性向招生标准，做好学校的培养目标与专业培养目标的情况介绍与宣传。

3. 兼顾性矛盾冲突

表现：选才标准与方法未能兼顾特贫地区、特殊对象如残疾人、特长生等。策略：制定分类招生计划，实行分类别的质量标准与相应的招生方法。

4. 可行性矛盾冲突

表现：品德、心理、身体素质的测量与评价用于考生间的素质高低比较很困难；除面向小范围地域招生的高校，大量的高校单考尚有较大的困难和难守公平精神的弊端。策略：正视矛盾，采取统一考试为主的方法；采用多种资料综合评价、录取学生，主要可以帮助鉴别学生的个性倾向，而不是用于水平高低的比较，操作时机要教育先行实验后而定。

（二）高考过程与高中教育目的的矛盾冲突

1. 负功能冲突

表现：录取率以外的部分高中生，身心负担过重，甚至可能成为"被抛弃的人"，产生挫败感的可能性极大；对选拔标准的鉴别，共性与个性标准混杂一起而统一采用选拔性考试方法，冲击了高中教育目的目标的全面实现；或者共性标准与个性标准未能明显体现出来。策略：高考评价首先是符合和根据高中教育目的而实施全面素质的标准参照考试，学生间的素质差别是自然的差别，而非像常模参照考试进行有意识的难度区分，其次才是体现高校教育要求的考试；以全面素质的考试合格率、优秀率作为各高中教育的评价指标，以各高中首年的合格率、优秀率以及其他指标作为参照点；高中教育阶段仍然是一个分流的阶段，但主要是因材施教，给高中课程注入适度的职业化因素，增强所有高中生包括能够升学的高中生的实践意识、职业常识与初步能力。

2. 素质目标导向性冲突

表现：素质结构失衡，德、智、体、美素质不全面。策略：高考注重全面的基础素质，以高校教育的共性标准或者高中教育目的为依据，进行综合素质测试；高中教育注重对学生进行个性职业倾向性的指导。

3. 对象兼顾性冲突

表现：只进行高校教育要求的个性标准鉴别，选才标准超过或者低于高中教育目的的要求。策略：高考的首要目标是注重高中教育目的要求的，实际上也是高校教育共性要求的、全面的、基础的素质鉴别。

4. 方法可行性冲突

表现：品德、心理等素质方面的成长信息记录不可靠。策略：高中需要对学生的成长信息记录实行科学的管理，保证记录的真实性。学生成长信息，主要包括学习期间对学生生活的观察记录、学生平时的考试试卷、见证材料、学生参加的社会调查活动、实践活动以及获奖证书、小发明等。所有这些，需要研究试验后逐步实施。

最后需要强调的是，选才系统中每一个要素的变革，都会影响到其他要素的运行，进而改变整个选才过程的运行方式。因此，本部分所讲的矛盾冲突，只是静态的描述，实践中，每个要素的变动，皆需要综合考虑高考过程三大基本规律的作用，作用的结果表现为高考的双面影响。

第三节　高考结果与教育教学的关系

高考结果是高考目的决定的，是高考目的与高等教育目的、高中教育目的之关系决定的，是高考过程各要素间围绕选才标准的矛盾运动而最终形成的、实然的后果。高考结果，通过反馈机制作用于高考过程，继而作用于高考目的，最终帮助修正高考，修正高考与高等教育、高中教育间的矛盾关系。因此，注意高考结果这个反馈机制，是高考改革的理论与实践需要，也是教育的需要。

一、关于高考结果的影响

高考有什么样的结果呢？首先，你可以看到，一部分人通过考试被大学录取，一部分人则需要另谋出路，要么继续复习来年再战，要么一边去就业一边接受其他形式的高等教育，要么不学习、不工作成为社会的“闲人”。被大学录取，如果在科举时代则意味着“学而优则仕”的很大可能，一生享有荣华富贵的极大可能；在知识经济初现端倪的现代社会，则意味着“学而优则富”的较大可能。没被大学录取，人们往往得出结论，要么是你“愚蠢”、“迟钝”，要么是你“懒惰”。

其次，高考结果意味着两种必然的结果——人生成功与人生失败吗？不能一概而论。按马克思的说法，人生成功的标准，一在社会贡献，二在个人价值回报。就这两点说，生活中我们往往可以看到，接受过高等教育者似乎总体上比没有接受过高等教育者成功的可能性更大。在科技是第一生产力的时代，没有一定的科技知识，往往会处于不利的竞争地位。但人生失败者与高考结果往往没有必然联系。看来，扭转对高考结果的“失败情结”导向至关重要，没有失败情结的人，哪怕是家境不好的人，总会通过自学的方式或者自学考试制度或其他高等教育形式学习必要的知识与技能，增强自己谋生的本领。

最后，高考是联系高等教育与高中教育的纽带，高考竞争的结果必然表现为对高等教育和高中教育的影响。事实上，由于前述高考的相对强大的社会功能或价值，它还影响到高中以下的所有教育阶段，现在连电视上做广告都说“不要让孩子输在起跑线上哟”，即为影响之明证。

二、高考结果对高等教育有双面影响

高考结果与高等教育的关系，一言以蔽之，就是大学新生的质量影响着高等教育的质量。影响的方向，一是高等教育质量的起点，二是高等教育最终的质量。也就是说，高等学校要想培养出适应社会需要的各类优秀人才，基础在于高质量的新生，最终影响到高等教育的质量与效益的高低。一般来说，他们除应具备接受高等专业教育的思想政治品德、身体素质外，还必须具有接受高等专业教育的知识结构、专业性向能力和专业思想。

衡量高考结果对高等教育质量的影响大小，也许没有人能做出精确的定量分析。就定性分析来说，一般地也就说出“新生质量是高等教育的基石”了事。因此，找出一个判断的标准很有必要。笔者认为，这个标准就是看高考是否达到了高考目的的要求，即是否选拔出了符合高考目的要求的质量标准的大学新生。因为高考目的或者说选拔标准，本身是依据高等教育目的、高中教育目的而定的。再说，大学新生的质量，从根本上取决于高中教育的质量，高考作为一种质量鉴别与评价的活动，它本身不是提高高中生水平的育人过程。

据此，在高考体现社会公平的情况下，高考的结果，应尽可能反映选拔质量标准的要求，以保障高等教育的起点与终点质量。从前面高考目的与过程的分析来看，这些要求主要是：

(1) 素质结构上，德智体美心（理）兼顾。

(2) 知识结构上，文、理学科兼顾。

(3) 总的专业性向上，一般要满足高校培养科学研究型、科学应用型、操作与生产型人才所要求的不同性向标准，以促进高等教育分类发展，办出特色。

(4) 具体的专业性向，这主要通过报考志愿、按院（系）招生，以及进入高校后根据实际学习能力分流，或者通过最后一年或二年对专业方向课程的选择来实现。

如果按照上述标准，高考结果明显对高等教育具有正、负双面影响：一方面，恢复高考以来，高考为高校选拔了大量的相对较高质量的人才；另一方面，由于没有很好地处理高考与高等教育、高中教育的关系，也出现了对高校培养更高质量人才不利的一些问题。

（一）正面影响

就这点而论，不可否认的是，改革开放以来由于坚持高考、改革高考，坚持“德智体全面考核、择优录取”的原则，高考较好地完成了选拔较高素质人才的任务。没有这一条，我们很难想象从 20 世纪 80 年代每年选拔几十万大学新生，现在每年选拔几百万大学新生，竟然没有出现高等教育质量方面的严重问题。

具体来说，高考能够基本发挥正面影响，与考试科目设置分不开。以 20 世纪 80 年代主要实施的“六、七”模式而论，文科考“语文、数学、外语、政治、历史、地理”，理科考“语文、数学、外语、政治、物理、化学、生物”，从当时的研究来看，还是大体上保证了学生进入高校文、理科进一步学习的需求。例如，早在 20 世纪 80 年代初期，厦门大学高教所曾对厦门大学学生在校学习成绩做过跟踪分析，认为一般说来“理科各系学生在校学习的质量与原有数理化知识基础关系最为密切，文史哲各系学生在校学习质量与原有的政治、语文和历史的基础知识的关系最为密切。不论从当代科学技术发展的趋势，还是从高等学校学生掌握知识的特点来看，数理化三科基础知识都是理科各系学生学好专业基础的根本。文科专业的学生，都必须有较为扎实、系统的政治、语文、历史、地理的基础知识”①。以现在的研究

① 廖平胜：《论高考中送才与选才的衔接》，《华中师范学院学报》1984 年第 1 期，第 77 页。

看，语文、数学、外语仍然是主干学科。例如，1996 年天津财经学院罗永泰、李小妹利用多元回归分析和马尔柯夫链等数学模型，分析了高考入学成绩对后续主干课程英语、数学、计算机、生产管理、经营管理、工业会计的影响，认为语文、数学、外语对上大学后续主干课程的学习影响极大①。2002 年南京大学钱钟、吴祖俭等的调研也认为，教育部将语文、数学、外语定为必考科目是有道理的②。

其后，经过 20 世纪 80 年代后期上海的实验，我国实行高中会考基础上的高考，直到 90 年代末期试行 3＋X 科目改革方案，总的说来逐步保证了基本的知识结构，具有文理兼顾的特点，适应了高校文化素质教育文理有机结合、相互渗透的发展方向需要。

当然，与科目设置同等重要的是，高考命题的指导思想逐步明确，20 世纪 90 年代末期以来总体上更加注重能力等素质的考察，命题逐步与现实生活紧密联系起来。内容改革方面，综合试题突出了能力的考查，命题更加紧密联系国内外政治、经济、社会、技术的发展。2001 年的理科综合试卷中，与生产、生活，与科学研究相关的题目大幅度增加③。这就使得高考更加适应了高等教育培养实践能力与创新精神的高级专门人才的基础素质需要。

（二）负面影响

就负面影响而论，根据已有的一些调查以及高考结果与大学成绩的相关性研究，概括起来主要是新生素质不够全面，专业思想不牢固，缺乏学习后劲，高考信度不够，甚至也有效度不够的问题，一定程度上不利于高等学校培养高质量的人才。

早在 1982 年，参加高考命题的部分大学教师就认为，“近几年高考成绩基本上是准确的，应届高中毕业生被大学录取的，绝大多数都是中学成绩优秀者”，不过“对那些循规蹈矩、靠死记硬背获得一些知识的考生有利，而对平时学习积极主动、理解和动手能力强的考生不利，可能漏掉少数有真才

---

① 罗永泰、李小妹：《高考入学成绩对后续课程影响的统计分析》，《数理统计与管理》1996 年第 3 期，第 16 页。

② 钱钟、吴祖俭：《高考成绩与发展潜力的相关性研究》，《江苏高教》2002 年第 3 期，第 40～41 页。

③ 钱钟：《关于高考改革的若干思考》，《光明日报》2002 年 1 月 22 日，A3 版。

实学的学生”。部分理工科学校把部分低年级学生的能力归纳了六个弱点，“即抽象思维能力弱，文字理解与表述能力弱，综合分析能力弱，判断结论能力弱，正确合理的运算能力弱，动手和作图能力弱”。反映在学习上也有六个不适应：“大学课程多进度快，接受上不适应；大学课程多，较抽象，理解上不适应；大学要学生自己看参考书，复习方法上不适应；大学上课时间分散，时间利用上不适应；大学老师管得少，管理上不适应；大学课外活动多，学习和生活安排上不适应。”一些文科院校反映，“许多新生知识面窄，理解能力、独立思考能力与分析综合能力较差，给学习深造带来一定困难”①。

1997 年湖北中医学院别学君、李祖超对 1997 届毕业生的大学成绩与高考成绩作了相关关系的统计分析，发现学生的大学学习成绩与高考成绩无线性相关关系。该分析认为高考分数只能表明过去，与学生的大学学习关系不太大，但学生的学习成绩与专业思想是否牢固关系较大。有些高考高分者未能如愿，由“服从分配”而调剂录取。他们专业思想不牢固，有的甚至厌学，结果成绩下降。受应试教育消极影响，有些学生知识面窄，未能全面发展。有的考生虽然分数高，但分数为死记硬背得来，其整体素质并不高。而有些学生虽然考分一般，但整体素质并不差，智商较高，有后劲。有些复读生高分低能。他们考分虽高，但智商一般。因此，单纯的高考分数并不能表明考生的实际水平，要全面衡量考生的德、智、体、能、年龄、特长、爱好及是否应届生等②。

2002 年南京大学钱钟、吴祖俭对 1999 年和 2000 年入学的学生在大一学习和发展情况进行调研的基础上，探讨了高考成绩与学生在大学期间的发展潜力之间的相关性。就问题的一面说：

(1) 以分取舍并非十分公平的选拔机制，但目前还没有找到更好的办法。现行的高考制度主要是对智力因素进行考核和划分，对于非智力因素则几乎无能为力。高考改革的终极目的应该是通过不断的改革，使高考信度逐步提高，使高考分值更贴近一个人的智力水平。1999 年“3＋2 模式”选拔的理科学生素质较高，2000 年“3＋综合”选出的理科考文科的学生不很理

① 陈浩：《中国高等教育改革潮走笔》，武汉大学出版社，1999 年，第 301～302 页。

② 别学君、李祖超：《大学成绩与高考成绩相关关系的统计分析》，《建材高教理论与实践》1997 年第 4 期，第 52 页。

想，1999 年入学的学生的相关度均高于 2000 年。鉴于高校 200 多个专业之间所需基础的巨大差异，按一条总分线录取显然不妥，但是多线录取造成的繁杂性和公允性要充分考虑。

(2) 2000 年理科语文与文科语文试卷信度较低，未能选拔出好学生；2000 年理科综合和文科综合与学分值的相关度都很低，值得主管部门充分重视。

(3) 科目分值的设置比例问题，建议应遵循以下原则：一是与各科在中学的学习总课时相匹配，应该相信中学的课时数反映了各科的知识含量，知识深度和学习难度；二是与考试时间相匹配，试题应有较高的覆盖面，否则会造成机会主义，应该根据学科特性确定考试时间，不应该先确定考试时间再出题目；三是与试题难度相匹配，试题难度要适当，以保证最高的区分度为准则，难度与分值之间的关系是“难度×题量＝分值×K（经验常数，可粗略地用考试时间代替)”①。

2002 年南京大学高教所钱钟就综合能力测试进行了调研分析，问题一面主要是：

(1) 在试题区分度方面，从近三年的对比可以看出，综合卷对学生文化水平的区别能力比单科卷大大下降，难怪有些平时学习好的学生反映没有考出好成绩。

(2) 在试题覆盖面方面，因为时间短，科目多，已无法广泛覆盖知识点。如 2000 年综合卷中物理学科 102 个知识点只考到 24 个，化学科高中 13 个章节只考到 8 个。由于强调能力考查，主管部门已不再关注覆盖面指标。不过经过两年的实践，身处第一线的教育管理者逐渐认识到，覆盖面过窄，题目分值过高，考生凭运气得分的现象增加，考试的信度下降，不利于大学选才。

(3) 来自中学的数据也反映一些问题。我们调查了 1999 年和 2001 年参加高考的各 700 名省重点中学优秀毕业生的高考成绩，可以看出，2001 年综合试卷对于区别优等生的功能比 1999 年有明显低落。个案访问中，认为综合考试“是拼盘”，“知识点少，随意性大”，“考生凭运气”的校长不在少数②。

① 钱钟、吴祖俭：《高考成绩与发展潜力的相关性研究》，《江苏高教》2002 年第 3 期，第 40～41 页。

② 钱钟：《关于高考改革的若干思考》，《光明日报》2002 年 1 月 22 日，A3 版。

事实上高考结果对高等教育的负面影响，除了上面的事实描述，最根本的还在于高考不能很好地体现高等教育目的目标所要求的个性，从而高等教育的多样化培养目标不能很好地实现。单以智育来说，同一种试题模式，尽管各省在X科目上有些差别，尽管各高校录取的分数线有高有低，但很难基本满足不同类别高校培养目标的要求。

这种情况下，即使有考生的志愿选择，有一定升学指导下的志愿选择，也解决不了根本问题。大家知道，志愿选择往往是“美丽的谎言”，是有较大盲目性的，更多的是受经济利益驱动的，或者受父母控制的，但对高等教育而言，很可能降低质量。当然，志愿选择，对于很大部分的高中生而言，调研显示也确实存在超过其选择能力的情况，毕竟他们在未上大学之前不可能体验到专业的真正内涵。在这个问题上，也许布鲁纳的话仍然有一定的道理，“学习的最好刺激，乃是对所学材料的兴趣，而不是诸如等级或往后的竞争便利等外来目标”①，否则“逃离”大学的想法总会付出代价。如果真像有人估计的那样，40%的人在学习自己不感兴趣的专业，进了大学才发现自己犯了一个错误——所学的并不是自己所爱的，随之而来的沮丧、失望、苦闷和彷徨也就可想而知了。看来，志愿是“一个人向社会公开表明的志向和愿望。它应该首先得到尊重和保护。学校要尊重和保护学生的志愿，父母也同样应该尊重和保护孩子的自愿”②。这个建议是中肯的，但可能还必须辅之以大学后的再选择，即如兰州大学试验的“2+2模式”，两年基础知识学习后，第三年再给学生一次选择专业的机会③。

无论如何，尽管志愿选择还需要大学后的矫正，烦琐的论述志愿问题仍然是舍本逐末的，我们为什么不首先通过不同类高校的基本个性试卷等来吸引和区分考生群体，使研究型大学、一般学术性大学、职业技术院校对人才需要各得其所呢？如果这样区分，现在已经进校的大学新生，也许可能重新排列，高中生在发展方向上也许能正当地各取所好，在基本的全面素质要求之外（标准参照性考试），免受个性方面的统一要求之苦，更有人可能免受

---

① 廖平胜：《论高考中送才与选才的衔接》，《华中师院学报》1984年第1期，第75页。

② 吴苾雯：《他们为什么“逃离”大学》，《书摘》2002年第6期，第44页。

③ 《“2+2”再给学生一次选择专业的机会》，《中国教育报》2002年9月22日，A2版。

“差生”之名。看来，高考兼顾高等教育的个性需求，才能确立它在整个教育体系中的战略地位，进而对基础教育的改革与发展产生“指导、激励与提升”的作用。

（三）客观看待高考对大学生综合素质发展的影响

高考的历史与现实一再证实，高校招生考试评价体系，是基础教育必要的指挥棒，它符合由低到高的知识体系层次逻辑，符合由低到高的教育体系层级制度安排，符合由低到高的人的社会流动规律。但问题是，理想的招生办法应该达到什么目的呢？同时高考选才在大学生的学习过程中起多大的作用呢？明白了这点，我们才能知道高考选才方式代表的基本价值观，从而也才可能明确高考改革的基本路径。

1. 理想的招生目的：选择最大社会贡献者

世界通行的招生办法，都离不开“择优选才”的基本原则。问题是，不明确理想的招生目的，我们很难明白要努力实现的目标，也很难明白究竟能够确定哪类学生更符合真实意义上的“择优”原则。从理想的角度看，如果招生人员个个都是无所不知，那么他们可能设法招收能使自己的大学对其做出最大贡献的一类学生，一类能从整体上为社会做出最大贡献的学生。然而，我们既无法有把握地预测哪些学生会在大学生涯中受益最多，哪些学生会对同学和社会做出最大的贡献。另外，在比较社会贡献不同的价值方面，也没有合适的可参考的一致性标准①。事实是，社会是一个群体，一个系统，社会需要的人才类型与规格极度的多样化。

当前通行的招生办法极大程度上是根据学生以往的分数和标准化考试成绩来招生的，这些标准为预测学生录取后第一年的学习成绩提供了一个坚实的基础。也就是说，现实的招生目的，往往是选择大学学业更容易成功者。从结果看，也很好地剔除了那些可能难以符合大学学术标准的申请者。尽管分数和考试更多的是属于某种智能标准，而不是衡量学生能否在长时间学习中提高的手段。除此以外，分数和考试成绩根本不能说明学生们面对较为微妙的教育目标能否取得进步的问题，诸如情绪成熟、道德伦理敏感性、创造力、审美以及与他人合作的能力等。此外，求学者以前的分数和考试成绩高

---

① 德里克·博克：《走出象牙塔——现代大学的社会责任》，徐小洲、陆军译，浙江教育出版社，2001年，第107页。

低也不能说明其今后的贡献能力大小的问题。无数的研究表明，即使学生之间分数和考试成绩差距很大，也不能说明学生大学毕业后在所取得成就方面就会有很大差异——无论成功的概念是通过薪水和地位，还是通过其他更为精确的成功标准来衡量的。然而，高分数和好成绩确实会对学生今后开展研究和从事其他一些要求具备非凡才智的职业能力方面具有举足轻重的作用。还有研究结论表明，住校的学生有机会相互密切交流，与那些每天往返于走读学院的学生相比，他们在实现重要的教育目标方面显示出了更大进步。为了最大限度地利用这些机会，开明的招生委员会试图招收具有各种不同背景和才智的学生，每位学生由此可以吸取广泛多样的价值观、观点和个人发展的经验等。最后，录取这样一群才智超群的学生，哪怕只占一届学生比例的10％～20％，也会树立一个好榜样，激励其他同学的进步①。

其实不光是高考分数和成绩不能预测今后的贡献大小的问题，学术文凭预测职业能力的价值也经常引起人们的质疑。除了在军队等某些职业领域外，这种差异导致在校成绩在语言职业有效性或工作满意度方面毫无用处。在实际的教学活动中，宣明的目的与实际的效果之间存在巨大差异，这是学生评价领域的一个特点②。

就世界教育发展经验来看，精英教育与大众教育分类发展，前者主要关注考试公平，注重严格的学术标准，后者同时关注考试公平和区域公平，主要解决人的受教育权问题，一般设有基本的入学标准③。不过，在“决定高等教育为谁服务”时，老百姓最关心的是国家采取的措施，能否确保高等教育机会的公正。所以高校对弱势群体单独招录，相对非弱势群体而言，本质上也就是适当降低录取标准，承认教育起点的巨大差异，以通过高考这一分层和分流途径，把他们导入主流社会，缓解社会的不公平或者说兼顾社会公平。这对经济发展不平衡的我国，东部与西部、城市与乡村存在着巨大的发展差异的我国，无疑意义重大。正是在这种意义上，优惠招生政策在全世界

① 德里克·博克：《走出象牙塔——现代大学的社会责任》，徐小洲、陆军译，浙江教育出版社，2001年，第108～110页。

② 克里斯托弗·K·纳普尔，阿瑟·J·克洛普利：《高等教育与终身学习》，徐辉、陈晓菲译，华东师范大学出版社，2002年，第197页。

③ 刘清华：《发达国家高校招生考试与学校教育关系的共同特征》，《考试研究》2004年第2期。

都存在。也可以说，兼顾区域公平也是高考招生的重要目标。以美国为例，如果没有优惠招生政策，从事律师、医生和其他职业工作的少数民族人员会在数量上大大减少；而且由于他们又不可能被较好的学校录取，由此他们获取各种职业的机会也就会大大减少，最终严重危害到国家的安定秩序①。

2. 学习过程理论：高考保障学生的自我管理能力与高校管理能力都有重要的作用

学习常常被定义为因经验而导致的个体的改变。建构主义认为，学习不是知识由教师向学生的传递，而是学生自己建构自己知识的过程，学习者不是被动的信息吸收者，相反他要主动建构信息的意义。学习者并不是空着脑袋走进教室的，在日常生活中，在以往的学习中，他们已经形成了丰富的经验。所以，教学是知识的处理和转换，是引导学生丰富或调整自己的理解。当然，在个体的自我发展和外部引导两者之间，尽管建构主义着力研究的是前者，但它并不否认后者，它并不是取消教师的教②。大学不是传递知识，而是创造一种环境，提供种种经验，促使学生自己去发现和构造知识，使他们成为能够发现和解决问题的学习者共同体的成员。

所有建构主义理论都重视学习中的相互作用。其中重要的观点是，大学生的学习过程是教和学的双向性活动，只有双方互相配合，教学相长，才能取得满意的效果。也就是说，大学生的学习过程既需要学生对学习的自我管理，又需要教师对学习进行的外部管理，二者之间存在非常复杂的相互作用。我们既不能夸大教师对学生的学习进行外部管理的作用，也不能否定教师对学生的学习进行外部管理的作用，二者对学生学习都有着显著的促进作用。学习的自我管理体现学生在学习过程中的主体地位，是教育改革的重要目标。而调查研究表明，知识吸收的学习观与学习成绩之间存在显著的负相关，而知识建构和知识应用两种学习观与学习成绩之间存在着显著的正相关③。

教学对学习方式的影响也被美国一个不同研究学派所证实。阿斯丁

---

① 德里克·博克：《走出象牙塔——现代大学的社会责任》，徐小洲、陆军译，浙江教育出版社，2001年，第114页。

② 文萍主编：《心理学理论与教育》，广西师范大学出版社，1999年，第10～11页。

③ 陆根书、王若梅：《转变学习风格　提高学习质量》，《〈传承与变革——中华高等教育改革〉国际学术研讨会论文集》，第352～353页。

(1977，1993) 在几十年中进行了一项大规模研究，研究对象涉及 200 所高等院校的 20 000 名学生和 25 000 名教员。他发现教师的特征与行为对学生的发展有很大影响。尤其师生之间的互动活动显示出“正相关”关系，几乎每一个自我报告涉及的领域都显示了理智和个性的发展①。基于这种相互作用的原理，有研究者从终身学习的视角提炼出本科优秀实践的七项基本原则，它们分别是：①鼓励师生交往；②鼓励师生之间进行合作；③鼓励主动学习；④提供及时反馈；⑤强调任务实践观，即学生应该将时间花在最重要的学习任务上，而不是忙于学习；⑥表达较高的期望；⑦尊重才能和学习方式的多样化②。

针对北美许多学者专心于研究工作与出版成果的状况，为了鼓励教师对教学实践进行反思，以不断改进学生学习的质量，尤其是鼓励学生成为具有批评性和创造性的思想者，并且在大学毕业之后善于继续学习，卡内基基金会做出了影响深远的反应：对学术一词作了重新定义，以便包括“教学性学术”③。

以上关于学习过程的理论，解释了西方发达国家的教育，特别注重学习活动安排与设计的原因，也解释了为什么西方很多发达国家要利用多元资料特别是学生各种服务经验来评价录取学生的重要原因，这其实是一种重要的建构主义智力观。难怪乎，有研究者说，美国大学生一进校园，就被一张无形的学生工作之网所笼罩。美国大学的“学生工作”包含着很多用心良苦的“教育内容”，虽然从来没人提出过“素质教育”的口号，但美国大学的“学生工作”始终贯穿着一条主线，那就是培养学生自我管理的能力。他们通过精心设计的各种“服务项目”，帮助学生通过自我管理及社团活动，提高他们的领导能力、交际能力、团队精神、合作精神以及在社会和社区中的主人翁姿态④。

---

① 克里斯托弗·K·纳普尔，阿瑟·J·克洛普利：《高等教育与终身学习》，徐辉、陈晓菲译，华东师范大学出版社，2002 年，第 152 页。

② 克里斯托弗·K·纳普尔，阿瑟·J·克洛普利：《高等教育与终身学习》，徐辉、陈晓菲译，华东师范大学出版社，2002 年，第 154 页。

③ 克里斯托弗·K·纳普尔，阿瑟·J·克洛普利：《高等教育与终身学习》，徐辉、陈晓菲译，华东师范大学出版社，2002 年，第 80 页。

④ 程星：《细读美国大学》，商务印书馆，2004 年，第 172～173 页。

难怪乎，我国研究者在研究了高考分数与成绩与大学学习成就的相关性后，结论往往有不同，甚至相互对立。研究结论的不同，其中的原因除了抽样对象不同，按照大学生学习过程理论，恐怕本身也说明影响大学生学习成就的因素，不只有高考分数与成绩代表的素质，还有高校投入的各种不同的教育条件。当然，高考分数与成绩，在多大程度上代表了学生的综合素质，本身也是高考招生方式需要反思的一个重要问题，尽管这种素质并没有证据表明能预测将来的社会贡献，但至少有利于学生进入大学后更为顺利的学习或获取某种职业能力。客观说，也有研究认为，目前的考试体系大体上测试了学生的综合素质，包含了才识、习性、心态、行为、品格、志趣、方法等方面①。

以上关于学习过程的理论探讨，说明高考选才方式起到的重要作用是，保证了生源的较好自我管理能力或基础素质，但同样不能忽视的是高校教师的外部管理能力或教育条件。他们在大学生的学习中同时发挥着重要的作用。但仅有这些学生的自我管理能力，甚至同时具备自我能力与外部教师的管理能力，都不能有效地预测学生将来的贡献大小。也许高考招生方式的功能，一方面是剔除了学术标准不合格者，另一方面能够使得某种职业能力的学习更为顺利，还有一个意义，从社会学角度讲也许如法国社会学家布迪厄所言，高考是一项进行合法分类的法律行为，是筛选国家精英阶层和大众阶层的学业分类机制。

三、高考结果对高中教育具有双面影响

高考结果首先是一种信息，一种有关选拔性考试的结果与录取结果的反馈信息，看待这种信息的观念不同，对待这种信息的方式也就不同，进而对高中教育产生不同的影响。这种影响，就性质而论，有正面的，也有负面的，其正、负面影响的大小，取决于现实中各不同主体的观念与对待方式的正向合力与负向合力的大小。

不能否认，高中教育的主要任务之一是为高等学校输送人才，但问题是高中教育能为高等学校输送多少人才不取决于高校的水平考试检验结果，而取决于上百万高中生之间的竞争结果。所以学生的考试结果与录取结果，尽

① 汪继红：《学校教育究竟测试什么》，《湖北招生考试》2005 年第 2 期，第 40 页。

管是一种反馈信息，但这种信息只是反映了竞争的结果。这种信息，也许能证明升学率很高的高中，很好地完成了输送人才的任务，但它不能反过来说明升学率很低的高中完成输送人才的任务就一定不好，谁能说升学率不高的高中不能培养出大量合格的大学新生呢？所以，要实事求是地看待与处理好升学率高低的问题。

（一）一个理想的假设——高考结果对高中教育的双面影响

这里，我们假定一所高中升学率很低，但实际培养了大量的具备大学新生素质要求的学生，另一所高中升学率很高，这种不同的信息反馈会对以后各自的高中教育发展带来什么影响呢？先不管主体是谁，我们不妨找出几种看待与处理这两种情形的观念与办法：

（1）前者很好，后者也好，于是强化前者，关心帮助后者。

（2）前者很好，后者不好，于是强化前者，批评甚至惩罚后者。

（3）前者好，后者也好，于是顺应前者，关心帮助后者。

（4）前者好，后者不好，于是顺应前者，批评甚至惩罚后者。

（5）无所谓，于是对前者和后者，顺其自然。见表 3-1：

表 3-1　升学率高与升学率低的信息反馈对各高中教育的影响

高考结果	观念		处理办法		对高中教育影响结果
（1）高中升学率高（前者） （2）高中升学率低（后者）	1	前者很好，后者也好	1	强化前者，关心帮助后者	?
	2	前者很好，后者不好	2	强化前者，批评甚至惩罚后者	?
	3	前者好，后者也好	3	顺应前者，关心帮助后者	?
	4	前者好，后者不好	4	顺应前者，批评甚至惩罚后者	?
	5	无所谓	5	对两者都顺其自然	?

如表 3-1 所示，升学率高的高中与升学率低的高中，从假定来看，他们各自的发展会出现什么结果呢？

1. 观念与办法 1——前者很好，后者也好，强化前者，关心帮助后者

升学率高的高中，大都是我国的重点高中，他们大多数是 20 世纪 80 年代初在财力有限的情况下适应多出人才、出好人才的需要，国家集中财力与人力等资源重点支持的。凭着相对较好的条件，他们在升学竞争中往往占有较大的优势，也为国家输送了大量的基础较好的大学新生。正是因为他们的

升学率高，受到了广大家长的欢迎，地方教育主管部门以及当地政府更是不惜大量投入各种资源，希望他们能为更多的老百姓带来福音。进一步“强化”升学率高的高中教育，是义无反顾的选择。

升学率低的高中，在高考相对强大社会功能的导向下，通常是无人喝彩的。但考虑到高中为本地经济发展能够做出一定的贡献，考虑到高考竞争中的升学率是学生间的竞争形成的，不能完全反映出高中的办学水平，各级主管高中的部门仍然尽力关心帮助这些高中，并尽量为他们解决资金、师资问题，帮助他们提高教育教学水平，升学率低的高中教育也会稳步发展，并为本地的经济建设做出贡献。

为强化高升学率的高中，当然一定意义上，对低升学率的高中，从财力等投入方面，必然会降低。在地方财力有限的情况下，分配前者过多，后者必然相对减少。但无论如何，对后者的关心与帮助是有益的。

2. 观念与办法2——前者很好，后者不好，强化前者，批评甚至惩罚后者

升学率高，高中教育水平不说很高起码也是不错的；升学率低，当然高中教育水平很“低”。这种观念下，低升学率的高中自然会遭到各级主管部门的批评，他们被要求尽快提高教育水平，尽快提高升学率，但受制于各种条件，如师资水平、物力条件，以及低升学率的消极反馈信息，尽管他们作了种种努力，但提高升学率的成效甚微，于是他们再次受到批评。一年一次的高考，给他们带来一次次的压力与困惑，教学上根本谈不上学生会有自我效能感，所有的努力似乎都是徒劳，于是恶性循环开始了，高中教育质量开始滑坡了。

3. 观念与办法3——前者好，后者也好，顺应前者，关心帮助后者

升学率很高的高中，教育质量等各方面好。升学率低的高中，因为能够培养具备大学新生素质要求的学生，同时适应了本地经济建设的需要，也好。这种观念下，尽量合理配置教育资源，让升学率高的高中，保持其发展的势头，同时也尽量关心、帮助升学率低的高中求得更好的发展。结果是，各高中教育质量稳步提高。

4. 观念与办法4——前者好，后者不好，顺应前者，批评甚至惩罚后者

升学率很高的高中，教育质量等各方面好，保持其发展的势头，没有特意的资源倾斜，没有大肆的舆论渲染。但升学率低的高中，显然教育质量不好。所以应该批评，甚至对他们各方面的要求尽量不予理睬，资金不够，自己解决，但不能乱收费，师资力量不够，要求能有教师培训的机会，对不起，没有。继续下去，低升学率的高中教育质量势必下降。

5. 观念与办法5——无所谓，对两者都顺其自然

升学率高低，无所谓。质量好与坏，看学校自己的本事。高中教育质量监控失调，高中教育发展一盘散沙。

面对不同的高考结果之反馈，上述5种不同观念与处理办法，显然给高中教育发展带来了不同的正负面影响。相比之下，观念与办法1和3，对高中教育发展总体上带来的正面影响更多一些，其他几种观念与办法给高中教育发展带来的都是畸形的发展，有利与不利的影响总体上可能负面影响更大。但就观念与办法1和3的比较来看，谁对高中教育发展带来的正面影响更大呢？我们只能回到现实对他们做一分析。

（二）现实：高考结果对高中教育的双面影响

现实中，高考的目的、过程与高中教育的矛盾关系，最终通过高考结果体现。历经三年高中教育的中学生，一旦走上高考之桥，人生的又一起点便明显变得不平等起来，经过相对狭窄的拥挤之桥，有人顺利而幸运地走向了大学教育的起跑线，有人迫不得已回到高中想要重来，有人却只能凭着积蓄得显然还不够的力量去就业。因此，高考结果对高中生是那么的重要。既然肩负着高中生人生重任的是高中教育，高考结果对高中教育来说也就具有特别的分量与意义。

现实似乎是“残酷”的，现实中升学率高始终是被“强化”的，升学率低是被“弱化”甚至被“丑化”的。对高升学率的“强化”，一是来自社会发展的客观规律，即在科学技术是第一生产力的现实社会中，高中生“升学”以提高科技等素质是提高社会生产力的需要，也是个人进步的需要；二是来自家长的要求、各级地方教育及其他主管部门的要求，他们都希望能有更多的学生考上大学，这是对社会的贡献。用北京师范大学王策三教授的话说，“广大劳动人民子弟，不再像旧中国那样，也不像西方双轨制那样，完全地、根本地、无条件地、硬性地被拒于大学门槛之外。如今，要求继续接受高深的教育，享受更高的物质文明和精神文明，不仅是正当的，而且有了希望和可能性。这反映了他们的积极进取心，是社会和个人进步的巨大动力，更是社会主义制度的优越性的表现”①。由此，对高中教育来说，无形与特别有形的动力与压力并存，高升学率是光荣的，但低升学率遭到了唾弃，低升学率的高中受到了委屈，教师积极性一定程度上被有形、无形的质量低的批评与暗示打击了（受不正当观念与做法的消极影响），结果衍生了更多不利于提高教育质量的因素。由此，汗牛充栋的有关“片面追求升学率”、“应试教育”的讨论出现了，变着说法历数“应试教育”危害的文章至今大量存在，其核心的观点是“面向少数学生，片面发展，加重了负担”等等；同时主张辨证认识“应试教育”的文章也出现了，核心观点是“应试教育的两面性，既有提高素质的一面，也有不利于提高素质的一面，但主流是提高素质的一面，否则很难解释改革开放以来的教育成就”。所有这些讨论最终催生了“素质教育”思想的出台，最终引发了高等教育扩招政策的出台，引发了浩大的高考科目与内容改革，以及同步的课程等教育改革。

无论如何，高考结果事实上存在着两面的影响。消除这种影响是徒劳的，但减轻这种影响是完全可能的。譬如：

（1）高考的结果，事实上，就是只有升学率数量以内的高中生才可能上全日制的大学，因此发展其他形式的高等教育尤其是民办高校十分重要。

（2）高考的结果，事实上就只有部分的高中生才能通过选拔标准，它是由学生间的相互竞争形成的，因此升学率不能作为奖惩高中师生的指标，造成师生不必要的负担。

（3）高考的结果，事实上就是学生个人及其家庭、学校共同努力的结果，它体现为一种可比较的综合素质高低，例如最后以分数来表示并体现为一种“分数面前人人平等”的、透明的、公平的制度安排，因而责怪“高分低能”、“分数不代表能力等素质”就只有尽可能改进选拔标准的意义，而没有推翻“分数面前人人平等”的制度安排的意义，更得不出“取消高考”的结论，在这个问题上，如果一种标准不能转化为分数，又凭什么说“低分高能”呢？借用清华大学教授秦晖所说的一句话是适用的，“分数面前人人平等”的招生，较之以往是一大进步。如今我们对“金钱面前人人平等”的“优质优价”收费教育尚且提倡，为什么唯独要苛求“分数面前人人平

① 王策三：《保证基础教育健康成长——关于由“应试教育”向素质教育转轨提法的讨论》，《北京师范大学学报》2001 年第 5 期，第 66 页。

等”呢？①

(4) 高考的结果，事实上，就从心理上给人以“成功”与“失败”的感受，它是教育及社会的分流，关心与帮助所谓的“落榜生”因此也很重要，关心与帮助低升学率高中教育的发展也十分重要。

(5) 高考的结果，事实上就表现为高中教育发展的不平衡以及社会发展的不平衡，高考兼顾教育发展不平衡的现实结果也就十分重要。

(6) 高考的结果，事实上就被无形的社会发展规律强化，顺应部分高中升学率高的现实而不人为地在社会舆论上渲染高升学率的传奇也就十分必要。

(7) 高考的结果，事实上就不代表人生真正的成功与失败，各种舆论与政策对未考上大学者的倾斜关心也就十分重要。

(8) 高考的结果，事实上就应该是高中教育共性与高校个性的集合，高考标准照顾高中的共性也就十分重要。

(9) 高考的结果，本来就是体现高考过程三大规律及其原则（选才的竞争规律，选才的指挥棒规律，选才的双刃剑规律；选才的公平、公正原则，选才的科学、合理原则，选才的可行性原则，选才的教育性原则）的结果，按照高考过程的规律及原则办事，本来就只能正视和应对高考的两面性作用。

按照系统中的矛盾运动规律，如果我们希望一个系统围绕其核心要素加速前进，我们就要找出并强化这个核心要素，同时找出并弱化那个最能阻止系统前进的要素；如果我们希望减缓这个系统的运行速度，就要找出并强化最能阻止系统前进的要素，即向相反的方向增加力量。以高考系统来说，高考的强大社会功能是客观的，它符合“科学技术是第一生产力”的社会发展规律，也就是说“升学”是当今社会符合社会发展规律的人的愿望，想要阻止它是不符合社会发展规律的，但要强化它却是很容易的，主管部门只需要把“升学率”举得高高的，以升学率为奖惩的唯一依据，同时大力发展高等教育即可办到。但在“升学”已经得到外部社会发展规律强化的条件下，其实正确的选择只需要顺应它即可。这种情况下，我们要关注的恰恰是它的负面影响，关注它对升学率低的高中的“伤害”，因此，我们在顺应升学的同

---

① 李鸣：《素质教育与应试教育不应对立——访清华大学教授、中国青少年发展基金会副主任秦晖》，《新华文摘》2000 年第 6 期，第 144 页。

时，要特别关注低升学率的高中的建设与发展，从各方面扶持他们，力求他们为本地多培养合格的人才。我们也要大力发展其他各种形式的高等教育，增强他们的力量与影响，减低升学率低的高中的负面心理。从这个角度说，上述“理想的假设”中，观念与办法 3——“前者好，后者也好，顺应前者，关心帮助后者”，是适用于高中教育发展的。也就是说，高考结果的反馈，朝着这个方向努力会对高中教育发展带来更多的正面影响。

第四章　高考与教育教学关系的应用理论研究

应试教育是一度困扰高中教育的难题，素质教育是整个教育的指导思想，会考是高中教育的终结考试，所以回答高考与应试教育、素质教育、会考的关系问题，是高考与高等教育、高中教育关系的自然延伸，目的是找到高考改革的合法路径。通过研究，笔者认为高考与高中教育关系的反映，就是应试教育，它客观上是利弊共存的；素质教育是高考改革的指导思想，关键是高考要建立适应素质教育的选才标准或质量标准，既导向高等教育的入学标准，也导向高中教育的目的及目标；取消会考，但借鉴会考的性质，即全面素质考核的水平考试，并使之成为高考评价的必要组成部分，是适应素质教育的需要，是高等教育入学要求与高中教育目的及目标的共同需要。当然，高考评价的另外一个部分是选拔性考试，是体现高校共性与个性的常模参照考试，目的是完成高考选拔任务的合法使命。

第一节　高考与应试教育的关系问题

“应试教育”是高中教育实践面对的最大困惑，从理论与现实结合的角度，做出对应试教育的合理理解，是理论工作者的责任。它关系到高中教育甚至高中以下阶段教育的正常发展，关系到对高考与高中教育关系的认识，进而直接影响到高考改革的进程，甚至是高考的存废问题。

一、中性的理解“应试教育”

关于“应试教育”一词的含义，从目前的使用情况看，主要有两种意思。一种是“日常语义”的理解，即它是“为应对考试所进行的针对性的教育，它当然也培养素质结构中的某些方面，这种教育在实践中也表现出不同的个性经验特征，难以一概指责”；另一种是学术语义的理解，即“学术性的‘应试教育’是指因应试而导致的一切教育弊端，内涵的人为规定性十分明显”①。

本书采用日常语义的理解，实际上它才是“真正的学术性理解”。原因很简单，日常语义的理解方式，符合绝大多数人的思维方式与语言习惯，最根本的是，它符合教育实践的现实，教育理论就是对教育实践的真实应对和理性提升，离开这点，教育理论往往是唯心的、主观臆断的。

在大规模的选拔性教育考试中，不管是初中考高中，还是高中考大学，初中毕业生“对中考的应试”客观上既是他们的目标，也是高中教育的招生手段，因为初中毕业的升学考试是连接初中与高中教育的纽带，体现的是初中与高中教育间的数量与质量等供求矛盾；很自然，高中毕业生“对高考的应试”既是他们的目标，也是大学招生的手段，因为高考是联系高中与大学的纽带，高考体现的是高中与大学间的数量与质量等供求矛盾。这样看来，“应试”既是目的也是手段，是“升学考试”连接两个教育阶段、体现两级教育矛盾关系的必然。它提示我们，用“应试教育”一词来概括用于升学的大规模选拔性考试与前一阶段教育的关系，是最贴切不过了。正是这种主要的原因，使教育理论中对高考成为高中教育的“目的或目标”的种种批评总不奏效。

应试教育具有合理性的一面，主要在于考试内容具有很大的合理性。考试内容毕竟来自教育教学内容，而教育教学内容又来自社会生活和社会实践。其中，测试的素质，理论上至少包含了才识、习性、心态、行为、品格、志趣、方法等方面②。

就才识看，看过高考历年试题的人，谁也不能否认它们涉及中学几乎所有学科的知识识记、理解、应用、分析、综合、评价等能力。当前命题的指导思想，强调能力立意，强调通过设计问题情景，测试考生运用所学知识解决问题的能力。尽管这里主要测试的是认识能力，还不是真正的实践能力，但至少符合学生以学习间接知识为主的任务要求，毕竟这些知识是人类的精神财富，许多公理、定理、原理、规律性知识是人类几千年才探索总结出

---

①　黄书光，等：《中国基础教育改革的文化使命》，教育科学出版社，2001 年，第 143 页。

②　汪继红：《学校教育究竟测试什么》，《湖北招生考试》2005 年第 2 期，第 40 页。

来的。

就习性看，高考也能测试考生一定的学习态度与用功程度。平日不努力学习的人，缺乏进取心的人，鲜有考得好的。而学习成绩一贯优秀的人，至少有一种学习的习惯，经过了努力，经过了勤学苦练。天才也不可能从天上掉下来。

就心态看，考试成功者，确实大都具备冷静沉着、仔细认真、机智灵活、胜不骄败不馁的心理品质。这些心理品质往往也会逐步迁移到生活与工作实践中去。紧张、焦虑等不良心理品质的人，显然更容易在考试中失误。

就行为品格看，如果是那种与多有不良习惯的朋友为伴，往往很难考出好成绩。不过，言行不一，表里不一，矫言假饰，只专不红者，任何社会都不少见。但科举历史告诉我们，总体上考试成绩好的人，还是综合素质较高。这里，也说明通过什么样的测试来解决知与行的统一，依然是一个千古难题。

就志趣看，高考是能够解决这个问题的。考生在某些学科上总是有自己的优势，总是有强烈的兴趣，成功者大都不是全能冠军，多元智力理论也解释了这个问题。真正会教学的老师，也总是从考生的优势出发去激励和引导学生的全面发展。高考如果能把学生平时的成绩，特别是高中学业统一考试成绩纳入评价范围，就基本能看到学生的优势面。

就方法看，我们以为高考主要测试的是认识能力，所以凡考试成绩不错者，大体上都掌握了一定的学习方法。如何去发现问题，如何找到问题的解决办法，主要反映了学生的思维方式与品质。但学习方法与考试方法，毕竟不同于生活与工作实践的问题解决方法，其情景差异也非常大，后者需要亲身体验。所以改进考试的方法，还在于把学生的实践性作业成绩纳入高考评价的指标体系。

综上可知，不管是命题的指导思想，还是命题科目与内容上，应试教育其实离不开社会实践，也离不开社会生活。如果真是离开了这些，那也只能说明命题思想、命题内容有很大的问题，但不能由此认为“应试教育的最严重的危害是教育严重脱离社会实践、脱离社会生活”①。如果说教育严重脱离社会实践、脱离社会生活很大程度上是真实的，但这也不是应试教育的危害，而很大程度上是考试与评价指标体系不健全，教育水平不够，教育发展

① 孙复初：《应试教育的危害、风源及其治理思路》，《湖北招生考试》2006 年第 2 期。

的支持条件缺乏等所致。"应试"如果"试"得科学合理，应试教育也就越是科学合理。统一考试制度下，尽管求异思维会受到一定的影响，但也不能如某些学者所说我国至今没有得到诺贝尔奖，是因为高考制度导致中国人缺乏创新能力所致。毕竟升学竞争激烈素有"考试地狱"之称的日本，也接二连三地出现诺贝尔奖获得者。所以，北京大学的孙东东教授说得好，用美国的高校招生制度抨击我国的高考制度，将高考与中学素质教育对立，认为目前的高考制度高分低能没有创造力，以大学通过现行高考制度录取的优秀中学生在今后的工作表现不一定优秀指责高考制度，其实都是一种误区。改革的办法就是改革高考的指挥棒，科学命题，消除影响高考不公平的因素等①。

说应试教育具有合理性的一面，那是不是忽视教育实践中存在的问题呢？显然不是。相反，这体现了一种解决问题的明智的态度。在升学考试与教育的关系问题上，如果我们实事求是地看问题，不妨直接说，因考试而导致的一切教育弊端，就是考试的弊端；因考试而导致的一切教育功绩，就是考试的功绩；教育中的弊端不只有考试的弊端，所有的教育弊端也不都是考试带来的。以高考来说，高考与教育关系的基本理论研究表明，高考对教育有双面的教育作用，如通常所说的，"高考是一把特别锋利的双刃剑"。如果用"应试教育"一词来概括并只表示"考试的弊端"，那是失之偏颇而走向了一个极端，它只看到问题的一面，而没有看到成绩的一面。

事实表明，用"应试教育"来概括所谓"因考试而导致的一切教育弊端"，在教育实践中产生了许多不利于提高教育质量的问题。用"应试教育"一词来指代考试导致的教育弊端，无疑是说，考试是教育的最大敌人，现实中，激进的素质派喊出"取消高考"就很可能是受了这种误导，这是一种典型的"因噎废食"。用"应试教育"来概括因考试导致的一切教育弊端，明显地产生了误导现实教育实践的后果，以至于从 1993 年 2 月中共中央国务院颁布《中国教育改革和发展纲要》（首次认同中小学存在"应试教育"的倾向）算起，10 年过去了，但它并没成为"过时了"的话题，它现在还依然深深地影响着素质教育的实施。下面的两个例子，皆说明按照"日常语义"方式即一种中性含义来理解"应试教育"，可能更好。

① 孙东东：《走出高考认识误区，推进高考实质性改革》，《湖北招生考试》2004 年第 10 期。

（一）例证之一——“应试教育的辩护”

由于“应试教育”一词，有时表示“纯粹消极含义”，有时表示“中性含义”，而国家曾经三令五申要求基础教育“从应试教育转向素质教育”、“尽快完成由应试教育向素质教育的转变”、“变应试教育为素质教育”、“由应试教育向素质教育转轨”，这给人的理解往往是“应试教育”是一种消极含义上的东西。例如，1993 年 2 月，中共中央、国务院颁布《中国教育改革和发展纲要》，其中明确指出：中小学要由“应试教育”转向全面提高国民素质的轨道，面向全体学生，全面提高学生的思想道德、文化科学、劳动技能和身体心理素质，促进学生生动活泼的发展，办出各自的特色。这是以文件形式首次认同中小学存在“应试教育”的倾向。1994 年，中共中央、国务院召开全国教育工作会议，分管教育工作的国务院副总理李岚清作总结讲话，指出：现在社会上对教学改革呼声很强烈。基础教育必须从“应试教育”转到素质教育的轨道上来，全面贯彻教育方针，全面提高教育质量。1996 年 2 月，《人民教育》以约 5 万字的篇幅报道了湖南汨罗市大面积推行素质教育的经验；4 月 24 日，《人民日报》刊登了李岚清副总理题为《基础教育是提高国民素质和培养跨世纪人才的奠基工程》的文章，号召“包括学生家长在内的全社会都要支持和关心学校实施素质教育，共同创造一个有利于儿童和青少年健康成长的社会环境”。同年，《中华人民共和国国民经济和社会发展“九五”计划和 2010 年远景目标纲要》发表，提出要“改革人才模式，由‘应试教育’向全面素质教育转变”。

进一步说，这种一概而论的“转轨”政策，无疑给人一种假象，仿佛实践中大家搞的不但是应试教育，而且有全部是“消极含义”上的“应试教育”之嫌，否则还需要转什么轨呢？这就牵涉到对新时期 17 年来（1977 年—1995 年）基础教育的定性问题。因此，《应试教育的辩护》一文，结合高考问题，根据中性含义的“应试教育”——“以高考制度的重建为标志的中小学教育”的含义以及上述种种“提法”，认为设定 17 年来的基础教育主流或“本质上”、“基本上”、“根本上”是“应试教育”，不妥①。

该文认为，以恢复为起点的高考制度的重建过程，即用国家考试的形

---

① 董标、胡中锋：《应试教育的辩护——评价新时期十七年基础教育发展的基本原则》，《海南师院学报》1997 年第 3 期，第 40 页。

式、在分数面前人人平等的原则下，为高校选拔新生，是一次向“社会惰性”宣战的深广革命：它开始为所有的青少年开辟一条奋斗竞争的光明之路，为不少青少年打烂“唯成分论”的精神枷锁，这岂止是对独立人格的“真正的尊重”的说教？这是平等地对待每一个人的卓越努力，这是中国人的解放、学生主体的“复归”！“应试教育”如果真是现今我国基础教育的主流，那么，它因在极其有限的教育物资资源中，以最大限度的努力满足尽可能广泛的社会阶层的教育意愿、符合最广大的社会阶层的教育利益，而成为“穷国办大教育”的可选择模式。在过去的17年中，不管“应试教育”为国为民付出了多少、做出了多少（“素质教育”论者是不大讲这些方面的），它都是不完善的，正像社会主义初级阶段不是有人期望的那种完善的社会主义模式一样，“应试教育”也不是有人期望的那种“完善”的“素质教育模式”。所以，应转变的是某些教育决策的那种通过制造新的局限来加剧既有局限的思维方式。

（二）例证之二——素质教育实施的尴尬

这种尴尬主要来自它与“应试教育”的关系。因为“应试教育”受到了国家的批判，而国家批判的“应试教育”问题与广大教育工作者正在做的教育教学工作，不说完全一致，起码也十分相似。每个教育实践工作者都明白，因为上大学的呼声与愿望越强烈，教学工作围绕高考而展开就越有必要，但在国家强烈批判“应试倾向”而提倡素质教育的情况下，广大实践工作者何去何从呢？一方面，他们不得不继续“心惊胆战”地抓紧“应试”工作；另一方面，他们也在思考，既然“应试”的教育不对，那“素质教育”一定是什么新的东西吧？于是，许多新的尴尬出来了。特别是广大一线的教育工作者对什么是“素质教育”开始疑惑了。

《保证基础教育健康成长——关于由“应试教育”向素质教育转轨提法的讨论》① 一文实际上也表明了这样一个观点，即给素质教育设置一个对立面——“应试教育”，许多关于素质教育概念以及影响素质教育实施的问题也就由此而生。在素质教育的讨论中，所谓“反对”的意见，主要的或实质上是对“转轨”提法的不同意见，而不是一般的对于素质教育的不同意见。

---

① 王策三：《保证基础教育健康成长——关于由“应试教育”向素质教育转轨提法的讨论》，《北京师范大学学报》（人文版），2001年第5期，第59页。

如果不设置一个“应试教育”的对立面，如果不讲“转轨”，单单关于素质教育，即不与“应试教育”和“转轨”相联系的素质教育，是不会有那么多议论和疑惑的。因为与“应试教育”和“转轨”是否联系在一起，素质以及素质教育的概念就有质的不同。该文认为联系在一起的结果是：

1. 素质教育的“道理讲不清”

讲不清的原因，主要是客观上有一个“准备升学的教育”，你很难否认这不是“应试教育”。例如有人把考试得分高、学业成绩好、有知识（特别是书本知识）归结为“应试教育”的特征。有人赋予素质教育特定的含义，建立了所谓的“素质教育基地”、“素质教育影院”，有个别论者甚至宣称“全面发展”的提法已经过时。

2. 行动起来很困难

第一线的教师努力体会“转轨”含义，误解教育改革，有人以为升学率高的学校仿佛“应试教育”倾向越严重，有的学校把搞多种活动，开办音乐、美术、舞蹈班视为素质教育，有的学校甚至出现“我们上午上课，下午进行素质教育”的笑谈。

3. 缺乏社会物质基础

追求升学率只是表面现象，它有深厚的社会物质基础，背后是国家、家庭、学生个人的利益，甚至是社会财富和权利的分配。一批批青年升入大学，是办好高等教育，培养专门人才，加快经济社会发展的需要，是国家、民族、人民的根本利益所系。这是首先服从的大局，一些论者可能对此估计不足。对于个人，意味着能够受到更高层次的教育，获得较好的社会地位、物质生活和精神生活。对于追求升学率的现象，作为真正的改革者，应持的科学态度和唯一正确的选择，只能是因势利导，驾驭和规范它，用其利而避其害，发挥它的积极作用，把它的消极作用减少到最低限度。凭着主观力量或良好的愿望去消灭它，是不现实的。

4. 与我国教育现代化的进程不大合拍

要求和接受高等教育，是社会的进步。对于“中小学教育不应该以升大学为唯一目的”，正确的理解是：不再像旧社会那样，不能读书做官者就不能也毋庸上中小学，只有上大学者才需要上中小学。如今不同了，即使不升大学，也要接受这种中小学教育。这丝毫没有不赞成、排除、否定升大学的意思，它恰恰是我们要为之奋斗的目标。国际上的趋势都是这样的：普及高中，大学大众化进而普及。使越来越多的人升入大学，是积极的理解，是真正的改革者向前看的乐观主义。而消极的理解则是："如果不追求升学率该多么好啊!"不鼓励甚至谴责升大学，严厉批判所谓的"应试教育"，要转轨。这不是教育改革的思想。

5. 导致对科学知识教育和提高教育质量的轻视

这是要害问题。其中，有两种非常不好的说法。第一种是出现多种多样、新鲜而又不好理解的说法。例如："应试教育根深蒂固……越是学习很好的孩子素质越差；有些人有很高的文凭地位却有才无德，反之有些大字不识却有美好的心灵；'高分低能'的说法；教育改革的中心环节是改变以学科知识系统为中心的教育体系，构建以全面提高学生素质为中心的教育体系；不仅要搞专业教育，还要搞素质教育等等。"第二种是一些基本的教育经验、原理、规律，都很少讲或不讲了。例如，学习科学知识是全面发展的整个教育的基础，学习是艰苦的劳动，中小学要严格"双基"的学习与训练，学好书本知识等等，很少听说了。争取较高的升学率几乎成了不好的事情。讲减轻学生负担的同时，提高教育质量的声音很弱了。中小学教育和高等教育的关系，只讲相互矛盾的一面，而很少讲相互促进的一面，甚至有论者说：高考毁掉了基础教育。有的孤立谈论中小学教育，关于为高等学校提供合格的、高质量的新生，这一责任和义务也淡化、回避了。

幸运的是，1999 年《中共中央国务院关于深化教育改革，全面推进素质教育的决定》，并没有采用"转轨"之类的说法，相反却确立了教育方针的权威，指出"实施素质教育，就是全面贯彻党的教育方针，以提高国民素质为根本宗旨，以培养学生的创新精神和实践能力为重点，造就'有理想、有道德、有文化、有纪律'的，德智体美等全面发展的社会主义事业建设者和接班人"。《决定》还提出了"深化教育改革，为实施素质教育创造条件"，提出"优化结构，建设全面推进素质教育的高质量的教师队伍"，号召"全党、全社会共同努力开创素质教育的新局面"。

二、高考与高中教育关系的反映——应试教育

认定应试教育不再是人人讨厌的怪物，这就可以静下心来对其做出实事求是的分析。应试教育反映了招生考试制度对基础教育改革、发展的影响。以高中教育来说，应试教育也就反映了高考对高中教育的影响。如前面基础理论研究部分所指出的那样，高考的目的目标，实际上是高中教育的主要任务，但高中教育与大学教育间的数量与质量等矛盾，使得高考客观上对高中

教育的发展产生了双面影响，整体上说，有积极的、主流的一面，但也有消极的、支流的一面。

（一）积极的主流的一面

高考的核心是“以考促学”。大规模的选拔性考试——高考，与我国古代科举制度一样，它渗透着“公平竞争”的精神，打破了世袭、血缘、金钱关系的制度枷锁，其好处是催人奋进，张扬主体性，能否成功取决于自己的努力，而不需要看别人的脸色。即使失败，考生往往怪自己努力不够或运气不佳，而不会迁怒于政府，影响社会的稳定与发展。说“科举鼓励士子积极向学之功，有甚于十万督学之力”，高考也同样如此，它调动了我国千百万青年学生的学习积极性，促进了中华民族文化素质的迅速提高，促进了主流文化的传承。以考促学的后果，远不止于此，它实现了广大学生的高等教育个体功能与社会功能的统一，即实现了个人命运的改变，增加了职业流动的可能性，尤其是向上流动的可能性，没有这一点，许多农民子女能获得较高职位尤其是国家领导人的职位是不可思议的事情，这体现了社会主义制度的优越性。

其次是以考促教。高考的选拔标准也是高等教育与高中教育的联系机制，高考是建立在高中教育基础上的选拔活动。高考的选拔标准，反映了高中教育的目标指向，能够尽量为大学输送更多的高质量人才，是高中教育的主要任务。因此，在无声的命令下，尽管“应试教育”一度遭到了唾弃，但广大教育工作者始终没有忘记提高学生的科学文化水平，这是高考标准导向高中教学的明显例证。没考试之前，高考考什么对广大高中而言是相对抽象的，于是高中力图揣摩高考大纲的要求尽量教什么，以保证学生竞争升学的需要。由于恢复高考以来，高考总体上在导向上保证了大致的科目与具体素质要求，因而，高中教育没有出现因高考而导致的严重的质量问题。

最后是以考促改。高考标准的调整，显示了对高中教育导向的变化。今天的时代要求高校培养具有创新精神与实践能力的、基础宽广的高级专门人才，因此，高考的选拔标准，对高中教育提出了加强全面基础素质培养的要求，同时社会对一个合格的高中教育毕业生也提出了同样的素质要求，它要求高中教育教学及时做出调整，适应这一变化。例如，现在高考设置综合科目考查学生的综合分析能力，命题注意加强与实际的联系，中学教学也就积极想办法培养学生的综合能力，并在教学中加强与时事、现代科技等的联系。可见，高考要求什么，高中就会通过改革尽量满足这一要求。尽管教育要满足这一要求，但相对高考改革而言，这是一个较为长期的过程。

（二）消极的一面

消极面总的来说是负功能的一面。高中教育与大学教育的数量与质量等矛盾，决定着高考中能够通过选拔标准的实际对象是相对固定的——录取率以内，谁能够上大学，主要取决于考生间综合素质的竞争，除了特长生与弱势群体外。这种事实上的结果，首先会导致部分“落榜生”一定的心理受挫感，尤其是薄弱高中整体的“受挫感”，受挫感的大小取决于社会主导的观念以及对待他们的做法。其次在竞争的教育过程中，会产生许多负面影响，例如会加重部分远离高考标准者的“失败”感，或者学习负担等。

高考的素质目标导向，出现违反高考过程的规律，也对高中教育整体质量的提高产生不利的影响（实际上也影响高等学校培养人才的质量，这里不作论述）。例如对德、智、体、美没有全面的要求，主要是德、体、美素质要求得不够；文、理分科，文科不学理化，理科不学历史地理；试题中出现死记硬背的知识考核；试卷的单一化模式，不利于高中教育培养学生的个性；3＋1或2，3＋文科综合/理科综合，科目导向出现一定的问题；3＋大综合，命题出现一定的问题，这从实际调查的结果——“大拼盘”即可说明。

此外，还有许多被认为是高考“诱发”的问题，其实那不是高考本身的负面影响。这个道理就如同有的犯罪嫌疑人说的“因为别人美丽而犯罪”一样。直接说，那是教育的负面问题，例如“面向少数学生问题”、“印发大量复习资料问题”、“以升学率为评价高中教育质量的唯一标准问题”、“不因材施教的问题”、“随意的加班加点补课问题”、“乱收费问题”等。所以，一概而论“道德教育的危机、心理教育的危机、科学教育的危机、智力教育的危机、生存教育的危机”，并把它们统统说成是“应试教育”的危害及潜在的负面影响①，显然失之偏颇。

总结以上论述，可以认为，高考与高中教育关系的反映就是应试教育，高考的主流是“红色的六月”、“考试的天堂”、“学生的福音”，同时也一定程度上有“黑色的七月”、“考试地狱”、“异化的高考”之罪。高考改革的目

---

① 钱民辉：《教育处在危机中，变革势在必行——兼论“应试教育”的危害及潜在的负面影响》，《清华大学教育研究》2000年第4期，第40页。

的，就是尽可能减少自身对高中教育发展的消极的一面，但由于消极的一面不可能被完全克服，这种补救的任务也就首先落在高中教育的肩上，即高中教育要贯彻“全面发展的教育方针”，以“素质教育”思想为指导，尽可能在教育过程中弥补高考的负面影响，全社会也要积极创造条件帮助弥补这种负面影响，如此，方才可能逐步克服所谓的“教育危机”。关于这一点，在高考结果与教育的关系部分已有论述。

第二节　高考与素质教育的关系问题

素质教育是各级各类教育改革与发展的指导思想，也是高考改革的指导思想。它要求高考改革的核心要尽可能反映当今教育要求的素质目标，尽可能与时俱进地满足高等教育、高中教育目的及目标的需要，正确导向教育的发展。

一、对素质教育的一般性理解

历史显示，素质教育概念的提出，主要是针对基础教育的弊端特别是“片面追求升学率”或“应试教育”中的弊端而提出的，例如面向少数学生，教育教学中不尊重学生的身心特点与发展规律，学生素质结构不合理等。但大家感到，所有各级各类教育都有自身的缺陷，都应重视素质教育，毕竟提高人的“素质”以达到教育目的之要求是各级各类教育的任务，只不过各自的“培养目标”不同而已。比如，“高等教育的素质教育则是针对单纯科技教育、过分狭窄的专业教育而提出的，更侧重于人文文化素质，使科学教育与人文教育整合，培养出高科技与高素质结合的专门人才”①。

既然素质教育是各级各类教育都应重视的问题，因此它也就成为指导整个教育的原则性思想。它暗含着这样三个理念：

(1) 我们要尽可能按教育规律办事，例如宏观而言的教育内、外部关系规律，即教育的发展要和社会的发展相适应，也要和人的身心发展相适应，不合规律的教育不大可能是素质教育。

(2) 有些教育规律已经转化为国家的教育法令、方针政策，这是各级各类学校都必须遵守和执行的，例如《教育法》、《高等教育法》以及其他各种

① 潘懋元：《试论素质教育》，《教育评论》1997 年第 5 期，第 6 页。

法规，全面发展的教育方针以及其他各项教育政策。

(3) 衡量教育质量的标准是教育目的与培养目标，并最终体现每个学生个体的素质符合目的、目标要求的程度。因此，说素质教育是教育目的及目标的正本清源[①]，这是符合教育理论与现实的，这是它为什么成为各级各类教育指导思想的根基。

以上三条，归纳起来，就是“教育的合规律性、合规定性、合目的性”理念。这从下面的一些法规、政策阐述中，也可以看出来。

“素质”与“素质教育”的概念，国家教委政策法规司编写的《〈教育法〉条文说明》中有过明确说明，认为“所谓素质，是指人在其自身的发展过程中形成的包括自然因素和社会因素两大方面的一系列基本的品质、素养的总和”。素质教育包括“政治素质、思想素质、道德素质的培养”、“科学文化素质教育”、“身体素质教育”、“心理素质教育”四个方面[②]。

如何实施素质教育，1999 年《中共中央国务院关于深化教育改革，全面推进素质教育的决定》已有了明确规定：实施素质教育，就是全面贯彻党的教育方针，以提高国民素质为根本宗旨，以培养学生的创新精神和实践能力为重点，造就“有理想、有道德、有文化、有纪律”的、德智体美等全面发展的社会主义事业建设者和接班人。全面推进素质教育，要面向现代化、面向世界、面向未来，使受教育者坚持学习科学文化与加强思想修养的统一，坚持学习书本知识与投身社会实践的统一，坚持实现自身价值与服务祖国人民的统一，坚持树立远大理想与进行艰苦奋斗的统一。全面推进素质教育，要坚持面向全体学生，为学生的全面发展创造相应的条件，依法保障适龄儿童和青少年学习的基本权利，尊重学生身心发展特点和教育规律，使学生生动活泼、积极主动地得到发展等等。

二、素质教育是高考改革的指导思想

说素质教育是“教育目的”的正本清源，是抓住了教育的根本，这就好比国家以经济建设为中心一样，因此素质教育是教育改革与发展的指导思

① 易慧清：《正本清源：保持教育目的的本色——兼论素质教育回归问题》，《东北师范大学学报》1996 年第 5 期。

② 国家教委政策法规司法规处编：《中华人民共和国教育法适用大全》，广东教育出版社，1995 年，第 53～54 页。

想，理论上讲得通，实践上说得过去。但它也是高考改革的指导思想，这恐怕是需要始终坚持和贯彻实施的。因为，高考毕竟是对人的素质的测量与评价活动，是以人才标准为核心的选拔活动。

高考是为高校选拔人才服务的，高考是高等教育的“服务代理器”，它体现的是高等教育的要求，高等教育的要求最终是质量或素质的要求，以“素质教育”为指导思想说得过去。同时，高考是建立在高中教育基础上的选拔活动，它是高中教育的“晴雨表”，反映的是对高中毕业生质量的要求，以素质教育为指导思想也说得过去。

看来，问题的关键是如何以素质教育为指导思想？这也许需要回答这样几个问题：第一，素质教育对高考改革提出了什么要求？高考改革已经做了些什么？不弄清楚这一点，也许高考改革会无的放矢；第二，高考如何进一步满足这种要求才能正确导向教育的发展？

（一）素质教育对高考改革的要求

根据 1999 年《中共中央国务院关于深化教育改革，全面推进素质教育的决定》的精神，结合邓小平的教育思想以及现代教育理论，我们认为：

1. 素质教育要求“坚持高考，以考选才”

我们不能忘记，1977 年恢复高考是邓小平领导的一次伟大革命实践，它从根本上改变了“读书无用论”弥漫的社会风气，重新确定了选拔人才的公平、公正和平等竞争的原则①，挽救了我们的民族和国家。

痛思“文革”历史，教育战线是重灾区，废除高考是“文化大革命”的突破口。我们没有忘记，1977 年邓小平恢复高考是在“真理标准讨论”之前，是在破除“两个凡是”之前，是在打破“两个估计”之前，是在十一届三中全会重新确立“解放思想、实事求是”的路线之前，这种以恢复高考为突破口的伟大革命实践，除了起到政治、思想路线上“拨乱反正”的伟大作用外，从教育思想上看，反映了邓小平“坚持高考、以考选才”的考试思想。其思想的逻辑是，社会主义现代化建设需要大量的高科技人才，高科技人才要靠教育，尤其是高等教育。高等教育的起点是新生的质量，新生的质量要靠必要的考试制度来保证。高考联系着千家万户的利益，联系着民族和

① 转引自杨学为：《高考改革与中国国情》，《中国考试改革研究》，北京大学出版社，2001 年，第 395 页。

国家的利益。

事实上，“坚持高考、以考选才”是现代化建设的要求。我们要实现现代化，关键是科学技术要能上去。发展科学技术不抓教育不行。靠空讲不能实现现代化，必须有知识、有人才。没有知识、没有人才，怎么上得去?[①] 然而，“文化大革命”的一个大错误就耽误了十年人才的培养。现在要抓紧发展教育事业[②]。我们“要承认落后……同发达国家相比，我们的科学技术和教育整整落后了二十年。科技人员美国有一百二十万，苏联有九十万，我们只有二十多万，还包括老弱病残，真正顶用的不很多”[③]。因此，“抓科技必须同时抓教育”。“要经过严格考试，把最优秀的人集中在重点中学和大学。”[④] 在这种思想下，1977 年 8 月 8 日，在科教讨论会上，邓小平全力支持大家要求尽快恢复高校招生的办法，表示“今年就要下决心从高中毕业生中直接招考学生，不要再搞群众推荐。从高中直接招生，我看可能是早出人才、早出成果的一个好办法”[⑤]。针对“左”的思想的干扰，1977 年 9 月 19 日，他在同教育部主要负责同志的谈话中指出：实事求是，是毛泽东哲学思想的精髓；为什么要从高中直接招生呢？道理很简单，就是不能中断学习的连续性；毛泽东同志的七二一指示要正确地去理解。……并不是所有大学都要走上海机床厂的道路。毛泽东同志一贯强调要提高科学文化水平，从来没有讲过大学不要保证教育质量，不要提高科学文化水平，不要出人才[⑥]。在邓小平的直接领导下，终于，1977 年 10 月 12 日国务院发出了恢复高考的文件。从此，虽曾有过激进的“素质派”强烈要求废除高考，但“坚持高考、以考选才”的思想一直贯彻至今。

“坚持高考、以考选才”符合考试发展的规律。看看科举历史以及“文革”中废除高考所产生的“后门成风、人才选拔机制失衡、社会秩序混乱”、“新生质量差、教育质量低”等悲剧性后果，看看“中国人重视人情、关系”[⑦] 的传统与现实国情，不难明白，高考不能被轻言废除，只要国家需要

---

① 《邓小平文选（1975—1982）》，人民出版社，1983 年，第 37 页。
② 《邓小平文选（第 3 卷）》，人民出版社，1993 年，第 9 页。
③ 《邓小平文选（1975—1982）》，人民出版社，1983 年，第 37 页。
④ 《邓小平文选（1975—1982）》，人民出版社，1983 年，第 37 页。
⑤ 《邓小平文选（1975—1982）》，人民出版社，1983 年，第 64 页。
⑥ 《邓小平文选（1975—1982）》，人民出版社，1983 年，第 65 页。
⑦ 刘海峰：《高考存废与科举存废》，《高等教育研究》2000 年第 2 期，第 41 页。

对人才进行“选拔”或者“选择”，只要知识还是整个或全部教育的基础，“一切以程文为去留”的公平竞争、择优录取的考试制度，尽管它有弊端，甚至伴随着悲剧或丑恶现象，但比之以父母的身份、财力、权力、社会关系等为标准的“推荐”来，考试仍是一种更为有效的选才制度。历史与现代测量等理论还同样表明，“考试这种方法有它固有的局限性，因为学生的学习和素质发展得怎么样，最终要受社会实践的检验，无论怎样改进考试，也不能完全克服其局限性。同时，在教育领域中，由于教学内容基本是已经确认的东西，运用‘以一斑窥全豹’的原理，用考试的办法，来代替实践的检验，它用的时间短，收效快，结果确定。在这个意义上它还优于实践的检验，这是考试的合理性和存在的科学依据”①。因此，“考试是检查学习情况和教学效果的一种重要方法，如同检验产品质量是保证工厂生产水平的必要制度一样。当然也不能迷信考试，把它当作检查学习效果的唯一方法”②。

2. 素质教育要求高考尽可能多选拔些人才

1999 年的《纲要》中提出，“以提高国民素质为根本宗旨”，“为学生的全面发展创造相应的条件”，“依法保障适龄儿童和青少年学习的基本权利”。所有这些提法如果要最大化的实现，有一个基本的前提，就是高考要根据社会经济的条件与需要，尽可能多选拔些人才，或者说高校要多招生，尽快向高等教育大众化迈进，否则如何能够为学生的全面发展创造条件呢？如何保障青少年学习的基本权利呢？这一点，显然已经在实施，1999 年开始高校扩招，当时计划到 2010 年实现高等教育毛入学率达到 15％，2001 年《国务院关于基础教育改革与发展的决定》，还提出了“大力发展高中阶段教育，扩大高中规模”的任务与实施目标。实际情况是，2003 年已经实现了毛入学率 15％的目标，并继续在向高等教育大众化的方向迈进。

也有人对高考改革提出“宽进严出”的要求。持这种主张者，希望减缓高中升学的过度竞争压力，以免影响高中生的身心发展，如果实行宽进严出，则可以把竞争延后，既符合大学生的心理承受力，更是改变目前大学生进了大学就等于毕业的不思进取的状况。有学者说，“我们应该让中小学生在比较轻松愉快的气氛中学习，大学生应该有竞争、淘汰。像现在这样：让承受力

① 王策三：《保证基础教育健康发展——关于由“应试教育”向素质教育转轨提法的讨论》，《北京师范大学学报》2001 年第 5 期，第 73 页。

② 《邓小平文选（1975—1982）》，人民出版社，1983 年，第 102 页。

很弱的中小学生去承受过重的竞争压力，是不符合教育原则的。而让承受力显然较强的大学生，进了大学就等于毕业，没有竞争，没有淘汰，这对大学生的个人发展、大学水平和质量提高，也是很不利的。如果实行‘宽进严出’的改革，将有利于高等教育和基础教育、大学生和中小学生的发展”①。

主张“宽进严出”者认为，“宽进严出，基本上是世界上实现了大众化高等教育国家的一种共同办学模式；多年来，我国普通全日制高校通过承办自学考试，已经积累了丰富的‘宽进严出’的办学经验，现在的问题是如何把它移植到整个高等教育；我国经济体制改革，实行市场经济，这是‘宽进严出’的基本前提；我国高等教育已经具备了实行它的内外部条件”②。现在看来，自学考试作为“宽进严出”的一种高等教育模式，它是迈向高等教育大众化的一条重要途径，这种观点已经得到普遍支持。全日制高校暂时还不可能实行“宽进严出”，原因是自考虽然是迈向高等教育大众化的一条重要途径，但自考是以自学为主，社会助学为辅，它不可能代替国家全日制高校师生双边的活动过程。同时，由于目前法制规范尚不健全，不利于维护教育的公平性，更主要的是“宽进严出”需要一定的条件，即在校生要达到很大的规模，这需要足够的经济实力和相应的教育成本分担机制，它不是发展中国家力量所能及的。关于这个问题，看看现在的国家投入以及国家经济发展不平衡的现实，即可明白。正是因为如此，学者们似乎已经转向了其他途径，例如有代表性的观点认为，“最重要的是增加教育投入，取消对社会力量与民间办学的限制”③。此外，《民办教育促进法》的出台也说明了这点。

3. 素质教育要求高考选拔综合素质较高的人

素质教育要求高考选拔出“有理想、有道德、有文化、有纪律”的、德智体美全面发展的社会主义事业建设者和接班人，特别是有“创新精神和实践能力的人才”，具有“四个统一”要求的人才。这实际上是对邓小平教育思想的继承与发展。

坚持以“综合素质”作为高校选拔录取新生的标准，是邓小平一贯的思

① 王策三：《保证基础教育健康发展——关于由“应试教育”向素质教育转轨提法的讨论》，《北京师范大学学报》2001年第5期，第73页。

② 陈中原：《政策不统一制约高等教育的发展》，《科学时报》1999年3月16日。

③ 李鸣：《素质教育与应试教育不应对立——访清华大学教授、中国青少年发展基金会副主任秦晖》，《新华文摘》2000年第6期，第145页。

想，因为保证大学新生质量是大学保证教育质量、提高科学文化水平、早出人才的重要一环，体现在恢复高考后关于首届招生的文件上，邓小平对教育部的负责同志讲：你们起草的招生文件写得很难懂，太繁琐。关于招生的条件，我改了一下。政审，主要看本人的政治表现。政治历史清楚，热爱社会主义，热爱劳动，遵守纪律，决心为革命学习，有这几条，就可以了。总之，招生主要抓两条：第一是本人表现好，第二是择优录取①。这实际上是以综合素质的高低作为大学取舍新生的主要标准。

综观邓小平的教育思想，“综合素质”首先包括德、智、体等几个基本方面。1978 年 4 月 22 日，他在第一次全国教育工作会议开幕式上说：我们的学校是为社会主义建设培养人才的地方。培养人才有没有质量标准呢？有的。这就是毛泽东同志说的，应该使受教育者在德育、智育、体育几方面都得到发展，成为有社会主义觉悟的、有文化的劳动者②。但是，我们在鼓励帮助每个人勤奋努力的同时，仍然不能不承认各个人在成长过程中所表现出来的才能和品德的差异③。在现实的国情下，“今后，不仅大中学校招生要德智体全面考核，择优录取，而且各部门招工用人也要逐步实行德智体全面考核的办法，择优尽先录用。……这样做，对于提高整个职工队伍的政治素质和科学文化素养……对于在青少年中以至于在整个社会上造成人人向上、奋发有为、不甘落后的革命风气，都将发挥巨大的促进作用”④。这是邓小平对考试积极引导社会分流、引导社会有序竞争、激励社会风气日上等社会功能的精辟论述。遗憾的是，我们现存的社会中总有人对考试的社会功能缺乏清醒的认识，他们对高考总抱有“乌托邦”式的幻想，不能面对高等教育资源供给不足、不均等以及考试竞争下总有人不能上大学或者不能上重点大学的现实。

其次，综合素质包括四个基本要素，即“有理想、有道德、有文化、有纪律”。这是社会主义新人的基本素养。有理想，主要指要有建设社会主义现代化强国的共同理想。它是一个信念问题，一个精神支柱问题。没有这样的信念，就没有凝聚力。没有这样的信念，就没有一切⑤。

---

① 《邓小平文选（1975—1982)》，人民出版社，1983 年，第 66 页。
② 《邓小平文选（1975—1982)》，人民出版社，1983 年，第 100 页。
③ 《邓小平文选（1975—1982)》，人民出版社，1983 年，第 103 页。
④ 《邓小平文选（1975—1982)》，人民出版社，1983 年，第 104 页。
⑤ 《邓小平文选（第 3 卷)》，人民出版社，1993 年，第 190 页。

第三，有综合素质的人是“又红又专”的人。在“红”与“专”的关系上，邓小平指出“红”是指具有坚定正确的政治方向，热爱社会主义祖国，自觉地为社会主义服务；“专”是指具有良好的科学文化素质和业务水平[①]。专并不等于红，但是红一定要专。不管你搞哪一行，你不专，你不懂，你去瞎指挥，损害了人民的利益，耽误了生产建设的发展，就谈不上是红[②]。为社会主义的科学事业做出贡献，这固然是专的表现，在一定意义上也可以说是红的表现。

最后，综合素质还包括创新素质。在“拨乱反正”的历史关头，由于“两个凡是”的错误方针严重束缚了领导干部，邓小平深刻指出“解放思想是当前的一个重大政治问题”[③]。在探索有中国特色社会主义道路的过程中，他号召大家要创造性地解决新问题、新矛盾。全新的事业需要我们“大胆地试，大胆地闯”[④]，“做四个现代化的闯将”[⑤]。在国际社会主义处于低潮的历史关头，他突破姓“社”姓“资”的旧框架，认为“社会主义的本质是解放生产力，发展生产力”，并以“三个有利于”作为检验标准，号召全国人民大胆探索、大胆创新，勇于前进。他还明确要求，“干革命，搞建设，都要有一批勇于思考、勇于探索、勇于创新的闯将。没有这样一批闯将，我们就无法摆脱贫穷落后的状况，就无法赶上更谈不到超过国际先进水平”[⑥]。随着 20 世纪 90 年代社会主义改革与发展的深入，中共中央总书记江泽民明确指出，“在当今世界上，综合国力的竞争，越来越表现为经济实力、国防实力和民族凝聚力的竞争。无论就其中哪一方面实力的增强来说，教育都具有基础性的地位”。“我们必须把增强民族创新能力提到关系中华民族兴衰存亡的高度来认识。”[⑦]

对照教育实践，应该说，恢复高考以来，高校招生的选才标准基本是贯彻上述指导思想的。比如，1987 年 4 月 21 日国家教育委员会发布的《普通高等学校招生暂行条例》，在第二条就规定了普通高校的招生“应贯彻德智

① 《邓小平文选（第 2 卷）》，人民出版社，1994 年，第 91 页。
② 《邓小平文选（第 2 卷）》，人民出版社，1994 年，第 262 页。
③ 《邓小平文选（第 2 卷）》，人民出版社，1994 年，第 141 页。
④ 《邓小平文选（第 3 卷）》，人民出版社，1993 年，第 371 页。
⑤ 《邓小平文选（第 2 卷）》，人民出版社，1994 年，第 222 页。
⑥ 《邓小平文选（第 2 卷）》，人民出版社，1994 年，第 143 页。
⑦ 江泽民：《在全国第三次教育工作会议上的讲话》，1999 年 6 月 16 日。

体全面考核，择优录取的原则”；在第九条、第十二条分别规定了可以报名、不得报名的条件；在第四章、第五章分别规定了录取的德、体条件；在第六章对文化课的考试作了规定；在第八章“录取”中对考生某方面获得特别奖励者还有适当降分录取的规定或同等条件下优先录取的规定等等。

但也不能否认，在择才的具体标准上，问题确实很多。大家也深知我国目前的单一选拔性考试，对学生素质的评价不全面，需要综合评价，“对高层次的能力目标，如创造力等体现得仍不够充分；对情感领域的教育目标，如个性、态度、情感等尚没有纳入考试的目标体系”①。另外，“道德品质无法在国家最权威、最具感召力的高考中得到有效的考查，因而不能引起对社会各界足够的重视。这个两难的抉择，虽然是道德教育自身固有的许多特点使然，但也是高考较为传统的考查方式及内容的褊狭直接催生的”。所有这些，影响着对学校教育的正确导向，这提示我们改革高考对教育的导向标准是必然的选择。

4. 素质教育要求改革高考，适应教育的现代化

按照邓小平教育理论的整体系统观和强烈的现代意识观，教育面向现代化是教育改革的核心。改革高考适应现代化，就是适应社会发展的全面要求对高考自身的一种调整与完善，实现自身的现代化。改革高考适应现代化从实体讲主要包括三个基本方面，一是改革高考的内容，建立现代化的人才选拔机制；二是改革高考的形式（技术），主要是实现高考手段的现代化；三是改革高考的相应管理制度，实现管理制度的现代化。

客观地看，“坚持高考、以考选才”实际是从社会制度上确立起现代化的人才选拔体制；以综合素质作为择才标准实际是确立起基本的人才选拔机制，以高考的标准来导向教育教学及人才的社会分流。恢复高考以来这两条始终得到贯彻执行，尽管有些方面做得还很不够。结果很明显，高考的正面功能基本得到发挥，大学、中学教育教学秩序基本正常，水平不断提高，社会竞争有序，社会分流有章，积极向学之风依然，社会秩序良好。然而信息时代的政治——民主化、经济——市场化、文化——多元化、科技——综合化、高等教育精英化——大众化变化要求改革高考的内容与形式，考试还有其固有的或受制于理论局限的测量上的、管理制度上的缺陷。高考联系着中学和大学的教育教学，特别对中学的教育教学起着一定意义上较大的负面导

① 孟庆茂：《素质教育与考试》，《湖北招生考试》2002 年第 6 期，第 5 页。

向作用，实际上也对高等教育有着很多不利的方面，这些都表明改革高考适应现代化最终建立现代化的人才选拔机制有其必然性。

对此，邓小平的高考改革观是有前瞻性和战略眼光的。他说：学生负担太重是不好的，今后仍然要采取有效措施来防止和纠正。但是，同样明显的是，要极大地提高科学文化水平，没有“三老四严”的作风，没有从难从严的要求，没有严格训练，也不能达到目的。考试是检查学习情况和教学效果的一种重要方法，如同检验产品质量是保证工厂生产水平的必要制度一样。当然也不能迷信考试，把它当作检查学习效果的唯一方法，并且要认真研究、实验，改进考试的内容和形式，使它的作用完善起来。对于没有考好的学生，要鼓励和帮助他们继续努力，不要因此造成不必要的精神负担①。把以上这段话和前述邓小平对个人成长发展过程中表现出的“才能和品德差异”的事实联系起来考虑，可以认为，学习与考试都有必要的负担；个人的学习与考试结果都是有差异的；立足实践，通过研究、实验来改革考试的内容与形式，完善考试的作用，要“叩其两端”，一方面继续凸显考试的正面作用，另一方面要考虑如何通过有效措施应对而不是指责客观存在的考试的负面影响。

在邓小平的高考改革思想指引下，高考主管部门确定了“科研先行”、由“试验到逐步推广”的指导方针，在1985年《中共中央关于教育体制改革的决定》颁布以后，尤其是1992年邓小平南方谈话后，随着《中国教育改革和发展纲要》的颁布，高考改革终于进入逐步深入的多元化的试验期。更可喜的是，20世纪末期以来，随着高校扩招政策的推行，高考的全方位改革真正进入了以“内容改革为重点”的阶段。回顾实践历程，1985年开始进行的主要改革方案是：

(1) 1985年广东开始的高考标准化实验。

(2) 1985年上海市开始的高中会考制度上的高考改革实验，即上海方案。

(3) 为了弥补考试的不足，1985年在北京师范大学等高校开始的保送生试验。

(4) 1991年湖南、云南、海南三省开始实行的与上海方案完全不同的“四科四组”改革实验，即“三南方案”。

---

① 《邓小平文选（1975—1982）》，人民出版社，1983年，第101～102页。

(5) 1993年上海市率先在上海工业大学实行的“面向社会，自主招生，择优录取”的试验，即上海工业大学方案。

(6) 1999年广东3+X科目改革方案。

(7) 2002年广西本、专科分卷考实验等。

仔细审视上述种种改革实验，改革内容上虽各有侧重，但都有尽量克服“应试教育”弊端的一面，贯彻“素质教育”思想之目的。换言之，也就是为了实现高考自身的现代化，即内容、形式或相应管理制度的现代化，最终建立现代化的人才选拔机制。

特别需要指出的是，为实现高考手段的现代化，20世纪80年代中期以来，我国首先是开始了对国外60年代随计算机的发展而兴起的项目反应理论进行学习、应用与开发研究，这为我国题库建设提供了新的理论与技术支持，相比传统的作为标准化考试理论基础的经典考试理论，进一步提高了对考生真实水平的测量准确性。目前，代表最新测量思想的认知成分测量研究、代表最新测验技术的计算机自适应测验的开发应用，皆已有成功的尝试[①]，适应了21世纪计算机化考试的趋势。

其次，在录取方法上，20世纪80年代以来，各地招办逐步引入计算机管理。1996年起，广西、天津陆续开始“网上录取”的实验，在收到良好效果的基础上，1999年教育部又确定北京、上海、辽宁、四川、重庆、湖北参加实验。目前各省、自治区、直辖市招办都已实现了招生录取计算机现场管理，全国招生网上录取系统基本建立，适应了现代信息技术发展的要求，收到了省时、省力、省经费的效果，更起到了廉洁、公正、高效率的作用。

应该承认，恢复高考以来，我们始终遵循邓小平的考试思想，锐意改革高考适应现代化，我们正在竭力建立现代化的人才选拔机制，但始终遇到三个重大矛盾：一是高考的教育教学导向的“片面性”问题；二是高考结果的“残酷性”问题；三是高考过程的“科学化”问题。对第一个问题，经过上海会考基础上的高考改革试验及广东3+X科目改革试验，只能说较好地解决了高中生全面发展中基础知识结构导向不全面的问题。而对于学生能力结构导向不全面的问题，比如综合能力、实践能力不全面的问题，创新能力缺

① 戴海崎：《国内项目反应理论IRT应用研究述评》，《考试研究》2002年第3期，天津人民出版社，第38页。

乏的问题，只能说随着当前以能力立意为重点的命题改革的施行，尤其是X科目中可以包括综合科目、一定的实践性科目，这对学生发展中能力结构的导向可能会产生积极而深远的影响。毕竟，解决第一个问题，现在依然面临诸多的困难，改革的难度仍然很大。至于高考结果的残酷性问题，相信可行的解决之道依然要靠高等教育资源的增加来逐步解决，同时也要正视由社会竞争导致的必然的合理的社会分流。说到高考过程的科学化问题，比如高考的标准问题，考试的科目尤其是综合科的权重、信度、效度问题，对项目反应理论的开发应用问题，对创新素质的测试问题等等，受制于理论的发展逻辑，它们可能是一个较为长期的科学化进程。正是以上原因，在解放思想、实事求是的思想路线下，在“尊重知识，尊重知识分子”的社会环境下，在“人力资源是第一资源”的信息时代，我们始终要根据时代需要来坚持高考、改革高考。

（二）改革高考对教育的导向标准，进一步满足素质教育的要求

上面的分析说明，我们可能还有许多方面的工作需要去做，但最重要的是改革高考对教育的导向标准。至于高考结果的“残酷性”，在高考结果与教育的关系部分，已经有了答案。而高考过程的科学化，如果从纯技术的角度看，它是一个长期的改进过程，当然从系统视角来说高考过程也是有基本规律可循的，这里不再赘述。

只有建立起高考对高等教育、高中教育良好的导向机制，高考才能真正适应教育的现代化。而导向机制建立的关键，是要有真正体现素质教育要求的选才标准。正是它，影响着高等教育的起点质量与办学效率与效益，指挥着高中教育的起伏进退。

改革高考的导向标准，是我们20世纪80年代想做但90年代末期才开始做的事情。20世纪90年代末期以来，本着“把一个什么样的教育带入21世纪”的想法，我国终于开始了以科目及内容改革为重点的高考改革新阶段。科目与内容改革本质上就是为了建立适应素质教育的导向机制。从这种意义上，把这次改革叫做“改革选拔录取标准”或者“质量标准改革”更为合适。明确这一点，也许可以避免在科目与内容改革上少走弯路。这方面，我国曾有的两次改革都留下了一定的经验与教训。

1. 1985年上海实行会考基础上的高考改革

其旨在改变高考冲击中学教学的问题，用会考指挥中学教学，高考则专门用于人才的选拔。结果确有好的一面，例如江西、海南、云南、浙江等地

的调查显示，会考制度的建立，“有效的保证了国家有关方针、政策的执行，同时也促进了学校管理的科学化，在引导学校端正办学方向，全面提高教育质量，保证教育目标的实现等方面功不可没。同时，会考还为招工、招生提供了有效的依据”①。但另一调查结果也显示，学生只盯着高考，会考成了高考的预演，“考完一门扔一门”的现象相当普遍，高考在会考的基础上实行3＋1，依然不能解决学生偏科的问题，3＋1考试是失败的②。其后推广实行的3＋2，又被认为是失败的，因为生物、地理未被列入高考学科，导致学生过早分科，还有就是很难反映高校的专业要求③。以上改革，有一点是肯定的，即改革者考虑到了用两种不同性质的考试来导向教育教学的方向，避免产生过大的教育负面效应。但在做法上，因为最终没有认识到导向机制改革的理论基础，没有认识到改革与高中教育、高等教育的关系，所以最终留下了诸多遗憾。

2. 1999年广东3＋X科目改革方案

其初衷被认为是很好的，它试图让人来选择科目，让学生和高校都有自由选择的空间。但现在的结果是，它已被认为有很大的缺陷，既缺乏测量学依据，又缺乏考试科目甄选的客观性，并使偏科现象合法化、公开化和极端化，因为“X”使学生从很早就开始注重某一（些）科目，另加3，即平时X＋3，考时3＋X，同时重点中学学生考试选择的是“3＋3”或“3＋2”组合，而在普通中学，为了确保考上，同学们大多选的是“3＋1”组合；此外“3＋综合”模式弊端依旧。它们对中学教学造成了严重的负面影响④。3＋X方案，这种试图朝向满足高校与高中的需要的想法，已经接近高考改革适应素质教育的理念了。但可惜的是，由于没有找到这个理念的实质与改革的理论基础，产生诸多问题，也就只是一个过程了。

以上两次改革的教训是深刻的。它们说明了这样一个道理：任何改革纯

---

① 臧铁军：《21世纪高中毕业会考的使命与任务》，《教育研究》2000年第9期，第41页。

② 葛大汇：《升学考试面临的问题——上海高考、中考问题调查研究报告之一》（摘要），《中小学管理》2000年第6期，第15～17页。

③ 董标、胡中锋：《高考模式变换：问题与影响》，《课程、教材、教法》2000年第11期，第41页。

④ 董标、胡中锋：《高考模式变换：问题与影响》，《课程、教材、教法》2000年第11期，第42～43页。

粹建立在调查的基础上，都是不够的，因为高考与教育的关系，有其自身特有的不以人的主观意志为转移的客观规律，一个没有理论基础的改革，最终满足了部分人的主观愿望，但逃脱不了失败的厄运。当然，这两次改革不是没有可取之处，但可惜始终没有认识到改革的理论基础，没有认识到高考内容改革的实质是质量标准改革，因此有时候改革已经接近成功的时候却又走远了。例如第一次改革想到了要用两种不同性质的考试即水平考试与选拔性考试来满足高等教育、高中教育的需要；第二次改革也想满足高等教育、高中教育的需要，不过现在许多改革者似乎仍然处于困惑之中。

素质教育的要求，根本上是一种质量标准的导向要求，这是选才活动系统中矛盾的主要方面，它既要满足高等教育的需要，又要不冲击高中教育教学，显然高考的标准首先是全面素质的一般性考查，也就是德智体美的全面要求，是文、理学科的全面要求，这是对高中教育目的目标的全面回应与适应。其次，它也是对体现高等教育个性需要的考查，最低程度上要使各级各类高校在基本的个性素质结构上得到满足，最后才是满足高校的特殊专业的问题。

对中学全面素质的考查，我们原来依靠会考（后称高中学业水平考试，简称学考）来实行。对高校个性的一面，我们最多通过现在的所谓 3＋X 中的“X”来体现。但事实证明，这种高考改革不说是完全失败的，起码也是在客观上没能处理好与高等教育、高中教育的关系。为此，有必要进一步分析高考与会考（学考）的关系，也许在此基础上，我们可能知道究竟如何适应素质教育的要求，改革高考的教育导向机制。

（三）学生身心健康是素质教育的底线要求

素质教育的核心的确要培养学生具有正确的价值观，对科学有理解力，对艺术有鉴赏力，使人的发展更为全面，生活更有品位和质量①。但高考改革，要以每一个学生的身心健康发展为底线。对于学生发展而言，学生负担是其身心健康的晴雨表。学生的身心健康，是教育工作者运用教育发展的内部规律所要达到的目标。培养身心健康的人，是教育的内在要求，也是底线要求。没有学生的身心健康，很难谈得上素质教育。但恢复高考以来，学生负担过重的呼声此起彼伏，党中央国务院也高度重视，在诸多的文件讲话

① 秦春华：《何谓素质教育》，《光明日报》2014 年 9 月 16 日第 013 版。

中，教育主管部门反复强调要减轻学生过重的负担，促进他们健康发展。时至今日，效果依然不明显，这值得每位教育工作者深思。

1. 负担是压力和承受力的比值

负担是压力和承受力的比值。学生负担是否过重，取决于压力，也取决于其承受力。也可以说，在压力一定的情况下，负担与承受力成反比，承受力越大，感觉到的负担越轻，反之负担越重。而在承受力一定的情况下，负担与压力成正比，压力越大，负担越重，反之，负担越轻。

现实中，学生个体受到的压力以及各自的承受力相差很大，所以个体负担轻重感觉也不同。在学科学习上，也表现出差异性，自己感兴趣的学科，往往感觉负担较轻，自己学习吃力的学科，往往感觉负担较重。总体上，按照天津教育招生考试院 2004 年对天津市中学生的抽样调查，大约近 3 成的学生感觉学习负担较重。

2. 学生负担的来源与类别多种多样

按照主体分类，负担的来源有教师、家长、自己、社会。按照上述对天津市大学教师、高中教师、大学生、高中生家长的抽样调查，除了大学生认为高中生的升学压力主要来自自己，其他三者都认为首要负担来源是社会，其他的主要是教师、家长等。也许还没走向社会的大学生们认为是自己的承受力太弱，或者内在动机过强，进而把高中升大学的压力源归因于自己。

按照负担的源头，应该说学生负担来源于高考只是现象，而本质是源于竞争的客观存在，源于更深层次意义上的社会分工和利益机制，所以如今大多数学者认为减少高考内容不一定会减轻学生的心理负担①。这就意味着参加高考必然面对竞争，竞争就会产生压力和负担。虽然近年来高校逐年扩招，但考生的需求也随之水涨船高，从能上大学到上好大学，个别考生甚至非清华、北大不上。同样是 2004 年的抽样调查，有关升学竞争目标的问题回答，尽管对大学教师、大学生、高中教师、家长的问话方式不同，但结果却是完全的一致，首要的目标是国家重点大学，第二是省市重点大学，第三是一般本科，最后才是高职院校。这种局面下，高考新方案在减负方面，实在是有一定的限度和无奈，除了增强考试的科学性，加强能力考查，分类招考等等，恐怕更多的还得依赖教师、家长、社会、自身的素养。

对于学生而言，负担的类别其实有很多。按内容对象不同，有高考负

① 刘海峰：《高考竞争的本质与现象》，《高等教育研究》2006 年第 12 期。

担，如高期望值的升学愿望和相应的学习拼搏精力；有日常学习负担，如来自于学习内容的负担或者是教师期望值过高的负担；有生活负担，如家庭经济负担，或者是交往中产生的负担等等。这些负担中，一般而言可能是高考负担居主要位次，毕竟教师、家长、学生本人期望的主要目标是升学，特别是重点大学。但对学生个体而言，情况可能完全不是这样。我们也因此不能一概而论，学生负担过重都是来自教育或者高考。

综上所论，面对必然存在的高考和高中学业水平考试，面对提升国民素养必需的综合素质评价，显然减轻学生过重的学业负担，最好的办法就是提高学生的承受力，实际上也是要求提升教育工作者、家长乃至于整个社会国民的素养。提高学生的承受力，主要是提高他们的抗挫折能力，给他们更多的实践锻炼机会，磨砺他们的意志，坚定他们的信心，提升他们的本领。对于不是必须存在的学业与考试压力，如重复练习的习题战，大量的课余作业，机械记忆的大量背诵，甚至教师的学业惩罚，教学中的非平等民主做法，社会不正当舆论的诱导，需要我们尽可能降到最低程度，以适应他们的年龄特征，照顾他们的个体发展差异，激发和鼓励他们学习的热情和创造欲望。这取决于教师，家长以及整个社会的科学发展观引导。

3. 衡量学生负担轻重的标准是身心健康

判断学生负担是否过重，最终看学生的身心是否健康。关于身体健康，一般大家都有明显的感性的标准，目前也有是否健康的体检标准。但要说到心理健康，则目前的误区较多。一是现状不清楚，比如有的调查说有20%的中小学生有心理问题，有的则说有30%～40%，更有甚者说70%；二是标准不统一，你的标准越高，不健康的人就多，标准越低，健康的人越多。以焦虑而论，现代社会竞争激烈，压力加大，人的焦虑指标比以前提高，这应是正常的。同时，在孩子的学业与行为上，95%左右的同学还是学业成绩问题，而这些孩子往往来自家境优越的家庭、破损型的家庭以及对孩子期望值过高的家庭①。

按照负担理论，回应社会对学生负担过重的责难，我们不光是要在管制措施和预防措施上想思路，比如颁布什么什么不准的规定，更要在增强学生的承受力上下功夫，在提升教师等的素养上下功夫，毕竟教育是人与人之间

① 叶斌：《中小学生心理健康教育：现状与误区，心理学理论与教育》，广西师范大学出版社，1999年，第312页。

的文化互动。如同现代医学把注意力从单纯的治病、防病转移到强身健体之上，而现代的心理健康学也早已经从过去的治疗少数心理疾患、预防心理障碍，转到了心理发展领域①。可见与其抱怨必须存在的高考制度和学业水平考试制度，还不如建立起相应的教育机制，利用心理手段来积极帮助学生改善心理素质，发展他们的才干，挖掘他们的潜能，增强他们的承受力。

无论如何，我们需要清醒地认识到，高考具有竞争性，竞争会引发各种社会效应，这是任何高考改革方案不能全部克服的弊病。创立“科举学”的教育史学家刘海峰教授认为，我国有重视教育、读书至上的传统，有依托人情、好走关系的传统，有诚信缺失、防范作弊的传统②。他在 2007 年 10 月华中师范大学出版的高考改革丛书的《总序》中写道：受传统和现实的制约，中国人却将高考变成了文化，变成了经济，变成了政治，变成了盛大的仪式，变成了各方面关注的社会活动，变成了一种惯例式的全民动员。

社会学家 P. 布尔迪厄在谈论法国会考时认为，选拔就是当选，考试即是考验，训练就是苦刑，考试的逻辑在“被录取者”和“被淘汰者”之间，它是强制推行人数限制的一种手段，也可以说是一种设立围墙的行为，它在最后一名入选者和最前面的一名淘汰者之间建立了一条社会边界，是一项进行合法分类的法律行为，是筛选国家精英阶层和大众阶层的学业分类机制③。即使以美国教育为例，那些认为美国学生比中国学生轻松的看法是不符合常识和实际的。“天下没有免费的午餐”，“不劳”怎么可能“而获”呢？那些最顶尖的美国学生和中国学生所需要付出的时间和精力是一样多的，也许美国学生可能更多，因为他们所接触的范围更宽更广④。

第三节　高考与高中学业水平考试的关系

高考与高中学业水平考试（简称学考或会考）的关系问题，是当前教育

---

① 叶斌：《中小学生心理健康教育：现状与误区，心理学理论与教育》，广西师范大学出版社，1999 年，第 317 页。

② 刘海峰：《传统文化与两岸大学招考改革》，《传承与变革——中华高等教育改革国际学术研讨会论文集》，2004 年，第 73～75 页。

③ P. 布尔迪厄：《国家精英——名牌大学与群体精神》，商务印书馆，2004 年，第 171～172 页。

④ 秦春华：《中美教育没有本质差别》，《光明日报》2014 年 12 月 30 日第 013 版。

界十分关注的热点教育问题。高中学业水平考试以前也称高中毕业会考，二者都属于水平考试。1990 年，原国家教委颁发的《关于在普通高中实行毕业会考制度的意见》标志着会考制度的正式确立。2004 年以后，随着基础教育改革的深入和新一轮高中课程改革的实行，山东、海南、宁夏进入新课改，同时宣布实行高中学业水平考试。随后每年进入新课程实验的省（区、市）也都宣布实行统一的高中学业水平考试。2008 年下发的《教育部关于普通高中新课程省份深化高校招生考试改革的指导意见》提出："高等学校招生录取要在高考成绩基础上逐步增加对学生学业水平考试及综合素质的考查。"高中学业水平考试日益受到重视。到 2010 年《国家中长期教育改革和发展纲要》出台后，高中会考正式转型为高中学业水平考试。

高考能不能作为评价中学办学水平的依据，高中学业水平考试（以下简称学考）能否作为高校招生录取的依据，它与高考各自占多大比例，他们各自能在多大程度上作为依据？中学既要面对高考又要面对学考，如何实施教学，会不会加重师生不必要的负担？等等。所有这些有关高考与学考的关系问题，归结起来，既关系到当前的高考改革，也关系到当前的高中教育教学改革。对此，本节聚焦于考试目的、性质、目标、功能等方面，就二者的区别与联系进行比较，从而引导高中教育教学朝着有利于学生可持续发展的方向变革。

一、高考与学考有根本的区别

弄清高考与学考的根本区别，是高考改革要面对的重要学术问题，它关系到对高中教育教学的引导是否科学合理，关系到对学生发展的引导是否科学合理，最终决定着高校的生源质量。

1. 考试目的上的选才与育才差异

国家实行高考的根本目的，是公平引导升学竞争和社会分流或分工的需要。从教育的视角看，高等教育资源和入学机会的供给小于社会需求是主要的原因。且不说我国正在加速实现高等教育大众化，就是欧美一些实现了大众化进入普及化阶段的国家，学生追逐名牌大学名牌专业也依然十分激烈。毕竟，从社会的视角看升学竞争，它实质是社会利益竞争的缩影。其根源在于"脑体差别"，在于"脑力劳动者的社会地位与物质待遇"①，这种强制性

① 转引自杨学为：《高考改革与中国国情》，《中国考试改革研究》，北京大学出版社，2001 年，第 400 页。

的社会大分工，符合生产力发展的方向，符合历史前进的逻辑。人类发明考试并主要用考试而不是“荐举”来引导升学考试竞争、引导社会分流，与考试本身的优点也是分不开的。考试是对人的心理因素的测量，在竞争条件下，它可以提供一个较为公平、客观的比较标准。我国古代的科举考试以及近、现代的高考历史表明，竞争性的考试既是一把相对公平客观的社会分流尺，也是一把相对公平客观的重要的社会量才尺。

国家实行学考的根本目的和高考导向偏差有关，但根本上是高中教育教学的实际需要。国家实行高中学考是为了检测高中教育教学目的实现的程度，是为了贯彻国家“全面发展”的教育方针，全面引导中学的教育教学，全面提高教育质量。众所周知，1977 年恢复统一高考一段时间以来，“文革”中已经出现的中学“片面追求升学率”的顽症，再次困扰中学，以后人们又把这种现象上升为“应试教育”大加批判，再后来又出现了“辩证”认识“应试教育”的观点。姑且不论上述种种看法如何，有一点大家很清楚，就是中学的教育教学导向出现了一定程度上的偏差：一是刻意的文理偏科，考理科的不学史地，考文科的不学理化生；二是不少中学尤其是非重点中学的教育教学，实际上只面向了少数升学有望的学生；三是不恰当地使用升学率来全面评价中学的教育教学水平，挫伤了不少师生教、学的积极性；四是很多中学的教育教学严重违背学生的身心发展规律，学习负担超过了他们的生理、心理负担能力，如此等等。

正是起因于高考、根源于教育教学的实际情况，本着贯彻“全面发展”的教育方针，国家教委 1983 年首次提出，“毕业考试要和升学考试分开进行，有条件的地方可试行高中毕业会考”。其后，上海市从 1985 年开始进行了 5 年多的试验，因效果良好，国家教委正式下发文件决定，“从一九九〇年起，用三年左右时间有计划地在全国逐步实行普通高中毕业会考制度”。到 1992 年，全国已有 29 个省（市区）实行普通高中毕业会考制度。从此，会考一直在全国推行。显然，高考的根本目的不是为了中学的育才，而是为了从中学选才，为了大学的育才。会考的根本目的，在于中学的育才，在于检测高中教育教学目的的实现程度。

2. 考试性质上的选拔性与标准性差异

高考的根本属性是选拔性，这主要是高等教育供需矛盾与高教培养目标的多样化等决定的与学考根本不同的属性。选拔性决定高校招生考试是一种相对性考试，是一种相对性的常模参照考试。具体讲，它以考生集合作为相对目标参照系，确定每个考生在集体中的相对位置，把考生水平在不同层次上区分开，因此区分度是高考这类选拔性考试的重要指标。考试难度在预定录取率的情况下，是考生间的相互竞争形成的。学生整体水平与考试难度是“水涨船高、水落船低”的关系。

学考的根本属性可以称之为标准性，这由高中生是否能达到毕业要求的学业目标所决定。学考是一种水平性考试，又称为标准参照考试或绝对考试，它是普通高中文化课是否达到毕业水平的考试。其主要意思是学考的考试标准是相对稳定的，它有一个高中生应达到的基本合格标准要求，它以高中课程的教育教学目标为参照系，表明每个考生与课程目标的绝对差，而不是刻意追求考试的区分度或者难度。当然，学考的难度是多大，学考命题是否以能力立意，这取决于时代的教育目标要求，表现为教学大纲在认知、情意、技能等方面的要求。以考试标准来说，表现在学生的认知方面，它包括知识记忆、理解、应用、分析、综合、评价、创新等每个层次上的基本要求。对待学考，当前各省市的实践中尚存在种种误区，例如把学考的合格率主观规定为 95%，以为学考就是不要求难度的考试，以为学考可以用高中学校举行的考试代替等，都是对学考性质的误解。这种误解体现在实践中的明显例证是，山东、广东、黑龙江、吉林、北京、陕西等省市表述的是标准参照考试；安徽、浙江、上海、新疆、山西等省市是常模参照考试；江苏省则将其“普通高中学业水平测试”定性为“常模相关—目标参照考试”①。

3. 考试目标内容上的水平较高与水平较低差异

性质上的根本区别，表现在考试目标内容方面有根本的差异。为便于论证，不妨把考试目标内容从其所达到的教育教学目标为基准，分成应然目标与实然目标两类来做一分析。前者是理论上考生应达到的教育教学目标，后者是考生在考试时实际达到的教育教学目标。

高考的选拔性决定其应然考试目标永远略高于高中教学大纲的基本要求，当然也自然高于学考的应然考试目标。为什么呢？因为高考应然考试目标的确定，或者说高考常模的确定以考生集合作为参照系，是考生间的相互竞争所形成的，考试标准与学生整体水平是“水涨船高”的关系，最重要的是它强调考试的区分度。这样一来，相对每个考生来说，高考的应然考试目

① 王志武：《高中学业水平考试宏观管理改革研究》，《考试研究》，2014 年第 6 期，第 44 页。

标就很大程度上高于高中教学大纲的基本要求。或者说，高考的考试大纲要求永远会高于高中教育教学大纲的基本要求。这里高考与教育教学关系的客观规律就是，“教什么，在教什么的基础上考什么；考什么，在考什么的引导下教什么；教多难，考更难；考多难，尽量教更难”，此即所谓的“范围一致，水平略高”。如此，学生所追求的实然考试目标必然就是自己精力能力的极限。

同样道理，学考的应然考试目标低于高考的相应目标，跟学考不刻意追求区分度直接相关。学考虽也以高中教学大纲和考试大纲为范围，但它强调的是基本要求或基础要求，所以其绝对难度是相对稳定的。这里，学考与教育教学关系的客观规律是，“教什么，考什么，考什么，教什么；教多难，考多难，考多难，教多难”。简单说就是，“范围一致，水平相当或略低”。另外，只要高考的选拔性尚存在，或者说只要高考的根本目的还在于选才的阶段，表现在高中教育对象目标上，它总是只有部分学生成为实际的目标。而学考的根本目的与性质决定，每一个学生都必须成为高中教育的对象目标。它追求的是尽量让每一个学生都要通过最低标准要求。

最后，高校入学考试的目标与学考不同，它未必需要与中学教育教学目标完全一致。高考的任务就是挑选到理论上相对较优秀的人才，或者说综合素质较高的人才，进入大学学习。就其基本要求来说，首先应该是达到高中合格水平。但在合格的前提下，它可能根据专业目标的不同要求不同的考试目标，这样其测试的科目，未必是中学所有的科目，例如非常明显的例子就是艺术类专业的考试目标，在基本素质合格的前提下，它带有明显的专业倾向。从这个角度讲，高考与中学教学有相对独立的一面。正是如此原因，高考历来被看作高等教育制度的有机组成部分，被贯之为“高校的招生考试”。而学考被看作中等教育的有机组成部分，因为学考主要是高中教育的终结性检验环节。当然，严格说来，学考理应是国家对高中教育的必须检验环节，是国家实现教育督导的必要手段，而非中学自己检验自己的手段，它不属于校内的学业考试，它是社会性的教育资格考试。不过在考试目标方面，只是高中教育目标的基本要求而已。

4. 考试功能上的社会和教育作用差异

高考与学考根本功能的差异，首先表现在社会流动中垂直流动的功能上。考上大学，就为相对较高的事业或谋生生涯打下了基础，为社会竞争作了较好的准备。“在计划经济体制下，国家通过举办高等学校有计划地给自己培养干部，在市场经济条件下，高等教育的学历文凭相当于‘白领俱乐部’的‘入场券’。高考在群众心目中成为国家举办的最权威的进入脑力劳动者队伍的‘选拔赛’。”① 与高考有着同样选拔属性的我国古代科举考试制度，就始终充当着当时政治制度的“杠杆”，“社会竞争的起搏器”，垂直流动的“社会通行证”，“官僚政治的晴雨表”。其次，在教育教学功能上，高考的根本属性选拔性决定，其测量、评定功能具刻意的区分性，教育教学目标上具有相对的难度性，所以它对教育教学的导向具有“双重效应”，客观上使大部分学生积极向学的同时，也导致一部分学生“学业不良”产生消极竞争心理。如果家庭社会舆论不当，更有“失败者”的心理产生。

知识经济时代，学考的社会垂直流动功能相当有限。由于大众化高等教育阶段，接受高等教育逐步成为社会大众的基本选择，一个高中学业水平的资格证明，最多相对于初中文凭而言具有一定的“竞争门槛通行证”作用，比如参军或者参加高等教育自学考试都要求高中文凭。就教育功能而言，学考属于绝对考试，学考的首要根本功能是教育督导功能。学考追求的是教育教学的全面发展导向，特别要求教育教学要实际做到面向全体学生，尽可能让每个学生全面掌握基础的教育教学内容，尽量实行差异教学，使每个学生尽可能达到高中程度的学业文化水平。

学考与高考由于应然考试目标根本不同，必然会出现实际教学过程中一定程度的教育教学目标冲突，即教育面向全体与面向少数的矛盾。这个矛盾处理不好，则可能出现一些教师所批评的那样，“会考操演高考”、“把学习比较顺利的学生往下拉，与后进生一起平均”②。而学考，正有这种要求中学全面导向学生发展的根本功能。

二、高考与学考有着诸多联系

高考与学考同属于国家考试。国家考试皆具有一定强制性、权威性与主导性，国家考试都有引导人积极向学的目的，传承国家主流文化的目的。但毕竟二者的根本目的不同，且考试目的要通过考试性质、目标、功能等体现

---

① 转引自杨学为：《高考改革与国情》，《中国考试改革研究》，北京大学出版社，2001年，第412页。

② 葛大汇：《上海高考、中考、问题调查研究报告之一》，《中小学管理》2000年第6期，第16页。

出来，所以这里就从考试性质、目标和功能三个方面去分析二者的各种联系。

1. 考试的测量性与社会竞争性

凡考试皆有考试的共性。考试的性质，一般说来可以分为考试本身的性质和考试的社会性质。

(1) 就考试本身的性质来看，高考与学考都具有测量性，它们都是对人的学识、情意、能力等素质的一种测量。建立在测量性的基础上，它们都具有评定性，即依据考试提供的反馈信息，可以对人是否达到目标，素质发展得怎么样进行判定。从这个意义上讲，高考与学考皆可作为评价中学教育教学的依据。不过，利用高考的结果评价高中教育教学，更多反映了学生整体学业发展的优秀性程度，反映了高中的教育教学条件如师资、生源、设备等的优秀性程度；而利用学考的结果去评价高中的教育教学，则更多反映的是学生整体发展的合格性程度，反映了高中的教育教学条件如师资、生源及设备等是否达标。从高校招生角度说，学考成绩也可以作为高校招生录取的依据。不过，华中师范大学教育科学研究中心对全国中小学的调查显示，“高考成绩作为评价中学办学质量的依据，被调查者普遍持否定态度，但毕业会考成绩在高考中可以占10%到20%的比例”[①]。放眼国际，目前多数国家的高中学考具有多种教育功能，如德国的高中毕业文凭考试（Abitur)，法国的业士考试（Le baccalauréat)，澳大利亚的高中证书考试（HSC)，日本的高中毕业程度认定考试，新加坡的普通教育高级水平证书（GCE A-level）等。虽然具体操作模式千差万别，但这类学业水平考试体系的一个显著的特点是“一考多用”，既考察学生在中等教育阶段的学业水平，也认定学生高中毕业资格，还是某些国家选拔学生进入高等院校的必要手段[②]。就此而言，我们需要充分借鉴其经验，高中学生学业水平考试与课程标准相对应，其开发应该严格按照心理与教育测量理论中有关标准参照测验编制的要求进行。

(2) 就社会性而言，高考具有很大的社会竞争性。通过高考的学生可升入大学学习，优质高等教育资源供给多寡不同，就会使得高考具有的竞争性程度呈现出差异，国内外的高校招生考试皆是如此。学考通过者可取得高中

① 汪继红：《全国中小学校内考试及选拔考试现状与改革建议的综合调研报告》，《招生考试研究》2004年第1期，第241页。

② 杨向东，等：《关于高中学业水平考试的比较研究》，《全球教育展望》2010年第4期，第9页。

毕业资格，但由于学考同样可以作为升大学的依据，因而学考同样具有一定的社会竞争性，其竞争性程度因高校招生利用该成绩的要求不同而不同。如果大学只是对高中学考成绩提出合格要求，那其社会竞争性就十分有限。但如果大学招生使用学考成绩的权重很大，则不管是学考采用分数报告成绩还是等级报告成绩，学考的社会竞争性就可能和高考的竞争性类似了。只要影响到学生的高考录取，无论是高考还是学考都是具有社会竞争性的考试，其竞争性大小与学考成绩在录取中的重要性程度是一致的。2014 年国务院出台的高考科目改革方案中，“语数外 3 个高考科目＋政史地理化生 6 科中选 3 科的学考科目设置”，就是明显加大了学考的社会竞争性，从而使得学考具有与高考一致的社会竞争性。从这种角度看，高中学业水平考试事实上已经成为另一场高考，而且是正当目标要求的“高考”。复旦大学宣布，自 2015 年起将在上海探索在自主选拔录取改革试验中引入上海高中学业水平考试的成绩，其中：2015 年要求考生在 8 门学业考试中至少取得 7 个 A，2016 年则要求考生在 10 门学业考试中取得至少 8 个 A①。这种情况下，如果错误地把高中学业水平考试设置成了常模参照考试，学生的身心负担无疑会因为强化竞争性而明显加重，不利于学生的课程掌握学习和可持续发展。

2. 考试目标的重合性

(1) 高考与学考的考试目标，都通过考试大纲的要求来反映。而中学课程教学大纲的要求，几乎是它们共同的考试内容范围。就两者的应然考试目标来看，在教育内容以及知识能力要求上，本身就有较多重合的部分，特别是在基础知识能力部分的重合性几乎是百分百。从教育目标分类学来看，无论高考还是学考，其实都对知识记忆、理解、分析、综合、评价、创新有要求，不过高考的难度要求可能更高而已。

(2) 考试的对象目标上，“2001 年全国普通高校的录取率是 57%，最高的在 70%到 80%之间，最低的内蒙也达到了 50.4%”②。而按现在高等教育大众化的速度，全国高考录取率已经高于 70%，这样高考本来只是很少的学生可以成为实际升学的对象目标，但现在已经缩小了与学考对象目标的差距，有些地方的重点中学升学率近 100%，其实际对象目标几乎与学考对象

① 夏添：《高中学业水平考试会不会成为另一场高考》，《内蒙古教育》(综合版) 2014 年第 4 期，第 41 页。

② 瞿振元：《深化改革 依法治招》，《中国教育报》2001 年 12 月 5 日第 5 版。

目标相等。可以想象，在高考与学考内容重合较大的条件下，让超过了70%的能够上大学的学生，或者让接近100%的升学率的中学，去参加现在相对还很不完善的学考如随意设置A、B、C、D四个等级的通过率，加之高中出现会考舞弊现象，出现“取消会考说”也就不足为奇。不过，高中毕业生并不一定都要或都能继续升学，他们当中的有些人会走上工作岗位，理想的高中学业水平考试应该能给社会用人单位提供关于毕业生掌握的知识、能力的有用信息，为选聘决策提供有益参考①。

3. 考试的教育与社会功能

高考与会考都属于教育类考试，除了考试基本的测量属性以外，它们在教育教学功能与社会功能上皆有诸多联系。

首先，高考与学考都有以考促教、以考促学、以考促管的教育功能。这也就是通常所说的考试的“指挥棒”作用，只是指挥作用的大小，取决于高校招生利用两种成绩的权重。

(1) 它们都能促进中学教育教学的改革，使中学贯彻国家“全面发展”的教育方针，同时也给社会、家庭教育以及学生的个人发展以明确的导向。需要说明的是，高考有使中学贯彻“全面发展”的教育方针的教育功能，主要是高校的培养目标所要求的，它需要挑选中学全面素质较高的学生进入大学学习。

(2) 它使教育行政部门，通过考试信息有效地监控教育质量，正确引导办学方向。学考如此，高考也如此。对高考结果的全面分析与运用，静态看是掌握中学办学现状的依据，至于作为评价中学办学水平的指标，高考结果只是其一，其实会考也只是基本指标之一，毕竟在中国的国情下各中学的办学起点与条件是有较大差异的。

(3) 它使高等学校不同专业的选才有据可依。要满足高校多样化培养目标的要求，恐怕单看一个统一高考还很难。多一个会考依据，选拔效度信度显然更高。

其次，二者都有分流的社会功能。高考通过者，获得的是进入大学学习的资格。显然，与未能上大学的人相比，其实现社会垂直流动与水平流动的可能性就大多了。会考通过者，获得的是高中同等学力条件下的竞争资格。

---

① 朱宇：《高中学业水平考试：功能、命题与成绩使用》，《考试研究》2008年第2期，第109页。

与没有高中学历的人相比，如果在公平竞争的现代社会条件下，理论上应该具有更大的垂直流动可能性。当然，学考与高考相比，在“科技是第一生产力”的现代社会，在“人力资源是第一资源”的现代社会，其社会功能显然不如后者。

三、寻求高考与学考的统一

高考与学考的根本区别表明，在实践中把两者有机统一起来似乎很难找到万全之策，历史事实也是如此。民国时期，针对当时教育的“六滥”（学校滥、办学之人滥、师资滥、教材滥、招生滥、升学滥），国民政府一方面为了加强控制学生思想，一方面为了培养更多更好的实用人才，加速中国近代化的进程，从 1932 年开始也曾在全国实行过会考①，客观上起到了以考促教、以考促学、以考促管的积极作用。但由于会考时间安排不当，其后不足一月紧跟着就是高考，加上当时社会制度存在弊端，同时也就带来一些明显的消极影响，如增加了学生的负担，教学搞注入式，忽视会考不考的科目，舞弊行为时有发生等。为了理顺高考与会考的关系，1943 年教育部以举办夏令营的形式，就赣、黔、甘三省高中毕业会考与高考联合举办（简称联合考试），三省内符合招生条件的往届生也可以参加联合考试，不须入营。但实行一年之后教育部就停止了联合考试。可见处理好其关系之难。

处理高考与学考的关系虽然很难，但上文对高考与学考的诸多联系的简要分析说明，处理其关系有一个根本的思路，就是一定程度上可以寻求高考与学考的统一，使教育类的社会性考试成为一个有机的体系，使之没有不必要的目标内容重复，以免加重学生不必要的学习负担，这种不必要的负担主要的、最根本的就是考试目标如教育教学内容目标、学生对象目标方面的重复。如果重复太多，就必然会出现一线教师认为的那样，高中学考是可有可无的考试。高考与学考的根本区别，表明二者各自有相对的独立性及存在价值，但二者的联系表明不管二者如何变动与改革，它们彼此应该在教育教学目标上统一起来，在实践中不必机械地把它们看作是彼此完全独立的两个体系。在高考改革的变动时期，暂时维持学考的独立性，“从根本上保证基础教育教学的稳定性”② 是明智之举。不过即使从长远看，二者互相配合，共

① 谢青，等：《中国考试制度史》，黄山书社 1995 年第 2 期，第 607～620 页。

② 藏铁军：《21 世纪高中毕业会考的使命与任务》，《教育研究》2000 年第 9 期，第 43 页。

同完成“全面导向”中学教育教学的任务，也是基本的思路。原因是二者有着联系，更重要的是，高考从招生录取评价元素上，内在的就应该包括“本质上的学考”，本质上的学考是什么呢？显然是水平考试。也就是说，高考必须包含一次全面素质考核的水平考试，水平考试不特意强调区分度，因此难度目标上完全可以照顾到高中教育目的目标的需要，只有这样，高考才可能兼顾高中全面素质发展需要的目的及目标，再说这本身也是所有高校入学的基本素质要求，尽管各高校根据自己的需要利用这项成绩的最低标准可能有不同。当然，高校专门的招生考试本质上是选拔性考试，但选拔性考试主要体现为最终的结果是选拔的结果，尤其体现在高校基本个性的考试上，即体现在研究型人才、应用型人才、技能型人才的考试上，在这个环节上实行选拔性考试合情合理，它强调区分度、难度是很正常的合理的要求。

如此一来，高考的目的及目标也就基本达到了，既有水平考试性质的高中全面素质考核，又有常模参照性质的高校基本个性素质考试；既达到了为高校选拔人才的目的，也兼顾了高中教育教学目的及目标的要求；全面素质的水平考试，既是高校入学的要求，也是高中生毕业、社会招工的依据；两种性质的考试，既是高校选才的依据，也是评价高中教育教学质量的依据。2014 年 12 月 16 日，教育部发布了《教育部关于普通高中学业水平考试的实施意见》，明确普通高中学业水平考试是在教育部指导下由省级教育行政部门组织实施的国家考试，是依据普通高中课程标准实行的终结性考试，旨在全面反映高中学生在各学科所达到的学业水平。要求各地出台普通高中学业水平考试的实施办法，解决高考“一考定终身”、学业负担问题，实现公平招生、科学选才。按照上述分析，当前把高中学业水平考试纳入高考的改革方向是对的，但如何使用该成绩是高校的事情，如何办好高中学考则是考试机构的职责。办好高中学考，提升学考的专业化水平，涉及考试系统的整体设计，从考试目标内容到形式，从考试命题、阅卷到成绩呈现方式，都需要充分体现标准参照考试的基本要求，充分适应高中课程教学大纲的基本要求。如果将来学业水平考试从考试说明的出台到命题、施考、阅卷和分数的公布、使用、分析，任何一个环节，都依然不足以与高考相媲美①，那其权威性与公信力就会彻底失去，那不仅社会舆论、学生家长，教育行政部门的官员，还是学校的校长、教师乃至学生，就真的很少有人会把它当回事儿了。

---

① 陆安：《关于高考改革与高中学业水平考试关系的思考》，《湖北招生考试》2014 年第 4 期，第 7 页。

第五章　高校招生考试与教育教学关系的国别比较研究

在对我国高考与学校教育的关系作了简要的理论探讨之后，本章聚焦于国外主要发达国家，以美国、日本、英国、法国、德国为例，看看这些国家的高校招生考试制度与其学校教育的关系，进而归纳出各国处理高校招生考试与其学校教育关系的共同特征，为我国高考改革提供参考与借鉴。

第一节　美国高校招生考试与教育教学的关系

美国教育有着地方分权、机会均等、能力主义、儿童中心等传统，其分类的高校招生考试政策，以及以"综合标准"为核心、以特殊标准为辅助的招生制度，也体现了这些教育传统的特点。表现在招生考试与学校教育的关系上，同样受到这些鲜明特点的影响。可以说，美国的招生考试促进了学校教育的发展，整体教育质量的提高；不可避免的是，也对学校教育尤其是高中教育带来一定的负面影响。

一、现行高校分类招生政策的形成

（一）高校的分类招生政策

美国现行的高等学校，按照培养目标大致分成三种基本类型：一是以培养创新研究人才为主要目标的第一类大学，如一些著名私立大学和优质的州立大学；二是以培养工程设计人员等为目标的第二类大学；三是以培养生产工艺人员为主的第三类大学，如两年制社区学院。他们分别实行不同的招生政策①。

① 袁仲孚：《今日美国高等教育》，上海翻译出版公司，1988年，第48～49页。

1. 著名私立大学和优质的州立大学实行选拔性招生政策

选拔性招生政策也称“英才政策”，目的是选拔各种优秀人才，以保持一流的科研和教学水平。因而，他们对申请入学的考生进行非常严格的选拔，这类学校的新生一般都有较高的智力水准与学习能力，学生的淘汰率也较低。

2. 一般的州立大学实行“入学后的筛选政策”

这类学校招收新生时，对考生只进行一般性的不严格的选拔，入学后学校再根据需求对那些不够水准的学生进行逐年淘汰。

3. 两年制的社区学院实行开放的招生政策

目的是向所有具备高中毕业水准的成年人开放，给他们以享受高等教育的机会。

（二）为什么会形成分类招生政策

高校分类招生政策的形成原因，笼统言之，是精英化教育与大众化教育间矛盾运动平衡的结果，也可以说是兼顾增加教育机会和保持较高教育质量的结果。

众所周知，“致力于教育机会均等，一直都是美国教育界人士努力的目标。在美国教育史上最大的成就之一，就是让大多数的高中毕业生进入了大学”①。但增加教育机会，就需要降低入学标准，这就很难保证所有学生都达到较高的质量。不增加教育机会，部分人的高质量很难说是教育整体的高质量。因此，正确的政策选择就是两者兼顾，使高校分类发展。

一个明显的例子是，1964 年美国国会通过了《公民权力法》和《经济机会法》后，随着 20 世纪 70 年代美国军事上陷入越南战争的泥潭，经济上受到了周期性危机的支配，工作与教育机会方面的反种族歧视斗争遍及全国，加上二战后美国激增的人口到六七十年代时逢大学年龄，美国政府和教育界的注意力，很快开始从“培养英才”的教育科学化运动，转向解决贫困、种族和少数民族歧视问题的教育民主化、大众化运动。1970 年，以有色人种为主要居民的纽约市首先实行开放入学制，录取了申请入学的全部高中毕业生。其他州的许多大学也对新生采取了不加挑选的开放式录取政策。

① 林宝山：《美国教育制度及改革动向》，台湾五南图书出版公司，1991 年，第 197 页。

结果是美国高等教育很快向普及阶段过渡。

但20世纪70年代实行的开放入学政策，由于部分学生入大学前的准备不足，以至于这些进入大学的学生在实质上却没有从高等教育中获益。好多的大学新生没有接受高等教育所需的知识及技能，许多新生甚至因其能力的不足，而在选择大学方面受到抑制或者无法在科系上作选择。有许多程度不够的学生由于在大学里遭受了挫折而退学或成绩不及格。1983年，美国全国教育高质量委员会发表的报告《国家处在危险中——教育改革势在必行》显示，学生参加SAT和ACT考试的成绩也在下降。因此，20世纪80年代初开始，国家认为读、写、说、听、计算、推理及学习方法6种基本学术能力（Basic Academic Competencies），以及数学、科学、英文、外国语、社会研究及艺术等六种基本学科（Basic Academic Subjects），是所有升入四年制和二年制大学的新生所必备的①。为使升大学的学术准备得到加强，选拔招生政策受到重视，开放入学只有社区学院继续实行。这就是目前的高校分类招生政策形成的原因。

当然，具体分析高校不同招生政策的形成，也有其内在的要求与条件。例如，要保持高等教育的高水准，必然要求学生有相对较高的入学标准，世界一流大学莫不如此。不太严格的筛选政策与开放入学政策的实行，就与高等教育的大众化、普及化密切相关，因为按照马丁·特罗的高教发展阶段划分，20世纪40年代开始，美国的高等教育即开始迈入大众教育的发展阶段，按美国大学生数占传统学龄18～21岁青年人口的比例来看，1970年为56.1%，若按18～24岁的统计口径计算，1994年为55.2%②，也即是说20世纪70年代或者90年代开始，美国的高等教育已经迈向普及化阶段，它基本可以满足学生对高等教育的需求。

二、现行高校的招生制度

美国现行的招生制度，主要分为选拔入学制与开放入学制两种。前者主要适用于本科院校，后者主要为社区学院所采用。采取选拔入学制度的高校，一般采用综合性的选拔标准与特殊的选拔标准。

---

① 林宝山：《美国教育制度及改革动向》，台湾五南图书出版公司，1991年，第198～214页。

② 王廷芳主编：《美国高等教育史》，福建教育出版社，1995年，第157页。

(一) 综合标准

就选拔招生而言，招收全面发展的学生是绝大多数高校的愿望，除了申请者的学业因素，个性特点、兴趣、多种能力也是招生人员特别注意的因素，尽管这些因素很难测评，但高校认为这与学生在大学里取得的成就紧密相关。综合标准主要包括以下四个方面：

1. 中学学业成绩和所修课程

这是美国高校招生的最重要标准，绝大多数高校将它们作为招生的最重要条件[①]。美国大学入学考试委员会认为，“在大学招生中最主要的因素是学生在中学的成绩”，它占整个比重的 30%左右[②]。美国中学生的成绩之一，是中学 9～12 年级各门学科成绩的总平均分，从高到低分为 A、B、C、D、E、F 六级，一般大学都要求 C 级以上。成绩之二是年级中的排名，通常按百分比排，而不是具体的第一、第二名。因各地教育质量不同，只有少数大学还有一般性的排名要求，但在同名次的情况下，更看重名校高中的学生。成绩之三是学生成绩的一贯性。如学习成绩是有好有差，或是从低到高，或是从高到低。

对课程的要求，主要包括修课内容、课程分布和难度水准。各大学因办学方向和培养目标的不同，分别有不同的要求。一般情况下荣誉课程（相当于大学预备课程）和核心课程比普通常规课程更受重视[③]。很多大学录取新生时都有 15 个学分的选修课规定（1 门选修课学满 1 年，考试及格可以得到 1 个学分），有的大学还规定中学最后 4 年的必修课，以避免学生只选容易的课。

2. 入学考试的成绩

根据各大学的不同要求，考试项目不同。归纳起来，一是要求中学生参加 SAT 和 ACT 两项考试；二是只参加其中一项考试或指定的 AT 考试。SAT 和 ACT 为全国性考试，它们对申请者是否被录取影响程度不同，一般

---

① 顾明远、梁忠义主编：《世界教育大系——高等教育》，吉林教育出版社，2000 年，第 357～358 页。

② 韩家勋、孙玲主编：《中等教育考试比较研究》，人民教育出版社，1999 年，第 63 页。

③ 陈时见：《美国大学录取新生的标准及特点》，《广西高教研究》1995 年第 2 期，第 110 页。

高校不太重视，但是中学生担心因成绩而被拒绝录取，倒是非常看重的，他们往往在 11 年级或 12 年级上半学期上课期间即自己安排时间参加考试。SAT 每年有 6 次考试机会，时间为 11 月初、12 月初、1 月底、3 月中、5 月初、6 月初；ACT 每年有 5 次考试机会，时间为 10 月底、12 月初、2 月初、4 月中、6 月初。

SAT 即学习能力性向测试（Scholastic Aptitude Test），也称学能考试或智能测试，由美国最大的非营利考试机构——教育考试服务处(Educational Testing Service，简称 ETS）主办，全美每年约有 160 万中学生参加这种考试，以东、西海岸学生为主，考试内容包括语言部分和数学部分，目的是测试大学学习中需要的语言及数学推理能力，与中学课程联系松散。测试成绩在 200 分～800 分的范围内予以报告。SAT 成绩结果，提供给学生、高中、大学，分别称大学计划报告、高校指导报告、大学入学及指导报告。SAT 不能检测与大学学习相关的其他因素和能力，例如创造力、特殊才能和动机，该成绩只是证明学生是否具备进入大学学习的能力。

由于标准化测验遭到严重的质疑，加上 SAT 与中学课程的松散联系，“新 SAT”在内容上将提高与中学、大学课程和教学实践内容的一致性，除了原有的语言和数学部分，“新 SAT”增加了“写作”测试（多选题 20～80 分，作文 2～12 分），在语言部分取消了推理内容，增加了短篇阅读，数学部分考试范围拓展到大三预备课程内容，并于 2005 年 3 月举行了首次考试。结果表明，它在性别、民族、能力等方面有效地发挥了考试的教育导向功能①。

ACT 是由美国高等学校测验处（American College Testing Program）举行的一种全国性学业成就考试，也称“美国学力考试”（American Competence Test），以中部、南部学生为主，全美国每年约有 100 万中学生参加，考试内容 1989 年以前为英语、数学、社会科学和自然科学，1989 年后为英语、数学、阅读和科学推理，目标是考查学生接受中学教育后所达到的能力水平。考查依据是中学教学和大学教学所需的相关范围。其中，英语考 45 分钟，共 75 题，用法/结构 40 题，修辞/技巧 30 题；数学考 60 分钟，共 60 题，内容含代数、解析几何、平面几何、三角等。阅读考 35 分钟，共

① 唐滢：《超越自我 追求卓越——美国新 SAT 介述》，《湖北招生考试》2005 年第 2 期。

40 题，含文学艺术、社会研究、自然科学等。科学推理 35 分钟，共 40 题，含整理数据、研究总结、批判性评论等。ACT 成绩结果，分别向学生、高中、大学报告。

AT 考试，简称学业成绩考试（Achievement Test），是大学指定的考试之一。它由教育考试服务处编制，有 15 门学科，包括英语作文、文学和语言、德语、法语、西班牙语、拉丁语、希伯来语、俄语、美国史及社会研究、欧洲史及世界文化、一级数学、二级数学、物理、化学、生物。内容与中学课程结合较紧，反映了高中课程的发展趋势，以及各科教材共同要求的知识与能力。考生根据高校的要求，选择参加相应的几项考试。目的是测验学生在特定学科范围内所具有的知识及运用知识的能力，考查学生的专业性向和学习潜力。

3. 课外活动中的才能

大学招生中通过审查考生平时参加的课外活动，来评定学生的组织能力、宣讲能力、研究能力、创造能力等。最受重视的课外活动主要有：体育运动、学生会工作、荣誉社团工作、俱乐部、社会公益活动、艺术表演活动、校刊编辑、工作经验等。

4. 入学申请书、推荐信和面试

这是大学要认真审查的，目的是了解考生的特长、兴趣爱好和才干。其录取分值一般占整个比重的 10%。申请书对学生非常重要，它一般要求申请者写一篇有特色的文章，说明上大学的目的以及选上某大学的理由。推荐信通常由任课教师或校长填写，其形式有表格式、书信式两种，内容包括四个方面：一是推荐人与被推荐人的关系，认识的时间；二是推荐人对被推荐人的了解程度，是十分了解还是一般认识；三是被推荐人的表现，如学习、学校活动、个性、兴趣、课外活动、劳动、社会服务精神、特长、社会交往、领导能力等；四是推荐人的意见。有时一封说明考生有特殊才能的推荐信可以使该生被破格录取。当然，如果推荐书上有虚假的内容，推荐老师的饭碗即刻会丢掉。面试主要是名牌大学招考时采取的方式，它直接考核学生的常识、修养、性格、气质、口才等个人特征。

审视综合标准制，应该说早在 1919 年哥伦比亚大学在选拔学生时就包括了以上项目与范围，它们是：

（1）学生的个人背景——出生地、宗教信仰、父亲出生地等个人与家庭情况。

(2) 学生在中学的表现，含学业成绩、音乐、体育、口才方面的情况，以及在公共活动、班级活动、学生会中的表现。

(3) 学生社区活动中表现出的领导能力，包括社区的爱国活动、宗教活动甚至外出打工时表现出的领导才能。

(4) 学生课外的兴趣爱好、课外阅读量的大小、范围以及知识面。

(5) 学生的学习动机和学习潜力。一般以一篇作文来说明。

(6) 学生的（桑代克）智商测验或大学入学考试的成绩。

(7) 推荐信及面试成绩等①。

综合标准选拔制的产生、发展，既源于历史的继承性，也源于教育测量、评价的发展。就前者说，南北战争以前，学校规模很小，当时的招生办法是口试录取制。19 世纪 70 年代，随着 1861 年《莫里尔法案》的通过，学校数量大大增加，1871 年密歇根大学率先借鉴德国大学不经考试就录取获有优秀毕业证书的招生制度，取消口试，此即为毕业证书录取制，它实行至 19 世纪末。20 世纪初，随着美国工农业总产值跃居世界第一，中小学教育发展很快，而大学的发展远远赶不上中学的增长速度，学业成绩考试选拔制度开始实行。1900 年底大学入学考试委员会正式成立。1904 年哈佛大学、普林斯顿大学先后加入该委员会使之成为全国性的组织。1901 年 6 月美国举办了第一次跨州的大学入学考试。考试科目有数学、物理、化学、英语、法语、意大利语、希腊语、拉丁语和历史。本次考试称“学业成绩考试”(Achievement Test)，它成功地解决了扩大招生与选拔优秀学生的问题。此后，综合标准选拔制度逐步扩展到其他高校。可见，综合选拔制的项目与范围，包含了历史上的项目与范围。

就后者说，受 20 世纪初期教育测量运动的影响，教育测量专家在对大学入学委员会举办的考试进行研究时发现，这种考试侧重传统的书本知识，难以考查学习能力与潜力，而学生的发展与很多其他因素有关，单纯的考试入学制度未必能选拔出最优秀的人才，于是，综合选拔制产生。其后，尤其到了 20 世纪 30 年代，建立在非要素的、非唯理的、总体的结构心理学基础上的新教育运动，主张智力的、社会的、情绪的、身体的统一的全人格教育，教育测量偏重知识、理解而忽视态度、适应性、鉴赏力等受到了抨击，包含价值判断的评价开始适用起来，特别是美国进步教育协会强化了这点。

① 吴中仑，等：《当今美国教育概览》，河南教育出版社，1994 年，第 123 页。

例如，大家非常熟悉的拉尔夫·泰勒主持的“八年研究”（1933—1940 年）把教育目标和评价联系起来，指出评价不是为评价而评价，而必须是为更好地达到教育目标而进行评价。后来，他的学生布卢姆进一步研究了教育目标，于 1954 年发表了《教育目标分类学》，随后关于情感、技能方面的研究成果也发表出来。到 20 世纪 50 年代前后，教育工艺学论证了评价的教育反馈功能，学习心理学则揭示了包括动机在内的多种内在要素，评价被作为教育手段的观念得到强化。大约 20 世纪 60 年代以后，其理论基础则是教育机会均等论和发展每个人的个性的教育思想。所有这些，为综合标准选拔制奠定了理论基础。

（二）特殊标准

首先，学生只要在某方面，特别是音乐、体育、美术等方面有特殊才能，尽管其学业成绩一般，大学皆可以免试录取。

其次，为保持高校学生成分的多样化，高校也尽量招收黑人和拉美后裔等少数民族学生，确保从未被充分代表的人口中招收相当数量的、背景不同的各类学生，通过高等教育机构将他们导入美国生活的主流。当然，这些高等教育机构少有所谓的“优质大学”。

（三）高水平大学招生普遍采用大学先修课程考试成绩

美国大学先修课程（Advanced Placement Courses，简称 AP 课程），是大学理事会管理的、供高中 11、12 年级（相当于我国高二、高三）优秀学生选修的大学水平的基础性课程，是连接美国高中和大学的衔接课程。如今全美 70％的高中已开设 AP 课程，课程总数 38 门，涉及 23 个学科领域，包含语言文化、自然科学、数学、计算机、艺术以及政史地等六大类。AP 课程诞生 60 年来，一直是美国精英大学招生最为看重的标准之一，也是大学承认学分或者让学生免修相应学分课程的依据。2000 年，斯坦福大学超过半数的新生入学时有至少 10 个学分的大学先修课程或者国际文凭会考课程，而 2006 年在西北大学有超过 90％以上的新生得到大学先修课程折抵的大学课程学分①。大学理事会的最新报告显示，我国有 130 多所高中开设了美国的 AP 课程，列入考试的每年有 1.3 万科次，全球有 114 个国家的 3 600 多

① Jack Schneider. Privilege，Equity and the Advanced Placement Program：Tug of War. Curriculum Studies，2009，Vol. 41，No. 6，pp. 813-831.

所大学招生承认 AP 课程考试成绩①。这种影响力的产生，无疑和其“大学课程标准”以及加速教育文化②有直接关系，这也是有关 AP 课程内容和国内大学基础课程内容的比较研究关注多和成果多的重要原因。本文关注的问题是 AP 课程的发展动因，为什么美国教育界会创建 AP 课程并保持 60 年来的持续发展？在浙江省教育厅已经出台鼓励大学先修课程开发开设和北京大学开始试点中国大学先修课程的背景下，希望这个问题的探讨，能有助于我国处理好高中精英教育发展和大学招生以及大学教育发展的关系，实现卓越与公平的良性互动，进一步提升我国教育的国际竞争力。

1. AP 课程产生于冷战时代的国际竞争要求

AP 课程的产生，主要源于冷战时期的国际竞争要求。第二次世界大战摧毁了以欧洲为中心的传统国际秩序，造就了以美苏两大阵营冷战对抗的国际新秩序，国际竞争成为这一时期影响教育改革最重要的因素。战后美国中学教育的突出问题是强调“儿童中心”和“从做中学”，较为忽视系统理论知识的传授。为保持世界霸主地位，美国教育领导者认识到冷战时代的政治和科技发展需要大力发展精英教育，改变实用主义思想下过于重视经验而忽视学术严谨性的学校课程。这些富有热情的改革者确信，学校的毛病主要是教的内容差，他们相信对策就是缩小高中正在教的知识和大学课程知识之间的差距。正是在这种背景下，改革者把眼光瞄向了高中名校，极力支持增加高中课程知识的严谨性。

（1）中学与大学的合作研究探索。高中课程改革直接涉及学生升大学的问题，教师培训等问题，单靠高中自身很难解决，于是高中名校和大学名校开始了合作研究探索新课程的努力。1950 年，美国私立顶尖名校安多福高中（Andover）的校长约翰·肯珀（John Kemper）邀请新成立的校友教育政策委员会与教职员协商修正学校课程，结果发现这涉及学生升学和在大学的后续学习，单纯依靠高中来解决课程严谨性不够的问题很困难，需要中学

① 《AP 课程走俏 如何实现中美教育融合》，http://epaper.nfdaily.cn/html/2011-03/09/content_6934689.htm。

② 这里的加速教育文化（Accelerated education culture），源于 AP 课程的基本教育功能是加速学习（Accelerated learning），即学生在高中选修了大学先修课程，成绩在 4 分以上者，除了为考入大学名校增加录取机会，还可以在大学一二年级免修相应学分的课程，从而学生可以更早进入研究生院，更早毕业成为国际科技界的领袖。所以，AP 课程也是一种加速课程（Accelerated Courses）。

和大学合作才可能有效解决。于是，1951 年安多福高中和另外两所私立高中名校，即新罕布尔州的埃克赛特（Exeter）和新泽西州的劳伦斯威尔中学（Lawrenceville），与哈佛、普林斯顿和耶鲁大学组成研究小组，决定设计实施一个课程项目，以促进高中教育的严谨性，更好的衔接中、高等教育，避免学生课程作业的重复，促进天赋聪明学生的更快发展，尽快爬上大学教育阶梯。该项目从研究课程改革到师资培训等，随即得到 1951 年福特教育基金的支持。例如，1951 年至 1952 年间，教育基金会出资 300 万美元在阿肯色州（Arkansas）推行教学硕士课程，同时资助哈佛大学和东北部的另 29 所著名的大学开展了教学硕士课程计划实验培养高素质教师，这种做法后为其他大学效仿，为美国中学教师培养做出了贡献。

1952 年，研究小组发布了研究成果，出版了《中学和大学的通识教育》（General Education in School and College）的研究报告，“大学先修课程”（Advanced Placement）首次出现于该报告的 118 页。该报告认为高中和大学教育要更具有挑战性，必须想出办法让高中名校毕业的优秀学生在中学时代就获得大学学分，要提供机会并且鼓励这些最优秀和最有抱负的学生，使得他们将来会从高校更早毕业，从而更早进入研究生院深造或者就业。在改革者眼中，AP 课程的哲学理念是所有的学生都不是生而平等的（not created equal），与欧洲国家的中小学按照年龄、性向和能力（Age，Aptitude，Ability）分班的 3A 教育传统类似，他们主张不同的能力获得不同的机会，学生必须按能力分班（ability grouping），以便使最好和最优秀的学生得到激励，从而使他们能够在冷战世界中担任领导职务。按照这些想法，项目研究小组决定制定课程计划使优秀的高中生能超越现在普通教育的学业标准。1953 年该项目试验的学校包括 12 所高校和 13 所中学，詹姆斯·柯南特（James Conant）列出的中学有公立名校如马萨诸塞州的牛顿中学和纽约市的布朗克斯高级理科中学，还有部分私立高中名校，条件是毕业班中超过 50%的学生升入大学，学生的平均学习分数高于大多数的高中。根据这个计划，他们在考核了 344 名高中生后，挑选了 209 名学生学习大学的物理、化学、生物课程，学习考核后有几乎一半的学生进入了精英大学①。1954 年参加实验的中学增加了 18 所，有 532 名学生参加了大学先修

① Eric Rothschild. Four Decades of the Advanced Placement Program, Society for History Education (Special Issue: Advanced Placement), 1999, 32 (2): pp. 175-206.

课程考试①。

（2）大学理事会的接管。随着实验学校和学生数的增加，AP 课程数量的增加，考试迫切需要专业化的管理平台。1955 年秋天，AP 课程由主管学术能力测验（SAT）的大学理事会（College Board）接手管理，查尔斯·科勒（Charles Keller）成为大学先修课程的第一任理事长，从此 AP 课程开始迈入持续发展的新阶段。由于 AP 课程试验的精英教育效应激起了更多中学的兴趣，该年参加实验的高中扩大到 38 所，设计的考试有 11 个学科领域，包括美国历史、生物、化学、欧洲历史、法语 4、德语 3 和 4、拉丁语 4 和 5、文学和语文作文、数学（微积分和解析几何）、物理以及西班牙语 3 等。每门课程大纲，由 3 名资深大学教授与 2 名高中教师撰写，这一做法至今未变。1956 年春天，大学理事会组织了 AP 课程的考试，大多数学生选择了 1～2 门考试，每门考试时间 3 小时，考试标准为 5、4、3、2、1 共 5 个等级，3 分以上为通过，目前是 4 分以上才能得到大学名校招生标准的认可，该年参加实验的中学达到 104 所。1957 年参加 AP 课程实验的中学达到 200 所，有 2 000 学生参加了 3 700 科次的考试，有 7 所大学平均每校录取了 50 个 AP 班学生，有 33 所大学每校录取了 10 个学生，有 12 所名校给获得 5 分或 4 分的学生授予了大学课程学分。1958 年参加实验的中学为 350 所，有 3 700 名学生参加了 6 900 科次考试，有 300 所大学接受这些通过考试的学生。为了更好地建立起大学水平的 AP 课程考试标准，该年还有 600 名大学生和高中生一起参加 AP 课程考试②。

（3）美国政府回应国际科技竞争。1957 年苏联成功发射了人造卫星，进一步加剧了美国社会各界人士对教育的关心支持。1958 年 9 月国会通过了《国防教育法》，决定拨款数百万美元，加强美国公立学校的外语、数学、自然科学教育。改革者们相信，向少数有才能的学生提供优越条件，不只是为他们自己，而是出于国家安全目的。这种背景下，向美国学生提供更好的条件以便超过苏联学生的说法，使得 AP 课程计划看起来相当有吸引力。教育工作者普遍接受“学术竞赛”的说法，他们欣然接受挑战机会，教授更高难度内容的大学先修课程，学校的学习风气被充分调动起来了，教师在教授

① Jack Schneider. Privilege，Equity，and the Advanced Placement Program：Tug of War，Curriculum Studies，2009，(6)：pp. 813-831.

② David A. Dudley. The Advanced Placement Program，1958 42：1 NASSP Bulletin，http：//www. sagepublications. com.

能力出众的聪明学生时感到真正的满意，教 AP 课程班级的教师由于学生在学术上是顶尖的而感到一种莫大的荣誉，以至于 AP 课程逐步成为学术声誉的标志，成为“品牌”课程地位的标志。

2. AP 课程的发展得益于大学名校招生标准的激励机制

从高中和大学合作创建 AP 课程以来，大学名校一直把该考试成绩作为重要入学标准，这对高中优秀学生的积极参与和精英教育质量提升产生了非常重要的导向作用。

(1) AP 课程作为大学名校入学标准的教育功效。AP 课程因为是在高中开设的针对优秀学生的大学水平的基础课程，所以这实际是一种加速课程，反映的是美国的加速教育文化或者国际竞争文化。这种加速教育文化，也体现于大学理事会在其网页提出的 AP 课程要实现的三个基本目标，它们分别是：①为上大学做准备，提前达到大学水平，提高写作技能和强化问题解决技能，形成攻克难题的学习习惯；②在大学招生中崭露头角，包括证明你的成熟度和大学准确度，表现你锐意进取的意志，展示你优秀的学术潜能；③拓宽你的智力，包括用多样化而独特的观点探索世界，在宽度和深度上学习更多学科，显示质疑、分析、理解的能力与社会责任①。

AP 课程对高中生进大学后的专业学习影响很大，他们往往会选择在 AP 考试中获得优异成绩的学科领域作为自己的专业研究和学习领域，从而在大学有更好的学业表现。2008 年美国学者莱斯利·肯 (Leslie Keng) 和芭芭拉·G·岛 (Barbara G. Dodd) 通过对 AP 课程学生与非 AP 课程学生群体在 10 门学科上的大学成绩进行比较发现，修习 AP 课程的学生比非 AP 课的学生在大学测验中的表现要更好。AP 课程项目事实上创建了高中优秀学生加速成才的课程激励机制，提供了学生学习效果预测效度的更好指标，提供了增强 STEM (Science, Technology, Engineering, Mathematics, 即科学、技术、工程、数学) 劳动力和保持全球经济领先地位的机制。国际数学和科学组织研究调查了学生的 AP 课程成绩和大学学业成就之间的关系，发现美国高中生在数学和科学方面落后于其他国家的学生，然而在参加相关的 AP 课程后，即使是在 AP 考试中只得到 1 分或 2 分的学生也表现出与最好国家（如法国）的学生相同的水平，仅次于挪威和瑞典的学生水平。所以

① Terrel Rhodes. Accelerated Learning for What, Peer Review, winter 2007, pp. 9-12.

学生参加 AP 课程的数量和类型，成为大学招生标准中最为重要的两项[①]。

（2）名校升学通道对优秀中学生的激励。名校对学生的发展而言，意味着一种优势教育资源，一种更好的发展机会，于是进入名校的竞争越来越严酷。美国高等教育毛入学率在 1941 年为 18%，已经迈入大众化阶段。1958 年国会颁布《国防教育法》后，美国政府为取得科技发展的领先地位而采取各种措施增加教育投入，更是激励了大量高中学生涌进大学，严酷的升学竞争逐渐演变成一场高中学生角逐大学名校的潮流。大学名校的声誉，似乎大部分来自于大学招生办公室拒绝学生的数量和百分比。大学理事会的第二位理事长杜德利（Dudley）1958 年写道，大学先修课程的基本假设只是所有学生的学习成绩不一样，大学先修课程的目的是给予“顶级”中学的高分学生，他们早已能够享受进入大学名校的优厚待遇，具有胜过别人的空间，可以引导他们继续努力学习。由于大学录取名额数量有限，特别是常春藤大学，学生及其家长们于是将大学先修课程视为获得优先地位的一个机会[②]。

1959 年，很多人观察到美国大约 100 所大学竞争入学的压力在急剧增加，另外 100 至 150 所学院的入学竞争压力稍微小一点。1960 年，作为进入大学名校特殊通道的 AP 课程，其考试学生数第一次突破 10 000 人，而 1959 年时学生数仅仅为 5 862 人。1960 年私立高中名校埃克赛特的教师布莱登（Bragdon）在赞扬大学先修课程计划时，注意到社会各界已经过于看重它的名誉价值，他们把老师和学生视为英才并给予他们特别奖励。公立名校牛顿中学校长也认为，学生们学习它似乎是为了取得名誉和地位，事实上高中的优秀高分学生没有更努力，经验没有更丰富，他们学习大学先修课程的最大魅力，似乎就是为进入大学名校创造条件。其实，创设该课程的初衷，只是对最有能力的学生进行激励和分班教学，加速他们成为国家的英才以增强美国科技教育的国际竞争力，并不是为了向那些学生提供名誉和特权。1961 年，参加 AP 课程的高中数第一次突破 1 000 所，该年哈佛著名教育家柯南特在他的著作《贫民窟和郊区》中写道，在麻省理工学院、密执安大学、斯坦福大学、西北大学和常青藤大学联盟的大学，在中学已经学习过

---

① Timothy P. Scott，Homer Tolson and Yi-Hsuan Lee. Assessment of Advanced Placement Participation and University Academic Success in the First Semester，Journal of College Admission，summer 2010，pp. 27-30.

② Jack Schneider. Privilege，Equity，and the Advanced Placement Program：Tug of War，Curriculum Studies，2009，Vol. 41，No. 6，pp. 813-831.

大学 AP 课程的学生数量最多，在哈佛大学大约有一半的学生修习过，并且几乎 10%的学生已具有大学第二年免修相应课程的资格。学习 AP 课程，事实上成为高中生进入大学名校的最好策略。

(3) AP 课程赢得了学校和学生的认同。大学理事会研制了对高中教学大纲的总要求，其课程标准的制订严格按照大学基础课程的学分授予要求，并经过大学资深任课老师审核。这些努力保证了老师的教学方法与所教给学生的知识能力真正与大学课程要求一致。随着 AP 课程的稳步发展，作为大学名校招生标准的 AP 课程不但确立了荣誉地位，也激励了高中学生的参与率。另外，美国社会会对高中学校进行实力排名，AP 课程的状况对学校排名起到了主导作用。AP 课程从而事实上成为受过良好中学教育和申请简历给人印象深刻的标准。为了让中学毕业生进入“更好”的高校，没有实施 AP 课程的学校也开始实施了，他们认为必须提供 AP 课程。1964 年美国的高等教育毛入学率增长到 40%，本科在校生已达 400 多万。面对这种发展形势，1966 年许多教育工作者宣称，要努力让大学向那些没有参加 AP 课程的学生开放，这导致了修习的高中和学生数连续增长。然而到 1969 年结束时，高等教育毛入学率已经达到了 48%，全国也只有 14%的高中有部分学生参加 AP 课程学习，而其中半数以上的高中甚至不到 10 个学生。由于 AP 课程成为学术严谨的公认衡量标尺，赢得了家长、高中和高校的普遍信任。1973 年，有 54 778 名学生学习 AP 课程，72.9%的学生在毕业前只参加 1 科 AP 考试，17.9%的学生参加 2 科考试，6.0%的学生参加 3 科考试，2.1%的学生参加 4 科考试，4 科以上的则很少。到 1984 年的时候，有 177 406名学校学习该课程，参加 1～4 科考试的比例分别是 65.5%，21%，8.1%，3.2%①，考 2 科以上的学生比例明显增加。

3. AP 课程的开放发展是教育民主化的结果

在 50 年代 AP 课程建立之初，国家非常关心优秀学生的教育，AP 课程的开设对象限定在最好中学的最好学生。60 年代中后期，则在教育民主化理念的推动下开始向更多学生开放，满足更多阶层优秀学生的学习发展需要。

(1) 20 世纪 60 年代的民主主义思想转型。20 世纪 60 年代中后期，美

① Eric Rothschild, Four Decades of the Advanced Placement Program, Society for History Education. Vol. 32, No. 2, Special Issue: Advanced Placement (Feb., 1999), pp. 175-206.

国教育改革者的设计思路开始向民主主义思想转变。60 年代的民权运动、学生运动和种族骚乱，使得联邦政府开始关注少数民族的教育机会均等问题。这种民主思想要求给多数人较好的教育，而不是给少数人最好的教育。在美国第三十六任总统约翰逊的伟大社会计划中，公共教育在“国家自由主义议程”中占相当的分量，学校改革者试图努力追求平等主义改革，澄清、扩大和保护弱势群体的权利。1964 年的《民权法案》特别提出教育机会均等，国会给公立学校特别援助，以实现废除种族隔离政策。林登·约翰逊总统在 1965 年国会通过《初等和中等教育法》，则是从政策层面使得美国教育开始转向教育机会均等，该法案授权政府拨款用于改善处境不利儿童和青年的教育水平；获取学校图书馆资源、教科书和其他教学材料；建立教育辅助中心；促进教育科研和培训等①。1966 年承认 AP 课程考试成绩的大学首次过千达到 1 076 所，而前一年的历史最高数也只有 994 所大学。改革者认识到，高等教育的目标是使所有的青年人都有平等接受高等教育的机会，普及教育不仅是民主的义务，而且是民主的需要，教育是民主自由的基础。1960 年美国四年制大学为 1 447 所，有 567 所大学的招生认可 AP 课程成绩，而 1973 年四年制大学增加到了 2 000 多所，认可 AP 课程的大学则达到 1 437 所②。

（2）20 世纪 70 年代对教育机会公平的关注。教育公平是教育民主化的重要体现，它需要国家提供更多更均衡的教育资源，提供更公平的学习机会。1970 年代，教育领导者的注意力已经转向贫民区学校的教育质量问题。平等主义的倡议者观察到，AP 课程学生主要是白人孩子，而且是住在郊区的或者私立名校的住校白人孩子。对于黑人孩子则不是这样，他们大多被关在较不富裕的城市学校，AP 课程带有明显的制度种族主义色彩。70 年代中期，许多教育领导和学校改革者认识到，大学先修课程是贫困社区学校改革的一个杠杆，尤其是帮助学生进入高校的一个有力工具。一些人表示，通过

① 王文倩：《20 世纪 60 年代“美国初中和中等教育法”研究》，上海师范大学硕士论文，2012，第 16 页。

② 高校数据参见高嵩：《20 世纪 60 年代美国高等教育改革与高等教育大众化体系的形成》，《外国教育研究》2006 年第 5 期，第 68 页。认可 AP 课程的高校数量来自于美国大学理事会官方网站的统计报告：“ANNUAL AP PROGRAM PARTICIPATION 1956—2013”。

有效的资助，大学先修课程可以帮助有天赋但是贫困的学生，这是促进公平议程的一种有效工具。他们认为AP课程在私立学校和郊区学校要比公立城市学校流行得多的原因，是因为城市学校系统缺乏经过适当培训的师资力量，缺乏足够的教室，缺乏较好的学习设备，导致这些学校学生理解能力较差。在民主改革者的努力下，参加AP课程学习的学生数量从70年代中期开始出现了更大的持续增长，1976年有3 937所高中的75 651名学生参与到大学先修课程的学习中，1977年有4 079所高中的82 728名学生参加，各科考试人次首次突破十万达到108 870人次，1979年有4 585所高中的106 652人参加课程学习，这是课程学习参加者历史上首次突破10万。

(3) 20世纪80年代以来政府大力推动AP课程的快速发展。从美国大学理事会官方网站（http://apcentraL. collegeboard. com/coursehomepages）刊登的统计数据报告看，从1980年到2013年，AP课程是发展最快的30多年。1980年有4 950所高中的119 918名学生参加进来，1992年则有10 191所高中的388 142名学生参加进来，增长比例分别达到了112%和224%。到1990年代中期，美国有一半的高中参加了AP课程。2000—2001学年以来，AP课程招收的高中学生数量，以平均每年超过10万的数量递增，从2000—2001学年的844 741人增加至2007年的1 464 000人。在2006—2007学年，参加AP考试的学生共有6 926 000人次①。在芝加哥，学习AP课程的学生数量，从2004—2005学年到2008—2009学年增长了90%，一科得3分以上的学生增加了50%。西班牙裔少数民族一科得3分以上的增长率超过了250%。非洲裔和拉美裔学生在数学、科学和外语考试中一科得3分以上的增长了70%。在堪萨斯州，2002年—2009年黑人学生学习AP和参加考试的人数增加了9倍②。2006年、2007年和2008年，分别有1 339 282、1 464 254和1 580 821名学生参加AP课程学习，参加考试的分别有2 312 611、2 533 431和2 736 445名学生。2012年和2013年参与AP

① Peter Daddone. Advanced Placement Courses Put the Sqeeze on English Eelectives, The English Journal, Vol. 98, No2 (Nov., 2008), pp. 76-80.

② U. S. Department of Education. The Three Myths of High School Reform: Secretary Arne Duncan's Remarks at the College Board AP Conference, http://www. ed. gov/news/speeches/three-myths-high-school-reform-secretary-arne-duncans-remarks-college-board-ap-confere. 2014-03-18.

课程的学生分别是 2 099 948 和 2 218 578 人，参加考试的学生分别是 3 698 407 和 3 938 100 人（部分学生参加多次考试）[①]。扩张如此迅速的 AP 课程，如今已成为美国高中教育的一个标准项目，无论是公立还是私立，名校中学还是其他中学。目前全美 2 万多所高中的大约 70%的学校，已经参加到 AP 课程的学习中来。

政府在教育机会公平中扮演着重要角色，在制度、经费等方面发挥着基础性作用。参加 AP 课程的人数在 80 年代以来的 30 多年快速扩张，与各级政府的政策与经费支持密不可分。1980 年代后期，南卡罗来纳州是第一个给参加 AP 课程立法的州，法律规定所有的高中都要提供 AP 课程并要求学院或者大学要接受 3 分以上的学生，与此同时佛罗里达州也立法给开设 AP 课程的中学资金支持，结果产生的联动效应是，该学区的学校根据学生成绩来给教师奖励。到 1993 年，已有 17 个州给教师参加暑期培训资金支持，南卡罗来纳州出钱培训 AP 教师，而西弗吉利亚州则建立 AP 教师培训中心。到 1994 年，佛罗里达、佐治亚、印第安纳、肯塔基、北卡罗林那、明尼苏达、南卡罗来纳州都偿还了全部或部分学生的考试费用。效果神奇的是，当给学生考试费用的时候，参加 AP 考试的学生数量增长了 60%～80%。1995 年，德克萨斯州给获得 3 分以上的学生偿还考试费用，同时还给得 3 分以上的学生每考过一科补足 100～300 美元[②]。另外，德州的 AP 课程激励计划还对表现突出的教师发放年度奖金 3 000～10 000 美元，第二档的奖金大概在 2 000～5 000 美元，奖金发放同样是按获得 3 分以上学生数计算，每个学生按 100～500 美元的标准。另外，这些 AP 教师大概还有 1 000 美元的其他奖金（discretionary bonuses），教 Pre-AP 的教师年度奖金大概为 500～1 000 美元。按该激励计划，每所学校的经费支持大概在 100 000～200 000 美元，这些费用中私人捐赠占到总经费计划的 60%～75%，剩下的由社区补足[③]。1999 年加利福尼亚发生了两起诉讼案，争论的焦点是参加

---

① Program Summary Report 2013，http：//research. collegeboard. org/programs/ap/data/participation/2013.

② Eric Rothschild. Four Decades of the Advanced Placement Program，Society for History Education. Vol. 32，No. 2，Special Issue：Advanced Placement（Feb.，1999），pp. 175-206.

③ C. Kirabo Jackson. A Little Now for a Lot Later：A Look at a Texas Advanced Placement Incentive Program，The Journal of Resources. 2008，pp. 591-631.

AP 课程的学生在大学录取中是否具有优势。该诉讼声称，少数族裔和经济上处于不利地位的学生在大学录取中遭受了不公平对待，因为他们的高中没有开设 AP 课程，即使开设了，这些学生也没有经济能力负担其费用。这起诉讼案之后，美国教育部和加州立法机关投资数百万美元扩大 AP 课程计划的学区，提供减免费用、教师培训、课程开发等项目。1998—1999 学年，联邦政府花费 2 007 000 万美元，用于低收入社区的低收入学生和 AP 教师的专业培训。

为了把 AP 课程推向低收入群体的中学学生，加州官员戴维斯（Gray Davis）表示，他在考虑确保每所公立高中都能开设至少 4 门 AP 课程，加州政府还同意把 AP 课程在线提供给学生①。西弗吉尼亚和阿肯色州的法律规定，所有中学都要提供最低数量的 AP 课程。2004 年阿肯色等其他 9 个州，免除了学生 84 美元的考试费用。2007 年联邦政府帮低收入阶层学生支付了 900 万美元的考试费用。联邦教育部 2013 年 8 月 27 日在官方网站上发布消息，宣布政府将在 42 个州实施 AP 课程考试费减免计划，拨款金额达 28 890 171 美元，以减免来自低收入家庭学生参加 AP 课程考试的部分费用，而 2012 年联邦政府给 43 个州的拨款金额是 21 554 651 美元②。跟踪研究表明，各级政府的支持有效地激励了学生特别是处境不利学生的参与，也一定程度上通过教师培训提升了 AP 教师的知识与技能，不过在提升处境不利学生的考试通过率方面，减免考试费用和奖励教师等似乎并无实质效果，毕竟影响学生成绩最重要因素是学生的投入，这就意味着需要更实质性的支持计划，比如依靠教师合作等帮助这些学生先学好 Pre-AP 课程等③。有鉴于此，有批评认为这些绩效工资会有可能增加教师的机会主义或者非合作行

① Timothy A. Hacsi. Document-Based Question：What Is the Historical Significance of the Advanced Placement Test，The Journal of American History，Vol. 90，No. 4（Mar.，2004），pp. 1392-1400.

② U. S. Department of Education. More than ＄28 Million in Grants Awarded to 42 States to Cover Fees Charged to Low-Income Students for Taking AP Tests. August 27,2013,http://www. ed. gov/news/press-releases/180-million-awarded-six-states-comprehensive-literacy-program-aimed-children-bir. 2014-03-18.

③ Dong Wook Jeong. Student Participation and Performance on Advanced Placement Exams：Do State-Sponsored Incentives Make a Difference，Educational Evaluation and Policy Analysis December 2009，Vol. 31，No. 4，pp. 346-366.

为。大学理事会也警告说，这些考试不是评价学校或者教师的工具，影响考试绩效的因素很多，学校在绩效考评前需要更仔细的研究。

三、高校招考与教育教学的关系

（一）高校自主招生，综合性选拔录取标准与特殊标准并存符合教育发展的方向

美国各高校自主招生，一般都设有招生办公室和招生委员会，招办主要负责具体招生事宜，如印发大学的介绍资料，与高中进行联系，决定招生条件、标准等。此外，兼有学籍管理、学生分配等工作。招生委员会主要为审议机构，监督招办工作。

1. 就综合性选拔录取标准看

首先，它是对学生德智体等方面素质的全面衡量①，符合教育发展的方向。综观美国选拔录取新生的 4 个方面要求，大学录取新生并不以考试成绩为唯一标准，它既有中学阶段的成绩与课程，也有统一入学考试的成绩，同时还有推荐信、申请书及面试、课外活动成绩等诸多的相关性因素，全面考查评定学生的修养、个性、智力、能力，尤其是专长。这在一定程度上避免了学生的片面发展。

其次，综合性的选拔录取标准，有利于弥补 SAT、ACT 考试的不足。众所周知，上述两类考试主要属于标准化考试，标准化考试的主要优点是具有测验所需的统一标准，内容覆盖全面，质量可严格控制。但标准化考试主要关注的是学生在认知方面的能力，它很难做到测试学生的全面能力与品德等素质，这就需要根据学生各方面的资料进行综合判断，而不仅仅是依靠智力方面的成绩来评价，更不可能依据一次高考成绩来评价。从这种意义上说，实行综合性的选拔录取标准，本身就是高校的一次再评价过程。

最后，综合性的选拔录取标准，比以考试成绩为标准更有利于促进更多的人的经济流动和社会地位流动②。主要原因之一是，考试成绩虽然是一种不偏不倚的衡量，但这种衡量在很大程度上取决于大学前教育和管理的质

① 陈屹：《诱惑与困惑》，中国社会出版社，2001 年，第 267 页。

② 亨利·罗索夫斯基：《美国校园文化——学生、教授、管理》，谢宗仙，等译，山东人民出版社，1996 年，第 61 页。

量，家庭对学生智慧激活的情况以及用于智力活动的时间多少。而这些因素与一个人的社会经济地位紧密相连。依据成绩标准，对中上层家庭比较容易，因为他们从幼儿早期就得到了相对优良的培养和辅导。原因之二是，这个制度不是贪污腐化的制度。依靠拉关系、托人情、行贿进入好的大学，会引发严重的后果。同时，由于录取与否取决于招生委员会，而招生委员会中教授所占比例最大，因此此制度能反映出他们最好的判断力，受到外界的影响也是微乎其微的。原因之三是，这种制度在录取时，支付能力的因素相对其他因素来说，考虑最少，富人并没有优先权。

不过，现实也表明，尽管美国教育民主化取得的成绩是有目共睹的，学生想上大学，基本上都可以找到相应的院校，但对高选拔性或高选择性的大学而言，受制于较高录取标准和学费，劣势群体仍然是很难进入的。事实也表明，即使给他们优先权使他们进入这类高校（肯定行动计划），他们的学业成绩也不能令人满意。因此，加强大学与中学的联系，从中小学阶段就改进他们的学业成绩，是未来的发展趋势。例如，1998 年 2 月克林顿公布了“上大学有希望”计划。该计划将拨款 1.4 亿美元，其目标是鼓励年轻人树立远大的目标，留在学校里并努力学习，然后上大学。该计划力图改善低收入社区中大学和中学的伙伴关系，5 年内为 3 000 所中学的 100 万名学生提供辅导、支持和帮助①。另外，因为综合录取标准在各高校具体运作中表现出的多样化，也使不少中学生在申请、选择学校方面感到困惑，以至于一些私人顾问应运而生。

无论如何，在多数情况下，对一个有造诣的人的成熟看法——除了分数和考试之外——顺理成章，与美国高等学校重视通才教育应该是一致的。综合选拔录取制度更关心的是被录取学生毕业时的成就，而不是他们入学时的名次，承认不是所有人都是在一个起跑点上平等竞赛的。这是一种非常复杂的制度，它把社会地位的流动、对制度的忠诚和个人利益、学习能力以及其他的才能（从踢足球到拉小提琴）放在一起综合考虑②。

---

① 顾明远、梁忠义主编：《世界教育大系——美国教育》，吉林教育出版社，2000 年，第 311～312 页。

② 亨利·罗索夫斯基：《美国校园文化——学生、教授、管理》，谢宗仙，等译，山东人民出版社，1996 年，第 57～58 页。

2. 就特殊选拔录取标准看

特殊的选拔录取标准有利于特长生的培养。美国的教育，注重培养学生的智力与能力，几乎所有的美国大学对学生的学习成绩和个人素质都同样重视，而且学校更赏识有个性和专长的学生。申请上大学的学生若是体育明星或艺术上的佼佼者，或是具备卓越领导才能的候选人，他们的这些特长往往比单纯的学习成绩还重要。

通过两种标准选拔招收学生，美国大学强调的是：它们不是要录取一群相同的学生，而是要把不同类型的学生组合成一个优异的整体①。换言之，也就是学校精英结构内多样化的最优搭配程度，从而使学生具有相互学习的最大可能②。这就是两种标准并存的教育依据。

（二）学生自主报考，高校选拔录取的标准是部分中学和学生成功的标准

抛开灵活的多次入学考试不论，一般而言，美国学生有一系列令人眼花缭乱的选择高校的机会，一个申请人可以填写十份报名申请书。所谓“选拔”，在美国多表示“选择性的”。例如，1985 年斯坦福大学从报名者中录取了 15%，这就是高选择性。同年，阿肯色大学却录取了所有报名者中的 99%，这就不是选择性的。据此，有美国学者认为，20 世纪 90 年代中期在美国 3000 多所学院和大学中，仅有 175 所学校被认为是选择性的③，主要是著名私立大学和优质州立大学。其余很多学校如社区学院可以“免试入学”，一般大学选择性不大。可见，学生接受高等教育，是情理之中的事。

调查资料显示，在美国，一些著名的学区和学校（譬如费城雷达学区和洛杉矶 ABC 联合学区），他们也很重视学生升入大学（特别是名牌大学）的比例。他们把大学选拔录取的标准也作为学校和学生成功的标准。这主要包括：

（1）学生在中学最后四年的平均成绩。

---

① 陈屹：《诱惑与困惑》，中国社会出版社，2001 年，第 267 页。

② 亨利・罗索夫斯基：《美国校园文化——学生、教授、管理》，谢宗仙，等译，山东人民出版社，1996 年，第 50 页。

③ 亨利・罗索夫斯基：《美国校园文化——学生、教授、管理》，谢宗仙，等译，山东人民出版社，1996 年，第 47～48 页。

(2) 学生在高中学过的课程以及所获得的学分。

(3) 学生高校入学考试的成绩，特别是SAT学术性向能力测试的成绩。SAT主要考查学生是否具备大学学习的能力。他们认为，要在SAT中取得高分，唯一的就是要提高学生的思维能力。现在不是教会学生掌握知识，而是教会学生怎样去掌握知识①。

另外，由于中学学业成绩和所修课程是美国高校招生的最重要标准，绝大多数高校将它们作为招生的最重要条件，为了高中四年的整体成绩优异，美国学生一上高中，与我国的高中生一样，都为了考大学开始拼命学习②。不过，这种目标主要体现在对名牌大学的选择机会上，原因是高等教育资源的供给基本能满足每个学生上大学的愿望。再说，高校对SAT、ACT等考试成绩的要求，一般大学只有基本下限要求，而学生每年有五六次考试机会，考试压力并不大。因此，大学选拔录取的标准，只是部分中学和学生成功的标准。

(三) SAT、ACT考试的内容是中学课程的共性要求

与AT考试突出大学的要求而出高水平试题不同的是，SAT、ACT考试内容一般都是中学课程中最基本的内容。这主要是兼顾各州教学内容的多样性，只能考出共性要求。

美国在教育行政上采用地方分权制，没有全国统一的学校制度，中学没有统一的教学计划，即使同一州、同一类型的中学，教育计划、教学内容也有极大差别。1947年美国中小学联合会曾拟订了中学教育目标10条，称为中学生的基本要求，把普通教育、职业教育、升学预备教育、人格发展教育的职能集为一体，其重点在于培养适应美国民主社会的公民意识，并兼顾升学和就业的准备。此后，中学课程分为两部分，一部分为普通教育（必修课程）；另一部分是以升学或就业为中心的选修课程，但未形成国家认可的课程标准。在此情况下，那些用于中学生毕业与升学的考试，就只能是针对中学教学共性方面的要求。以ACT考试为例，为了使考试与高中课程紧密联系，ACT要对每学科流行的近50种教材进行认真研究，确定了综合测试学生知识和能力水平的共同点。正是这些共性要求，使得美国中学的教学比较

---

① 陈玉昆，等主编：《90年代美国的基础教育》，广西师范大学出版社，1998年，第69页。

② 陈屹：《诱惑与困惑》，中国社会出版社，2001年，第269页。

自由，容易发挥出个性，避免了考试对教学的过多不利限制，如实验新教材与新教法的自由。

(四) SAT、ACT 考试的教育影响

1. 正面影响

以高等教育来说，从录取标准可以看到，四年制高校的招生考试，多数是委托得到社会普遍承认的两个私人考试机构教育考试服务处（ETS）、美国高等学校测验处（ACT）来举行，它们举办的学术性向测验和学业成绩测验的成绩，是大学录取新生时的主要参考因素之一。

以中等教育来说，20 世纪 80 年代以来，各届政府都在努力实现美国教育的国家化，表现为认定全国共同的核心课程，推行富有挑战性的学业标准。例如，1983 年全国高质量委员会提出，每位中学生都要学习 4 年英语、3 年数学、3 年自然科学、3 年社会科学和半年计算机科学；1987 年联邦教育部确立了课程标准并补充了 2 年外语、2 年体育和半年艺术为必修课；1994 年 3 月 31 日克林顿签发的《2000 年目标：美国教育法》把教育标准法律化；1999 年美国教师联盟指出，各州课程标准必须包括 4 门核心学术科目，即英语、数学、科学和社会科学；2001 年 1 月 23 日当选总统的布什发表了《不让一个孩子掉队》，确立高中教育的 4 大目标，专门提到每一位学生到 12 年级末，即 18 岁时，都要为大学的学习、富有产出性的就业和今后有意义的生活做好准备①。

这种背景下，在美国分散的教学体系中，SAT、ACT 考试加上近 20 年来美国许多州建立的“最低能力测验”（作为本州学生在取得高中毕业文凭之前必须达到的最低能力标准），这三类考试的成绩，已经成为美国联邦政府和各州政府对中学教学监督、质量评价的主要指标，其考试标准集中体现了国家对教学目标、教学内容的具体要求，成为准国家课程标准。例如 1983 年 4 月，美国国家教育质量委员会发表的美国教育史上里程碑式的报告《国家处在危险中——教育改革势在必行》（A Nation at Risk: The Imperative for Educational Reform），列举了美国教育质量低劣从而国家处于危险境地的 8 个主要标志，其主要依据的资料就是 1963 年—1980 年间美

① 胡庆芳：《决不让一个高中生掉队——美国高中课程改革研究》，《全球教育展望》2002 年第 3 期，第 33 页。

国学生参加的 SAT 和 ACT 考试分数显著下降的数据，从而引起美国公众对学校教育质量、学生学习水平下降的关注。1988 年 4 月，美国联邦教育部长威廉·J·贝内特向里根总统递交的美国教育改革阶段总结报告《关于美国教育改革的报告》，更加详细地列举了 1983 年—1988 年美国学生参加 SAT 各项测验和 ACT 测验各学科成绩的变化，作为总结美国中学教育改革的成果，提出了进一步改革的参照①。另外，从 1980 年到 1990 年，已有 23 个州把最低能力测验作为升学或毕业的要求②。许多社会经济、商业、技术委员会强调学校教育的目标与考试、评价方法，极力支持全国性的成就标准及全国统一测验③。总的看来，民意偏向支持全国性的测验，全国教育标准与测量委员会也呼吁提高美国教育水准④。

2. 负面影响

尽管美国实行分类招生政策，在本科院校尤其是名牌大学实行综合性选拔录取标准，辅之以特殊录取标准，SAT、ACT 考试成绩只是录取标准中的主要因素之一，它们还是具有一定程度上的负面影响。

由于 SAT、ACT 招生考试主要属于标准化测验（Standardized Test），其负面影响也就从美国学者对标准化测验的质疑与批判中表现出来。集中起来说，它们只注重学生在认知方面的能力，而忽视了学生在情感、道德及伦理等方面的发展。具体来说，一是测验与各州具体的教学目标、内容脱节；二是为控制出题难度，测验题有偏离重点知识的倾向；三是忽视智力的多样性；四是容易导致教学中强调应试技能，忽略学生的身心健康发展⑤；五是对于考试得分过低的学生，还面临高失业率的危险等⑥。

---

① 顾明远、梁忠义主编：《世界教育大系——美国教育》，吉林教育出版社，2000 年，第 245～254 页。

② Educational Testing Service，The Education Reform Decade. Policy Information Report（Princeton，N. J.：Educational Testing Service，1990），p. 6.

③ Education Week（June 20，1990）：7.

④ "Council Calls for a New System of Standards，Tests"，Education Week（Jan. 29，1992）：30.

⑤ 王玉衡：《美国标准化测验的问题与质疑》，《比较教育研究》2002 年第 9 期，第19～22 页。

⑥ U. S. Department of Education，The Condition 1990（Washington，D. C.：U. S. Government Printing Office，1990），1. 40～43.

另外，以多元智能评估理论为中心的多元智力理论的提出者，哈佛大学教育研究生院教授霍华德·加德纳批评说，上述“正规考试”严重地偏向两种智能，即语言智能和逻辑智能，这就使得那些只善于在需要较长时期努力才能完成的专题或者在情景化的评估中才能更好地表现出智能强项的人，在正规考试中受挫①。当然，重视个体智能差异的多元智能评估理论，如发现个人长处的智能展示评估、关注个体成长的作品集评估、注重学生实践能力的情景化评估，要用于招生考试，还需要在考试的公平性等方面继续探索。但它带来的承认个体差异的评估与教育理念是革命性的，它揭示的考试问题是切中要害的。

基于上述问题，教育考试服务处 ETS 从 1994 年开始，对 SAT 考试进行改革，把 SAT 考试分成 SAT-Ⅰ和 SAT-Ⅱ，即一般能力考试和学业成绩考试，而且把学业成绩考试 AT 改为必考。2005 年还开始举办新的 SAT 考试，增加了写作、批判性阅读等内容，特别在各项内容中增加了主观题的比例，力求考查学生的全面能力，更好地为招生服务，引导学生的学习方法，对中学教学产生更积极的影响。

1989 年以后，美国高校测验处则认真研究每学科流行的近 50 种教材的内容共同点，力求加强 ACT 考试的内容与高中课程的联系，并较好地预测学生进入大学后的学术能力。同时，把自然科学和社会科学合并为阅读，增加科学推理内容，提高数学区分度等，追求考查能力的层次。此外，还完善分数报告系统，充分发挥考试信息的教育作用。改进前的考试只报告英语、数学、社会科学、自然科学、总分等 5 个分数，现在英语、数学、阅读三部分分别增加了 2 个～3 个小分，使报告的分数增加到 12 个，这样，较为完整的分数报告不仅为学生和教师掌握自己的教学水平，也为学生的升学、择业计划和大学选课提供了指导和参考依据，同时为大学入学选拔人才、根据学生成绩分班等决策提供了详细的背景材料②。

（五）AP 课程考试的教育影响及改革趋势

AP 课程从 1955 年美国大学理事会接管以来，一直是连接高中和高等

---

① 李亚东、田凌晖：《多元智能理论关照下的学生评估》，《全球教育展望》2002 年第 9 期，第 28 页。

② 韩家勋、孙玲主编：《中等教育考试比较研究》，人民教育出版社，1999 年，第 103～104 页。

院校之间的成功桥梁。大学仍然承认它代表着中等教育最高严谨性的质量标准，大学招生依然把 AP 课程成绩当作最重要的评价标准之一，学生取得 4 分以上的考试成绩依然在大学本科课程中还能获得免修学分的机会。但 AP 课程当前也面临多方面的批评，改革 AP 课程才能更好适应美国精英教育的发展需求。

1. 积极影响

AP 课程的产生及其 60 年的发展，得益于快出人才的加速教育理念，主要体现为学有余力的优秀高中生可以选修大学程度的基础课程。AP 课程体现了对高中课程学习标准的超越性，极大增强了大学教育的效率。AP 课程学习结束后的全国统考，成绩优异者可以把成绩带入大学里计算学分，这使得优秀的高中学生一进大学就能够免修相应课程直接进入大学二年级的其他课程学习，或获准进一步开始高级课程的学习。

学生对课程学习的选择性理念，意味着教学可以照顾学生的学习兴趣或能力优势，预示着学生的个性与特长发展符合美国进步主义教育提倡的个性发展传统。当这种有时过于“极端自由”的教育传统与 AP 课程的挑战自我品质联系起来时，它就能释放巨大的教育生产力，促进学生的创造力发展。美国高中课程一般分为 Academics（学术课程）、Pre-AP（类似我国高中课程的预备 AP 课程）和大学程度的 AP 课程或者其他 Honors（荣誉课程）。学习成绩一般的高中生学好 Pre-AP 课程即可，优秀学生可进一步挑战自我选学 AP 课程。每个级别的课程中，学生还可以选修不同的课程，如数学可选修数学 1 或数学 2，如此等等。按美国高中教学管理制度，通常选择参加 AP 课程学习的学生首先要通过 Pre-AP 课程。因此，如果外国学生也能参加 AP 课程的学习，那么他们会认为学生已经具有充分的学习能力，已经比较优秀了①。AP 课程的选择性理念，使得大学招生录取标准有了更科学的指标，能更好地检测学生在大学的学业成功。研究显示，AP 考试成绩与大学学业成功之间存在着高相关性。美国每年进行的公众评议发现，AP 课程的选修率和通过率不仅会对高中教学产生积极的影响，也是学生在大学学业是否优秀的一个有力预测指标。最近的一项研究表明，在高中选修过 AP 课

① AP 越来越受到美国名校的重视，http：//ask.globallearning.cn/user1/zero/archives/2010/1414.html.2010-2-4。

程并通过 AP 考试的大学生更有可能在四年甚至更短的时间内获得学士学位①。在大学物理和工程学科领域获得学分的学生当中，选修过 AP 数学课程的学生数大约是同龄非 AP 课程学生数的 4 倍；在大学生命科学领域获得学分的学生当中，选修过 AP 科学课程的学生是同龄非 AP 课程学生数的 2 倍多②。

当前我国正在建设世界一流大学，大学自主招生的预测效度应符合一流大学的精英质量标准。统一高考成绩虽然在一定意义上也能反映学生的学业综合素质，但个性发展离不开学生对课程选择性学习的优势特长发展。AP 成绩之所以具有更好的学业预测效度，原因是只有在某个学科学有余力的学生才能获得好的 AP 课程考试成绩。学生们对不同科类 AP 课程的选择学习，体现了各自不同的学习发展性向和个性特长，避免了他们选择大学专业的盲目性，有利于学生尽早发现理想的专业领域，更好地适应大学新课程的学习。这种课程选择，显然也体现了学生们对大学自主探索性知识学习方式的及早适应，避免了部分学生到大学后需要半学期甚至一学期才能适应大学学习方式的情况③。

很大程度上可以认为，AP 课程是提升美国精英教育质量的秘密武器。创建 AP 课程的基本假设，是基于同样教育环境下不同的人仍然有不同的发展优势和能力表现，能力突出的学生可以更快升级，更早在国际科技、政治等领域担任领导者，从而保证美国的全球领先地位。这种假设，事实上也是符合学生个体成长发展水平差异的客观规律的。其定位于优秀高中学生学习大学水平的 AP 课程，作为一种加速课程和衔接课程，在大学理事会的集中管理下，紧密地把美国高中和大学的精英教育聚合起来，对提升美国教育的国际竞争力产生了深远的影响。目前美国的 AP 课程虽然涉及 23 个学科领域的 37 门课程，但美国政府最为关注的还是其核心学科领域即科学、技术、工程和数学方面的科技人才竞争力。从 1958 年颁布的《国防教育法》，一直

① 任长松：《追求卓越：美国高中 AP 课程述评》，《课程・教材・教法》，2007 年第 12 期，第 82～84 页。

② http：//www. ed. gov. /news/speeches/threemyths-high-school-reform-secretary-ame-duncans-remarks-college-board-ap-confere，U. S. Department of Education. 2010-07-15/2010-08-15.

③ 刘清华、樊本富：《美国 AP 课程教育理念对我国大学自主招生的启示》，《国家教育行政学院学报》，2014 年第 4 期，第 93 页。

到2006年布什政府发布的《美国竞争力计划》，政策的重点始终是加强这些核心学科的教育。2006年美国教育部颁布了“扩展大学先修课程激励计划”，明确要求在科学、技术、工程、数学或者关键外语成绩上，公立高中名校要让70万学生在每年的AP或者国际文凭IB（International Baccalaureate Exam）考试中取得3分或者类似3分以上的好成绩[①]，这个学生群体相当于我国教育部直属高校每年30多万招生数的两倍多。这提示我国部分省市在设计实施大学先修课程时，可以先期在有师资等条件的高中，发展核心学科领域的有中国特色的大学先修课程。美国在打造具有国际竞争力的卓越教育方面，设计了大学水平的基础课程来衔接高中与大学，并以大学招生标准来激励更多的高中学生实现卓越，奠定了大学精英教育的基础，这是曾经只在十几所高中名校实验的AP课程，如今能进入到大约70%的美国高中的重要原因。美国高等教育学家亚伯拉罕·弗莱克斯纳（Abraham Flexner）认为，决定大学的目的和质量的根本因素是中等教育[②]。提升大学招生的课程质量标准，可以更有利于推动高中教育和大学教育实现卓越。美国中学在创建AP课程时就意识到，改革高中课程只能依靠和大学合作，才能共同推进精英人才培养。

2. 消极影响

当前的情况一方面是政府在推动更多中学尤其是贫困社区的中学来开设AP课程，另一方面则是少数最好的私立高中正在抛弃AP课程。AP课程扩展到更多的中学，在识别最优秀和最有抱负的学生方面，已经减弱了它的有效性[③]。在部分著名私立中学和公立中学，部分教职员和管理者已经表示希望转向更多开放的、高校招生认可的高级选修课程。

（1）对教育机会公平性的批评。公平性问题是AP课程争论的焦点。很多人反对在大学录取决定中使用AP课程考试成绩，他们认为那些没有提供AP课程或缺乏合格老师的学校学生的学术水平被大大低估了。另外就是西

---

① U.S. Department of Education. Meeting the Challenge of a Changing World: Strengthening Education For the 21st Century, Washington, D.C., January, 2006: 4, 10.

② （美）亚伯拉罕·弗莱克斯纳：《现代大学论：美英德大学研究》，徐辉，陈晓菲译，浙江教育出版社，2001年，第196页。

③ Jack Schneider, Privilege, Equity, and the Advanced Placement Program: Tug of War, Curriculum Studies, 2009, Vol. 41, No. 6, pp. 813-831.

班牙裔和非洲裔学生参加的比例还很小，他们对 AP 课程明显缺乏学术准备，也缺乏足够的资源来支付考试费用。即使他们参加 AP 课程，一般也都不会选择数学和科学方面的课程。选择 AP 课程的非洲裔和西班牙裔学生，目前还只占其总数 33%的比例。其中非洲裔学生有 9%的增长率，但只占其总数的 13.4%，而通过率只有 6.4%。参加 AP 课程的西班牙裔学生占其总数的比例大概在 14%～15%，到 2009 年时候有 35%的增长①。

20 世纪 60 年代后期，由于当时的 AP 课程只提供给“最富有的私立高中及富裕郊区的高中”，对 AP 课程公平性方面的批评就开始明显增加。批评意见认为，增加高中学术严谨性的趋势让“正常的”和“迟钝的”学生落后，只提供给他们二流的教育，导致精英大学对其关闭了大门。大学先修课程某种意义上在加速教育的不平等性。这种越来越多的批评，推动了该课程在 60 年代后期开始的持续发展，特别是 80 年代以来 30 多年持续而快速的扩张，迄今超过 70%的美国高中都开设了 AP 课程。尽管 AP 课程的扩张使得有色人种的学生也参加进来，但公平拥护者们仍然努力说明提供 AP 课程的学校与没有提供 AP 课程的学校之间，存在极大的不公平性。学习 AP 课程的学生依然更多来自受过高等教育和高薪职业的家庭，学生获得的高分数和他们就读的学校以及家庭的文化资本有高度联系。典型的现象是，学习 AP 课程的学生很可能来自大型高中，而不是小型高中；来自少数民族学生占 15%～49%的高中，而不是少数民族学生占 50%或更多的高中。父母受教育水平越高，学生参加 AP 考试的次数越多，并且得 3 分以上的课程也越多②。总之，美国富人学校的学生总是更有抱负，有更好的学术准备和发展机会。

（2）应试教育负效应的责难。大学入学考试竞争往往会引起课程教学的两面效应。AP 课程在加速促进学生发展进而提升精英教育的国际竞争力方面既有相当大的积极作用，也产生了不利于学生发展的负效应。对 AP 课程

① Lucy Barnard-Brak, Valerie McGaha-Garnett and Hansel Burley, Advanced Placement Course Enrollment and School-Level Characteristics, NASSP Bulletin 2011 95: 165 originally published online 1 September 2011. pp. 165-172.

② Emily J. Shaw, Jessica P. Marini and Krista D. Matter, Exploring the Utility of Advanced Placement Anticipation and Performance in College Admission Decisions, Educational and Psychological Measurement 2013 73: 229 originally published online 4 September 2012. pp. 229-250.

最大的批评是，大部分高中老师没有学历资格或足够的知识来提供大学水平的课程。不可回避的现实是，高中老师往往不在最前沿的研究和知识发现上。事实上，繁重的高中教学工作量阻碍了他们跟上学术领域的前沿发展，他们之中最好的也主要是在传授知识而已。因此，教学水平的改善应该是高中教育首要的目标。

很多支持大学先修课程开设的高中老师认为，相当程度上的 AP 班级是应试教育的，考试准备目标难免会有抑制学生技能、能力和思维习惯发展的问题。教育改革者批评 AP 课程太集中于系列事实的教学，而不是让他们在研究性学习中深入解决较少的问题，主要目的只是让学生们能成功通过 AP 课程考试并顺利进入大学名校。高中的这种应试教育导致了学生沉重的课业负担，因为过重的课业量，很多 AP 班学生几乎没有时间参加课外活动，他们甚至需要利用午餐过程中的空闲时间和校外时间，才能完成他们的学业任务。AP 课程学习也带来了非常大的压力和疲劳，一些 AP 学生认为课程学习非常紧张。尽管大多数 AP 学生乐意接受压力和疲劳，认为这是学术道路上必经的状态，也是通往成功的必须代价①。

大学教师和专业教育工作者在过去的几十年中，也不断地批评 AP 课程的应试性质，他们认为这些课程的标准化考试更注重知识宽度而不是深度，未能适应大学课程和研究性教学的观念变化。为了评估学生的知识广度，就需要很多的多项选择题测试，这就不得不把深度方面的自由回答类型的问题限制在一个很小的数量上，只让其覆盖少量的话题，从而导致评估学生个体审辩式思维力（critic thinking）的 AP 考试依赖的是有限的信息。一般说来，本科生需要修习约 120 学分或 180 学分的课程才能毕业，如果他们在进入大学之前已经通过 AP 课程学习获得了 25 个左右的大学课程学分，就会减少其在大学的知识探索机会，结果往往是以高中水平的课程替代了大学水平的人文课程，即使后者往往提供了更具广度和深度的知识②。有证据显

① Regan Clark Foust, Holly Hertberg-Davis and Carolyn M. Callahan, Students' Perceptions of the Non-Academic Advantages and Disadvantages of Participation in Advanced Placement Courses and International Baccalaureate Programs, Adolescence; 44, 174; Summer 2009; Pro Quest Social Sciences Premium Collection pp. 289.

② Paul Von Blum, Are Advanced Placement Courses Diminishing Liberal Arts Education, Arts Education Review, Vol 110, No. 3. Spring 2009. pp. 25-26.

示，五个 AP 考试成绩优秀的高中学生中，只有大约一半的学生在大学学习中得到了“A”①。

(3) 精英教育质量下降的批评。AP 课程从 20 世纪 80 年代迅猛发展至今，经历了 30 多年的强劲增长。2006 年—2007 年世界各地至少提供一门 AP 课程的学校数量有 14 383 所，比此前的 14 464 所减少了 2 081 所，下降了近 13%。针对这种现象，大学理事会回应说不知道这 2081 所学校中有多少是因为拒绝课程大纲审计，多少是反对关于课程大纲的审计，但估计有近 17 000 名教师没有达到课程大纲要求的标准②。

随着大学理事会 2007—2008 学年开始审计高中 AP 课程大纲，大约有 50 所著名私立大学预备校高中退出了 AP 课程计划，其中有两所是当初参与创建 AP 课程的顶尖级私立高中，即劳伦斯威尔中学和菲利普·埃克赛特中学。AP 课程在公立高中的增长在加速，同样退出该计划的私立高中也有加速的迹象。他们退出该计划不是因为私立的因素，而是因为他们相对公立高中面临较少政治障碍。他们认为长达 3 小时的全球统一的 AP 课程考试，对高中教育的控制阻碍了有意义的教育改革，这种考试不符合现代神经科学揭示的规律，即高强度的考试不太可能让学生形成持续良好的理解力，而最有深度的学习成果产生于最有意义的学习过程和更细致的、更少题目的深度学习中，大学理事会的课程审计给他们退出该课程提供了契机。2002 年美国大学协会发表了一份报告，即《更好的期待：公民上大学的学习新视野》(Greater Expectations: A New Vision for Learning as a Nation Goes to College)。报告对 AP 课程的问题做了简明总结，认为“越来越多的大学开始从第一年起就鼓励更有深度的研究性学习，但是本应该强化大学期望学习的高中和很多 AP 课程，却继续在缺乏深度的知识覆盖面上做文章，这是在贻害很多学生”③。

AP 课程的迅速扩张，给中学名校带来了疑问，即大学先修课程究竟是

① Robert. H. Tai, Posing Tougher Questions about the Advanced Placement Program, Liberal Education, Summer, 2008, pp. 38-43.

② Scott J. Cech, Number of Schools Offering AP Falls After First Audit of Courses, Copyright of Education Week Is the Property of Editorial Projects in Education Inc.

③ Bruce G. Hammond, Advancing Beyond AP Courses, January 2009, pp. 29-33. www. eddigest. com.

“顶级”高中的象征符号还是一般高中的象征符号？早在20世纪80年代，很多批评就认为美国的AP课程教育是“缺乏创见的教育”。他们批评说高中教育方式仅仅是依靠老师讲课、课程进度表和单一事实答案的提问，教师经常让学生没有时间进行分析和讨论。1984年美国学者古德莱德(Goodlad)在《一个被称作学校的地方》(A Place Called School)一书中，主张要向着这样的学校改变，即教育工作者要用种种方法深入到学生的思想中，要给学生引入概念，而不是事实，要提供能够激起和诱发学生好奇心的场景。高中最需要的不是较低水平地复制大学课程，但遗憾的是大多数高中教育只不过是教学生记录和记住事实①。学生进入了AP课程的班级，曾经是判定他们学习能力强的合理标准，而现在不再像以前那样成为向高校表示能力的有效手段了。大学理事会的解释是，AP课程考试是标准参照考试而非常模参照考试，越来越多的学生通过了大学招生要求的3分～5分，无疑稀释了其社会影响力②。

3. 改革趋势

(1) 政府为提升优质教育机会公平推动AP课程向全国开放发展。AP课程产生于20世纪50年代国际竞争要求。第二次世界大战摧毁了以欧洲为中心的传统国际秩序，造就了以美苏两大阵营冷战对抗的国际新秩序，国际竞争成为这一时期影响教育改革最重要的因素。为保持世界霸主地位，美国教育领导者认识到冷战时代的政治和科技发展，需要大力发展精英教育，改变实用主义思想下过于重视经验而忽视学术严谨性的学校课程。正是在这种背景下，改革者把眼光瞄向了高中名校，极力支持增加高中课程知识的严谨性。

为应对优质教育机会公平的批评，美国政府在20世纪60年代中后期开始向教育民主主义思想转变，70年代以后的重点则已经转向弱势地区的教育质量问题，1983年《国家处于危机中：教育改革势在必行》发表以来，则是从制度和经费方面大力推动AP课程向全国开放发展。20世纪90年代以来，改革集中在提升学校的绩效责任和课程质量标准上，而判断学校、社

---

① Jack Schneider, Privilege, Equity, and the Advanced Placement Program: Tug of War, Curriculum Studies, 2009, Vol. 41, No. 6, pp. 813-831.

② Weaver, Roger, Having the AP Conversation, http://web. ebscohost. com. proxy. bc. edu/ehost/deliver y, sid=a5702e1 2-190 4-486c-a959... 2013/10/18.

区、州教育质量的标准就是考试。很多州现在用高利害的标准化考试，去决定高中学生是否毕业或者获取毕业文凭①。2007 年 2 月美国联邦教育部发布的《2007—2012 年战略规划》，提出了要在全国扩张大学先修课程的战略目标，要求公立高中名校要让 70 万学生在每年的 AP 或者国际文凭 IB (International Baccalaureate Exam) 考试中取得 3 分或者类似 3 分以上的好成绩。当前美国大学理事会和大学正在采取积极措施改革 AP 课程，未来的 AP 课程仍然作为绝大多数高中的一个教育目的，仍然在大学录取过程中被当作重要的优先录取条件。

(2) 大学理事会努力提升课程质量并加强教师培训。提升课程质量的主要举措，首先是大规模审计、调整课程教学大纲以促进学生的深度学习。为回应对 AP 课程的各种质疑与批评，大学理事会在 2007—2008 学年，首次对 AP 课程的教学大纲进行了全球范围的审计，目的是确保把符合大学课程质量标准要求的 AP 课程带给学生。这项工作有 839 位大学教授参与，他们审查了 14000 多所高中的 134000 多份教学大纲，平均每个教授审查了约 160 份高中课程的教学大纲，要求中学填写两页纸的“审计”表，并在他们的 AP 课程教学大纲中列出课程的具体教学内容，平时作业样件和考试样件，以监管他们是如何满足高校课程标准的。此外，他们还要求提供 AP 课程的中学，必须要有大学理事会的认证和授权②。

为适应大学课程要求及高中优秀学生的深度学习要求，大学理事会也开始调整课程大纲。针对过去若干年来大家对 AP 课程注重宽度而不注重深度学习的批评，2011 年 2 月起大学理事会启动了 AP 课标修订工作，先期修订的课程大纲是生物、历史，其他课程大纲于 2014 年—2015 年出台，其重要特点是“重课程，轻测试”。具体举措是大幅度删减知识点，以此激发学生的审辩式思维。一位高中生物老师就指出，她所用的那本 AP 生物课本共 56 章，有 20 章将不再作考试要求。与此相似，美国历史也将被分成 9 个时段、7 个主题。除了要求学生记忆“佩克特战争”的时间，学生将被鼓励花

① Timothy A. Hacsi, Document-Based Question, What Is the Historical Significance of the Advanced Placement Test, The Journal of American History, Vol. 90, No. 4 (Mar., 2004), pp. 1392-1400.

② Robert. H. Tai, Posing Tougher Questions about the Advanced Placement Program, Liberal Education, Summer, 2008, pp. 38-43.

更多时间思考历史争议①。

其次，是加强教师培训。AP 课程的快速扩张凸显了合格教师缺乏带来的应试负效应问题。1999 年，全美有硕士学位的教师达到 56%。根据大学理事会自己的估计，在 2000 年有超过 100 000 名教师在教授 AP 课程，6% 的教师有博士学位，70%的教师有某类硕士学位，但大约有一半的教师教授的课程并非是其研修的硕士学位专业的课程②。2000 年，教授数学、科学、社会研究和语言艺术的教师有 24%没有辅修过相应专业，在高度贫困和少数民族聚集地区这个比例更大③。2002 年美国颁布的《2002—2007 年战略规划》中，提高教师质量是优先考虑的战略之一。其中的“提高教师质量州级拨款”项目，2005—2007 三个财政年的预算额均为 29 亿美元多④。布什总统在其 2006 年的国情咨文演说中，对 70 000 名从事 AP 数学和 AP 科学教学的新教师进行了动员号召。总统奥巴马也于 2009 年提出要求，要用 10 年时间培养 10 万名既拥有宽厚的学科知识又熟练掌握教学技能的 STEM (Science, Technology, Engineering, Mathematics, 即科学、技术、工程、数学) 教师。大学理事会当前主要的策略，是利用“暑期学院”来培训教师掌握最新的教学理念和教学技能，他们在每年 7 月举行 AP 课程专题研讨会，以帮助提升高中教师们的专业发展。在很多高中和社区，他们还设置 AP 课程教学交流平台，供老师们互相讨论课程发展和教学策略。事实上，因为高中课程大纲体现大学教学内容的不充分，2006 年大学理事会拒绝了 2 000 个 AP 课程申请计划，有将近 17 000 个教师没有通过考核标准⑤。

① 未来 AP 考试的改革方向，http：//www. apchinaedu. com/reading. php? fid=118&id=128 [2012-07-13 16：39：45]。

② William Casement，Declining Credibility for the AP Program，Academic Questions，Fall 2003. pp. 11-23.

③ Kristin Klopfenstein，Recommendations for Maintaining Quality of Advanced Placement Programs，American Secondary Education 32 (1) Fall 2013. pp. 39-47.

④ U. S. Department of Education，Office of Postsecondary Education，The Secretary's Fourth Annual Report on Teacher Quality：A Highly Qualified Teacher in Every Classroom，Washington. D. C. . ED pubs，2005，(5)，pp. 33.

⑤ Lucy Barnard-Brak，Valerie Mc Gaha-Garnett and Hansel Burley，Advanced Placement Course Enrollment and School-Level Characteristics，NASSP Bulletin 2011 95：165 originally published online 1 September 2011. pp. 165-172.

(3) 部分大学提高了给予 AP 学生学分的等级标准以促进学生的更好发展。为避免精英教育质量下降，精英大学提高了 AP 课程考试分数折抵大学学分的标准。在 AP 考试中获得 3 分或者更高分的学生中，过去有三分之二获得了大学课程学分，现在大概只有 49%的学生会获得大学相应课程的学分。哈佛大学 2002 年宣布对学生学习的任何一门 AP 课程，最少得 5 分才能在哈佛获得免修。2003 年宾夕法利亚大学也宣布，只有获得满分 5 分的学生才能获得大学学分。威廉和玛丽大学、卡内基梅隆大学、华盛顿大学圣路易斯和卡尔顿大学部分院系，也要求学生考取了 5 分的 AP 课程成绩才能获得大学学分。AP 课程规模的扩张和质量问题，是常春藤大学联盟院长会议经常讨论的议题，他们认为机会扩展到各级高中是好事，但与此同时使得很多没有准备好的高中教师加入到了 AP 课程的教师队伍，所以 AP 课程的学分不能完全代替大学相应课程的学习经历，5 分是最低的大学要求。

抽样调查还显示，普林斯顿大学的环境科学、音乐、计算机科学、统计、人文地理、政治或心理学专业，即使学生得 5 分也不能给他们折抵大学学分。斯坦福大学从 2004—2005 学年开始，无论学生 AP 课程考的是 4 分还是 5 分，有 16 个学分不再给学生折抵大学课程学分。阿默斯特大学则继续其不承认 AP 课程学分的长期教育实践。斯沃斯莫尔大学不折抵学分的是经济、音乐、心理学专业，威廉姆斯大学不折抵学分的是工作室艺术、计算机科学、英语、音乐专业，波莫纳大学拒绝折抵学分的是统计、物理、环境科学、英语和世界史专业，克莱蒙特麦大学拒绝折抵学分的是英语语言和文学、经济学和行政管理专业，华盛顿和李大学（Washington and Lee）对地理、统计、艺术和世界史专业不折抵学分，芝加哥大学对计算机科学、环境科学、心理学和统计学不折抵学分。此外，大学还采取措施限制学生使用 AP 课程学分，去折抵大学授予学位要求的学分总数。例如克莱蒙特麦大学、哈弗福德大学（Haverford）和戴维森大学对学生使用 AP 课程折抵大学学分，限制为一个学期的学分数，而卡尔顿大学限制为一个半学期的学分，而威廉姆斯大学在 2008 年要求大学生不到四年学习不能毕业[①]。这种情况说明，AP 课程考试的分数，在规模扩张下的确有质量下降的问题。

---

① William Casement, Declining Credibility for the AP Program, Academic Questions, Fall 2003. pp. 11-23.

4. 简要评价

AP 课程 60 年发展所出现的问题及当前的改革趋势中，既有教育机会公平性的批评，也有应试教育负效应的批判和规模扩张后精英教育质量下降的责难，总体上呈现出 AP 课程公平性和科学性的矛盾。但深入反思，其中也透视出精英教育发展的一般规律性，这对我国如何根据《国家中长期教育改革和发展纲要》(2010—2020) 的精神，去推进高中选修课程改革和大学自主招生制度改革，加快世界高水平大学建设，具有一定的借鉴价值。

(1) 实施大学先修课程符合学生个性优势发展不平衡的教育规律。AP 课程产生于国际竞争的需求，是面向高中优秀学生选修的大学水平的基础课程，所以它实际上是一种精英教育课程。深入反思，这种课程虽然是因外部经济和科技的国际竞争而产生的，但也符合心理学揭示的学生个性优势发展不平衡的教育规律。无论哪个教育阶段，即使是同样相似的教育环境，每个学生的能力发展优势也不尽相同。哈佛大学著名心理学家霍华德·加德纳的多元智能理论，也同样证实了这个观点，即每个人在语言智能、数理逻辑智能、空间智能、身体—运动智能、音乐智能、人际智能、内省智能和自然探索智能方面的优势都不尽相同。而目前的 AP 课程除了在身体—运动智能方面没有开设课程外，其他智能方面的课程都涵盖了，它包含了 22 个学科领域的 37 门具体课程，涉及语言文化、自然科学、数学和计算机、艺术以及政治历史地理等六大类。

从我国 100 多所高中的国际部开设美国 AP 课程的实际功效看，也说明了 AP 课程的这种精英教育性质和学生优势发展作用，这也是为什么他们中的优秀者能被美国排名前 100 或者前 50 的大学录取的重要原因。当然，从实际调研看，他们上高中国际班之前的中考成绩并不是各省市最好的，他们基本属于国内各省市区重点高中能录取的学生，不过他们的英语成绩都相对突出，这也是国内高中国际班 AP 课程英文教学的基本要求。另外，他们也不需要如国内高中普通班的优秀学生那样，在高三反复操练高考试题以应对国内高考，他们参加的是美国的 SAT 考试。但无论中美教育有何差异，这事实上也说明我国高中的部分优秀学生有能力学好大学先修课程。同时，这也提出了一个问题，我国的高二、高三阶段的优秀高中生是依据个人优势发展在高中选修课程里选修大学先修课程更有价值呢，还是划一化的反复复习高考考试科目更有价值？当然，这是涉及高考指挥棒的科学化问题。

(2) 政府在提升精英教育机会的公平性方面发挥着基础性作用。20 世纪 50 年代 AP 课程建立之初，国家非常关心优秀学生的教育，AP 课程的开设对象限定为最好中学的最好学生。60 年代中后期 AP 课程发展开始转向教育民主主义思想，70 年代中期以后 AP 课程则成为民主化教育改革的有利杠杆。80 年代以来 AP 课程向全美高中的快速开放发展，则主要得力于政府的法律制度和经费支持。1983 年《国家处于危机之中：教育改革势在必行》发表以来，美国历任总统都非常强调教育对提升劳动力作用。很多机构指出，高中文凭不再具有未来成功的意义，大学文凭成为新的国家标准，这对学生学习 AP 提供了外部推力。美国联邦教育部 2013 年 8 月 27 日在官方网站上发布消息，宣布政府将在 42 个州实施 AP 考试费减免计划，拨款金额达 28 890 171 美元，以减免来自低收入家庭学生参加 AP 考试的部分费用，而 2012 年联邦政府给 43 个州的拨款金额是 21 554 651 美元，他们把学生学习 AP 课程的效果当成了评估美国高中教育质量国际竞争力的基本指标。

需要特别说明的是，AP 课程的发展过程中，基金会和专业组织也发挥了较大的作用。从 1958 年开始至 60 年代中期，福特基金会提供了 2900 万美元的资助，由 42 所综合性大学培养中学教师，即由综合性大学教育系、大学学术性学科和公立学校教师共同设计师范教育计划，通过研讨班形式进行教育理论的学习，训练教师掌握最新的教学工具、电化教育等操作方式以及分组教学方法等①。到 70 年代，美国各州都提出中小学教师必须具有学士学位，具有硕士学位的教师占总数的比例达到 27%，为 AP 课程教师供给奠定了坚实的基础。正如福特基金会 1951 年就开始支持 AP 课程的创建发展一样，梅隆基金会（Mellon Foundation）和玛西基金会（Macy Foundation）也在 1980 年代和 1990 年代给教师和学校提供非常急需的资金，支持他们把 AP 课程作为提升教育质量的手段。1987 年开始，梅隆基金会为少数民族地区或者经济不发达地区教师参加 AP 暑期培训（Summer AP Institutes）提供学术奖金。到 1994 年，1 021 位教师从这些学术奖金中受益。玛西基金会从 1980 年开始就对不发达地区亚拉巴马州 5 所农村中学以及纽约 2 所中学的学生进行资助。专业组织也和大学理事会一起努力工作，支持课堂教学和考试。1989 年经济教育联合会推出了一套 AP 课堂教

① Paul Woodving，lnvestment in Innovation：A Historical Appraisal of Fund for the Advancement of Education. . BosXon \ Little Brown Company，1970. pp. 136-137.

学包（Instructional Package），包括由 AP 经济学委员会开发的基于宏观和微观经济学大纲的学生教学用书，美国数学协会也积极参与到微积分的变化中来，美国化学学会也迫切要求大学理事会重视更多的 AP 化学实验，美国地理学家协会和全国地理学会也在 90 年代末期对大学理事会如何开设好 AP 地理课程起到了重要的智囊作用①。

（3）提高精英教育质量必须关注课程标准的科学性和教师素质。AP 课程考试产生的应试教育现象和精英教育质量的下降，是很多教育工作者反对把 AP 课程考试成绩当作大学招生标准的重要理由，也是部分大学反对用 AP 课程成绩折抵大学课程学分的重要理由。但这些反对意见，正面而言主要是主张切实提升精英教育质量，这是美国改革课程标准与考试内容以及大力提升高中教师素质的重要原因。

美国 AP 课程由 6～8 名委员组成的课程编制委员会负责，这些成员主要是美国著名大学的教授或者有丰富经验的高中 AP 课程任课教师。他们研制了对高中教学大纲的总要求，其课程标准制定严格按照大学基础课程学分的授予要求，并经过大学资深任课老师审核。这些努力保证了老师的教学方法与所教给学生的知识能力真正与大学课程要求一致。课程内容标准偏向学生的深度学习，是 AP 课程改革的方向。诚如现代神经科学揭示的规律一样，高强度的考试不太可能让学生形成持续良好的理解力，而最有深度的学习成果产生于最有意义的学习过程和更细致的更少题目的学习中。这正是美国大学理事会从 2011 年开始调整课程大纲、大规模裁剪知识点、激发学生批判性思维和好奇心，实现“重课程轻考试”的重要依据。

课程内容标准的改革，意味着教师教学水平的提升等是需要同时重视的问题。再美好的教育理念和质量标准，没有高质量教师的创造性劳动，提升精英教育质量几乎都是空中楼阁。2000 年美国 AP 课程教师目前只有 6%的博士学位，70%的硕士学位。而到 2012 年为止我国普通高中教师有专任教师 159.50 万人，有研究生学历的仅仅占 5.01%②。如浙江省教育厅 2012 年

---

① Eric Rothschild，Four Decades of the Advanced Placement Program，Society for History Education. Vol. 32，No. 2，Special Issue：Advanced Placement（Feb.，1999），pp. 175-206.

② 全国各级各类学校专任教师 1462.88 万人，http：//politics. people. com. cn/n/2013/0903/c1001-22793748. html. 人民网 2013-09-03。

10 月发布的文件《关于高等学校面向普通高中开发开设大学先修课程的指导意见》所规定的那样，高中如果真要在选修课中开设中国的大学先修课程，课程内容标准和师资以及大学招生公平性等都是需要科学规划的战略问题。《国家中长期教育改革和发展纲要》（2010—2020）第十二条提出“深入推进高中课程改革，创造条件开设丰富多彩的选修课，为学生提供更多选择，促进学生全面而有个性的发展”。《纲要》第十三条提出“推进培养模式多样化，满足不同潜质学生的发展需要。探索发现和培养创新人才的途径”。为提升我国精英教育质量，适应高中教育多元化的改革精神，改变大学自主选拔录取标准对高中优秀学生发展的导向，加快建设世界一流大学的步伐，2013 年春季开始北京大学率先在全国 20 多所中学的现有高中选修课体系里，开出了微积分、电磁学、大学化学、中国古代文化、中国通史（古代部分）五门中国大学先修课程。这表明，如何创设条件根据我国国情打造高中和大学之间的衔接课程，提升我国精英高等教育和高中教育的国际竞争力，还需要大学、高中、政府等多方的长期探索与努力。

四、借鉴与启示

美国高校的招考制度，作为美国多样化教育制度的一个部分，客观地说要借鉴它的优点，除了技术的一面，需要研究的问题实在太多，毕竟它与美国的政治、经济、教育等制度是融为一体的，而我国尚处于高等教育大众化的初级阶段，我国的教育制度是相对统一的。就高考与学校教育的关系而论，有利于高校、中学教育发展的理念倒是可以借鉴，实现的条件则需要研究。例如：

1. “精英教育”与“大众教育”分类发展的理念

在美国高校的分类招考政策下，名牌大学对学生通常有严格的成绩和能力要求，而一般的高教机构——社区学院则主要强调为国民提供更多的入学机会。

2. 加强统一能力考查的理念

以入学考试来说，美国的 SAT、ACT 等考试，相对来说也是具有全国统一特征的入学考试制度。从其改革来看，它们都试图加强对中等教育的影响，主要的措施是测验各教材的内容共性。这与我国 20 世纪末期以来在入学考试中加强能力导向的改革方向是一致的。

3. 高校用综合选拔标准与特殊录取标准导向教育教学的理念

它们反映了美国本科高校评价学生水平的理念与方法，它们符合教育发展的方向。仔细分析美国的综合选拔招生录取办法，实质上也是以我国所说的“智”方面的素质为主，不过其成绩的组成，却是中学最后四年的平均成绩（类似我国的初中第三年与高中三年共计 4 年的平均成绩），还有指定的 SAT 或 ACT 等成绩，中学所选课程情况，成绩的发展趋向等。“智”以外的其他素质，则是通过各种实证材料来说明。这种做法的好处是，教育教学的目标比较全面。因为入学考试所测的目标，永远是有限的，或者说是小于教育教学的目标的，或者说相对教育目标而言效度是不够的。据此，用综合标准指挥教育教学，优于单独的入学考试标准指挥教育教学。至于特殊标准，则是特长生的选拔方式。我国的保送生制度，则兼有用两种标准导向教育教学的目的。不过，在高等教育大众化的初级阶段，也许作为特长生的选拔方式更有效。

应该承认，长期以来我国的中学教育教学是围绕高校入学考试转的。这在很大程度上限制了高中学习知识的范围，限制了教师实验新教材与新教法的自由，原因是在中国的录取标准中，学习成绩只依赖统一入学考试，而统一考试必然是统一中学教育标准。而美国在录取标准中，除了统一考试成绩，更主要的是高中四年的学习成绩与课程情况，这就使得中学各教材的内容个性能够体现在高中学生的成绩考试中，最终体现在高校的招生标准中，高校的个性化教育要求也体现在对入学申请者的选择中，最终体现在中学个性化教育教学中。难怪一位著名的美国学者认为，中国“由于坚持全国统一的考试，却限制了高中学习知识的范围，限制了教师实验新教材与新教法的自由，因此，中国的教育发展一直裹足不前”①。其实，这里的问题不在统一考试，而在只有统一考试从而教育教学的个性要求不能在高校的招生标准中体现出来。不过，许多招考腐败问题表明，我国目前的文化情况下，更主要的其实是在高等教育供给不足的情况下，套用美国的办法是行不通的。因此，一个基本的思路是，在统一性的前提下，高校招考中暂时不妨考虑各省的个性，如通过各省的学考性质的水平考试来实现与体现，如此高校的招考标准就不会压制教育教学的多样性。

① 马克·伊克斯坦，等：《迈向大学之路：各国的考试政策与实务》，陈坤田，等译，台北心理出版社有限公司，1996 年，第 284 页。

第二节 日本高校招生考试与教育教学的关系

日本的招生考试，尽管第二次世界大战后深受美国的影响，但始终在“考试地狱”的“名声”下为学校教育做出了贡献，进而为国家经济的成功赶上或超过欧美国家做出了贡献。客观地说，日本的招生考试从20世纪90年代起，才开始真正在一定的统一性前提下向多元化方向发展，这与日本教育力图打破教育的划一性，尽量克服偏差值教育、分数主义教育等的弊端有关，更与全面走向教育自由主义，重视创造力、质量，以及个性发展的新时代要求有关。不过，日本的招考制度对学校教育的消极影响至今存在。

一、招考制度的历史发展

日本在历史上曾经属于东亚“科举文化圈”，公元七八世纪引进中国的律令制度，实行与唐朝基本相同的贡举制度，11世纪以后该制度开始异化。其后从12世纪末到1868年的幕府时代，虽有各种选拔人才的方式，但一般多属于“血统主义”性质。

日本近代高校招生制度的产生，则是明治维新以后随着资本主义的发展，高教机构的建立而产生的。1877年在东京开放学校和医学校的基础上成立了日本第一所大学——东京大学，1886年《帝国大学令》颁布，东京大学被改为帝国大学，以后随着京都、东北、九州、北海道帝国大学的开设，原帝国大学改名为东京帝国大学。这些大学附设了学习2年～3年的高中预科以作为升大学的预备教育机构，从此逐步形成了一种“升学预备教育体制”。1897年《京都帝国大学通则》关于“入学”的规定是，高等学校和大学预科毕业生可以进入志愿学科内学习，但是如果志愿生超过招生数时，进行单科考试，按成绩先后决定录取。当时由于大学少，预科入学竞争非常激烈。而获得了预科和高等学校毕业资格，一般皆可以获得大学入学资格①。

20世纪初期，日本进入帝国主义阶段，随着日本经济的发展，中等教育结构的整顿，中学教育快速发展，报考预科人数猛增，高等教育远不能满

① 吴世淑：《国外高等学校招生制度》，南海出版公司，1992年，第174页。

足入学需求，入学率下降。1904 年预科入学率为 34%，到 1907 年下降到 31%[①]。为解决学生的高等教育需求，1902 年开始高等学校、大学预科实施统一考试制度，中学毕业者和中学未毕业者，但凡参加预考合格，参加选拔考试，按本人志愿和成绩分配学校，其后，因报考学校难以协调考生的调剂而被废止。1918 年的《大学令》规定了“六、五、三、三”的双轨学制，凡毕业于大学预科及具有同等学力者方能升入大学本科，大学预科成为升大学的主要途径。这样，入学考试的竞争热区，除了二战期间因青年被征兵导致生源不足而实行过全员入学方法外，始终集中在高中和大学预科上，直到二战结束。考试由各校分散出题，笔试为主要形式。

二战后，《教育基本法》的颁布，进一步确立了教育机会均等的原则，在实施美国提出的“六、三、三、四”新学制情况下，培养英才的大学变为向群众开放的大学。战后初期，美国占领军强行规定凡报考国立大学者，均须参加“升学适应能力测试”（1947—1954 年），但公立与私立大学不在此限。1955 年取消升学适应性测验，各大学回到以知识考试为主的考试方法。由于产业界一再提出“加强人的能力培养”，1963 年起“财团法人能力研究所”编制“能研测验”，供大学入学参考之用，但因各大学并不支持，到 1968 年被迫放弃。能力研究测验停止后，各大学主要集中搞学科知识考试，形成了 20 世纪 70 年代的几种主要招生方式，如实行入学考试、推荐入学、依据高中调查书免试录取、依据调查书确定候选者后实行入学考试等。这种情况下，文部省则向各专门委员会提出咨询要求，于是各种改革建议的提案接连出台，其总的精神是：①采用校长报告书制；②统一实施知识考试；③充实高中升学指导。具体的改革建议有以下四种[②]：

第一，1971 年 6 月 11 日中央教育审议会提出的“今后学校教育综合扩充整顿的基本对策”：

（1）应将能客观地反映高中学习情况的调查报告列入录取学生的基本资料。

（2）开发统一测验，以修正高中间评估水平的差异。

（3）大学可以以专业能力考试为主，或举行口试和论文式考试，并将考

---

① 贾非：《各国大学入学考试制度比较研究》，辽宁教育出版社，1990 年，第 19 页。

② 贾非：《各国大学入学考试制度比较研究》，辽宁教育出版社，1990 年，第 35～37 页。

试结果一并列为综合判断资料。

第二，1972 年 3 月 30 日发表的《关于大学问题第三次调查研究》：

（1）可加倍录取新生，入学后再根据学习成绩淘汰。

（2）增设并充实国立大学，以增加招生名额。

（3）调整大学合理布局，缩小大学间差距，资助私立大学，以改变报考志愿过于集中的问题。

（4）设立可以免试入学的开放大学。另外，还提议大学可发单科结业证明，积满学分即可发毕业证书，不受修业年限限制。

第三，1975 年 4 月 19 日国立大学协会提出改进大学入学考试制度的最终研究报告：

（1）实行统一考试和各大学第二次考试相结合的考试制度。

（2）实施机关由大学设立或独立的考试机关实施统一考试，这个机关暂定为“入学考试中心”。

（3）采用客观式试题，用涂圈方式答卷，一律用计算机阅卷。

（4）每年 10 月末为报志愿截止期，第二年 1 月实施考试，缺席者一周后补考。

（5）考试结果，包括本人各科分、总分、总体（本次考试）平均分和标准差，只通知大学，不通知本人和高中。报告提议从 1978 年起实施全国统一入学考试。

第四，1978 年 3 月 29 日大学基准协会大学入学考试制度改革研究委员会提出的“关于统一举行大学入学考试的报告”对统一考试的利弊做出了分析。

（1）优点是：①各大学可以利用统一考试进行初选，之后再进行论文式考试。②各大学可以统一考试科目。③通过统一考试可以消除各高中调查书的差异。④统一考试命题由专家完成，可以保证试题质量。⑤可以减轻各大学自己承担考试任务的负担。⑥有利于高中对考生作升学指导。

（2）缺点是：①目前各大学办学形式不一，实行统一考试不太适宜。②国家通过统一考试对大学和高中的直接控制会加强。③统一考试不能缓解入学竞争，相反以统一考试为目标的应试竞争会更激烈。④客观性试题会带来死记硬背的复习方法和“填鸭式”的教学方法。⑤考试实施时间提前，会破坏高中正常教学计划。⑥全国统一考试，需要庞大的人力与财力。

争论研究的结果，1979 年国立、公立大学正式实行全国统一入学考试，即共同第一次考试，实施机关是 1977 年正式设立的大学入学考试中心。同时各大学又单独实行第二次考试。1979 年—1989 年日本的国立、公立大学，实行的就是这两次考试。

1990 年起“共同第一次考试”被改为“大学考试中心考试”，私立大学也逐渐利用它来选拔学生。原因是共同第一次考试的科目一律为 5 科，考生如果放弃一科，将失去第二次考试的机会，同时各大学过分依赖该考试，在录取新生时按总分选拔，使得大学间出现了明显的序列化倾向。大学考试中心考试的特点是：考生可以考 1 科至 6 科（最多为 6 科）；各大学根据各自的判断与独创方式自主决定利用该考试的学科、科目及分数，以判断考生在高中阶段掌握基础课程的情况。各类大学则自行实施灵活多样的个别考试与之相配合。它使考试既能判别学生在高中阶段所达到的基本程度，又具有多样的特色，适应大学的个性。

此外，为了使国立、公立大学考试机会多元化，日本于 1987 年实行“连续方式”的考试（即个别大学在 A 日程与 B 日程的任何一个日程中，都可以进行一次考试），1989 年又增加了“分离、分割方式”的考试（即个别大学将考生分为两次进行考试），并逐渐形成了两种方式并用的考试办法。

二、现行的招生考试

日本现行的招生考试，由“大学入学中心考试”和各大学的个别考试，来综合考查学生的学力、能力和适应性等。

（一）大学入学中心考试

大学入学中心考试，简称“中心考试”，是由独立行政法人大学考试中心举行的全国统一学力考试，目的是判定考生高中阶段基础性学习的完成程度。考试科目共有 6 科 31 门，它们是国语、地理历史、公民、数学、理科、外语 6 科，考生的选考科目数量由所报考的大学决定，分数也由大学自主决定。有资料显示 2001 年国立、公立大学利用中心考试的情况（见表 5-1）。另外到 2002 年 1 月止，有 95 所国立大学的 380 个学部、73 所公立大学的 159 个学部、310 所私立大学的 772 个学部，共 478 所大学的 1 311 个学部准备在 2002 年度的招生中利用中心考试①。

① 张宜年、史亚杰、张德伟：《日本大学招生考试制度的多样化》，《外国教育研究》2002 年第 6 期，第 43～45 页。

表 5-1　2001 年度各国立、公立大学利用“中心考试”情况

区　分	国　立		公　立		合　计	
实施入学者选拔的大学、学部数	大学	学部	大学	学部	大学	学部
	95	389	72	158	167	547
考 6 科	3	3	3	3	6	6
考 5 科	86	332	41	75	127	407
考 4 科	57	113	36	56	93	169
考 3 科	67	140	46	82	113	222
考 2 科	19	25	18	25	37	50
考 1 科	4	4	4	4	8	8
不考试		1	1	1	1	

（二）各大学的个别考试

各大学组织的单独考试是第二次学业适应考查，主要目的是检验学生的学业适应能力与发展潜力。文部省在 1976 年颁布的入学考试《实施要项》中，特别提示了各大学组织的第二阶段学力考试应注意的问题：

（1）应尽可能少地选择与大学或院系的专业、特色相关的，且必需的科目、课程作为考试内容。

（2）为有利于职业高中学生参加考试，应注意选择与职业相关的、基础的、基本的科目和他们能够完成的试题难度。

（3）试题类型可以采用记述式和论文式，但应在可能的情况下，将标准的解答样例、出题的意图以适当的方式予以公布①。

各大学组织的单独考试主要有下面几种形式。

1. 个别学力考试或学力检查

考试科目共有 4 科，考生可任选 1 科或数科。它是根据大学、学部的专业要求等判断考生的学历、适应性和能力等。2001 年国立、公立大学学历检查的情况如表 5-2 所示②。

① 佐佐木亨：《大学入试制度》，大月书店，1984 年，第 111 页。

② 张宜年、史亚杰、张德伟：《日本大学招生考试制度的多样化》，《外国教育研究》2002 年第 6 期，第 43～45 页。

表 5-2　2001 年度国立、公立大学实行个别学历检查的情况

区　分	国　立		公　立		合　计	
实施入学者选拔的大学、学部数	大学	学部	大学	学部	大学	学部
	95	389	72	158	167	547
考 4 科	4	20	1	2	5	22
考 3 科	36	119	17	37	53	156
考 2 科	74	206	24	45	98	251
考 1 科	67	171	31	47	98	218
不考试	92	313	66	135	158	448

2. 小论文测验、面试

除学力考试外，各大学还实行小论文测试、综合问题测试、面试、实际技能检查和听力测试。近年来，也有的大学不进行学力考试，只通过小论文、面试等方式测试学生的能力与素质。2001 年各国立、公立大学采用这些考试的情况如表 5-3 所示①。

表 5-3　2001 年度国立、公立大学实行小论文测试、面试等的情况

区　分	国　立		公　立		合　计	
实施入学者选拔的大学、学部数	大学	学部	大学	学部	大学	学部
	95	389	72	158	167	547
小论文测验	84	233	55	97	139	330
综合问题测试	34	60	18	27	52	87
面试	77	180	43	63	120	243
实际技能检查	57	64	11	14	68	78
听力测试	47	112	9	15	56	127
不进行个别学力考试，只以小论文测试和面试等选拔	92	313	66	135	158	448

① 张宜年、史亚杰、张德伟：《日本大学招生考试制度的多样化》，《外国教育研究》2002 年第 6 期，第 43～45 页。

3. 以专门高中和综合学科毕业生为对象的选拔

这种选拔制度是1996年开始实施的，它是商学、工学、农学、家政学、护理学等类型的大学、学部为了招收有一定专业素养的新生，以职业教育的专门高中和综合学科毕业的学生为对象而进行的有别于一般考生的招生考试。例如，2001年度，有16所国立大学的17个学部、2所公立大学的学部都实行了这种选拔①。

4. 入学选拔办公室考试，简称AO考试

这是由大学设立的专门负责招生考试的机构组织实施的考试。1900年私立大学最先导入这种考试，2000年开始，国立、公立大学也引入这种考试，同年有75所国立、公立、私立大学采用了这种考试。2001年有5所国立大学的23个学部、3所公立大学的6个学部实施了这种考试。其特点是，大学为了招收适合自己的使命和校风的学生，而利用评价高中时期活动的文件、本人填写的志愿理由书、高中以后的活动报告书等材料和面试等，从多方面综合评价考生的学业成绩和能力；考试由专门的职员实施，周期为2～3个月②。

5. 特别选拔

它主要包括推荐入学和以归国子女、自中国返回者的子女、社会人等为对象的选拔。有的大学利用推荐制度的同时，也利用“中心考试”选拔学生；而有的大学则不利用它。2001年度实行特别选拔的国立、公立大学的情况如表5-4所示③。

由上所述，我们至少可以总结出六种日本大学招生考试或选拔的方式：

（1）“中心考试”＋个别学力检查。

（2）“中心考试”＋面试、小论文测验等。

（3）只采用“中心考试”。

（4）只采用小论文测验、面试等。

---

① 张宜年、史亚杰、张德伟：《日本大学招生考试制度的多样化》，《外国教育研究》2002年第6期，第43～45页。

② 张宜年、史亚杰、张德伟：《日本大学招生考试制度的多样化》，《外国教育研究》2002年第6期，第43～45页。

③ 张宜年、史亚杰、张德伟：《日本大学招生考试制度的多样化》，《外国教育研究》2002年第6期，第43～45页。

(5) 采用推荐入学等特别选拔。

(6) 日本个别大学仅凭高中的调查书、健康检查书等材料录取新生。

可见，目前日本大学招生考试的评价方法和评价尺度是非常多样化的。

表 5-4 2001 年度国立、公立大学实行特别选拔的情况

区分	国立		公立		合计	
实施入学者选拔的大学、学部数	大学	学部	大学	学部	大学	学部
	95	389	72	158	167	547
推荐入学	86	284	64	114	150	398
实行“中心考试”	52	112	9	11	61	123
免除“中心考试”	79	227	62	110	141	337
以归国子女为对象的选拔	77	207	36	80	113	287
以自中国等返回者的子女为对象的选拔	22	50	12	32	34	82
以社会人为对象的选拔	49	103	38	66	87	169

三、高校招考与教育教学的关系

(一) 大学自主招生，入学考试为大学服务

在日本，凡是提供四年课程的高等学校统称“大学”。1990 年，日本共有大学 507 所，其中国立 96 所，公立 39 所，私立 372 所；短期大学 593 所，其中国立 41 所，公立 54 所，私立 498 所；高等专科学校 62 所，其中国立 54 所，公立 4 所，私立 4 所。20 世纪 90 年代以来，日本教育进一步向个性化、多样化方向发展，大学招生是为了招收适合大学、学部的教育目的、特色和专业特性的学生。因此，1990 年以来不仅大学入学中心考试的选考科目数量由所报考的大学决定，分数由大学自主决定。同时，各大学的个别考试更是体现了该大学的特色，他们自行举办第二次考试，制定自己的选拔原则和方法。

(二) 两次考试制度，既体现高中教育实际又体现大学专业需要

第一次考试，虽然从 1990 年起由“共同第一次考试”改为“大学考试

中心考试”，学生选考科目及录取分数由大学决定，但它依然起着用统一尺度测量考生高中基础学力水平的作用，它是绝大多数大学选拔新生的参考资料之一。第一次考试以考查高中基础知识为目的，试题形式为客观题，实行标准化考试。

第二次考试即各大学的个别考试，则以考查专业适应性能力为目的，试题形式为论文、论述、口试等，主要为主观性试题。如此，两次不同类别的考试互为补充，既减少了对正常教育教学的干扰，又有高校专业适应性考查。

（三）评价尺度多元化，促进高中、大学教育的多样化、个性化，铲除学历社会的弊端

一般情况下，日本大学招生时不仅看考生的学业成绩，而且看他们的兴趣、特长、适应性和各种能力，从多方面对学生的学力加以评价。在日本，大学所要求的学历，既包括各种能力，也包括品德等素质，这是一种结构主义的学历观，而不是一种智力测验的学历观。日本之所以从多方面评价学生的学历，其主要目的是，通过评估多元化铲除学历社会的弊端，促进高中、大学教育的多样化、个性化。

众所周知，日本是个学历主义社会。学历主义社会是指学历比其他因素在决定一个人的社会地位时更具有决定性作用的社会，与血统主义相比，它具有历史的进步性。其主要特征是：

（1）学校从一个纯粹的“教育”机构转变为一个“筛选”机构和专门发放学历证书的场所。

（2）教育的目的从“旨在获得职业与生活所必要的知识与技能”转变为“旨在获取高地位的职业”。

（3）考试作为选拔手段普遍存在于并指挥教育过程和升学过程。

（4）产生激烈的升学竞争与考试竞争以及大量为升学而学习的厌学者①。

此外，大学的序列化也比较严重，它培育着全国的权力结构，以至于有观点认为东京大学是实际上唯一通向国家权力官僚政治最高位之门②。

---

① 陈志江：《当今日本教育概览》，河南教育出版社，1994年，第141页。

② New York Times（May 24，1991）：10.

就教育而言，学历社会的最大弊端可谓是偏差值教育。1957 年苏联人造地球卫星的成功发射，引发了日本的“能力主义教育政策”出台。偏差值的录取办法是“能力主义教育政策”的举措之一。1961 年 10 月开始，文部省在全国的初中二、三年级中实行全国统一学力考试。一方面是为了提高教育水平和质量，另一方面是希望借这种全国统考为以后的大学统一入学考试奠定基础，积累经验。文部省在《昭和 36 年度全国中学统一学力调查实施纲要》中的说明是，全国中学学力调查的目的是使“各中学在同全国水平的比较中，发现自己的优势，以便加强对学生的指导，并不断提高”①。后来这种全国学力统一考试模式被应用到大学升学考试中，结果对全国各级各类学校教育产生了非常深远的影响。它直接诱导中学狂热追求本校在各地区之间的排序；各学校之间的排序以及其学生的学业成绩排序。教师指导学生选报志愿大学和专业时，不再关心学生的实际爱好和特长，而是根据他们在模拟考试中的偏差值。家长为了使孩子考上偏差值较高的知名大学，就得挤进名牌高中，要挤进名牌高中就得先上名牌初中，最后一直延伸到小学、幼儿园。很多孩子很小就开始被无情地卷入“升学考试战争”之中。中学及其以下的教育成为名副其实的“偏差值教育”。

日本著名学者北尾吉孝认为，战后错误的自由主义大行其道，偏差值教育横行，表彰考试成绩好的学生，道德教育、家教丝毫没有得到重视，偏差值教育产生了“手册人”、“教科书人”、“不教什么就不会做什么的人”②。另一日本著名学者梅原认为，本来愈是高等教育愈要求有创造性，可是偏差值教育的优等生往往是缺乏创造性的人。这恐怕是由于教师按毁灭创造性的方针在进行教育。只进行“填鸭式”教学，我担心培养的人不仅没有创造性，甚至缺乏感情。我往往发现这样的情况，那些长期为应付考试而拼命学习的人，碰到什么事都不会感动。考试及格了会有些感动，再不会有其他什么感动了。一想到将不断出现这样不会喜怒哀乐、没有道德、没有宗教、没有感动、没有创造性的人，真正叫人害怕。创造性教育是很难的，但如果不朝着在各个领域里培养大批创造性的个性的方向去发展，国家是没有出路的。日本著名学者稻盛认为，日本的教育是一种偏向智育的教育，已变成一

① 佐佐木享：《大学入试制度》，大月书店，1984 年，第 94 页。

② 对北尾吉孝的报道．现代教育新闻．http://finance.sina.com.cn. 2003 年 07 月 18 日。

种仅仅灌输知识的形式，这种形式正在不断地膨胀①。

就入学选拔考试而言，它是一种常模参照型考试，在日本称为偏差值考试。由于通过考试进入何种高校基本上决定了毕业后的去向，日本社会和大企业历来偏重毕业生的毕业学校。这就不免出现学生为考试而考试，教师为考试而教学，学校为争取升学率而频繁地考查学生的学力和智力水平。偏差值考试的科目只限于主课，因而师生也侧重主课，忽视副课，造成学生知识面狭窄。试题侧重记忆能力，因而导致死记硬背书本知识，缺乏智力的训练和独立分析问题以及解决问题的能力，影响了学生的全面发展。它还使得一部分学生从小就产生优越感和骄傲的心理，而另一部分青少年则产生自卑感和自暴自弃的心理，从而导致暴力事件增多。与其相伴的问题，还有诸如私立补习学校大量产生，大大促进了以入学考试分数为中心的教育制度标准化。此外，还有“落后生”的增加以及青少年犯罪率的上升，也与此相关。最后，学生的体质下降，还可能造成心理上的负担②。为避免成为“失败者”，大量的重考生出现，据说多半的东京大学录取生和全国大学医学院的录取生都是重考生③，等等。

确实，大学入学考试的压力一直影响到中小学年龄组的学生。资料表明，在考试前，学生往往要在私立辅导机构寒窗苦读两三年以应付入学考试。例如，20 世纪 70 年代中期东京地区的一个调查表明，大约有 56%的公立学校的初中学生（12～15 岁）以及 24%以上的小学生每周课后去补习中心两三次。中小学教师在那里用“试题出版商”提供的模拟考试卷辅导学生。难怪有批评认为，在日本“老师是学生面对考试的盟友”④，学生的竞争是何等普遍，而这种竞争几乎完全是靠记忆啊！⑤

日本的分数主义教育，确实令人畏惧，所以人们把“偏差值教育”称为

---

① 稻盛和夫、梅原猛：《回归哲学——探求资本主义的新精神》，卞立强译，学林出版社，1996 年，第 18 页。

② 陈志江：《当今日本教育概览》，河南教育出版社，1994 年，第 260～264 页。

③ U. S. Department of Education，Japanese Education Today（Washington，D. C.：U. S. Government Printing Office，1987）.

④ E. F. Vogel，Japan as Number One（Cambridge：Harvard University Press，1979），p. 165.

⑤ 埃德蒙金：《别国的学校和我们的学校——今日比较教育》，王承绪，等译，人民教育出版社，2001 年，第 502 页。

一种怪物。日本的教育不仅偏离了目的，而且变成一种偏重智能指数和偏差值的教育，这种教育造就了一些以自我为中心，不善于同别人合作以及缺乏创造力的人。单纯根据能否掌握所学课程就使用“落后”一词并非贴切。人的价值，绝不是根据学习成绩而决定的。一般来说，尽管可以用数值来测定智能和学习，但并不能用它来测定一切。况且，作为人的重要因素的爱情和真善美等的感性东西是根本不能用数值来测定的①。

正是基于以上原因，20 世纪 70 年代日本开始的第三次教育改革的主要目标是走个性化、多样化之路。主要措施是从尊重个性的观点出发，着眼于人们能力的各个侧面，积极地评价某一侧面的优秀能力。同时改变学校教育及职业生活中的所谓“纵向型体系”，力求使插班入学、转学、调转工作、中途录用等“横向”移动灵活化，促进学校、地区社会、工作单位之间的交流。以便扫除人们的闭塞感，缓和为取得学历而集中在青年时期的竞争。由此建立的 7 条原则是②：

（1）建设富于创造性并充满活力的社会，需要具有多种价值观、多种能力、多种个性的人们，而对这些人进行正确的评价是很重要的。为此，改变将评价过分集中在人生初期的学校阶段的做法，在终身教育、学习的情况下，评估应终生进行。

（2）在向终身学习体系的过渡中，评估的内容是必须广泛的，包括知识、技术、技能、健康、人格特性等等各个方面。评估不是固定不变的，重要的是对人生各个时期发挥出来的能力都应给予准确的评价。

（3）评估的意义不只是单纯在于取得学历和资格等，而且在于使评估的结果能在家庭、学校、地区社会或工作单位中发挥作用，希望提高参与者的积极性。

（4）关于评估的多元化，应在反省一向偏重学历的基础上，充分注意由于过分重视某些特定的指标而产生的弊端；但也必须认识到目的完成感、充实感等自我评价对终身学习的重要性。

（5）为了顺利地实行插班入学、转学以及调转工作等，应当促进大学实

① 石井透：《战后日本教育的回顾与前瞻》，王符，等译，暨南大学出版社，1991 年，第 65～66 页。

② 朱永新等主编：《当代日本教育改革》，山西教育出版社，1992 年，第 67、151 页。

行接受社会人员入学、学校之间相互交换学分、累积计算学分和中途录用制度，并使之灵活化。同时，要促进产业界、政府、学界的交流，扩大学校、社会地区、工作单位之间的人才流动。

(6) 在价值观多样化的今天，应根据每个儿童的能力、兴趣和爱好使学校中的评价也趋于多样化。

(7) 21 世纪所需要的创造性人才是必不可少的，充分考虑学习的适时性，充分发展在某些特定领域中所具有的优秀能力是很重要的。

日本人从婴儿时期起就一直盯着大学，20 世纪 70 年代中期和末期开始，改革的重点就放在高中这一阶段教学内容和方法的多样化上，目的在于“使课程多样化，使每个学生能够根据他们所表现出来的潜力以及志向的改变，方便地变换课程，并确保他们转向后仍有机会进入高一级的学校”①。但实现教育的多元化，现在可以说还是理想多于实际。因为在升学竞争的模式下，要真正实现评价的多元化，就要改变单一的升学竞争模式，实现教育模式的多元化。高中教育特别是高等教育本身要多元化。高等教育是一个国家教育的“龙头”和关键，中小学教育是根据高等教育的走向来调整的，所以集中精力实现高等教育的多样化，才能促进整个教育的多样化。

为此，临教审的终结报告要求“改革大学入学选拔制度”，实现“大学入学资格自由化、弹性化”。针对 20 世纪 80 年代出现的教育束缚学生个性发展、考试如“地狱”、高中“出路指导”有“偏差值”的状况，文部省在 20 世纪 80 年代开始修订国立学校设置法，改革以前的高考制度。国立学校设置法修订之后，国立、公立大学采取多次考试形式，并通过调查表、学历检查、面试、小论文、操作检验等方式选拔学生，文部省修订《国立学校设置法》主要是从法律的角度扩大考生的选择机会②。

1990 年日本设立终审教育审议会，自 1997 年开始每年修订教育改革计划，2000 年还设立教育改革国民会议，并把基础教育、高等教育和终身教育作为新世纪教育改革的重点。可是逃学、校内暴力、欺侮弱小行为和高中退学现象始终非常突出，有观点认为这是政府主导型改革的制度疲劳，是国家掌控的过于僵化统一的现代化时期的教育无法适应日趋多样化和个性化的

① 埃德蒙金：《别国的学校和我们的学校——今日比较教育》，王承绪，等译，人民教育出版社，2001 年，第 528 页。

② 朱永新，等主编：《当代日本教育改革》，山西教育出版社，1992 年，第 151 页。

所谓“后现代”时代的结果。这可能也是其大学法人化改革的一个重要动因。

21 世纪日本基础教育注重学生个性和能力，重视“社会化”和“国际化”，重视“选择”和多样性以及评价改革。改革取得了一些成效，学生变得活跃，对学习兴趣增加，爱提问，教师和学生融洽。可是偏差值教育问题依然存在，不同的是入学竞争出现了新变化。“偏差值”较高的名牌大学竞争力度不减，而半数以上的私立大学生源不足。在一部分学生为名牌大学入学机会而竞争的同时，一部分大学却为生源而竞争。这与高等教育的普及化，1993 年以后日本经济的长期萧条导致的学历贬值、就业难、失业率增加，18 岁人口数量在 1992 年出现第二个高峰以后逐年回落，以及青年人价值观念的多元化发展等都有密切的关系。另外，教育界近半数的人认为，政府行政主导型改革，并没有减轻教师和学生的负担，日本中小学生显在和潜在的学习能力和成绩下滑，教师疲惫不堪。学生经过筛选鉴别考试升到大学，日本固有的文化和价值观多少扼杀了他们的创意和个性化发展，实际效果与教育行政部门和教育专家的评价有距离①。

总之，文部省第三次教育改革包括入学制度改革的必要性，主要源于教育还保持“单色调时代”，而他们正是“考试竞争的白热化”、“晦暗的欺侮行为”、“校内暴力”和“青少年犯罪”等问题的根源所在②。明治、大正、昭和时期赶超型现代化成功的同时，结束了其百余年的历史使命。世界和人类从此迎来了从近代工业社会向着 21 世纪高度情报社会的文明史转换的新时期。模仿、注重数量和划一时代已经终结，创造力、重视质量以及个性的发展是新时代的要求。教育必须适应这一要求③，改革必须朝着自由化、多样化、个性化、开放化、目标化的方向，大胆地修正航道④。这也是实行评价多元化的教育背景。

---

① 李水山、黄长春、李鹤：《新世纪日本教育的改革与发展特点》，《职业技术教育》2005 年第 34 期。

② 香山健一：《为了自由的教育改革》，刘晓民译，高等教育出版社，1990 年，第 28 页。

③ 香山健一：《为了自由的教育改革》，刘晓民译，高等教育出版社，1990 年，第 40 页。

④ 香山健一：《为了自由的教育改革》，刘晓民译，高等教育出版社，1990 年，第 108 页。

第三节 英国高校招生考试与教育教学的关系

英国的高校招生考试制度，不管是16岁的“中等教育普通证书考试(GCSE)”，还是18岁的“普通教育证书高级水平（GCE A-LEVEL）考试”或“普通教育证书高级补充水平（GCE AS-LEVEL）考试”，皆体现了教育分流、能力主义与年龄主义的教育传统。“证书制”式的入学制度为学校教育服务，促进了教育的发展，但也给教育带来了一定的负面效应。

一、招考制度的历史发展

19世纪以前，英国没有选拔性的教育考试，那时的大学招生不是现在的证书制，而是推荐加教会审查制度，原因是当时的教育权掌握在教会手中。在19世纪中叶资产阶级革命的胜利和工业革命的兴起这一历史大背景下，出于对效率与利益的关注，现代竞赛式考试开始在英国广泛推行。

1857年，牛津大学成立了牛津大学地区考试委员会，主持一种可免去大学入学考试的中学毕业证书考试，取代了推荐加审查的入学制度。1858年，剑桥大学也成立了地区考试委员会。在1873年文法中学校长会议的要求下，这两所大学又设立了一个联合学校考试委员会。他们举行入学考试，考试标准成为英国中学教学的导向。

尔后，其他大学也仿效并成立了联合的或单独的考试委员会，自行举行考试。与此同时，英国的军队、公务人员和一些专业机构，也都各自设立考试制度。这就使英国各中学的课程内容，很难满足所有学生为应付各种不同考试的需要，于是中学大力呼吁不同的考试合并，统一进行一种甄选性考试。因此，随着1899年英国教育委员会的成立，以及1902年各地地方教育局的成立，英国议会极力倡议成立一个能普遍协调各中学的机构，研究制定一套能普遍适用于各中学的考试方法。为此一个专门的咨询委员会成立，并于1911年提出了议案，后因第一次世界大战而被搁置，直到1917年终于成立了中等学校考试委员会，1918年正式实施一种新的考试制度，即现在的“普通教育证书”考试。考试分初级学校证书考试和高级学校证书考试两种，它既是学生升学与就业的前提，又是评估学校教育教学的一种形式。

1944年教育法颁布后，由于普及中等教育，只能采用考试为主的挑选分配办法，在原有考试制度的基础上，1951 年发展为一般水平（即 GCE O 级水平）与高级水平（GCE A 级水平）的普通教育证书的两种考试制度，但不记分数等级，不利于高一级学校和雇主挑选学生。1953 年开始在高级水平证书上面记入分数差别，1963 年开始又有了从 A 到 H 的比较完整的分数等级制度，从 A 到 E 属于及格，这就适应了大学挑选入学新生的需要。

GCE O 级水平考试的对象，是完成了 5～16 岁义务教育，成绩较为优秀、能力较强的学生，约占同龄学生的 20%。考试划分为 A、B、C、D、E 共 5 个等级，C 以上为合格。GCE A 级水平考试的对象是通过 O 级水平考试，在第六学级学完 2 年的学生，一般在 18 岁时进行，成人和海外学生也可以参加。GCE 考试有几个重要特点：一是考试对象占学生总数的 20%，20 世纪 60 年代中期以前参加这种考试的学生多来自文法中学，人数最多的现代中学的学生很少有人报考；二是考试由若干校外考试机构组织实施；三是 GCE 考试既是中学结业考试，也可以看作是大学入学考试，高校的一般入学要求是通过 5 门 O 级水平考试并至少有 2 门达到 A 级水平；四是考试灵活，没有法定年龄限制，考试科目及数量由学生决定，但想念大学的学生要拿到足够的 GCE 证书，同时所考科目要符合将来所学专业的要求①。

GCE 考试为少数人服务引起社会各界的不满。1965 年以后，文法中学、技术中学等改组为现代中学，这种情况下，英国在保留 GCE 考试制度的同时，增设了一种适应广大学习成绩一般的学生取得某种国家资格的考试——“中等教育证书”（Certificate of Secondary Education，简称 CSE 考试），它的对象约为同龄学生数的 40%，考试内容侧重职业性的知识和技能。考试成绩划分为 1～5 个等级，1 为最高，4 为及格。一般认为，CSE 的第一级相当于 GCE 考试的 C 等。

这样，对于 16 岁学生而言，就需要在 GCE O 级水平考试与 CSE 考试间做出选择。在它们并存的 20 年间，带来了不少弊端，例如只有 60%的学生可以参加两种考试，其他学生被剥夺了参加国家证书考试的资格；由于目标不一，缺乏可比性，两种考试的并行、重叠给教学带来了混乱；偏重笔试，导致实践能力考核不够，能力培养受到忽视等②。

---

① 李家永：《当今英国教育概览》，河南教育出版社，1994 年，第 87～88 页。
② 李家永：《当今英国教育概览》，河南教育出版社，1994 年，第 89～90 页。

1984 年，教育和科学部宣布实行一种新的“中等教育普通证书”(General Certificate of secondary Education，简称 GCSE 考试)，取代过去的 GCE O 级水平考试与 CSE 考试，GCE A 级水平考试继续保留。1988 年，新考试开始实行。新考试仍然采取单科结业的办法，每个考生一般任选 5 门涉及今后升学和就业的科目，成绩分为 A、B、C、D、E、F、G 共 7 个等级，该等级法使用到 1993 年夏季考试结束。其中，A、B、C 相当于 GCE O 级水平的 A、B、C 等级，D、E、F、G 相当于 CSE 考试的 2、3、4、5 等级，具体对照（见表 5-5）①。

表 5-5 成绩等第比照表

GCE O 级	CSE	GCSE
A		A
B		B
C	1	C
D	2	D
E	3	E
	4	F
	5	G

资料来源：李家永：《当今英国教育概览》，河南教育出版社，1994 年，第 91 页。

由于 GCE A 级水平考试课程具有大学预科性质，课程少而精，每个学生一般只选 3 门，这样做有利于将来应考，但知识面不够宽。1987 年英国政府又增设了“普通教育证书高级补充水平”(General Certificate of Education，Advanced Supplementary Level) 考试，简称 GCE AS 级水平考试，其目的是在不降低水平的情况下，进一步拓宽高级水平考试课程的广度。当年，有 10%的第六学级一年级学生开始选修该课程。1989 年夏季举行了第一次“普通教育证书高级补充水平”考试。英国政府“中学考试和评价委员会”(SEAC)，将 AS 级水平考试与 A 级水平考试的关系概括为 2AS=

① 李家永：《当今英国教育概览》，河南教育出版社，1994 年，第 91 页。

1A，也就是说，2门“普通教育证书高级补充水平”课程的教学内容、教学时数以及考试成绩值，相当于1门“普通教育证书高级水平”课程的教学内容、教学时数以及考试成绩值。

“课程2000”中A level考试改革①。2000年9月，英国开始针对16岁后继续教育阶段的课程及资格证书考试改革，它被英国视为1951年引入GCSE考试后变革力度最强的一次改革，目的是打破学术性与职业性课程的藩篱，在两者间架起桥梁；增强课程的宽泛性；提高学生学习选择的灵活性；促进各类资格证书的融合。对于A level考试的改革主要体现在以下两个方面。

（一）AS与A2考试

“课程2000”中把A Level考试分为AS（Advanced Subsidiary Level，高级补充水平考试）和A2两个部分。AS与A2课程各占第六学级课程的50%，各包括3个单元的教学，但AS考试的课程要比A2课程难度低。第六学级第一年，学生至少要选修4门AS课程。学年结束时参加考试，可获得独立的AS Level考试证书。第二学年继续学习难度高一些的A2课程，学年结束以后，综合两年的学习成绩颁发A Level证书。A2课程结束以后的考试不发单独的证书。AS与A2考试有两种形式，学生可以任选其一。一种是分模块进行考试，属于阶段性考试，考试结果依赖于由若干个课程单元考试成绩的总评；另一种是课程终结时的考试。60%的学生选择了前一种的考试方式。A Level考试成绩中，有20%～30%的校内作业分。这次改革的目的是让学生在课程上有更多的选择机会，发展学生的关键技能，丰富学生的实践活动。

（二）增加职业类课程

为了统一国内各种职业资格，1986年英国成立了国家职业资格委员会（National Council for Vocational Qualifications，ACVQ），并设置了“国家职业资格证书”（National Vocational Qualification，NVQ），以考核实际工作环境中受训者的职业能力。1992年，又开始推行“国家普通职业资格”

① 陈鸿莹：《英国高校招生考试制度研究》，天津市教育招生考试院“高校招生考试评价改革”课题成果。

(General National Vocational Qualification，GNVQ) 考试证书制度。GNVQ 的对象是第六学级的学生，和 GCSE 具有同等地位，是一种兼顾普通教育与职业教育的资格证书考试。GNVQ 课程分为初、中、高三个等级。要想通过 GNVQ 资格考试，必须修习 12 个单元的职业课程和 3 个单元的关键技能课程。已获得 GCSE 普通水平证书的学生也可以转入 GNVQ 高级阶段的学习，获得 GNVQ 高级资格证书的学生同样可以升入大学。这样做的目的是加强学术性教育与职业性教育的联系，然而实际上 GNVQ 的地位远没有 GCSE 的高，两者并不等值。2000 年英国教育与技能部部长宣布取消 GNVQ 高级资格证书，用高级职业资格证书 (Advanced Vocational Certificate in Education，AVCE，或者称为 Vocational A-Level) 取代，保留其初级和中级资格证书。2002 年开始把职业课程纳入到 GCE 课程之中。这样 GCE 的高级水平考试 (A Level) 课程中就包括了普通类课程与职业性课程两种。学生可以根据自己的兴趣选择任意的课程模块，获得相应的资格证书，普通类与职业性的考试成绩都可作升入大学之用。

推出高级扩展考试 (AEA)①。2002 年夏，一种为通过 A Level 考试的学生专设的 AEA 考试 (Advanced Extension Awards，高级扩展考试) 被提了出来。AEA 考试的目的是为最优秀的学生提供深入学习的机会 (AEA 课程比 GCE 的 A Level 要深许多)；用与其他国家最高级别的同类考试相一致的标准去评估英国最优秀的学生；无论其所在学校和所学科目，都能有机会参加这种高难度的考试；在能力很强的学生中选出最强者，避免各大学再单设自己的入学考试。这种考试的对象是修习每门课程的学生中前 10%的优等生。从 2002 年起正式开设 AEA 课程。试行的 AEA 课程包括：批判性思维、生物学、化学、经济学、数学、物理、地理、历史、英语、法语、德语、爱尔兰语、拉丁语、西班牙语、威尔士语、威尔士第二语言和宗教研究。

二、现行的招考制度

英国的高等学校包括 89 所大学，19 所拥有学位授予权的高教学院，以

① 陈鸿莹：《英国高校招生考试制度研究》，天津市教育招生考试院“高校招生考试评价改革”课题成果。

及 34 所没有学位授予权但开设其他大学学位课程的学院①。除了开放大学实行开放入学制度外，英国大学的招生一般凭学生中学阶段的 GCSE 毕业证书考试成绩及 GCE A 级或 AS 级水平考试成绩申请入学。通常，高校要求其申请者持有不少于 5 门 GCSE 考试合格证书，其中有 2 门必须是 A 级 GCSE 考试合格证书或苏格兰 SCE 国家教育考试证书，或者是其他资格证书如普通国家职业证书（AVCE）/普通苏格兰职业证书（GSVQ）3 级，或者国际业士证书/欧洲业士证书，等等②。

（一）英国大学的招生一般凭学生中学阶段的各种毕业证书考试成绩直接入学

1. 考试制度

（1）GCSE 考试。英国 16 岁学生参加“中等教育普通证书”（GCSE）考试合格，意味着义务教育的结束。GCSE 考试每年夏季举行，负责的中央机构是“学校考试和评价委员会”，具体工作由各考试机构负责。考试按 3 种模式实施：一是由校外 GCSE 考试联合委员会制定考试大纲，编制试题，组织考试、评卷及报告成绩，这是英国大多数学校采用的模式；二是学校有时因教学需要自己制定教学大纲，仍参加考试机构组织实施的考试；三是由学校制定教学大纲并组织实施考试，由考试机构进行监督的模式。

GCSE 考 5 科，英语、数学和科学（物理、化学、生物的综合）为必考，其他为 2 门选考的基础学科。考试的依据是教育和科学部制定的《GCSE 考试国家标准》，分“总的标准”和“学科特殊标准”。总标准规定各学科都要设难度不同的试卷，或在同一试卷中设不同难度的试题，各学科都有一定的“课程作业”标准，“课程作业”如论文、作文、调查报告等由本校教师平时考核并经有关考试机构审核。根据学科特殊规定，数学、物理、化学、生物、综合理科和法语都应设能力区分试卷。一般是两份，即普通卷和附加卷，其中数学 3 份试卷（第 1、2 份为普通卷，第 3 份为附加卷），物理 4 份试卷（3 份普通卷和 1 份附加卷）。普通卷的考试成绩，一般最高为 C，如果想取得 A、B 等级的高成绩，就必须再做附加卷。普通卷的

① 教育部国际合作与交流司编：《世界 62 个国家教育概况》，首都师范大学出版社，2001 年，第 413 页。

② 张文军：《英国的高校招生考试制度及其启示》，《湖北招生考试》，2005 年第 2 期。

成绩必须达到 C 等，附加卷的成绩才有效①。

成绩评定从 1994 年开始，启用与国家统一课程成绩目标的 10 级制 (ten level scale) 相一致的分数量表，即 10、9、8、7、6、5、4、3、2、1。新成绩等第规定与旧规定的对照（见表 5-6)② 如下所示。

表 5-6 GCSE 考试成绩等第比照表

使用至 1993 年	自 1994 年启用	新、旧成绩等第之关系
A	10 9	第 10 级高于 A 等，考生要达到第 10 级要加做特别设计的难题
B	8	二者相当
C D E	7 6	第 7 级和第 6 级相当于 C、D 和 E 等
F	5	二者相当
G	4	第 4 级相当于 G 等，这是 16 岁学生应具有的最低成绩水平，是获得证书的最低条件
U	3 2 1	1、2、3 级，相当于 U 等，即小学水平，不能得到 GCSE 证书

资料来源：韩家勋、孙玲主编：《中等教育考试制度比较研究》，人民教育出版社，1999 年，第 48 页。

需要说明的是，根据《GCSE 国家标准》的规定，“课程作业”成绩，如论文、实验操作、设计等的成绩，在各科总成绩中都应占有不低于 20% 的比例。例如，英国教育和科学部、全国课程委员会以及学校考试和评价委员会，规定了各学科课程作业成绩在总成绩中的比例和开始的时间（见表 5-7)③。“课程作业”的成绩，一般在 GCSE 考试的前两个月，由学校报有

① 徐树成、鲁樱樱：《英国 GCSE 考试制度的特色及其对我国会考制度改革的借鉴意义》，《河西学院学报》2003 年第 3 期。

② 韩家勋、孙玲主编：《中等教育考试制度比较研究》，人民教育出版社，1999 年，第 48 页。

③ 韩家勋、孙玲主编：《中等教育考试制度比较研究》，人民教育出版社，1999 年，第 49 页。

关的考试联合委员会，以备审查和评价其准确性与合理性。

表 5-7　课程作业成绩在总成绩中的比例和开始的时间

1992 年 9 月开始记分	1993 年 9 月开始记分	1994 年 9 月开始记分	1995 年 9 月开始记分	1994—1997 年下列学科记分可实施
英语 40%	生物　30%	地理　25%	现代外语　30%	商业常识　25%
英国文学 30%	化学　30%	历史　25%		宗教常识　20%
数学 20%	物理　30%			古典作品　20%
科学或综合理科 20%	技术　60%			经济学　20%

资料来源：韩家勋、孙玲主编：《中等教育考试制度比较研究》，人民教育出版社，1999 年，第 49 页。

(2) GCE 高级水平及高级补充水平考试。义务教育结束后，约有一半的学生继续升入“第六学级”求学。第六学级相当于我国普通高中阶段，实际上它具有大学预科性质。一般学习两年后，也就是 18 岁时，参加“普通教育证书高级水平”（GCE A-LEVEL）考试，或参加“普通教育证书高级补充水平”（GCE AS-LEVEL）考试，以决定能否升入高等学校。

在英格兰和威尔士地区，负责以上两种考试的是 8 个互相独立的非营利的考试委员会，它们通常是以一所或几所大学为挂靠单位，面向全国考生。各委员会的考试时间大致相同，一般在每年的 6 月至 8 月之间。考试委员会的委员主要由大学和部分中学的教师代表担任，同时吸收其他方面的代表参加。

多数学科考试，是 3 个小时以上的笔试。考试科目，主要由各高校根据本校专业的要求指定。一般一个专业至少指定 3 门学科作为必考科目，也有多于 3 门的。试卷形式一般包括两三种不同难度、不同内容或题型的多张试卷，以便适应不同考生的实际水平，并有利于评定考生的成绩等第。统计数字表明，普通教育证书高级水平和高级补充水平的考试中，得 C 等第的最多，约为 1/3，达到 A 等第的很少，一般只占 9%左右①。

① 韩家勋、孙玲主编：《中等教育考试制度比较研究》，人民教育出版社，1999 年，第 42 页。

考试的成绩评定，与中等教育普通证书一样，也是分学科评定成绩等第，分别颁发相应证书。考试成绩分为 A、B、C、D、E、O、F 或 A、B、C、D、E、N、U 共 7 等。F 或 U 表示失败，不授予证书。O 或 N 表示其成绩仅相当于 GCSE 考试的 C 等，但可以获得证书。E 以上表示通过或及格；A 为最高等。此外，难度相当大的特殊试卷的成绩在证书上单列，分为优秀、良好两个等第。考试的成绩组成，理科类一般是笔试占 80%，实验技能考试占 20%。

评定等第的方法，各委员会大致相同，一般由学科委员会主持，以统计方式及利用“参照组”学校考生的成绩资料，对照各科考试大纲的等第评价标准来决定。所谓“参照组”，是指一个维持年与年之间等第水平的可比性的工具。参照组都是由历届考试成绩稳定并达到指定水平的学校组成。

2. 录取制度

学生向大学和学院统一招生委员会（the Universities and Colleges Admissions Service，简称 UCAS，1993 年由“大学中央委员会”和“多科技术学院中央招生委员会”合并而成）申请上大学，一般在“普通教育证书高级水平”考试前一年的 9 月填写申请表，每人最多填写 5 个志愿学校，每校一个专业，表格中有教师根据考生平时情况写的评语，还有学生参加“普通教育证书高级水平”考试的成绩预测。

有关大学收到 UCAS 寄来的申请表以后，由各系分析申请者情况，筛选出数倍于招生名额的申请人，然后约请他们面试。著名大学如牛津大学、剑桥大学有些专业还要对报考者组织书面考试。大学面试后，将向被试者提出一个建议，除了无条件录取大约 1/5 的优秀学生外，其他是有条件录取，即要求申请人在普通教育证书 A 级考试中必须达到一定的成绩要求，该要求因学校和专业不同而不同。例如，牛津大学和剑桥大学通常要求考生 3 门成绩都是 A；一般综合性大学要求 2 门成绩为 B，1 门成绩为 C；多科技术学院一般要求 2 门主科成绩为 C 即可。申请人收到反馈意见后，在 2 周内，最终从 5 个志愿学校中选出 2 个申请学校，一个为主，一个为副。最终，如果申请者达到了录取条件，即可被录取。

（二）特殊的招生办法

所谓特殊的招生办法，主要有两种情况：

1. 名牌大学的特殊招生办法

名牌大学的录取标准较之一般大学要高，其招生方式，除了通常的GCE 高级水平证书考试的要求外，对那些没有参加或没有通过高级水平普通教育证书考试的学生，还要另外举行考试招生，这是一种类似特长生的招考方式。

以牛津大学为例，它的特殊招生考试，主要有 E、N、P 三种方式的考试。

(1) E 考试。考试时间一般在 11 月，它是牛津大学某一学院或系举办的一种专门考试，主要考查学生的学习潜力。这种考试重视学生的来源，着重了解学生的学习能力，以及对问题的处理能力和学习方法。读牛津大学医学专业的必须参加这种考试。参加 E 考试成绩优秀的学生，对高级水平教育证书考试的科目成绩要求可以放低，有 1 门为 A，2 门为 E，也可以接受入学。

(2) N 考试。主要属于面试，也有笔试，有时在 E 考试后举行。目的是考查学生的学习能力、兴趣和潜力等，在达到基本要求后，面试成绩好的则可被录取。

(3) P 考试。通过它录取的学生最少。据统计，1988 年申请报名牛津大学的人数为 9576 人，参加 E、N、P 考试的分别为 6295 人、2241 人、1040 人，最后共计录取 3164 人，录取率为 33%①。

2. 开放大学的招生办法

这是 20 世纪 70 年代创办开放大学以来的“宽进严出”的招生办法。开放大学开课达 100 门以上，含大学本科以及研究院的课程，实行学分制。学校主要通过电视、广播及函授方式对学生进行教学，其文凭或学位资格与正规大学等同。

三、高校招考与教育教学的关系

（一）大学自主招生，用两次考试的结果作为录取标准，导向中等教育的教学

英国考试工作由专门的考试机构来承担，选录工作由高校自己负责，选

---

① 吴世淑：《国外高等学校招生制度》，南海出版公司，1992 年，第 28～29 页。

录标准由大学自己掌握。考试的依据是国家颁布的教学大纲，一定程度上限制了教师自由选择课程、考试大纲以及在最后考试中的自主权①。

这里，对英国大学的情况作两点说明：第一，英国大学学制，一般为3年。20世纪60年代以前，英国的高等教育指的就是大学教育。随着20世纪60年代多科技术学院、教育学院和全国学位委员会的建立，高等教育的体制结构发生了变化，形成了独具特色的双重制，分为大学和多科技术学院、教育学院两部分。大学被称为高等教育的自治部分，多科技术学院、教育学院被称为高等教育的公共部分。两者的区别是：大学实行自治，多科技术学院和教育学院由地方教育当局管理；大学有权授予学位，多科技术学院和教育学院无权授予学位，可以读全国学位授予委员会的学位和伦敦大学的校外学位；大学的经费来自教育和科学部，通过大学拨款委员会分配到各大学，多科技术学院和教育学院的经费由地方供给；大学多为综合性，实施学术性教育，多科技术学院和教育学院以工程技术和师资培养为主，同时还实施继续教育；大学承担教学和科研两方面的任务，多科技术学院和教育学院以教学为主②。第二，由于多科技术学院和教育学院在技术与一些业务领域发挥着愈来愈重要的作用，英国政府逐步决定把它们从地方的约束中解脱出来，废除"双重制"，使规模较大的升格为大学。1987年的白皮书《高等教育：应付挑战》中提出"地方教育当局不再负有为本地区提供高等教育设施的职责"。1991年的白皮书《高等教育的框架》指出"'双重制'已成为高等教育进一步发展的障碍"。《1992年继续与高等教育法案》和《1992年继续与高等教育（苏格兰）法案》，终于使许多学院升格为大学③。

英国大学自1965年以来直到1984年GCSE考试制度的出台，对16岁学生一直实行GCE考试和CSE考试双重考试制度。其中GCE考试又分为O级水平考试和A级水平考试，两次考试分别在16岁和18岁左右进行，大学录取时要看两次考试的成绩。一般的成绩要求是，2门A级水平，3门

① Stewart Ransom et al.，"Examinations in Context：Values and Power in Educational Accountability."（p. 94）in Nuttall，ed.，Assessing Educational Achievement，pp. 81-98.

② 李家永：《当今英国教育概览》，河南教育出版社，1994年，第121页。

③ 王承绪分卷主编：《世界教育大系——英国教育》，吉林教育出版社，2000年，第537～539页。

O 级水平。1984 年 16 岁考试合并为一个考试制度 GCSE 以后，由于保留 18 岁时的 GCE A 级水平考试，增加 18 岁时的 GCE AS 级水平考试，使 1A＝2AS，故仍然是两次考试制度。大学录取学生，不仅看 16 岁时 GCSE 考试的成绩，还必须看 18 岁时 GCE A 级水平考试或 GCE AS 级水平考试的成绩，加上许多大学录取时还要看平时成绩、面试成绩，且两次考试本身包括认知与实践能力（如对学生“课程作业”的要求），这就使大学对学生的考查具有准确性与连贯性，考试对中等教育教学具有正确的导向①。

（二）表现在大学入学考试与高中课程的联系方面，不同的课程要求有不同的考试

应该说，二战后英国的“三轨制”中学如文法中学、技术中学、现代中学以及公学，它们本身就有各不相同的课程要求，20 世纪二三十年代后即使综合中学大量建立到今天已占全部中学的 90%以上，但进入综合中学的学生仍旧按成绩、意向、能力被分为学术组、技术组和现代中学组，设置不同的课程。因此，入学考试客观上需要与学校教育课程相配合。

但事实上，由于英国在 1989 年以前只举行一类偏重学术性的 GCE A 级水平考试，这就限制了学生在中学第六学级学习课程的广度，因此，英国采取了通过增加高级补充水平的 AS 级水平考试的措施，来推进第六学级学生选修课程的广度。如此一来，由于 GCE 考试是由 8 个互相独立的大学考试委员会单独组织实施，这就产生了 GCE A-LEVEL 考试与 GCE AS-LEVEL 考试，在考试标准、考试内容、评分标准、方法等方面各不相同的问题，它使得中学教学很难适应。1996 年以后，由于政策明确规定两种考试的课程标准与大纲要求，并把其关系规定为 2AS＝1A，英国的高中即第六学级相应的选修课程，也就有了如下多样的组合：

（1）选 3 门 GCE A-LEVEL 课程。

（2）选 2 门 GCE A-LEVEL 课程，再加 2 门 GCE AS-LEVEL 课程。

（3）选 1 门 GCE A-LEVEL 课程，再加 4 门 GCE AS-LEVEL 课程。

（4）选 2 门 GCE A-LEVEL 课程，再加 1 门职业课程，如高级秘书课程②。

---

① 贾非：《各国大学入学考试制度比较研究》，辽宁教育出版社，1990 年，第 137 页。

② 李家永：《当今英国教育概览》，河南教育出版社，1994 年，第 82 页。

英国高中课程突破了在 A 级水平考试情况下侧重文科的学生只选 3 门学术性课程的局面，使他们有机会继续选学数学、自然科学、企业研究或经济与技术一类的学科，也使得职业技术课程融入高中。对学生而言，总学习量不变，考试成绩值不变，有利于拓宽学生的知识面与结构，受到了学校、社会的欢迎，适应了学生今后的发展。

（三）表现在大学的录取标准上，校外统考与校内测验成绩相结合

为了能够全面、准确地考查学生的知识与能力，弥补校外统考（主要为笔试）的不足，必须了解学生平时学习情况。与 GCSE 考试一样，GCE A-LEVEL 及 GCE AS-LEVEL 考试都非常重视学生校内学习过程中对学科技能的考查，并将这种以学校教师为主的校内测验成绩以一定比例计入学科总成绩。

校内测验通常占 20%的比例，它通常称为“学科作业”或“课程作业”。为保证校内成绩的可靠性和可比性，目前主要采用由校外提出目标和要求，拟定测验方案（有时包括题目），校内教师组织测验，考试机构进行抽查、审核，并根据审核结果对该校所有考生成绩加以平衡的方法。

根据学科的特点，“课程作业”的形式多种多样，如理科的实验报告、语言的录音磁带、小论文、调查报告等。重点考查学生以下几种能力：研究能力，主要是收集、整理、分析、判断各种资料以及信息的能力；观察事物变化并作准确记录的能力；操作仪器（仪表）和机械的能力；口头表达能力；调查、计划和设计能力；集体工作能力；影响感染他人的能力等等。

校外考试一般占 80%的比例，在理科类学科如物理、化学、生物等的考试中，它们本身还有 20%比例的分数用于实验考试。它们的组织实施有两种情况，一是按照考试机构规定的程序，在本校参加实验技能考试，由本校教师组织考试和评定成绩；二是参加校外考试机构组织的实验技能考试 3 小时，考生分组进行考试，每组试题不一定相同。

（四）表现在大学入学的考试要求上，多样化的试卷适应了学生不同的发展水平

英国中学的证书考试设计原则是能力区分考试。各科考试要设计难度与内容不同的试卷，除一份或两份试卷每个考生必做外，其他供考生选做，以

便让不同能力水平的考生都能有机会在考试中显示自己的水平，做到各尽所能，按需应考，增强了考生应考的信心，提高了国家考试的报考率和合格率。

例如，语言类学科考试，它分为基础听、说、读、写和高级听、说、读、写的不同层次、不同内容的考试。只参加基础听、说、读考试的考生的最高成绩，只能得 E 等。如果想得到 D 等，必须加试基础写作或高级听、说、读中的一部分。如果想得到 C 等，必须在基础听、说、读、写考试后再加试高级听、说、读中的一部分。想得 B 等者，还必须加试高级写作部分。想得 A 等者，在基础听、说、读、写考试后，还要加试高级听、说、读、写中的两部分。

理科类考试，则按笔试（占全科总分的 80%）加实验技能考试（占全科总分的 20%）进行。笔试分两卷进行，试卷形式是，卷一：Ⅰ部（短问题）60%；Ⅱ部（实验题）20%；Ⅲ部（论述题）20%。卷二：Ⅰ部（在基本概念方面）1/3；Ⅱ部（在实验探究方面）1/3；Ⅲ部（在解释和应用方面）1/3。卷一的Ⅰ部、Ⅱ部各题为必答题，而Ⅲ部中则有选答题。卷二的Ⅰ部、Ⅱ部、Ⅲ部由考生任选其中两部分。

由于选做不同试卷与考试总成绩等第直接相关，可以使绝大多数考生都能获得与自身水平相近的成绩等第，获得证书，以成功者而不是失败者的心态毕业、升学、就业。试卷的多样化，适应了经济和社会发展对人才多层次的需要，有利于在中等教育阶段处理好发展个性与打好基础的关系，一方面保证了学生基本素质水准；另一方面鼓励学生根据自己的兴趣、特长和志向，充分发展个性，为今后从事不同专业的学习或不同行业的工作奠定较深厚的基础。

（五）英国高校招生考试制度的负面影响

自 1963 年《罗宾斯报告》出台，就开始向高等教育大众化的阶段迈进，1995 年英国高等教育毛入学率已经达到了 49.5%，但其高校招考并非没有问题。

问题之一，就是不可避免的“失败者”。区别性考试把人们的成绩互相区别开来，对于某些人来说是不能接受的，尤其是当全体人民都卷入考试的时候。

问题之二，就是经常有少数人被排除在考试的范围之外。自 20 世纪 70 年代中期起，人们普遍感到，能够有 80%以上的 16 岁青年参加公共考试已经不错了。然而，仍有 20%的学生未能参加这些科目的考试，这不能不说是一种遗憾。大多数学校力求使每个学生取得某种程度的成功，但要使能力最差的学生也有所得，常常不是一件容易的事情。

问题之三，各考试委员会的考试标准常常引起非议。尽管英国国家教育与科学部 1988 年公布了全国性的课程总标准，但要是一个考试部门比起另一个考试部门掌握标准较宽，就会招来满城风雨。报纸“不择手段”地利用人们的任何一种忧虑而大做文章，教育效果的好坏成了时兴的话题[①]。

问题之四，考试可以可靠地预知学生的成绩，但评价学生的其他品质往往较难，因为证明材料容易受到个人偏见的影响，具有较大的主观性，且人的品质可能取决于人们的环境。一个行为不好的人，也可以转变为有用的公民。不过，探索考试为主的综合评定办法是必然的和必要的。

问题之五，英国工业同业联盟（CBI）以及工会联盟会议（TUC）多次严厉批评 A 级考试对教育所起的决定性作用，以及其忽视与职业紧密联系的狭窄的专业学问[②]，他们认为扩展高等教育途径的障碍在政府，从而造成 A 级考试的狭窄[③]。最后，批评还认为 GCSE 考试在要求“真实评价”（即包括校内成绩及校外学业作品等的全面评价）时面临公平性及客观性的问题[④]。

第四节　法国高校招生考试与教育教学的关系

法国的招生考试制度，综合大学招收新生一般依赖“高中毕业会考制度”，大学校的招生则依赖严格的“选拔性考试”。它们都体现着法国选择性

① 罗伯特·蒙哥马利：《考试的新探索》，黄鸣译，广西人民出版社，1984 年，第 71～73 页。

② Economist（April 27 and May 18，1991）：p. 13，64.

③ All these observations were cited in Economist（April 27 and May 3，1991）：p. 13，64.

④ See Joan Knapp，Commentary，Eckstein and Noah，Examinations，pp. 88-91.

教育分流制度与淘汰制度的传统，中学多轨制度的传统。法国一向以其严格的会考制度而自豪，但它也给教育带来了较为明显的弊端。

一、招考制度的历史发展

古代奴隶社会，法国没有成形的教育与考试制度。中世纪法国在12、13世纪出现了大学，如巴黎大学（1150年）、蒙比利埃大学（1180年）、图卢兹大学（1230年），但教育权掌握在贵族手里，考试没有成为升入高一级学校的选拔手段。

随着资本主义的发展，14世纪法国中学毕业会考产生了。1808年，在拿破仑加强中央集权的教育世俗化改革中，法国借鉴中国的科举制当中的学位制，把中学毕业资格作为国家第一级学位，以法律规定业士学位是法国公民的基本学历，中学毕业会考为公共考试，由大学方面主持，大学教授和部分中学教师任考试官，使得中学会考得到大学、中学两方面的承认。国家对考试的认可，维持了中央对考试的垄断。

其后，随着课程种类的增加，考试种类亦相应增加。19世纪中期政府规定学习文、实课程的学生，都可获得业士学位，都有升学的资格。1905年中学毕业资格分哲学科和数学科，到1942年增加到哲学科、数学科、哲学-数学科三类。1946年，中学毕业资格分为四科，即哲学科、实验科学科、数学科、技术科。1960年又增加到5科，增加了数学-技术科。1969年为适应职业技术教育的发展，又增设了技术教育毕业资格考试，形成了普通资格证书考试和技术资格证书考试并存的局面，一直沿用到现在。取得证书者，可直接升入大学。1970年代以来至1990年，法国普通高中毕业会考分为5类12种，技术高中毕业会考分为3类17种。各学校要通过不断地方向指导，来帮助学生确定选科及选考其中的一种，教育部则根据各科不同的特点和要求，来规定这8类高中班的教学大纲，具体分类①见表5-8。相应的考试情况举例②见表5-9、表5-10。

---

① 吴世淑：《国外高等学校招生制度》，南海出版公司，1992年，第55～56页。

② 韩家勋、孙玲主编：《中等教育考试制度比较研究》，人民教育出版社，1999年，第133～134页。

表 5-8 法国高中毕业会考的分科

<table>
<tr><th colspan="5">普通高中（5类12科）</th><th colspan="3">技术高中（3类17科）</th></tr>
<tr><th>A类：
文学与哲学</th><th>B类：
经济和社会科学</th><th>C类：
数学和物理</th><th>D类：
数学和自然科学</th><th>E类：
数学和技术</th><th>F类：
工业技术</th><th>G类：
经济技术</th><th>H类：
计算机技术</th></tr>
<tr><td rowspan="2">A1 拉丁文和希腊文</td><td rowspan="11">不再分科

经济与社会科学</td><td rowspan="11">不再分科

数学与物理</td><td rowspan="4">D 数学与自然科学</td><td rowspan="11">不再分科

数学与技术类</td><td>F1 机器制造</td><td rowspan="2">G1 行政技术</td><td rowspan="13">不再分科

计算机技术</td></tr>
<tr><td>F2 电子</td></tr>
<tr><td rowspan="2">A2 拉丁文和现代外文</td><td>F3 电工</td><td rowspan="2">G2 定量管理技术</td></tr>
<tr><td>F4 土木工程</td></tr>
<tr><td rowspan="2">A3 拉丁文和数学</td><td rowspan="7">D1 农业科学</td><td>F5 物理</td><td rowspan="9">G3 商业技术</td></tr>
<tr><td>F6 化学</td></tr>
<tr><td rowspan="2">A4 语言和数学</td><td>F7 生物化学</td></tr>
<tr><td>F8 生物</td></tr>
<tr><td>A5 语言</td><td>F9 医学</td></tr>
<tr><td>A6 音乐</td><td>F10 房屋技术设备</td></tr>
<tr><td>A7 美术</td><td>F11 精密技术</td></tr>
<tr><td colspan="5" rowspan="2"></td><td>F12 器乐</td></tr>
<tr><td>F13 舞蹈</td></tr>
</table>

资料来源：吴世淑：《国外高等学校招生制度》，南海出版公司，1992年，第55～56页。

表 5-9 普通高中 E 类考试（数学和技术类）

考试名称	分数系数	考试时间
初　试		
法语提前考试		
1. 笔试	2	4小时
2. 口试	1	
笔　试		
3. 哲学	2	4小时
4. 数学	5	4小时
5. 物理和化学	4	3小时30分钟
6. 机械制造	4	4小时
口　试		

续表

考 试 名 称	分数系数	考试时间
7. 应用技术	3	4 小时
8. 第一现代外语	3	
体育必考	1	
复 试（口试）		
9、10 两个考核科目，由考生从笔试科目（包括提前考试的科目）中任选两科		

资料来源：韩家勋、孙玲主编：《中等教育考试制度比较研究》，人民教育出版社，1999 年，第 133 页。

表 5-10 技术高中 F1 类考试（机器制造）

	科 目	考 试 方 式	系 数	时间（小时）
第一次	法语	笔试	2	3
	数学	笔试	5	4
	应用力学	笔试	4	3
	法语	口试	2	
	外语	口试	2	
第二次	物理	口试	4	
	从第一次笔试科目中选两门	口试	同第一次	
	工具制造	笔试	4	4
	工艺学	笔试	3	3
	操作	笔试	4	8—12

资料来源：韩家勋、孙玲主编：《中等教育考试制度比较研究》，人民教育出版社，1999 年，第 134 页。

准备进入大学的学生，还要在附设于普通高中的预备班学习二至三年，然后通过更为激烈的考试，才能升入大学。此外，随着教育民主化呼声的不断高涨和高等教育的发展，法国还于 1969 年设立了“大学专门入学考试”，为那些没有获得高中毕业会考文凭或同等学力证明的人进入大学开辟了一条新途径，大约 2%～4%左右的人通过这一途径被大学录取。

二、现行的招考制度

法国现有（综合）大学教育机构 90 多个，工程师学校 300 多所，商科学校 70 多所，另外还有师范高等学校、农业高等学校和其他高等学校总共约 500 多所。法国高等教育机构图（见表 5-11）①：

表 5-11 法国现行高等教育机构图

<table>
<tr><th></th><th colspan="2">第一阶段</th><th colspan="2">第二阶段</th><th colspan="3">第三阶段</th></tr>
<tr><td>年限</td><td>1</td><td>2</td><td>3</td><td>4</td><td>5</td><td colspan="2">6 7 8 9……</td></tr>
<tr><td>大学</td><td>大学学业</td><td>普通文凭</td><td>学士学位</td><td>硕士学位</td><td>深入学习文凭
高级专业学业文凭</td><td>博士学位</td><td>指导研究资格</td></tr>
<tr><td>大学校</td><td colspan="2">大学校
预备班</td><td colspan="3">工程师学校
高等师范学校</td><td></td><td></td></tr>
<tr><td>短期高等教育</td><td colspan="2">大学技术学院
高级技术员班</td><td></td><td></td><td></td><td></td><td></td></tr>
<tr><td>传统科学文化教育机构</td><td colspan="2">法兰西学院
国立工艺博物馆
巴斯德学院</td><td></td><td></td><td></td><td></td><td></td></tr>
</table>

引自邢克超、李兴业：《世界教育大系——法国教育》，吉林教育出版社，2000 年，第 271 页。

法国现行的招考制度，从高教的结构看，主要分为两种情况，一是凭高中毕业会考获得的业士文凭直接申请进入综合大学第一阶段学习，二是通过严格的招考制度进入大学学习。

（一）高中毕业会考

法国高中毕业会考时间是每年的 5、6 月暑假前，一般在大学的大教室进行，入场验证手续严密，并有警察维护秩序。一般考试时间需要 4～5 天，考试结果张榜公布于考场外，供考生和家长及时了解会考的成绩。

1. 会考的分科

根据高中的分科，高中是中等教育的第二阶段，法国高中学制 3 年。第一年（即 2 年级）是义务教育的最后一年，开设共同基础课程，不分科；后两年（即 1 年级和结业班）按不同的课程设置，实行分科教学。

① 邢克超、李兴业：《世界教育大系——法国教育》，吉林教育出版社，2000 年，第 271 页。

1990 年，全国教学大纲委员会根据“教育方针法”的精神，提出了高中新的教学大纲。新大纲将原来高中后两年的分科作了较大的调整，将普通高中原有的 5 科划分为 3 科，即 L（文学）、ES（经济和社会）、S（科学）。技术高中由原来的 3 类科目改为 4 类，它们是：STT（科学与第三产业技术类）；STI（科学与工业技术类）；STL（科学与实验室技术类）；SMS（医学-社会科学类）。新的教学课程安排，普通高中部分见表 5-12 至表 5-14，技术高中部分见表 5-15 至表 5-19①。

普通高中 1 年级和结业班的三类学科组每周教学安排

表 5-12　文学类（L 类）

		1 年级	结业班	会考评分系数
必修科目	法语	5（小时）	—	5
	哲学	—	8（小时）	7
	文学	—	2	2
	现代语言Ⅰ	4	3	4
	历史-地理	4	4	4
	科学教育（1）	4	2	2
	现代语言Ⅱ：	3	3	4
	或拉丁语	4	3	4
	或希腊语	4	3	4
	或艺术（2）	4	4	6
	体育	2	2	2
	课程模块（法语 1 小时和有指导的学校创造活动 1 小时）	2	—	—
专修科目	现代语言（3）	—	3	4
	或希腊语	—	3	4
	或拉丁语	—	3	4
	或数学	—	4	4
	现代语言Ⅱ	—	3	4
选修科目	现代语言Ⅱ	3	3	—
	现代语言Ⅲ	3	3	—
	古希腊语	3	3	—
	数学	4	—	—
	艺术：艺术实践或艺术史	3	3	—
	造型艺术：电影-视听：音乐或戏剧	3	3	—

① 邢克超、李兴业：《世界教育大系——法国教育》，吉林教育出版社，2000 年，第 253～263 页。

注：(1) 生命科学和地球科学；物理-化学。

(2) 造型艺术：电影；音乐；戏剧表演或艺术史。

(3) 现代语言强化：现代语言Ⅱ或Ⅲ，也可以是一种地方方言。

资料来源：邢克超、李兴业：《世界教育大系——法国教育》，吉林教育出版社，2000年，第253页。

表 5-13 经济与社会类（ES 类）

		1年级	结业班	评分系数
必修科目	经济科学与社会科学	5（小时）	5（小时）	7
	经济与社会科学的数学应用	3	4	5
	历史-地理	4	4	5
	法语	4	—	4
	哲学	—	4	4
	现代语言Ⅰ	3	3	3
	现代语言Ⅱ或地方语言或古典语言	3	3	3
	课程模块（经济与社会科学1小时和有指导的创造活动1小时）	2	—	—
专修科目	经济科学与社会科学	—	2	2
	或应用数学	—	2	2
	或现代语言强化		2	2
选修科目	应用数学	2	—	—
	文学	—	2	—
	科学教育（1）	4	2	—
	现代语言Ⅱ	—	—	—
	现代语言Ⅲ	3	3	—
	拉丁语	3	3	—
	古希腊语	3	3	—
	艺术：艺术实践与艺术史	3	3	—
	造型艺术：电影-视听；音乐或戏剧	3	3	—

注：(1) 生命科学与地球科学；数学；物理-化学。

资料来源：邢克超、李兴业：《世界教育大系——法国教育》，吉林教育出版社，2000年，第254页。

表 5-14 科学类（S 类）

		1 年级	结业班	评分系数
必修科目	数学	5（小时）	6（小时）	7
	物理-化学	4	5	6
	生命科学与地球科学	3	3	6
	或工业技术	8	8	9
	或生物-生态学	5	5	7
	法语	4	—	4
	哲学	—	4	3
	现代语言 Ⅰ	3	3	3
	历史-地理	3	3	3
	体育	2	2	—
	课程模块（数学 1 小时和有指导的创造活动 1 小时）	2	—	—
专修科目	数学	—	2	—
	或物理-化学	—	2	—
	或生命科学和地球科学	—	2	—
	或生物-生态学	—	2	—
选修科目	实验科学	3	—	—
	工业技术	3	3	—
	农业与环境	3	—	—
	现代语言 Ⅱ	3	3	—
	现代语言 Ⅲ	3	3	—
	拉丁语	3	3	—
	古希腊语	3	3	—
	艺术：艺术实践与艺术史	3	3	—
	造型艺术：电影-视听；	3	3	—
	音乐-戏剧	3	3	—

资料来源：邢克超、李兴业：《世界教育大系——法国教育》，吉林教育出版社，2000 年，第 255 页。

技术高中课程安排如下：

表 5-15 科学与第三产业技术类（STT 类）

	专业与学时 科目	经营1年级	会计与经营结业班	评分系数	信息与经营结业班	评分系数	管理与商业行为1年级	行为与管理往来 结业班	评分系数	行为与商业往来 结业班	评分系数
必修科目	经济-法律	5	6	8	6	8	5	6	8	6	8
	经营与信息	5	—	—	9	8+6（1）	4	—	—	—	—
	往来与组织	4	—	—	—	—	5	—	—	—	—
	法语	3	—	3	—	3	3	—	4	—	4
	数学	3	3	4	3	4	2	2	2	2	2
	哲学	—	2	2	2	2	—	2	2	2	2
	现代语言Ⅰ	2	2	2	2	2	3	3	3	3	2
	现代语言Ⅱ	3	3	2	3	2	3	3	2	3	3
	历史-地理	2	2	2	2	2	2	2	2	2	2
	体育	2	2	2	2	2	2	2	2	2	2
	课程模块（法语和数学1小时、有指导创造活动1小时）	2	—	—	—	—	2	—	—	—	2
	会计与经营	—	9	8+6（1）	—	—	—	—	—	—	—
	行为与行政往来	—	—	—	—	—	—	9	8+6（1）	—	—
	行为与商业往来	—	—	—	—	—	—	—	—	9	8+6（1）
选修科目	职业界活动	2	2	—	2	—	2	2	—	2	—
	经营与信息	—	—	—	—	—	—	2	—	2	—
	往来与组织	—	2	—	2	—	—	—	—	—	—
	快速发言	—	3	—	3	—	—	3	—	3	—

资料来源：邢克超、李兴业：《世界教育大系——法国教育》，吉林教育出版社，2000 年，第 258 页。

表 5-16 科学与工业技术类（STI 类） （1）

专业与学时 科目	机械工业 1年级	结业班	评分系数	电子工业 1年级	结业班	评分系数	电子技术工业 1年级	结业班	评分系数
必修科目：	（小时）			（小时）			（小时）		
制造研究	7	7.5	8	5	4.5	9	5	4.5	6
工业技术系统研究	10	11	9	8	10	8	9	12	6
物理与应用物理	3	4	5	7	8	5	6	6	7

续表

专业与学时 / 科目	机械工业			电子工业			电子技术工业		
	1年级	结业班	评分系数	1年级	结业班	评分系数	1年级	结业班	评分系数
必修科目：	(小时)			(小时)			(小时)		
数学	3	4	4	3	4	4	3	4	4
法语	3	—	3	3	—	3	3	—	3
哲学	—	2	2	—	2	2	—	2	2
历史-地理	2	—	1	2	—	1	2	—	1
现代语言Ⅰ	2	2	2	2	2	2	2	2	2
体育	2	2	2	2	2	2	2	2	2
课程模块（数学1小时和有指导创造活动1小时）	2	—	—	2	—	—	2	—	—
选修科目：									
现代语言Ⅱ	2	2	—	2	2	—	2	2	—

表5-17　科学与工业技术类（STI类）　(2)

专业与学时 / 科目	民用工程			能源工程			材料工程		
	1年级	结业班	评分系数	1年级	结业班	评分系数	1年级	结业班	评分系数
必修科目：	(小时)			(小时)			(小时)		
制造研究	7	7.5	8	5	5.5	8	7	7.5	8
工业技术系统研究	10	11	9	12	13	9	10	11	9
物理与应用物理	3	4	5	3	4	5	3	4	5
数学	3	4	5	3	4	5	3	4	5
法语	3	—	3	3	—	3	3	—	3
哲学	—	2	2	—	2	2	—	2	2
历史-地理	2	—	1	2	—	1	2	—	1
现代语言Ⅰ	2	2	2	2	2	2	2	2	2
体育	2	2	2	2	2	2	2	2	2
课程模块（数学1小时和有指导创造活动1小时）	2	—	—	2	—	—	2	—	—
选修科目：									
现代语言Ⅱ	2	2	—	2	2	—	2	2	—

资料来源：邢克超、李兴业：《世界教育大系——法国教育》，吉林教育出版社，2000年，第259～260页。

表 5-18　科学与实验室技术类（STL 类）的共同必修课表（周学时）

课程科目	1 年级	结业班	评分系数
数学	3（小时）	2—4（小时）	2—4（小时）(1)
法语	3	—	3
现代语言Ⅰ	2	2	2
体育	2	2	2
哲学	—	2	2
历史-地理	2	—	1
课程模块（数学 1 小时和有指导创造活动 1 小时）	2	—	—
选修课程：现代语言Ⅱ	2	2	—

注：(1) 生物化学-生物工程方向的评分系数为 2。

STL 类所分 3 个专业方向的专业课程安排

表 5-18-1　实验室与工业物理专业课程安排（周学时）

课程科目	1 年级（小时）	结业班（小时）	评分系数
物理：力学、热学、射流技术	3	3	
电学	5	6.5	
测定与自动化	2	2	
应用化学	2	2	
光学与物理-化学或调节与控制	6	6	
必考科目：			
物理-化学-电学			10
实验室操作			6
调节与控制或光学与物理-化学			8

表 5-18-2　实验室与工业化学专业课程安排（周学时）

课程科目	1 年级（小时）	结业班（小时）	评分系数
物理	2	2	
化学	4	5	
物理实验室	2	2	
化学实验课	7 或 8	5	
工艺与化学工程	3	7.5	
必考科目：			
物理-化学			7
化学工程			8
实验室技术			7

表 5-18-3　生物化学-生物工程专业课程安排（周学时）

课程科目	1 年级（小时）	结业班（小时）	评分系数
生物化学	7	7	
微生物学	5	6	
人类生物学	—	5.5	
物理学	7	6	
必考科目：			
物理学			4
生物化学-生物学			5
生物化学与生物工艺			12

资料来源：邢克超、李兴业著：《世界教育大系——法国教育》，吉林教育出版社，2000 年，第 261～262 页。

表 5-19　医学-社会科学类（SMS 类）

课程科目	1 年级（小时）	结业班（小时）	评分系数
必修科目：			
卫生与社会-经济科学	5	5	9
健康与社会行为交往	5	4.5	8
人类生物学	4	4	
病理生理学与医学术语	—	2	
哲学	—	3	2
法语	3	—	3
物理	2.5	2	2
数学	3	2	2
现代语言Ⅰ	2	2	2
历史-地理	2	—	1
经济	—	2	—
体育	2	2	2
教学模块（法语 1 小时和有指导创造活动 1 小时）	2	—	2
指定选修科目：			
卫生与社会部门或办公自动化考试预备课程	—	2	
选修科目：			
现代语言Ⅱ	2	2	—
办公自动化	—	2	—
快速发言	—	3	—

资料来源：邢克超、李兴业：《世界教育大系——法国教育》，吉林教育出版社，2000 年，第 262～263 页。

相应的会考课程，从新课程的安排上可见一斑。新课程不同的专业方向有不同的课程安排，相应的会考科目也有不同的专业方向。例如，普通高中的三类学科又分为文学-数学、文学-外语、文学-艺术；经济与数学、经济与外语；数学、物理、生命科学与地球科学、工艺学等专业方向。技术高中的相应的专业方向，从表 5-15～5-19 可以看出。例如，表 5-18 科学与实验室技术类（STL 类），就可分为：实验室与工业物理，实验室与工业化学，生物化学-生物工程。

2. 命题

由各科命题委员会负责，每个命题委员会由 3 至 4 名高中教师和 1 名相应学科教学 6 年以上的大学教师组成。每门科目出 3 份试卷，笔试范围和科目由教育部长或其指定的学区长选定。

3. 高中会考分两轮

初试和复试，法语称作第一组或第二组。初试通不过者，可再接受一次补考。初试的内容包括笔试和口试。除法语已于前一年考过而不再考试外，初试的笔试内容，普通高中与技术高中内部分别有若干不同方向的考试内容。考生每年只能在各个方向中选择一个方向参加考试。每个方向的每学科考试时间，从 1 个小时到 5 个小时不等。普通高中复试皆为口试，包含两个考核科目，由考生从所选方向的笔试科目（包括提前考试的科目）中任选两科。技术高中第二次考试增加了专业考试，含口试、笔试与实践考核。

4. 会考成绩

按各门总成绩的平均分计算，方法是每门学科的成绩以 20 分为满分，把各门学科的成绩乘以各门学科的系数之结果分别相加，然后除以各学科的系数之和，即为某类学科会考的平均分。评分由评审委员会负责，通过考试的考生通常会得到一份带有成绩等第的毕业证书，考生平均分达 16 分以上为优，14～15 分为良，12～13 分为中，10～12 分为通过。通过者发给业士文凭，不再复试。平均分在 8 至 10 分之间的，可以参加复试，初试和复试的总成绩平均每门达到 10 分者，才予以最后通过，颁发业士文凭。初试每门不到 8 分者，不再参加复试，可以向学区总长申请一份《中学结业证书》，也可以要求留级。

5. 登记注册入学

取得中学毕业资格即获得业士文凭者，可自由到本地区综合大学各相关专业登记注册入学。例如，一般情况下，L 科资格可以进文学专业，ES 科资格可以进法律和经济专业，S 科资格可以进理科专业等等。进入大学后，每个学生需要经过一年预备课程学习。第一学年末结束时考试通过者方可列为正式学员，升入 2 年级继续学习，否则予以除名。

（二）大学严格的招考制度[①]

一是部分学校通过审查考生有关材料，如高中毕业会考文凭、高中阶段最后两年的学习成绩等，直接招收高中毕业生。这些学校的学制一般为 4～5 年，采用这种招生方式的学校占大学的 1/4，如国立应用科学学院、贡比涅工艺大学、部分国立工程师学校和商业与管理学校。

以贡比涅工艺大学为例，该校是创办于 1972 年的法国唯一一所取名为“大学”的理工科大学校，目标是培养工程技术人员和管理干部，学制 5 年。教学分为两阶段：前两年为第一阶段，全校学生统一学习共同基础课，类似预备班的做法；后三年为专业培养阶段。该校录取新生的工作每年进行两次。春季 2 月份开学，考生应在头年 10 月 1 日至 12 月 1 日，将本人学业档案及有关材料包括教师评语和高中校长推荐信递交给学校，然后由校长指定的审查委员会组织考生面试，最后根据考生名额择优录取。秋季 9 月开学，考生则需在当年 3 月 1 日至 5 月 1 日，将有关材料递交给学校，录取步骤与春季相同。

二是通过入学竞争考试招收预备班学生。这类学校的学制多为 3 年，目前大多数大学校仍然采取传统的招收预备班学生的方式。这是一种难度大、淘汰率高、竞争性强的考试，这从使用“竞试”（CONCOURS）而非“考试”（EXAMEN）一词也可看出。根据学校的性质与类别的不同，各种竞试的科目和要求也不一样。

有的学校组织了“共同竞试”，如多科性工程师学校竞试、工艺与电气学校竞试、农业学校竞试、商业与管理学校竞试等。例如，由图卢兹化学工程学校等 22 所国立工程师学校组织的共同竞试，包括笔试和口试，笔试科目有：数学Ⅰ、Ⅱ（各 4 小时），物理Ⅰ、Ⅱ（各 3 小时），化学（3 小时），法语（4 小时），应用数学（2 小时），绘图（4 小时），外语（3 小时）。笔试合格者再参加口试，科目有数学Ⅰ、Ⅱ，物理，化学。

---

① 邢克超、李兴业：《世界教育大系——法国教育》，吉林教育出版社，2000 年，第 296～298 页。

有的大学校也实行单独竞试。例如，巴黎理工学校实行单独招生，国家规定报考该校的考生，必须持有法国高中毕业会考文凭或相应的欧洲高中毕业文凭，年龄为17～22岁，经军医体检合格，无任何犯罪记录者，方可准予报考。入学竞试包括笔试、口试和体育达标考试。笔试包括A、B两种。A种考试科目有：数学Ⅰ、Ⅱ（各4个小时），物理Ⅰ、Ⅱ（各3个小时），化学3小时，法语3小时；B种考试科目有：绘图4小时，外语（德、英、俄语之一）2.5小时。该校强调考试“应着重考查学生实际运用能力”，包括对计算尺、对数表、函数和计算机的运用。法语作文考试应“表现考生可根据确定的材料，具有敏捷的思考、组织和表达的能力”。口试在笔试之后进行，科目与笔试相同。体育入学考试是由军事性质决定的。

此外，还有一些大学校通过审查有关学习档案，招收取得大学第一阶段学业文凭或取得短期高等教育证书的大学生。这类高等教育文凭获得者的入学考试主要以口试的形式进行，招生的名额一般很有限，被录取的学生交纳高额学费后才能正式注册入学。由于大学校历来规模不大，千人以上的大学屈指可数，入学淘汰率一直很高。

三、高校招考与教育教学的关系

（一）综合大学与大学校分开招生

综合大学凭记载有成绩等第及专业方向的会考业士文凭，直接登记注册入学，而大学校一般都有严格的竞试招生制度。这与法国高等教育分类发展的传统有关。1806年拿破仑建立“帝国大学”，即国民教育部的前身，由它统管中学和培养教师、律师、法官、医生的大学专业体系，体现了国家包揽教育的决心，自此以后现代意义上的“大学”才算真正出现。以后，法国高教体制直到1968年在学潮的冲击下开始改革，经过了漫长的发展历程，形成了分布广、结构密的综合大学体系，以及一个相对独立、别具特色的名牌大学校（工程师高等学校）体系。这两种体系在办学原则、招生方法、培养目标、教学管理体制等方面，均有截然不同的特点。它们的并存状态与互补关系，是法国高等教育区别于其他西方国家的一个重要标志，构成了法国高等教育的基础和传统，而且保留至今①。

① 梁晓华：《当今法国教育概览》，河南教育出版社，1994年，第112页。

按照传统，凡获高中毕业会考证书取得同等学力者，均可在本人所在学区的大学注册，大学不设专门的入学考试。大学则自创办以来270年间，一直如此称呼。它们，尤其是其中的名牌学校，一直是法国人的骄傲。它们一直与附设于重点高中的大学预备班紧密相连。预备班学制2年，1994年以后分为文科类、经济类、科学类，接受高中毕业生中的佼佼者。可见，法国的高等学校，按照招考的特点可以概括为“开放型”与“封闭型”。综合大学由于招生面宽，凡高中毕业会考通过并获业士文凭者均可注册入学，接受基础教育后再确定具体专业方向，也称之为“方向指导体系”。而学生经严格选拔才可进入大学预备班，学习一至二年后再经考试方能被录取。培养目标明确、专一，毕业后求职有保障，因而一般也称“选拔录取体系”①。

（二）严格的会考制度——初试与复试两次考试制度，保证了高中教育目标的实现

法国普通高中作为传统的学术性中等教育机构，以其严格的高中毕业会考而享誉国内外，法国人也引以为豪。法国现有各类高中共计2300多所，其中私立高中1200多所。20世纪80年代末，高中毕业会考合格率达70%左右。1994年至1996年，高中毕业会考的合格率连续3年超过70%，分别达到73.4%、75%和76%②。法国的技术高中学制3年，属于长期高中，目标是培养技术员，同时为高等技术教育院校输送新生。许多高中既设普通科也设技术科，称“普通与技术高中”。1994年至1996年，技术高中毕业会考合格率分别达到71%、75.8%、78.4%③。这些会考合格率的数据表明综合大学的录取率，一般在70%以上，因为法国会考合格者可凭业士文凭向本地综合大学申请入学。

1989年教育方针法规定高中教育的目标是：“使每个青年实现其个人定向打算，通过不同途径确保学生获得能使之继续学习和进入优质的职业生活、社会生活的坚实的普通教育；培养学生具有个人工作能力、推理和判断

① 梁晓华：《当今法国教育概览》，河南教育出版社，1994年，第114页。

② 邢克超、李兴业：《世界教育大系——法国教育》，吉林教育出版社，2000年，第251页。

③ 邢克超、李兴业：《世界教育大系——法国教育》，吉林教育出版社，2000年，第257页。

能力、交流能力、集体工作能力、承担责任的能力；组织彼此既有区别，但通过某些渠道又有联系的普通教育、技术教育或职业教育，以使绝大多数的学生能够取得成功和进入职业生活或接受高等教育。”

从法国现行的会考制度可以看出，会考分两次进行。第一次以笔试为主，在 6 月份举行；第二次以口试为主，在 9 月份举行。技术高中毕业会考除笔试和口试外，还有实际操作考试，它有利于保证高中教育目标的实现。

（三）法国会考与学生平时成绩的关系发生变化

长期以来，法国十分强调学生平时成绩和考试成绩相结合。其主要措施是，强调成绩册在决定考生得分中的地位，使用的成绩册由全国统一设计。表现在评分时，评审委员会依据学生参加考试的得分和学生档案，决定该生的最终得分，而学生档案的主要内容就是成绩册。一般说来，如果成绩册上的记载较学生考试得分低，则以学生考试得分为准；如成绩册记载表明该生成绩比其考试得分应高，则评审委员会会慎重地给该考生加分，特别是对于处于通过边缘的考生。不过，考生加分之后在计算时只能算成刚达到通过分数。

由于法国校内考试成绩是由各校教师自行评定的，其标准不一，水平不齐，难以说明考试的信度，1995 年法国宣布会考时将不再参考校内考核成绩[①]。这与英国依据统一课程标准的“课程作业”来加强平时成绩考核，可谓是走了一条相反的道路。不过这与法国本身有严格的会考制度是分不开的。

（四）法国中学课程设置的多样化决定了会考科目、试卷的多样化

法国高中，在 2 年级（相当于我国高一）不分科，开设共同基础课程，从 1 年级（相当于我国高二）开始分 7 科（文学、经济和社会、科学、科学与第三产业技术类、科学与工业技术类、科学与实验室技术类、医学-社会科学类）以及许多不同的专业方向进行教学。因此，从高二开始，法国高中就实际上变成了高等学校相应专业的预备班。这种多样化的课程学习要求，

① 韩家勋、孙玲主编：《中等教育考试制度比较研究》，人民教育出版社，1999 年，第 351 页。

必然是考试科目与试卷的多样化。

（五）法国会考的负面影响

对会考的批评是很平常的事情，但批评中却有显著的矛盾。抱怨之一是，考试课程填塞过度，学生负荷过重，以考试时间为例，学生两周内在考场中要坐 20 个小时；抱怨之二是，会考的通过率增大，可能导致标准的下滑。这些批评中透露出种种担心，即担心大学入学人数增加，设备和财政未扩充的情况将导致不胜任的人员，学校设备的不良，最后将导致教育品质的丧失。这些抱怨经常引发大规模的街头示威活动，不过这些抗议没有一项是特别针对会考或考试制度的，抗议的结果往往是引出政府对学校更多的财政及人员的承诺①。此外，也有批评认为许多有关职业的技术会考让学生多偏于无用的技能，使学校的基本训练太狭窄等②。按照法国著名社会学家布迪厄的批评观点，法国会考是再生产社会关系的关键机制，教学就是为了应试，教师们讲课的首要目的，就是“提供对会考有直接帮助的知识”。“选拔就是当选，考试即是考验，训练就是苦行”。考试的逻辑在“被录取者和被淘汰者之间”，会考“在最后一名入选者和最前面的一名淘汰者之间建立了一条社会边界”③。

第五节　德国高校招生考试与教育教学的关系

德国高校的招生，多数实行中学毕业考试证书制度，部分高校的部分热门专业，则实行限额招考制度。同上述各国类似的是，德国的招生制度，同样体现了其专业化的教育分流传统，它有力地促进了学校教育的发展，同时也给学校教育带来了一定的负面影响。

一、招考制度的历史发展

德国实行高中毕业证书考试入学制度的历史久远。1812 年，普鲁士教

---

① 马克·伊克斯坦，等：《迈向大学之路：各国的考试政策与实务》，台北心理出版有限公司，1996 年，第 256 页。

② Times Educational Supplement（April 27，1990）：A16.

③ 刘清华、李占伦：《会考：法国社会关系结构再生产的关键机制》，《考试研究》2006 年第 3 期。

育部长威廉·洪堡对高等教育进行了意义深远的改革，高等学校从此实行教学与科研相结合。为追求学术性，他把具有举办毕业考试资格的中等学校改设为大学的唯一预备教育机构——完全中学。完全中学，又叫高级中学，学制9年，前6年称初级中学，后3年称高级中学（11至13年级，相当于我国的高中），包含各种特点突出的中学，如古典语文中学、现代语文中学、数学自然科学中学、经济科学中学、社会科学中学、艺术科学中学等。它们按照学科门类而设立，带有专业分科性质。大学的大门，只对完全中学的毕业生开放，而国民中学（学制5年，也称普通中学）和实科中学（学制6年）的毕业生是不能直接进去的，因为他们没有资格参加这种高中毕业证书的考试。

1834年，普鲁士政府明令规定，凡取得完全中学毕业证书者，即可直接向大学申请就读。这种制度一直延续到现在。其原因如下①：

（1）完全中学就学率低。有资料表明，20世纪60年代初，完全中学的学生占学生总数的15.1%；80年代中期，上升为27.2%。因小学毕业后，必须通过德文与算术考试者才能升学，且9年中学的求学过程均采用严格淘汰的手段来筛选学生，这就使得能够在完全中学读书和毕业的人数不多。另外，学生的家庭背景也影响着完全中学的就学率。

（2）完全中学只有保持良好而统一的教学，才能保证大学的学术水平。

（3）大学始终采取招生名额多于入学学生人数的政策，以保障每位完全中学的学生皆能按兴趣升学。

20世纪60年代以前，唯有完全中学才是输送大学生源的场所。但其后，为实现“教育机会均等”的理想，各州文化部长会议为那些志愿升学者开辟了一条新的入学途径，称“第二条教育途径”。由于初、中等教育的普及，加上第二条教育途径的开辟，造成了德国各大学各大科系普遍面临无法容纳依志愿升学的学生，许多热门科系只得采取限额招考制度。

二、现行的招考制度

德国的高等学校可分为两大类：一类是学术性高等学校，另一类是非学

① 韩家勋、孙玲主编：《中等教育考试制度比较研究》，人民教育出版社，1999年，第172～173页。

术性高等学校。学术性的高等学校，包括古典的历史可以追溯到中世纪的综合性大学与20世纪60年代新建的综合性大学、各种专业方向的大学（特别是工科大学）、神学院等；非学术性的大学现在主要指60年代建立的一些起点较低、学制较短的高等专科学校。到1997年，全德有高校337所，其中综合大学90所、师范学院6所、神学院16所、艺术学院46所、专科大学147所、管理专科大学31所、总合大学1所。

德国高等学校一年分冬季学期和夏季学期两次招生，但技术专业和自然科学专业多数只在冬季学期招生。国家为指导学生提出入学申请，出版了《高等学校指南》、《大学学习与职业选择》以及学额分配中心出版的《学额分配中心简讯》等书刊供参考。申请冬季入学者应在7月15日前把申请书交上去，夏季入学者需在1月15日前提交申请书。德国高等学校的招生制度，一是高中毕业证书考试入学制度，二是部分高校的限额招生制度。

（一）高中毕业证书考试入学制度

所谓高中毕业证书考试入学制度，就是获得高中毕业证书也就获得大学入学资格，原则上学生即可自由选择任何高校的任何专业学习。

1. 入学资格主要有4种情况①

（1）凡修完完全中学高级阶段（或称完全中学第二阶段），包括综合中学高级阶段，并获得完全中学高级阶段毕业证书（也称完全中学毕业证书Ⅱ）的学生，就有了进入全国任何一所高等学校学习的资格。

（2）凡修完非正规完全中学，一般为“完全中学上层班”，并获得完全中学高级阶段毕业证书者，便有资格进入高等学校选读规定的专业。

（3）通过第二条教育途径，即完全中学夜校、职业教育机构与特殊考试等，同样可获得高等学校入学资格。

（4）凡修完专科高中，并获得专科高中毕业证书者，可以取得高等专科学校入学资格。

2. 完全中学毕业证书考试科目及命题

考试通常在完全中学高中阶段最后一个学期举行。准考条件是，完成所规定的一定性质和一定数目的课程的课业，平时成绩达到至少180个积点数。

---

① 李其龙：《世界教育大系——德国教育》，吉林教育出版社，2000年，第318页。

考试为笔试加口试两部分组成，共4门，其中两门是应考者必修的两门特长学科，另两门是基础学科。如选择体育、音乐、艺术教育、自然科学学科作为口试科目，则口试以实践考试代替。作为一门考试学科，必须是以文化教育部长会议协议通过的《完全中学毕业证书考试统一考试要求》中提到的，并且是11至13年级的教学计划中符合考试要求的学科。由学生选择的4门考试学科，必须覆盖3个课业领域，即语言-文学-艺术、社会科学、数学-自然科学-技术课业领域。宗教和体育也可作为考试学科。口试由学生自己选择，但必须是未经笔试的学科。

德国高中的毕业考试，作为国家考试来对待，但并不统一进行，大学也不参与，而是在州教育部长的监督下，由中学所设的考试实施委员会负责。因此，命题也是由各校自行负责，只是要遵循国家教育部确定的命题原则，主要是3个层次的考核基准（掌握、运用、判断）和3个考查目标（再现、组织、迁移）。命题的过程是，首先由任课教师根据教学大纲和规定的目标拟定出2～3套试题，经学校审查讨论后上报州教育委员会或国家教育科学部，并附上出题说明。州或国家教育机关指定有丰富实践经验的人员进行审查，从中选出一套试题密封送回。考试当天开封。

3. 考试评分

国家规定关于笔试、口试的统一的评分原则，具体评分由评分小组进行。评分小组设一审、二审和组长，分别负责初评、复审及裁判。一审一般由命题教师担任，二审一般由本校教师担任，有时也可请外校教师担任。

4. 中学毕业证书上的成绩

成绩的计算方法，采用传统的六分制等级评分法，主要是把六分制等级转换成积点的方法。六分制代表的不是分数，而是六个等级的评语。以1分为最高，6分为最低。从1到6分依次代表“很好、好、满意、及格、有缺点、不及格”六个等级的评语。为了折算成积点，每一级别有“+”（正）和“-”（负）两个“倾向”。这样，每一个六分制级别，可化作三个积点级别。见表5-20①。

① 韩家勋、孙玲主编：《中等教育考试制度比较研究》，人民教育出版社，1999年，第183页。

表 5-20　六分制评价级别与积点级别的换算

积点级别	15	14	13	12	11	10	9	8	7	6	5	4	3	2	1	0
六分制评价级别	＋	1	－	＋	2	－	＋	3	－	＋	4	－	＋	5	－	6
等级评语	很好			好			满意			及格			有缺点			不及格

资料来源：韩家勋、孙玲主编：《中等教育考试制度比较研究》，人民教育出版社，1999 年，第 183 页。

完全中学毕业证书上的成绩，由两部分组成：一是学生在 12、13 年级的基础课程和特长课程中取得的学业成绩，二是中学毕业证书考试成绩。1988 年文化教育部长会议批准的成绩评定方法是，总成绩由 3 部分组成。第一部分是 22 个（以前是 20 个）基础课程的成绩；第二部分是 6 个特长课程的成绩和一个特长课程的学科作业成绩（如长作文、小设计、解复杂数学题等）；第三部分是毕业的一个学期中 4 门考试学科的学习成绩及完全中学毕业证书考试的笔试和口试成绩。每个基础课程最高成绩为 15 个积点，最低及格成绩为 5 个积点。每个特长课程相当于基础课程双倍（以前是 3 倍）的成绩，每门考试学科的考试成绩按原成绩 4 倍计，1 个学科作业的成绩最高为 30 个积点。按此方法计算，将得出如下结果①：

第一部分 22 个基础课程最高成绩按每个课程 15 个积点计，共 330 个积点，最低及格成绩按每个课程 5 个积点计算，共 110 个积点。

第二部分 6 个特长课程按原成绩双倍计，则 6 个特长课程最高成绩为 6×30＝180 个积点，再加一个特长课程的学科最高作业成绩 30 个积点，这部分的最高成绩为 210 个积点，最低及格成绩为 6×10＋10＝70 个积点。

第三部分 4 门毕业证书考试学科考试成绩按原成绩 4 倍计，最高考试成绩为 4×15×4＝240 个积点，再加毕业的一个学期中 4 门学科的最高学业成绩 4×15＝60 个积点，这部分最高成绩为 300 个积点，最低及格成绩为 4×5×4＋4×5＝100 个积点。

三部分成绩相加，最高总成绩为 330＋210＋300＝840 个积点，最低及格成绩为 110＋70＋100＝280 个积点。根据规定，这三部分的成绩是相对独立的，它们各有自己的最低基本要求，同时学生总成绩达到最低及格标准，

① 李其龙：《让每一个学生的特长得到充分发展——德国普通高中阶段课程研究》，《全球教育展望》2002 年第 3 期，第 21 页。

即280个积点，就可以获得作为普通高校入学资格证书的完全中学毕业证书，并在原则上可以读任何大学任何专业。但是由于目前联邦德国高校部分热门专业实行定额招生，积点的高低决定能否在申请的专业里马上能够获得一个学习位置。因此，学生为了能进这些专业必须取得较好的成绩，这就迫使他们努力学习，争取获得比280高得多的积点。

上述毕业成绩的总分计算结果，可用表5-21表示①。需要特别说明的是，高等学校有些专业录取新生时有一些补充规定②。如：

（1）实践经验证明，如医学专业要求学生在入学前至少有8周在医院工作过；建筑专业要求新生在入学前有3个月的实习证明；电工学专业要求学生有6个月的学前实习证明。

表5-21　毕业成绩的总分计算

专业阶段的课程范围	倍数	每科满分为15分	科目数	各课程最高总成绩	各课程的及格最低分数（5分）
1. 基础学程	1	15	22	330	110
2. 能力学程					
（1）6个特长学科的考试成绩	2	30	6	180	60
（2）1个特长学科的作业成绩	2	30	1	30	10
3. 毕业考科目					
（1）毕业证书考试笔试和口试科4科	4	15	4	240	80
（2）毕业学期的学业考试4科	1	15	4	60	20

资料来源：李其龙：《让每一个学生的特长得到充分发展——德国普通高中阶段课程研究》，《全球教育展望》2002年第3期，第21页。

（2）有些州规定高等专科学校入学新生要有1.5～12个月的学前实习证明。

---

① 李其龙：《让每一个学生的特长得到充分发展——德国普通高中阶段课程研究》，《全球教育展望》2002年第3期，第21页。

② 李其龙：《世界教育大系——德国教育》，吉林教育出版社，2000年，第318页。

(3) 体育专业除高校入学资格证书外，还必须具有体育医生检查身体状况的证明和参加一项体育考核的参加证明。高等艺术学校和高等音乐学校，通常要求入学者参加一次附加的艺术能力或音乐能力考试。有关章程规定，凡具有特殊艺术能力或音乐能力的人可以在不具有完全中学高级阶段毕业证书或同等学力情况下入学，但不允许选择培养艺术教师或音乐教师的师范专业。

(4)《联邦德国高等学校总纲法》还规定，在具有同等入学资格条件下，凡服过兵役和公役一年以上者，高校将优先录取等等。

(二) 高校热门专业的限额招考制度

高校实行限额招生的原因，在于 20 世纪 60 年代以来某些专业比较热门，供不应求。在德国，限额招生，也称为“定额制”。其主要措施是，国家在多特蒙德设立了学额分配中心。实行定额制的专业基本上贯彻择优录取原则，有关法规规定将名额的 15% 留给需要特殊照顾的申请者，其余的 60% 左右名额分配给完全中学高级阶段毕业成绩优秀者，40% 左右名额按提出入学申请时间长短进行分配。高等专科学校只有少部分名额由分配中心进行分配。

1. 分配中心的分配程序[①]通常有 3 种办法

(1) 分配程序。申请的学习岗位是分配程序内的专业，申请表比较简单，除了个人的简历外，只需填上要学的专业以及所希望的学习地点，最后再签上本人姓名。

一般可获得优先照顾的条件是：首先是残疾人；其次是照顾已婚的申请者，他们需要在离家最近的地点入学；第三是特别适合某专业的，或是健康、社会、家庭和经济的原因；最后是住在父母处，希望在离住处最近的地点入学。不符合上述条件者最后考虑，除了所希望的地点没法保证，按专业入学的保证没问题。

(2) 普通挑选程序。这属于比较热门专业，报名申请者较多。60% 的学习岗位，要根据高中毕业考试的成绩来分配。分配中心把这个定额内的学习岗位分成州定额，各州定额内的学习岗位只能分配给本州的申请者，以保证

① 李昌芳、梁翠英:《当今德国教育概览》，河南教育出版社，1994 年，第 168～171 页。

成绩的可比性和优先挑选。成绩相同，则等候时间长的优先。如果成绩与时间皆相同，服过兵役或民役的优先。剩下的，抽签决定。

40%的学习岗位要按照等候时间的长短来分配。等候时间是按照取得高等学校入学资格以后等候的学期数计算。等候时间长的，尽管成绩稍差，也能得到学习岗位。如果时间相同，成绩好的优先。如果时间与成绩皆相同，服过兵役或民役的优先。剩下的，抽签决定。通过挑选定下入学者以后，分配中心再分配学习地点，办法与分配程序相同。

(3) 特别挑选程序。所有要学习医学、牙医和兽医等最热门专业的学生，在正式报名申请以前，都必须参加测试。这种测试，每年只举行一次。对于学医的学生来说，测试结果和高中毕业考试成绩同等重要。

45%的学习岗位，按照高中毕业成绩，再加上测试结果进行分配。同普通挑选程序一样，分配中心先把定额分配到各州。在各州定额范围内，从本州申请者中挑选。挑选的第一步是按高中毕业成绩占55%、测试结果占45%的比例算出一个综合成绩，综合成绩高的优先，其次是服过兵役或民役的优先，最后是抽签决定。

10%的学习岗位，只按照测试结果分配。首先是成绩高的优先，其次是服过兵役或民役的优先，最后是抽签决定。20%的学习岗位按照等候时间长短分配，和普通挑选程序规定的办法一样。15%的学习岗位由高等学校根据挑选谈话的结果来决定录取。哪些人可以参加谈话由分配中心决定，目的是考查申请者的学习动机和适合于医学方面的才能。最后10%的学习岗位，留给在健康、家庭、经济等方面有困难的学生以及外国考生。挑选结束后，再分配入学地点。

2. 医学入学考试

如上，特别挑选程序主要适用于包括高校医学专业的招生，而医学专业招生，除了高中毕业证书考试成绩，还需要单独的入学考试成绩。目的是了解考生学习医学所具有的特殊认知性向。医学入学考试由9个分测验组成，考试命题由从事智力测量的心理学家与从事医学及自然科学教学工作的教师合作进行，时间约5个小时，共有204个多项选择题[①]。见表5-22。

---

① 韩家勋、孙玲主编：《中等教育考试制度比较研究》，人民教育出版社，1999年，第190页。

表 5-22 “医学入学考试”结构

分测试名称	性向测试目标	题目数	时间（分钟）
图形认知	空间知觉区分力	24	22
对医学及自然科学的基本理解	同左	24	60
透视能力	空间概念、对空间关系的认知	24	15
数量及公式问题	处理数字、数量、单位及公式的能力	24	60
集中精力及准确工作	注意力、准确性	1200=20 分原始分	8
午休 60 分钟			
学习项目 记忆数字 记忆事实		 20 单元 15 单元	 4 6
阅读理解	对阅读段落的理解和解释	24	60
复述项目 记忆数字 记忆事实	 数字记忆、视觉记忆 对事实及词汇的记忆	 20 20	 5 7
图形及表格	综合、解释和评价图形及表格所给出的信息	24	60
总测验		204	5 小时

引自：韩家勋、孙玲主编：《中等教育考试制度比较研究》，人民教育出版社，1999 年，第 190 页。

医学入学考试每年举行一次，考试试卷每次使用新的，考试成绩长期有效，届时全联邦德国有 450 个考点同时开考。想报考医学院、牙科系、兽医系专业的考生必须参加此项免费考试。

三、高校招考与教育教学的关系

（一）高校招生依据学生毕业考试成绩与中学平时成绩

这也是中学毕业证书上的成绩，但如上表 5-21 所示，最高成绩 840 个积点中，毕业证书考试 4 门笔试与口试科目所占积点分数仅为 240 分；及格最低积点分数 280 分，毕业证书 4 门笔试与口试科目只占 80 个积点分，也就是说，平时成绩占了绝对的比重。它避免了依靠一次毕业考试成绩来引导中学教育教学的局面，有利于教育教学主体性的发挥。这种综合评价得以实行的条件是：一方面德国高校基本能满足一般专业的求学需求，另一方面也与中学依据各州教学大纲严格平时成绩考核有关。就后一条件而言，它已经是德国的传统。也有资料表明，国家制定出题原则与评分标准，试题由中学自己制作，试题更有针对性，更能加强教师的责任心。

不过，这种资格考试，遭到的抨击越来越多，如主观性太强（教师自己出题，自己评分），缺少可比性（同一分数存在地区和学校间的差距大），考试成绩与高校学习成绩相关性太低等，结果导致是否由高校进行统一毕业资格考试的争论越来越多。

（二）部分高校和专业实行限额招考给中学教学带来负面影响

限额招生中的学术性向考试的引入，是对高校入学制度的一大改进，是入学竞争的必然。但从自由入学到部分的需要竞争入学，给中学教学带来了一些问题。例如，部分学生为了能升入理想的大学，只选容易取得学分的课，以便在资格考试中占优势；学生把注意力集中在毕业资格考试成绩有关的学科，对学校其他学科与活动漠不关心。

对此，高中进行课程改革，措施之一是把高中课程分为重点科目与基础科目，并将高中期间各科成绩原封不动地加入毕业总成绩内，促使学生全面完成教学计划，如目前毕业证书上的成绩现在涵盖了 22 个基础课程、6 个特长学科的成绩，毕业学期中的 4 门学科成绩，还有毕业 4 门笔试和口试的考试科目的成绩。

对全国学额分配中心的作用，也有不同的看法。一种意见认为该机构有实际作用，应该继续存在。另一种意见认为，由于有了学额分配中心这一中介，入学申请者与高等学校之间不能自由地相互选择，影响了高等学校的自主权。同时，该中心在录取工作中过分强调就近入学的地域因素，使许多学生不能按照自己的意愿升入外地大学，而被迫进入自己不想读的本地大学与专业①。

第六节　国外高校招生考试的共同特征

综观上述五国的高校招生考试制度及其与教育的关系，它们明显具有个性的一面，但也有相似性的一面，因此本节在上述研究的基础上补充一定的

① 吴世淑：《国外高等学校招生制度》，南海出版公司，1992 年，第 88 页。

新材料，拟概括其共同特征，并把个性与相似性都包容起来，凸现高校招生考试制度的世界走向。

一、各国高校目前的招生考试制度都根植于原有的教育制度

前述各国高等学校的招生制度千差万别，但它们都是在原有教育制度的基础上进行的，很大程度上仍带有原教育制度的特色。

（一）美国的招考制度：坚持从教育的多元性中寻求统一性

美国的教育传统是实行高度的地方分权管理，推行教育的多元化发展政策，50 个州在教育上都是独立自主的。各州通过自己的各项教育法案，最终负责自己的教育经费，制定有关教师资格、聘用条件、课程内容（在某些情况下）等方面的严格的条例（或至少是方针）。对中学生而言，他们本身又要选择常常根据社会地位决定的学术科、普通科或者职业科以及课外活动。

美国高校的招生，在考试方面特别强调“共性”的能力考查；在录取标准方面，采用分类招生政策；一般大学和名牌高校采取综合性的选拔录取标准与特殊选拔标准，前者是再次从多元性的录取参考资料中找出共性的标准，即综合素质较高者，后者则是选拔特长生的需要，在某种意义上这也是从多元的录取材料中寻求特长生的共性，即具有特殊天赋和才能者。所以，美国招考制度是从教育的多元性中寻求统一性的一种制度。

（二）日本的招考制度：全面促进二次大战后提出的教育多样化与个性化原则

二战后，美国教育使节团在第一次报告书中认为日本的教育制度是置学生的能力和兴趣的差异于不顾的制度，因而必须从根本上加以改革。他们强调民主主义教育的特点就在于它是以承认学生的个人差异、着力发展个人的能力以及心情舒畅地有效地参加社会集团为最终目的。作为教育者要不断地关注个人差异、创见和自发性，而不能固守划一的模式。教育的平等并不意味着要搞划一的做法。民主政治下的教育制度，是为了适应个人的能力和个性、提供教育机会而组织运筹的。

因此，“尊重个性、发展个性、注重个性教育”是战后日本教育改革的重要指导思想，并服务于战后日本的资产阶级教育体系。1946 年 5 月 15 日

日本公布的《新教育指针》将个性教育作为发展教育、开发学生智力的重要原理，它强调指出："今后的教育，必须将完成个人的个性作为首要的目标。"他们的结论是：日本社会的发展与进步要依赖于每个成员个性的完成和能力的发展。1947 年制定的《教育基本法》开篇就申明："我们要尊重个人的尊严，决心培养渴望真理与和平的人。与此同时，彻底普及旨在培养普遍性且富于个性的文化教育。"同年发表的《学校教育法》，也在充分认识和确立个人尊严和价值的基础上，一改过去把国民培养成盲目的"忠君爱国"、"天皇至上"、"忠君报国"的军国主义教育目的。

根植于以上的教育思想及制度安排，针对过去相对划一的两次考试导致的大学序列化，以及对高中教育的负面影响如分数主义教育、过度的考试竞争造就了一些以自我为中心，不善于同别人合作以及缺乏创造力的人等等。日本 1979 年开始的"共同第一次考试"，1990 年最终被改为灵活的"大学考试中心考试"，考生可以考 1 科至 6 科（最多为 6 科），各大学根据各自的判断与独创方式自主决定利用该考试的学科、科目及分数，以判断考生在高中阶段掌握基础课程的情况。私立大学也逐渐利用它来选拔学生。结果日本大学目前形成了明显的个性化与多样化的招生考试或选拔的方式，如"中心考试"＋个别学力检查，"中心考试"＋面试、小论文测验等，只采用"中心考试"，只采用小论文测验、面试等，采用推荐入学等特别选拔，日本还有个别大学仅凭高中的调查书、健康检查书等材料录取新生。

（三）英国的招考制度：适应 3A 教育的分流传统

英国 1944 年教育法规定的原则之一，就是"教育要适合于儿童不同的年龄（Age）、能力（Ability）、性向（Aptitude）及不同的离校年龄"。法案赞成设立分离的不同类型中学，如二战后一段时间存在的"三轨制"的文法中学、技术中学、现代中学。应该说，英国从 20 世纪 60 年代中期开始，实行了公立中等学校的综合化，11～16 岁的学生集中在同一所学校学习。今天综合学校已占全部中学的 90%以上，但进入综合中学的学生仍旧按成绩、性向、能力被分为学术组、技术组和现代中学组，设置不同的课程，适应了学生的学习能力和去向分化。

与此相一致，入学考试也承袭 3A 教育的传统。例如第六学级相应的考试与选修课程，有如下多样的组合：

（1）选 3 门 GCE A-LEVEL 课程。

（2）选 2 门 GCE A-LEVEL 课程，再加 2 门 GCE AS-LEVEL 课程。

(3) 选 1 门 GCE A-LEVEL 课程，再加 4 门 GCE AS-LEVEL 课程。

(4) 选 2 门 GCE A-LEVEL 课程，再加 1 门职业课程，如高级秘书课程。

以考试为例，英国中学的证书考试设计原则是能力区分考试。各科考试要设计难度与内容不同的试卷，除一份或两份试卷每个考生必做外，其他供考生选做，以便让不同能力水平的考生都能有机会在考试中显示自己的水平，做到各尽所能，按需应考。这在一定程度上增强了考生应考的信心，提高了国家考试的报考率和合格率。

(四) 法国的招考制度：适应泾渭分明的选择性教育分流传统

1947 年的郎之万-瓦隆计划报告，在法国的官方文件中首次强调“以儿童为中心”，尊重个性，主张根据儿童不同的心理和生理特点设计学校，帮助他们发展。

沿着郎之万-瓦隆计划报告的方向，法国有着泾渭分明的选择性分流教育。20 世纪 70 年代以来至 1990 年，法国普通高中毕业会考分为 5 类（A 类：文学与哲学；B 类：经济和社会科学；C 类：数学和物理；D 类：数学和自然科学；E 类：数学和技术），技术高中毕业会考分为 3 类（F 类：工业技术；G 类：经济技术；H 类：计算机技术）。

1990 年，全国教学大纲委员会根据“教育方针法”的精神，提出了高中新的教学大纲。新大纲将原来高中后两年的分科作了较大的调整，将普通高中原有的 5 科划分为 3 科，即 L（文学）、ES（经济和社会）、S（科学）。技术高中由原来的 3 类科目改为 4 类，它们是：STT（科学与第三产业技术类）；STI（科学与工业技术类）；STL（科学与实验室技术类）；SMS（医学-社会科学类）。

法国高中毕业兼大学入学资格制度，相当于我国的高考。法国的筛选和分流是在初等及中等教育阶段，通过留级制度和去向指导进行的。留级制度从小学阶段开始，到中学入学阶段，差不多有 40%的学生留过级。去向指导从中学开始。法国的中学是四年制的，前两年属于“观察阶段”，后两年属于“方向指导阶段”。后者又分为普通课程以及实用性、职业性科目比重较大的技术课程等。由于每个阶段课程之间的教育内容各不相同，学生的学力之间也存在差距，所以中等教育阶段所进行的方向指导，实际上可以称为“淘汰”。成绩优异者可以升入高级课程，而成绩落后者则被淘汰去低级课程，这种“分流”或“淘汰”一直持续到高等教育阶段。

法国的高等教育大致可分为以技术和职业领域为中心的短期高等教育，以及以综合大学和名牌大学为中心的长期普通高等教育。后者也与中等教育相同，分为几个阶段，每升入高一级阶段就要进行筛选和淘汰。以大学为例，取得大学入学资格后，学习 2 年考试合格可以颁发大学基础学习文凭，学习 3 年考试合格可以获得学士文凭，学习 4 年考试合格可以获得硕士文凭，学习 5 年考试合格可以获得深入学习文凭，其后才是博士文凭等。总之，每升入高一级阶段，所取得的资格就越高。进入大学校则需要经过预备阶段 2—3 年的学习后，经考试竞争升入。

（五）德国的招考制度：适应专业化的教育分流传统

德国 20 世纪 60 年代以前，四年制的小学毕业后，就被分流到学术性的完全中学、职业性的实科中学以及提供公民教育的国民学校，毕业后的去向几乎被固定下来。20 世纪 60 年代以后，小学毕业后的第五、第六学年作为定向阶段，第六学年毕业时进行最后的去向选择。

定向阶段是联邦德国在六七十年代教育改革中确立的，其主要目的，一是使每个学生在这一阶段中确认自己的学习能力与兴趣方向；二是使每个学生学习能力和学习意愿得到促进；三是使每年学生经过这一阶段的体验和在教师的指点下对自己今后的教育途径做出最佳选择；四是除了以学历来决定每个学生未来的升学途径外，使其他诸如家庭出身和性别等因素在这种决定中不再起作用，也就是说，使这种决定客观化①。

其历史的理论依据就在于，1959 年德国教育委员会提出的《关于普通教育的改革和统一的总纲计划》（简称《总纲计划》）仍然主张保持原有的三类型中学的体制，赞同以心理学家胡特、社会学家米勒和教育家魏因斯托克为代表的观点，即社会需要三种不同等级的人才和实际上存在着适应这种需要的具有三种能力特征的儿童的理论，通过完全中学培养理论型人才，通过国民学校培养实践型人才，通过中间学校培养介于前两者之间的所谓“桥梁型人才”。《总纲计划》指出：“我们这个在劳动分工方面发达的社会，向其接班人提出了不同的教育要求。这些接班人受教育能力的差别，迫使保留我们学校体制中按照长短不同的学习期限来达到的三种教育目标：即保留一种比较早的同工作和职业相衔接的、一种中间学校的和一种高级中学的教育

① 李其龙：《世界教育大系——德国教育》，吉林教育出版社，2000 年，第 275 页。

目标。”①

一般而言，设立定向阶段受到了广大居民的欢迎和好评，但不同党派对它的评价是不同的，他们各有自己的目标。比如，有的把它看成是推迟分轨的一种改革，有的把它看成是缓和单轨制与双轨制两种主张之间矛盾的办法。

二、多样化的“招生考试”是保障高校生源质量的必需手段

（一）多样化的招生考试形式

综观美、日、英、法、德五国的“招生考试”，可以发现，凡是服务于大学招生目的的广义的考试，皆为招生考试。也可以说，招生考试的存在形式是多样的，它并非只是人们熟悉的由某机构单独举办的大规模的入学考试一种。据此，上述五国的招生考试存在形式，可作如下概括：

美国大学的招生考试，可以表示为“ACT或者SAT＋中学9～12年级的平时学业成绩与课程学分＋课外活动才能＋入学申请书、推荐信和面试”，共计4种考试。

日本大学的招生考试非常多样化，有采用2种考试的，如“中心考试”＋个别学力检查，“中心考试”＋面试、小论文测验等；有采用1种考试的，如只采用“中心考试”，只采用小论文测验、面试等，采用推荐入学等特别选拔，日本个别大学仅凭高中的调查书、健康检查书等材料录取新生。

英国大学的招生考试，可以表示为“GCSE＋GCE A级水平或GCE AS级水平考试”，共计两种考试形式。

法国大学的招生考试，可以表示为“用于综合大学招生的高中毕业会考”，或者“用于大学校招生的形式不一的竞争考试”。

德国大学的招生考试，主要是“高中毕业会考”分初试与复试2次，其次是“部分高校与专业如医学专业的限额招考”。

（二）招生考试是保障高校生源质量的必需手段

这是一种建立在各国高校都用考试来鉴别、选拔人才基础上的事实判断。原因主要有两个，一是知识的内在逻辑，即高校是传播、生产高深知识

---

① 李其龙：《世界教育大系——德国教育》，吉林教育出版社，2000年，第200页。

的场所，学习者需有必要的知识基础；二是考试的属性决定的。考试的测量属性，保障了高校所需人才的起点素质，考试的社会属性如分流属性，保证了学生的入学需求与高校供给及选择之间的矛盾的平衡。因此，各国高校为确保招生质量都离不开考试这一必需的手段。

三、入学标准多元化，精英高等教育与大众高等教育分类发展

高等教育发展所形成的普及化和职业化趋势使许多国家放宽了高校的入学标准，但同时也产生了对质量问题的忧虑。为此，国家注重大学招生的灵活性与特色，以兼顾公平与效率，使高等教育分类发展。

名牌大学对学生入学通常有严格的素质要求。如美国的研究型大学，英国的古典大学，德国的综合性大学，法国的大学校。这些大学属于高学术性的大学，他们不仅有很强的科学研究能力，并且承担着繁重的科学研究任务，而且往往也是研究生尤其是博士生的教育基地。其特点是教学与研究并举，强调二者的有机统一。一般性的高教机构强调为国民提供更多的入学机会，如美国的社区学院，日本的短期大学，英国的教育学院，法国的短期技术大学等高等教育，德国的高等专科学校，它们的招生通常比较灵活。这是非学术性的高等学校，它们是高等教育大众化的副产品，一般靠地方政府的拨款来维持。这类学校学制短、适应性广、内容灵活，具有提供大学教育机会，或是大学预科教育，或是上岗前教育，或是社会生活或职业指导教育的功能。

介于二者之间的学校，一般属于亚学术性的高等学校，这些学校的特点是以教学为主，基本上只提供大学本科层次的教育。在美、英、法、德等国家，高校的招生一般有最低入学标准，招生的过程主要属于学生与高校双向选择过程。

四、录取标准既反映高中教育的核心目标要求，也反映高校专业的性向

各国高校招生都在探索综合衡量学生学力水平的有效办法，他们不仅注重高中阶段的成绩，同时也注重学生各方面的能力和特长，以及专业性向，以保障高校生源的质量。

1. 以美国为例

就录取标准反映高中教育的核心目标要求看，美国的综合选拔标准是对学生德智体等方面素质的全面衡量，符合教育发展的方向。综观美国选拔录取新生的 4 个方面要求，大学录取新生并不以 SAT 或 ACT 考试的成绩为唯一标准，它还有中学阶段的成绩与课程，同时还有推荐信、申请书及面试、课外活动实绩等诸多彼此很有相关性的因素，全面考查评定学生的修养、个性、智力、能力尤其是专长，一定程度上避免了学生的片面发展。

就录取标准反映高校专业性向的一面看，一般美国主要有三个方面的措施来保证。一是考生参加高校指定的专门专业性向考试，如 AT 考试，简称是学业成绩考试（Achievement Test）。它由教育考试服务处编制，包括英语作文、文学和语言、德语、法语、西班牙语、拉丁语、希伯来语、俄语、美国史及社会研究、欧洲史及世界文化、一级数学、二级数学、物理、化学、生物等 15 门学科。内容与中学课程结合较紧，反映了高中课程共同要求的知识与能力及发展趋势。考生根据高校的要求，选择参加相应的几项考试。二是学生的入学申请书、推荐信和面试，这也是大学了解考生的特长、兴趣爱好和才干的一种办法。三是通过学生课外活动中表现出的才能，以及中学最后四年的学业平均成绩和课程选修情况，来考查学生的性向。

2. 以日本为例

1990 年开始实行的“大学考试中心考试”，国语、地理历史、公民、数学、理科、外语 6 科反映了高中知识教育的核心目标，各大学根据各自的判断与独创方式自主决定利用该考试的学科、科目及分数，以判断考生在高中阶段掌握基础课程的情况，考生可以考 1 科至 6 科（最多为 6 科），实际选考 3～5 科的大学占了多数。

就高校专业性向看，高校的个别考试，如“个别学力检查”，“面试、小论文测验”，“高中调查书”，以及“推荐入学等特别选拔”，即较好地承担了这方面的任务。尤其是 1900 年私立大学最先导入的入学选拔办公室考试，简称 AO 考试，使许多大学招到了适合自己的使命和校风的学生。当然，高校的个别考试，本身也有检验考生达成高中教育核心目标如德、体、心理等素质的作用。

3. 以欧洲为例

英、法、德三国的一般大学入学要求为资格考试，即高中毕业考试合格的要求。由于这三个国家都有教育教学分流的传统，因此学生的专业性向，一般皆体现在各自所进入的中学类型，如英国、德国的多轨制中学，或者是统一学校类型的不同科别，如法国的普通科、技术科、职业科。另外，也表现在学生的入学申请书等方面。

需要说明的是，就高中毕业考试本身而言，成绩的计算皆为综合评价记分，综合衡量学生的学力，比如英国大学的录取标准是校外统考与校内测验成绩相结合，校内成绩如“课程作业”最低占20%的比例；法国的综合评价办法是高中毕业会考采用初试与复试综合衡量学生成绩的办法，初试又分笔试与口试，复试有口试或者操作考试；德国毕业证书考试成绩即高校招生的成绩依据，是学生毕业考试成绩与中学平时成绩，且中学平时成绩占了绝对的比重。

五、各国高校招考都对教育教学产生了积极影响并同时带来一些问题

有研究显示，各国考试制度正往共同形式及做法的方向发展。考试制度以往分化的，如今正朝统一发展；而考试制度以往统一的，有渐趋分化的迹象。具体的考试方式上，以往采用问答题的，如今也采用可用机器阅卷的选择题了，以往重视选择题的，如今也逐渐尝试推论型的试题了。考试的影响遍及国家的教育系统，它能帮助教育改革，也能阻挠教育改革①。

（一）积极的影响

各国的比较研究揭示，各国高校的招生考试都是教育控制的有力工具，它使各国的高中教育加强努力，使除美国外的其他四国的高中生的生活仍集中在考试一事上。考试具有持久性，它能够满足学校系统的很多需求，如：①评估学生成就；②控制课程及教学；③分配就学及就业机会；④激励教学及学习；⑤使知识及教育活动合法化。

此外，作为考生设计未来安排及决定的指标，评估学校教育对国家经济的贡献②。国家考试具有处理教育地区差异，保证公平、客观可靠等作用。

---

① 马克·伊克斯坦，等：《迈向大学之路：各国的考试政策与实务》，台北市心理出版有限公司，1996年，第272～273页。

② 马克·伊克斯坦，等：《迈向大学之路：各国的考试政策与实务》，台北市心理出版有限公司，1996年，第279页。

尤其需要强调的是，考试制度对学校课程的影响很大，与我国一样，在英国、法国、日本等国，考试的科目及范围，实际上决定了学校课程以及教学目标。考试的形式及内容，反映教育制度之下的哪些知识及技能最有价值，同时也反映及促进课程改变①。

（二）带来的问题

1. 美国

除了 AP 课程，人们对标准化考试的批判非常多。越来越多的批评认为选择体测验方式，对老师授课内容及方法、学生学习及思考、写作能力等方面有不良影响。因此美国高校测验处的 ACT 考试，以及美国教育考试服务处的 SAT 考试，都在进行积极的改革，努力使这些考试不仅是一个性向测验，而且是学生素质的有效测验。

1983 年大学入学委员会出版了《大学就学之准备：学生应知道什么、应能什么?》的绿皮书，紧随其后的有关于如何达成六科基本科目中每一科的能力和知识的建议。其后建议和改革考试的步伐加快了，不过其用意主要是建议课程改革然后修订测验，以反映所发生的改变。但最近的改革思想发生了变化，主要用意是先改变测验以强迫课程改革，把大学入学考试作为改变高中课程的工具。这反映出大学入学考试对高中教育导向的一面。

利用考试来达成改革尤其是课程改革，同样遭到了教师、主管、研究人员和家长等的反对。他们提出各种反对理由，认为这种政策过分依赖考试，单凭考试不足以激励学生的学习及教师的教学。同时，他们认为注重考试只对在学校表现不佳的学生有治标作用，而不能治本。他们认为学校真正需要的是更多的经费，不仅为学校，也是为了整个国家，以帮助改善处境困难的家庭的学生。更多更难的测验只会增加受挫学生的数目，尤其是那些失败率很高的群体。最严重的批评是对黑人、西班牙裔、女性和乡间居民的系统性偏见，并主张美国最不需要的就是这些东西②。

2. 日本

成就测验代表了一项日本的基本价值观，个人精通课程的努力是成功的关键。日本左翼教师反对考试的最大问题是学生的负担很重，他们需要记忆

---

① 马克·伊克斯坦，等：《迈向大学之路：各国的考试政策与实务》，台北市心理出版有限公司，1996 年，第 275 页。

② 马克·伊克斯坦，等：《迈向大学之路：各国的考试政策与实务》，台北市心理出版有限公司，1996 年，第 242～243 页。

许多事实。此外，教师们也反对考试对教学自由的限制，以及对课程的决定性①。

1984年临教审成立以来，1985—1987年先后递交了4次教育改革报告，其中的主要议题是改革大学入学考试制度，走多样化、个性化之路，纠正过于激烈的考试竞争及其弊端。但目前仍存在以下问题：

(1) 因考试科目减少加之校方只重视考试科目，忽略其他科目，致使考生素质低落，直接影响高中正常教育。

(2) 学生虽可增加报考机会，但由于报考学校太多，不但增加报名费，同时也增加准备考试的负担，使考生疲于奔命。

(3) 由于国、公、私立大学多次应试机会，可能因重复录取而使得部分大学有招生不足的现象。

(4) 考生对于连续方式与分离分割方式的学校选择感到困难，只得借助私人机构所提供的事前模拟测验，作为报考学校选择上的定位标准，使得各大学的优劣排序现象仍不易打破。

(5) 有些私立大学附设幼稚园、小学、初中及高中，可以直升大学，因此造成学生从小就离不开“考试战争”的阴影。

(6) 由于在高中中途失学或退学的学生仍可参加大学入学资格考试，造成部分学生因在补习班应付入学测验的教学较有信心，而放弃了高中的正规教育，过着“补习教育”的生活。

(7) 日本的大学入学制度，并不注重学生的性向测验，因此学生进入大学后在中途退学，或校内转院系者仍不在少数。

(8) 由国立、公立大学所主导的多次入学测验改革，变化无常，使得学生、校方、社会对大学入试中心觉得难以适从。且部分私立大学不愿意参加中心测验，因担心会被贴上大学排行的标签②。

3. 欧洲3国

如第三、四、五节所述，各国都有自己的问题。这里补充说明的是，他们都是“资格考试”的国家，就全国性的考试加诸考生的负担看，单以语

---

① 马克·伊克斯坦，等：《迈向大学之路：各国的考试政策与实务》，台北市心理出版有限公司，1996年，第251页。

② 姚霞玲撰写、翻译：《日本大学入学制度与大学招生》，《各国大学招生方式简介（二）》，教育部考试中心资料，第52～53页。

文、数学为例，有资料显示，德国、法国的高中毕业会考，考生负担是很重的，英国、日本处于中间偏难的地位，美国相对较轻①。

英国与美国相似的批评焦点，一直是针对机器阅卷及申论测验，理由是这两类测验无法有效地或者说真实地评价考生的成就及能力。档案式评估方法，即类似我们说的“学生成长信息评价”，和标准限时考试一起评价学生，可提供较为完整或更为有效的信息，但评分标准、公平性及比较性等棘手问题仍待解决。尤其是，可能必须付出的代价是失去公平及客观②。

英国、法国、德国提供给考生多样的科目、考试范围、专业等级及难度的选择，这产生了分数与科目之间如何比较的问题。同时这往往使统一全国课程、文化的可能性降低。法国名义上有一个全国统一的考试，实际上却没有统一内容的考试，法国会考的分化，让人害怕法国正在失去智慧遗产，法国大众文化已经有点不“大众”了。德国同一州内口试与笔试的要求齐一都成问题，更谈不上各州统一了③。相反，由于英国各考试委员会之间的合作，共同认定了文学、数学等基础性的科目，同时确保评分标准一致，成绩的公平性与可比性的质疑情况，也就远不如法国、德国严重。

---

① 马克·伊克斯坦，等：《迈向大学之路：各国的考试政策与实务》，台北市心理出版有限公司，1996 年，第 276 页。

② 马克·伊克斯坦，等：《迈向大学之路：各国的考试政策与实务》，台北市心理出版有限公司，1996 年，第 290 页。

③ 马克·伊克斯坦，等：《迈向大学之路：各国的考试政策与实务》，台北市心理出版有限公司，1996 年，第 283 页。

第六章 结语：高考改革的基本思路

综合高考与学校教育关系的历史研究、基础理论研究、应用理论研究以及国别比较研究，本章简要总结认为：

第一，高校招生考试制度对教育教学具有积极的作用，同时也有一定的消极影响，历史与现状如此，国内与国外的情况如此。要人为地消除这种负面的影响或作用不大可能，取消招生考试只能是一场教育的灾难、社会的灾难，高考改革者对此要有理性的认识，这是高考过程的双刃剑规律所决定的。

第二，高校招生制度要尽可能凸显其正面作用，就要尽可能运用高考过程的竞争规律、指挥棒规律、双刃剑规律，以及选才的公平、公正原则，选才的科学、合理原则，选才的可行性原则，选才的教育性原则。从高考系统的运行方向说，其核心是指挥棒规律，具体反映到高考中就是选才标准或者选才的质量标准在引导着整个教育的起伏进退，这是素质教育的要求，自然也是当前高考科目与内容改革的实质。当然，质量标准的教育导向究竟如何，还取决于对选才原则的遵循程度。

第三，高校招生考试制度要尽可能减少其负面影响，就要一方面尽可能按照高考过程的规律办事，另一方面要清醒地、正确地认识和对待高考的负面影响，依赖教育系统的全体工作者尤其是信息与资源主导者、依赖全社会的正确舆论与正确对待方式，比如当前仍然需要正确认识和对待应试教育的消极面。

下面论及的高考改革的基本思路，仅仅是从“凸显高考的正面教育功能”角度，力图从我国实际出发，参照国外高校招生考试制度的共同特征而作的理性的思路建构。本书力求运用高考过程的规律及原则，按照这种思路去改革高考，虽然它同样会给教育发展带来双重影响，但高考的永恒追求是尽可能有利于教育发展，因此这种追求下产生的负面影响，我们只需要正确认识，并采取切实措施正确处理即可。

第一节　高校分类发展与高考制度改革

高校是招生的主体，高考制度改革与高校分类发展的目标定位紧密联系在一起，高校在高考改革中的更多使命是选择与自身目标定位相适应的学生。然而理论分析与现实调查显示，高考改革要适应高校分类发展的要求，面临诸多的困境。有研究认为，当前一个突出的问题是，“高考选拔标准的同一性与社会对人才要求的多样性以及人的发展的个性化、多样化不相适应”①。为此，我们应选择什么样的高考改革？

一、高校分类发展的内涵

高校分类发展的必要性，可以概括为社会对不同层次、类型人才的实际需要。这些不同的需要，形成了高校的职能目标。社会对人才的实际需求，正如党的十六大报告中提出的，要“造就数以亿计的高素质劳动者、数以千万计的专门人才和一大批拔尖创新人才”。造就数以亿计的高素质劳动者，主要靠高职高专来承担，造就数以千万计的专门人才要依赖一大批一般本科院校来承担，造就一大批拔尖创新人才则要依赖当前国家重点大学来承担②。除非是国家需要对高教结构与职能目标进行调整，各院校一般需要在已有职能目标前提下，去定位自身的发展水平目标。高校分类发展的内涵具有以下一些特质。

（一）高校培养目标的多样化

按照联合国教科文组织批准的《国际教育分类法》（1997 年修订稿）中关于第三级教育（高等教育）的分类，即按照培养目标分类，高等教育分为 5A、5B 两类。5A 是理论型的，它又可分为 5A1 与 5A2，前者按学科分设专业，后者按行业分设专业，两者的学习年限一般都在 4 年以上。根据分类法划分，我国的本科高校一般属于理论型的，按照知识划分有偏科学理论的如哲学、经济学、文学、历史学等，有偏技术理论的如工科专业；按照专业划分有偏文科的，有偏理科的，有偏工科的。5B 是技能型的，是我们所说

① 郭喜青：《高考选拔标准的 IMAP 透视》，《现代教育科学》2003 年第 6 期。

② 潘懋元：《大众化阶段的精英教育》，《高等教育研究》2003 年第 6 期。

的高等职业技术教育类，其主要培养目标是提供劳务市场所需要的能力与资格，学习年限一般为 2 至 3 年，也可以延长至 4 年或更长，如我国的高职高专。

其中理论型的本科院校，按照内部培养层次的不同，有本科生和研究生培养并重的大学，也有以培养本科生为主的大学。技能型的高职高专，主要是以教学和社会服务为主。至于国家的重点大学，理论上可以是本科生和研究生培养并重的大学，也可以是本科生培养为主的大学，还可以是技能型人才培养为主的高职高专。它们是各种类型大学中的领头羊或者排头兵，是担负国家各级各类人才培养与科技支持的核心力量。

（二）专业与课程设置的多样化

1998 年教育部颁布的《普通高等学校本科专科目录》划分的学科大类，有哲学、经济学、法学、教育学、文学、历史学、理学、工学、农学、医学、管理学等 11 类，实际的高校专业，至少有 249 个，它们是按照知识领域和社会职业门类来进行划分的。这些不同的学科与专业有不同的人才培养规格。

在高校内部，受高校培养目标的方向指引，这些不同的培养规格，其实质是理论与技能的重心偏向不同。因此，在学科与专业建设上，不管是理论型的，还是技能型的，国家应有不同的评价标准，避免人才类型和规格过于单一为学者型、理论型人才的历史教训。

（三）人的职业兴趣的多样化

社会的职业种类已逾万种，人的职业兴趣也是多种多样的。生活中，一个人能够从事诸多职业，已经不是什么新鲜事情。不过，职业转换的背后隐含的是人的知识能力。因此，从广义上讲，所有的职业都需要以一定的科学理论为基础。

然而，人的职业兴趣毕竟是有倾向的，学生多样化的职业需求，主要通过高校多样化的专业学习来奠定基础。按照认知与实践的关系，总体上可以把这些倾向表述为偏理论的和偏技能的。

说到底，高校分类发展是社会、教育、人的多样化发展的要求。违背这个逻辑，国家对高等教育的宏观管理就会失控，高校就会好高骛远，目标不切实际。例如，我国长期以来人才培养规格的学者型、理论型倾向，高职高专的“升格”风，部分院校不切实际地创建世界一流大学等等。

二、高考改革的适应与问题

高考制度既包含考试制度，也包括志愿填报与录取制度。高考改革适应高校分类发展的要求，既体现在考试制度方面，也体现在志愿填报与录取制度等方面。

（一）考试制度方面

考试制度主要解决的是高校招生的质量规格，高考科目设置及其相应的内容改革是重要的载体。近年来，高考科目的多样化变革，说明普通高校招生统一考试科目设置改革，是一个亟须从理论上和实践上都应解决好的现实问题。

1. 按照高校分类发展的要求，高考科目设置及其内容需要体现高校培养目标的理论与技能定位差异

正如许多学者指出的那样，本科院校与高职高专的招生考试要分开进行，试卷要分类编制，体现不同的内容标准。事实上，按照 2004 年 6 月我们对天津市大学、中学的调查，1065 位家长中赞成者的比例高达 70%，891 位大学教师中赞成者的比例为 68%，1425 位大学生中赞成者的比例为 67%，1008 位高中教师中赞成者的比例为 66%。

然而 2002 年广西的 3+X、本专科分开考试实践表明，本专科两次考试的截然分开，增加了考务组织工作的难度和风险，增加了考生的精神压力，社会对此反映强烈。为此，2003 年广西在 2002 年高考方案的基础上作了改进，专科的必考科目试题套用本科必考科目的试题，专科考试与本科考试紧紧相连。2004 年专科统考所有考试科目的试题、考试时间均与本科统考相同，参加专科竞争的考生，只需参加 4 门科目的考试。本科则是 3+2（X1：物理+化学；X2：化学+生物；X3：物理+综合；X4：政治+历史；X5：历史+地理；X6：政治+综合）。

我们认为，广西的本、专科分开考试实践，在理念上并不是理论与技能的定位差异，而是理论知识的不同定位，加上科目组的多样性可能产生的不公平，也就必然引起社会的强烈反响。

反观欧洲国家本、专科分开考试的实践，他们之所以能够顺利实行，和中等教育阶段的分流传统紧密联系，也与欧洲国家近代形成的下构型的多轨学制有直接的关系，他们的理念是“教育必须适应学生的 3A，即年龄（age）、能力（ability）、性向（aptitude）”。他们针对普通高中、技术高中、职业高中的不同培养目标，采用不同的科目设置与内容，也就成为情理之中的事情了。按照欧洲英、法、德等国的经验以及我们的调查，我国的职业高中甚至中专与普通高中分开考试进入大学，很可能是理性的决策。对于普通高中学生，要人为设置不同的考试，可能尚不具备条件。

2. 按照高校分类发展的要求，高考科目设置及其内容考核方式需要体现高校专业与课程目标多样化的学制要求

历史与现实表明，最能体现这种多样化要求的科目设置与招考方式，应该是各高校实行单独招考，自行决定高考科目。比如民国时期的高校单独招考（1938—1940 年国立、公立大学实行招生统一考试），高校拥有较大的招考自主权，招生考试形式灵活多样。但是也出现“招生滥”、学科发展比例失调等许多负面影响。因为各校录取标准的宽严极不一致，考试科目的多寡不一，学生往返投考要做多种准备，这种招考方式被认为是“费时、费事、费金钱、费精神”①。

历史经验还表明，最不能体现各高校专业与课程目标多样化要求的科目设置与招考方式是全国统一高考制度。施行全国统一高考，全国一张卷、一个内容标准，抹杀了高校的个性，抹杀了学生的创造性②。但是其好处也是明显的，那就是这种制度经济、高效、公平、有序。

为此，需要把以上两种方式结合起来，这也是世界发达国家的经验。全国统一举行高校招生共同要求的、共性的基础科目考试，高校个性要求自己单独考核。比如，日本部分高校的个别考试，英国名牌高校的专门考试、面试，美国高校选择性大学的面试等。高校没有特意单独举办第二次考核的，一般要求有学生高中阶段的平时成绩，学生各方面的能力、特长等成长记录。可以认为，不管世界各国大学招考的具体方式怎样，科目设置最终都体现为对中学生的全面素质要求与个性特长要求。两次考试是这样，一次统一考试加上一次学生其他材料审查也是贯彻这个原则。换句话说，高校在一次考试中对中学内容没有考察到的，在学生的其他材料审查中也会考察到③。

① 黄龙先：《大学统一招生考试的检讨（下）》，《教育通讯》（第二卷），1939 年第 48 期，第 9 页。

② 冯增俊：《全国统一高考制度与中华民族创新精神》，《华东师范大学学报》（教科版）2001 年第 12 期。

③ 刘清华：《发达国家高校招生考试与学校教育关系的共同特征》，《考试研究》2004 年第 2 期。

发达国家的经验是否可行呢？天津的调查显示，赞成全国统一考试的比例位居首位，1 065 位家长中赞成者的比例为 44%，891 位大学教师中赞成者的比例为 35%，1 425 位大学生中赞成者的比例为 41%，1 008 位高中教师中赞成者的比例为 34%。就第二选择而言，家长认为是省（自治区、直辖市）统一考试，比例为 27%，其他三者的第二选择为统一考试和高校自主考试相结合，平均比例为 33%。如果考虑到四者各自选择“高校自主考试”的平均比例为 11%。可以认为，可能只有部分大学实行统一考试和高校自主考试的方式可行。

3. 按照高校分类发展的要求，高考科目设置及其内容还需要体现学生的选择性

考试体现学生的选择性，不光是学生对理论型与技能型考试的选择，对统考、单考、统一考试与单独考试相结合等考核方式的选择，还有科目组的选择问题。

既然是选择，一定是体现一种发展倾向或者职业兴趣等学生的主体性，也就是在统一性之外，还有多元性的一面。按照我国的高考实践，这种多元性的一面，最早的改革实践是上海 1988 年开始实行的 3（语数外）+1（政史、理化四科中选一）方案，其中文科类：3+1（政、史），理科类：3+1（理、化）。学生在同一类中可以跨组报名，录取时通过换算分数可以互相调剂。该方案的优点是，共性（语数外）与个性（专业科目）明显，科目总数少，有利于减轻学生的考试负担，有利于考试管理。缺点是：录取时调剂考同类但不同科目的考生，在分数换算上不大可能做到科学化；不考生物、地理等学科不利于高中的相应学科教学。

然后是“三南方案”。1991 年，湖南、云南、海南三省开始实行与上海方案完全不同的“四科四组”，它们分别是：①语文、政治、历史、外语；②语文、数学、物理、外语；③数学、化学、生物、外语；④语文、数学、地理、外语。一是这些均为基础的相应学科教学；二是各组考生不能互相跨组，结果各科目组竞争程度不一，使整个考试失去了一定的信度，客观上造成不少落榜者水平高于中榜者的现象，大学择优录取的原则没能得到很好的贯彻执行；三是本次考试中各科目组组内的区分度都非常差，表现在相应的重点大学、一般本科、专科学校的分数线相差皆非常小，两个档次间相差多的有 8 分左右，少的相差只有 1 分。

再后是大家熟悉的 1999 年广东 3+X 科目改革方案，如今全国大部分省（市、区）实行 3＋文科综合/理科综合。这里不再赘述。

需要说明的是，关于科目组的公平性问题。以江苏省为例，2003 年江苏开始实行“3＋综合＋2（6 选 2）”模式。6 选 2，共有 15 种组合，具体办法是高校提前提出方案，学生可选择科目组。结果是高校与学生的选择矛盾扩大化，由于学生选择的功利性强，15 个科目组出现萎缩，目前中学基本上只选择了 5 个科目组，2004 年考生物的全省只有 300 多人。这给录取工作带来了问题，由于需要调剂，退档也不好把握，很难公平公正。同时还出现少数文科生被录取到理科专业而不能适应学习的情况。

以广西为例，2002 年的高考方案中，本科的“X”科目设置了 12 个科目组，考生除必考语文、数学、外语 3 门外，可在 12 个科目组中选择规定的 1 个～2 个科目组参加考试，考生所报考的科目组要与招生院校设置的科目组一一对应。在招生计划数和考生数没有达到足够大的情况下，小科目组招生计划少、考生少，出现各科目组之间的录取分数线相差很大的情况，使社会各界对此感到迷惑。同时，小科目组考生太少，某些学校的个别科目仅有三五名学生报考，不利于中学组织教学，在一定程度上造成师资力量和教学设备的浪费。此外，由于科目组太多而且对应性强，在录取中操作相当复杂，工作量大。在 2004 年的高考方案中，科目组设置由 2003 年的 12 个减少到 6 个，取消的 6 个科目组都是两年来考生人数和录取数较少的科目组，如物理＋生物、地理＋综合等。

以上说明，如何处理高校与学生的选择性，是一个值得思考的理论与实践问题。众所周知，高校及学生的选择是个性问题，严格的个性应该是千校千面，千人千面。就考试评价制度而言，解决这种个性问题，抛开考试管理的可行性与复杂性问题不论，公平性理念必须予以关注，这是考试存在的合法社会基础。在分省命题、录取的现行体制下，以天津市普通高校招生报考人数 6 万～7 万来看，不同的科目组意味着不同的考核标准，不同的考核标准意味着相互之间可比性的缺失，可比性的缺失意味着考试作为公平手段的部分失灵。科目组越多，越不公平，除非规定各科目组录取率相等，否则学生的入学机会就不相等（各省录取率不同是另外一个社会问题）。

就现行实践的可行性说，文、理、艺术、体育分组的做法，由于传统做法的习惯性，以及事实上学生发展的人文社会科学、自然科学、艺术以及体育能力、兴趣的取向，易为社会接受（高中不分科是另外一个问题）。如果再分一个工科组，也有可能接受。但若再出现一个组，则公平性缺失的弊病，无疑会加剧。

（二）志愿填报制度

填报志愿的时间，是这几年来考生和家长反映比较强烈的一个问题。多年来，大部分省市实行的是在高考分数公布前，考生依据考后的估分情况填报志愿。由于估分不够准确，产生不少问题，主要是出现了不少“高分低录”和“上线却落选”的现象。目前全国各省高校招生填报志愿的做法有3种：

1. 高考前填报志愿

优点：一是考前考生可以根据自己的爱好、特长和平时的学业成绩填报学校和专业，比较有利于个人发展；二是高校能选到专业思想较好而且有专业特长的新生；三是招考部门有充裕的时间处理录取信息。

缺点：一是可能会导致一些考生因填报的学校和专业过高，实际考分达不到学校录取线而落选；二是可能会导致一些考生因填报的学校和专业偏低，实际考分偏高，造成“高分低录”的现象。

2. 高考后、成绩公布前填报志愿

优点：一是考生估分填报志愿，可能把升学愿望与自己的“估计的考试成绩”结合起来考虑，填报志愿的“命中率”可能会高一些；二是高校能选到专业思想相对较好的新生；三是招生考试部门处理录取信息有一定的时间保障。

缺点：一是考生可能因估分过高而填报了过高的志愿，因分数不够而落选；二是考生可能会因估分偏低而填报了偏低的志愿，造成“高分低录”的现象。

3. 高考成绩公布后填报志愿

优点：一是考生和家长认为心中有数，可以按分填报自己认为理想的学校；二是重点名牌高校、高校中的热门专业可能拥有比较充足的高分考生；三是可满足社会民众普遍认同的“高分优校，公平公正”原则。

缺点：一是考生知道成绩后填志愿，很可能不再考虑自己的兴趣和特长，而只体现升学愿望，进而影响入学后的专业学习；二是因考生不知道别人的成绩和志愿，结果可能会产生大量的志愿“撞车”现象，出现很多“高分落选”考生；三是造成高分考生过度集中于热门学校和专业，人才分布不均衡。

根据考生和家长的要求，以及很多省（市、区）人大代表、政协委员的

呼吁，高考成绩公布后填报志愿的呼声很高，例如在这种呼声下广西2004年就采用了第三种做法。

我们认为，填报什么志愿，需要反映的是学生真实的职业、兴趣、能力倾向，目的是充分实现学生的自我价值。什么时间填报志愿，反映的是高校的要求，目的是充分实现高校的分类发展价值。因此，采用什么方式，高校招生章程需要做出明确规定。

4. 平行志愿：合理引导高等教育的分层与分类

实施高考平行志愿，就是从政策上强制引导预设的高等教育分层，一般是以高考分数的高低，把学生尽可能分进从高到低的高等教育层级，进而实现了高等教育的分类。本书拟探讨的问题是，在高考志愿选择客观上会带来高等教育分层与分类的形势下，高考平行志愿政策，应当如何合理地引导高等教育的分层与分类。

(1) 平行志愿的公平性：主要以分数为尺度引导高等教育分层。从2003年开始，湖南率先实行“多个平行志愿”和“多次征求志愿”的办法，这种第一志愿平行的做法被俗称为“大平行”。其后，江苏、浙江、上海、安徽、辽宁等也加入到大平行的队伍中。所谓“平行志愿”就是在每个录取批次的学校中，考生可填报若干个平行的学校，然后按“分数优先、遵循志愿”的原则进行投档录取，改变过去志愿优先的录取原则。

教育部表示鼓励各省市采取平行志愿投档，进一步提高考生志愿满足率，努力降低新生报到流失率。复旦大学副校长蔡达峰撰文建议增加考生选择高校的机会，改革现行的录取方式，主张尝试同批次高校平行录取的方式，使考生可以同时选择多所高校，即考生可以将若干所（如6所或4所）高校作为同批志愿高校，不分先后，改变现行的同批高校志愿中只能申请一所高校的限制，而高校也就可以一次接受更多考生的申请，并从中按计划数选拔录取，考生再从若干所录取高校中选定一所高校，最后由当地招生办公室再做调剂录取[①]。全国人大代表、北京大学校长许智宏表示，和过去“志愿优先”相比，考生拥有更多的选择机会，不然未被第一志愿录取，很可能掉得很远[②]。

---

① 蔡达峰：《关于改进高考录取方式的意见》，《民主》2007年第7期，第10页。

② 《高考平行志愿被指有违素质教育，教育部将再研究》，《北京晨报》2008年3月18日。

为什么要实施高考平行志愿，道理看来是十分简单，那就是在每个招生录取批次的高校中，考生可以填报若干个平行的高校，然后按“分数优先、遵循志愿”的原则进行投档录取，改变以往同一批次录取时“志愿优先、依据分数”的办法。它能有效克服“考得好不如报得好”的弊病，缓解考生在填报志愿时的焦虑心态，改变非第一志愿歧视，遏制被迫“高分低就”甚至落榜的状况，从而大大增加考得好的考生被相应的好大学录取的机会①。而这点，浙江省的实践，获得了明确的答案，浙江省2007年的第一志愿有效投档率达到了99%以上，受到了社会的高度关注和好评②。

江苏2005年在各个录取批次都实行平行志愿，在提前录取批次和本科院校各批次的志愿校均包含A、B、C三个，专科志愿包含5个，改革取得了相当的效果，实现了“三减少三提高”，即填报志愿风险减少了，高考落榜现象减少了，高校生源大幅度波动现象减少了，志愿匹配性提高了，录取透明度提高了，考生满意度提高了③。2007年，在充分调研和反复征求意见的基础上，河北省高考录取在本科二批B、本科三批、专科一批和专科二批试行了平行志愿改革，即考生可以在这些批次的第一志愿中填报五个平行第一志愿，结果表明平行志愿有利于提高考生志愿满意率，减少高分考生的落选④。

显然就社会分层而言，这是一种以高考分数来获取录取机会的公平性制度安排，也是广大家长和考生赞成的一种制度安排。从历史上来说，它打破了以血缘、金钱、世袭等为纽带的社会分层机制，使得我国从身份社会过渡到了学历社会。“分数面前人人平等”的招生，较之以往是一大进步。如今我们对“金钱面前人人平等”的“优质优价”收费教育尚且提倡，为什么惟独要苛求“分数面前人人平等”呢?⑤

主张实施平行志愿的人注意到了高考录取公平机制的重要性，还看到了

---

① 浩歌：《平行志愿：高考改革的新亮点》，《中国高等教育》2008年第6期卷首语。

② 张江琳：《浙江省高考志愿设置改革的探索与实践》，《教育研究》2007年第10期，第91页。

③ 王骏勇：《江苏高考实行平行志愿》，《瞭望新闻周刊》2006年6月5日。

④ 魏国东，等：《社会公平与高考志愿填报方式的改革——以河北省为例》，《河北学刊》2008年第3期。

⑤ 李鸣：《素质教育与应试教育不应对立——访清华大学教授、中国青少年发展基金会副主任秦晖》，《新华文摘》2000年第6期，第144页。

在公平机制下，也存在的一些影响考生丢失录取机会的因素。比如，高考志愿是建立在知道分数的基础上，如果依靠估分，高考实际成绩偏低则可能造成某个批次全部落选的可能，还有如志愿不服从调剂的问题，体质的问题，平行学校间分数级差与梯度的问题，等等[①]。实行平行志愿，相对于不执行平行志愿，其实没有从根本上改变原来高等教育分层的格局，而是更好地保证了高考分数与高等教育选择层次的一致性。从而也保护了考生的利益，有利于考生间的公平竞争，避免了考生“高分低就”的心理失落与不良社会心理的形成，客观上有利于社会政治秩序的稳定。

(2) 现行平行志愿的背后：预设了不合理的高等教育层级及分类政策。反对实施平行志愿的人注意到，高考分数引导的可能不利结果，不利于高等教育的科学分类，这也是反对全面实施平行志愿的重要理由。中国人民大学纪宝成校长表示，平行志愿是值得研究的问题，我不大赞成，虽然这种办法的主观意愿是好的，旨在防止“高考落榜”现象的发生，但同时存在不少令人忧虑的问题，比如强化分数，违背素质教育理念，高考录取完全实行“分数第一”、“分分计较”；极大地压缩高校录取考生的分数段，这样做不仅不符合高校人才培养的规律，同时也剥夺了很多学生自由发展的意愿[②]。

看似十分清楚的平行志愿改革初衷，为什么会有违背素质教育理念的责难，我以为除了部分高校的生源质量可能受到一定影响外，重要的原因是其背后预设了平行的高等教育层级及分类政策。大家知道，即使没实行平行志愿，在现行高等教育层次系统下，不管考生怎么选择高校，客观上会形成高等教育的自然分层，这种自然分层，总体上集中体现为分数从高到低的学生录取后，自然分布于从国家的重点本科高校、省市内的一般本科院校，再到高职院校的纵向排列。而相应的高等教育分类，也就主要体现为考生对不同专业的主动或者服从调剂的被动选择。现行高等教育系统的层级形成，抛开众所周知的历史原因不论，至少让考生们在志愿填报的时候，一目了然。原因是，我国的录取顺序政策，已经预设了这种高等教育层次及类别，从提前录取院校，特别是从国家重点院校到一般本科院校再到高职院校，顺序十分清楚。这就是大家熟悉的提前批次、一本、二本、三本和高职高专。所谓预

① 李振东：《高考志愿：平行中的利益交点》，《高校招生》2008年第4期，第11页。

② 《高考平行志愿被指有违素质教育，教育部将再研究》，《北京晨报》2008年3月18日。

设“平行”的高等教育层级及类别，就是指在每个录取批次里，预设了若干平行的高校，分别是所谓的若干提前批院校，若干一本院校，若干二本院校，若干三本院校，若干高职高专院校。

为什么现行预设的这种高等教育层次及类别不太合理呢？道理也很简单，这些录取批次构成了考生心目中新的高等教育层次，代表着不同的高等教育发展水平，年复一年，造成的刻板印象与声誉，其实也不利于高等院校的发展。表面看，这种录取批次的划分似乎只是更有利于录取工作的顺利进行，但实际上也不符合法理，即不符合《高等教育法》关于研究生、本科、专科教育层次的划分。也就是说，本科只有一个层次，而并没有“一、二、三”的划分，尽管客观上这些“一、二、三”很大程度上代表了我国高等教育发展的实际情况。但从长远看，不利于高等教育的公平竞争与发展。笔者多年前在课题调研时，曾遇到一个至今记忆深刻的教育发展案例，虽然是高中教育的案例，但也能深刻说明生源对教育质量的影响。某市教委推行平行招生之前，两所高中的教育质量，在老百姓心目中天差地别，但平行招生之后成效立竿见影，两所高中每年的高考升学率乃至各种竞赛获奖等至今不分高下。高等教育的发展情形，生源也是同样重要的因素，同等生源的高校，很大程度上也呈现出大致相同的学生发展水平。但政策的若干批次规定，无疑是影响靠后批次高校生源的重要因素。

更为重要的原因是，这些批次的划分不符合社会经济等全面发展所需人才类型的培养，不利于高校的人才类别责任分担。社会对人才的实际需求在党的十六大报告中提出，要“造就数以亿计的高素质劳动者、数以千万计的专门人才和一大批拔尖创新人才”。造就数以亿计的高素质劳动者，主要靠高职高专来承担，造就数以千万计的专门人才要依赖一大批的一般本科院校来承担，造就一大批拔尖创新人才则要依赖当前的国家重点大学来承担①。一般上，大家现在注意到了本科院校与高职院校是不同类的院校，前者培养研究型或应用型人才，后者培养技能型人才。但在本科层次、研究型和应用型人才的类型差异，在高考录取环节，却少有人特别关注。

而事实上，就是大家提到的国外对高等教育的分类，其实也只是具有统计的意义。例如美国卡内基教学促进基金会的高校分类，2000 年版《高等院校分类》主要按照学位层次的不同，把高校分成了博士/研究型大学、硕

① 潘懋元：《大众化阶段的精英教育》，《高等教育研究》2003 年第 6 期。

士学位授予院校、学士学位授予院校、副学士学位授予院校、专门院校和部落院校共计六大类。根据卡内基分类方案，美国有 88 所大学属于Ⅰ类研究型大学，每年研究经费超过 4 000 万美元，有Ⅱ类研究型大学 37 所，每年研究费用有 2 500 万美元。共计 125 所研究型大学，占全美 3 600 所高校的 3%，培养了全国 3/4 的哲学博士，授予了全美 35%的学士学位，全美科学与工程方面 56%的理学学士学位①。

我国常见的分类是研究型大学、教学研究型大学、教学型大学、专科院校等。1998 年开始的新一轮重点大学建设，“985”重点院校目前有 39 所，近 1/3 集中在北京，占高校总数 1 075 所的 4%。就高等教育实际发展与定位来看，这些“985 重点院校”，理论上也属于研究型大学。而世界银行、联合国教科文组织“高等教育与社会特别行动组”，在《发展中国家的高等教育：危机与出路》的报告中，将高等院校分为五种类型，分别是研究型大学、省级的或地区性的大学、专业学院、职业学院、虚拟大学与远程教育等。但所有这些划分，并不体现在高考录取批次的政策性规定与划分上，尤其美国实行的平行志愿，更是高校与学生之间的双向选择，一个学生往往可以收到四五个高校的录取通知书。

抛开现行层次与类别不论，即使以错误的逻辑来推论，既然现行高等教育录取政策里规定了高等教育系统的层次，为什么不能规定实行平行志愿呢？从这个角度而言，我国部分省市如湖南、江苏、浙江、上海等地的部分或者全面平行志愿实践，无疑具有一定的公平分层意义。尽管这个制度的背后，还隐含着不太合理的高等教育分层，特别是分类。我以为，这其实是部分省市比如北京、天津等，实行部分平行志愿与志愿优先结合的深层次原因。再进一步说，既然高等教育分层次，不允许学生在每个层次里填报平行志愿，道理似乎讲不清楚。既然高校不能每年掉入下一个层次，为什么让学生可以掉入下一个层次呢。高校怎么成为一本、二本、三本，其实和考生怎么考出高、中、低的分数一样有着复杂的原因，也内含着各自的艰辛劳动。

(3) 理想的高考平行志愿：公平的高等教育分层与科学的高等教育分类。与其说是平行志愿不利于素质教育，还不如说现行平行志愿需要很多支持性条件。对考生志愿选择而言，更重要的条件其实是需要公平的高等教育

① 詹姆斯·杜德斯达：《21 世纪的大学》，刘彤主译，北京大学出版社，2005 年，第 40 页。

分层与科学的高等教育分类。

所谓公平的高等教育分层，意思是打破本科阶段批次过多的局面，形成一体化的本科高等教育发展体系，进而给考生一个平行的本科院校志愿选择格局。教育结构的不均衡，导致高等教育不公平，加剧了社会底层人群求发展的不公平性①。这样做的后果，就是自然形成高等教育的分层，有利于学生的公平选择，也有利于高等教育的平等竞争和办学特色及办学水平的提升。应当看到，高考公平分层的社会学意义。在我国经济社会转型时期，社会分层在扩大，人们可以通过高等教育使自己成为具有知识资源的人，使自己走进一个全新的社会活动空间和社会实践平台，以实现向上流动。这也就是当今中国社会，尽管学费相对于家庭收入贵得惊人，但那些贫困家庭和普通家庭砸锅卖铁也要送子女上大学的原因了②。

所谓科学的高等教育分类，首先是考生自主的专业选择，形成了高校内部的生源类别结构。而决定专业选择的，理论上是学生的兴趣与能力偏好选择。其次，对整个教育体系而言，学生自主选择考取研究型大学、应用型大学、技能型高职院校，符合高校自身的培养目标定位，更符合国家社会经济各行业发展的人力资源需求。统计表明，中国劳动力市场人才供求总量矛盾和结构矛盾相当突出：第一，科研能力强，掌握高新技术、富有创新精神的高素质人才供不应求。第二，三大产业的就业比重与社会的人才需求比重矛盾尖锐。例如，2005 年中国三大产业需求人数所占比重依次为 2.2%、32.9%、64.9%，劳动力市场上就业比重则为 44.8∶23.8∶31.4③。所以，好的志愿选择制度安排，还要尽可能在考生的志愿选择引导政策上，做出更多的探索，引导高等教育科类结构的合理化。

从上述分类格局来看，理想的高考平行志愿，也就是对每类高等教育的平行选择。即在研究型大学、应用型大学、技能型高等院校内部的平行选择。因此，现行高考政策中规定的录取批次，适宜改革为三个类别批次。如

① 梁灯午：《努力实现高等教育公平　满足社会底层群体发展诉求》，《甘肃农业》2006 年第 7 期，第 208 页。

② 唐晓云：《从社会阶层结构变迁透视高等教育在社会和谐发展中的作用》，《高教探索》2007 年第 4 期，第 43 页。

③ 中华人民共和国国家统计局：《中国统计年鉴》，中国统计出版社，2006 年，第 125，805 页。

果考虑到特殊院校如军队、警察院校等，高考政策里的录取批次，最多也就是四个批次。这样，就形成了相对合理的引导高等教育分类发展的格局，进而使得高等教育主动培养满足社会各行业发展需求的人才。

（三）录取制度方面

以外国高校招考的经验为参照，结合我国扩大招生自主权的需要，高校自主确定招生标准，共性考试由考试机构负责，实行招考一定程度上的分离，是理想的政策选择。

国外大学招生共性的考试一般由专门的考试机构负责，招生时对考试成绩的利用，则是高校自己的事情。以美国为例，SAT 学术性向考试由专门的民间考试机构负责，但招生是大学的事情。以日本为例，大学入学考试中心附属于文部省，具体负责第一次考试，第二次考试即个别考试由高校自己负责，对考试成绩的利用由高校负责。以欧洲英、法、德等国为例，考试由中央与地方分工管理，英国 16 岁考试即 GCSE 考试，由附属于“中学考试与评价委员会”以及各地区 GCSE 考试委员会协作管理，18 岁考试（GCE A-level 及 GCE AS-level）则主要由 8 个地区考试委员会来组织与实施，对考试成绩的利用则各大学不同，GCE A-level 考试，牛津大学和剑桥大学通常要求考生 3 门成绩都是 A，一般综合性大学要求 2 门成绩为 B，一门成绩为 C，多科技术学院 2 门主科成绩为 C 即可；而法国，考试由巴黎设立的国家大学入学考试中心制定标准，各学区委员会具体组织与实施，综合大学凭会考成绩申请入学，大学校实行严格的竞争式入学；德国，考试由各完全中学所设的“考试实施委员会”负责组织与实施，大学并不派人参加，一般大学由学生申请入学，特殊科类如医学还需另外实施特别考试或者由全国分发中心分配入学①。

我国目前高校的录取标准比较单一，因此国家的重点高校应担负起“自主制订招生方案”的任务，主动承担起“综合评价考生的任务”，在招生方案里，应体现出“综合评价考生素质”的理念与具体办法，真正选拔出适合本校培养目标要求的、综合素质高的学生，承担起造就一大批拔尖创新人才的使命。对于高职类院校的招生方案，也应体现出技能定位的目标以及相应

① 刘清华：《发达国家高校招生考试与学校教育关系的共同特征》，《考试研究》2004 年第 2 期。

的考核录取标准，承担起造就我国数以亿计的高素质劳动者的任务。

在目前的条件下，高校招生录取完全依赖考试机构提供的文化成绩，缺乏其他录取的元素的要求与办法。这是一种责任与权力的缺位，急需从政策上加以明确。但是我们也深知我国的传统文化，讲人情、关系、面子①，改革存在很大的阻碍因素。另外高校个性考核，如历史教训那样，容易导致学生增加过重的负担。

三、调整高考的适应策略

调整高考的适应策略，也就是改革高考制度，适应高校分类发展的策略。这种策略，从根本上说，是处理好考生与大学的关系，大学、考生与考试机构、监督机构的关系，形成责权分明的招生考试制度。其终极价值在于带动、引导中学、大学教育的多样化发展。

（一）分别责权是前提

分别责权的高考改革，意味着高考制度改革以及志愿填报与录取制度改革，需要从责权的角度进行调整。

1. 考试制度改革方面

历史清楚地表明，长期以来我们认为的科目设置与内容改革，仅仅停留在考试机构的责任与权力方面，我们要求这种共性的考试服务，追求科学、公平的考试评价价值。但是我们常常忽视或者忽略了高校这个招生主体的多样化需要。因此少部分的“985 高校”可以尝试研究具体办法，要么要求中学或基础教育管理部门提供招生评价的资料，要么自己以一种相对可行的办法单独考核。无论如何，在招生方案里，应尽可能做出关于录取标准的原则与具体办法规定。否则，无论是基础教育管理部门，还是中学或者国家教育考试机构，又怎么知道高校需要哪些具体的可供招生录取的信息呢?

2. 志愿填报及录取改革

志愿填报与录取，是学生与高校之间双向选择的制度。按照高校分类发展的要求，什么时间填报志愿，是高校的选择，至于填报什么志愿则是学生的选择。考试机构，除了举办考试，则是履行学生志愿填报的公共管理服务与高校录取工作的监督职责。

---

① 刘海峰：《传统文化与高校招生考试改革》，《上海高教研究》1995 年第 3 期。

填报什么志愿的问题，客观地说，它很难反映学生的真正职业倾向与兴趣。其原因虽然很多，但很重要的教育原因是，学生缺乏对高校的认识，以现有的高校专业目录讲，它只有一般性的院系专业介绍，就业方向、名牌不名牌、重点不重点的介绍，学生很难从这些专业里看出它的实质内容，比如师资队伍的历史与现状、科研的成果与效果、人才培养的历史与现状、学生的实际就业领域与成就等。可见，编制内容实在的高校院系专业目录，还是一项重要的涉及高校专业与学科建设的科研工作，也是一项当代课程建设的教育史编写工作，它不仅影响到高校的职能目标实现，也影响到对全国广大中小学学生的升学指导工作。

（二）多元评价是核心

分别责权的目的，其实是通过多元主体的科学、公平的评价，达到引导学生全面发展与个性化发展，引导大学多样化、分类发展的目的。

多元评价首先是评价主体多元，它的意思是考试机构、大学、中学或者基础教育部门在评价高中生素质发展中的责任与权力，这是一种管理学上的职能分工。在录取标准掌握上，则集中体现为大学的责任与权力。

其次是评价标准多元，强调的是高校的个性化需求，对学生身心素质的特殊要求。对高职院校和其他本科院校的要求而言，当前主要是处理好理论技术与实践技能的不同定位要求。联系到评价对象，主要是处理好普通高中与职业类高中学生的分类评价问题。具体到每一所大学特别是“985”高校而言，主要体现为各自的可行的招生方案。

（三）双向选择是主线

高考是以高校为招考主体、学生为报考主体的制度体系，否则不能理解和解释美国等西方国家的考试举办权为专业性的私立或中介机构。

我国各省市考试机构举办的招生考试，特别是分省命题组织的考试，抛开历史形成的原因不论，可以理解为高校共同体即类似高校招生委员会，委托考试机构组织的共性考试。考试质量的好坏，理论上要受到“高校招生委员会”的监督，这种监督会推动考试机构的服务质量提高。就报考服务而论，学生利益将是推动相应服务机构的管理水准提升的重要机制。少数高校如果需要，在共性科目基础上也可以单独考核。

但不要因为存在招生考试事实上的政府直接行为，就忽视招生考试中两个真正的主体——学生与高校。这是国家在高考改革的政策中明确提出“三个有助于”的原则，全部集中在高校与高中学生发展两个方面的主要原因。

总的来讲，高考的适应策略，理论上是想促进学生的全面发展与个性发展，是希望推动我国高校招生考试事业的健康发展，是期望推进高校的多样化发展。

第二节　高校招生考试评价体系改革

评价体系改革，实质是高校招录制度改革的必要组成部分。不管是否进行高中新课程改革，我国高考学生评价体系改革，都关系到高等教育与基础教育的人才培养质量，是高考制度改革设计成功与否的重要标志。对此，我们需要全面总结历史，面向世界借鉴经验，服务于我国教育发展的新要求。

一、恢复统一高考以来评价体系改革的是非困惑

对高考制度弊端的批评可谓汗牛充栋，但高考的历史与现实一再证实，高校招生考试评价体系，是基础教育必要的指挥棒，它符合由低到高的知识体系层次逻辑，符合由低到高的教育体系层级制度安排，符合由低到高的人的社会流动规律。1987 年 4 月 21 日国家教育委员会发布的《普通高等学校招生暂行条例》第二条规定了高校的招生“应贯彻德智体全面考核，择优录取的原则”。这个总原则，实际上规定了学生评价体系所包含的几项基本内容。

1977 年恢复统一高考制度以来，考生在德体素质基本合格的前提下报考大学，我们高校招生考试的学生评价指标，就主要集中在表现为智的学业评价方面，高校是否录取学生主要看其学科考试总分数的相对高低。其评价体系的历史变迁，主要体现为考试科目的演变。

恢复高考以来考试科目的变迁，除了 1988 年上海试验过“上海方案”，1991 年湖南、海南、云南试验过“三南方案”，总体上看有两个变化：一是恢复高考后从“文革”前的 5—7 门高中课程，变成长时期固定实行的“六七模式”，即文科考生考语文、数学、外语、政治、历史、地理，理科考生考语文、数学、外语、物理、化学、生物；二是 2000 年 3＋X 科目组的大规模推行，3 指的是语文、数学、外语，X 则各省市不同，但从全国范围看，大多数省份实施的是文科综合与理科综合。从“六七模式”转向 3＋X 科目改革的基本动因，是试图减轻学生的学习负担，体现学生的选择性。大

量的省市在 X 部分，选择文科综合与理科综合，则是为了引导发展学生的综合能力，并体现高校的文理性向要求。

21 世纪初我国高等教育开始走向大众化阶段，大学的培养目标更加多元化。但当前高校招生所依据的标准，仍然是学生的学科考试总成绩，是动脑能力的考核成绩。人们据此认为“德智体全面考核”的问题，从恢复统一高考制度以来，始终没有很好地解决，即使是在智方面的能力，也没有很好地解决。所以这种标准依据下的录取模式，对高等教育和基础教育的发展产生了诸多负面影响，遭受了来自社会方方面面的批评，部分学者把这种教育负效应总称为“应试教育”，具体表现为“高分低能说”、“重智轻德说”、“学生负担过重说”、“抑制创新说”、“泯灭个性说”等。

有学者认为，高考导向有问题的关键是考试评价的“统一”所致，而克服的办法在于高校自主招考[①]，但这只是个人的设想。按照天津教育招生考试院考试与评价研究所 2004 年 6 月的大规模问卷调查，1 065 位家长，891 位大学教师，1 425 位大学生，1 008 位高中教师，他们赞成实行“高校自主考试”模式的平均比例约为 11%。而高考导向有问题的关键是，评价指标不全面，高校过分倚重一次高考成绩录取学生，大学老师、大学生、家长持这种看法的平均比例约为 35%。约 59%的高中老师则认为，导向有问题的关键是过分倚重高考升学率来评价学校教育质量。这既是对高考成绩在学校教育质量评价中的错误利用，实际上也在很大程度上折射出评价指标的不全面。

该问卷调查还显示，现行统一高考制度总体上比较科学、公平、公正、经济高效。其正面影响是：

(1) 它对引导中小学生素质全面提高的效果较好，持这种看法的大学老师比例约为 80%，家长比例约为 73%，高中教师比例约为 66%，大学生比例约为 44%，平均比例约为 66%。

(2) 3＋文科综合 /理科综合的科目设置比较合理，持这种看法的家长约为 81%，大学老师比例约为 72%，高中教师约为 66%，大学生比例约为 56%，平均比例约为 69%。

(3) 学生的身心健康状况较好，家长比例约为 84%，大学生比例约为 74%，高中教师比例约为 60%，大学老师比例约为 56%，平均比例约

① 顾海兵：《高考与统一高考之辩》，《湖北招生考试》2005 年第 2 期。

为 69%。

(4) 学生的高考成绩与大学学习成绩的相关性较高，高中教师比例约为 81%，大学老师比例约为 63%，大学生比例约为 23%，平均比例约为 56%。

同时，统考制度也有一些评价体系上的不足之处。比如：

(1) 被调查对象中有 39%的人认为，大学新生在综合素质方面最欠缺的是道德素质。

(2) 54%的人认为，大学新生在知识素质上最欠缺的是知识宽度。

(3) 大学新生在能力素质上，49%的大学老师和 34%的大学生认为最欠缺的是应用能力，而 34%的家长认为是创新能力，57%的高中老师则认为是理解能力等。

高考学生评价体系，究竟该如何设置才是科学合理的呢？开放式问题的问卷调查结论，还是综合评价。答案似乎回到了 1987 年我国规定的“德智体全面考核”原则上。应该说，当前的学业素质评价，很大程度上是一种“综合评价”，包含了对人的“德智体心”方面的考核，否则很难想象高校每年招收的几百万大学生将会给社会带来多大的问题。毕竟德智体等素质往往总是同时表现于人类的活动中，这些活动也包括学业活动。如果抽出单独的素质要素做分析，关于“德”甚至心理素质的考核，我们一般的做法是，按照高考报名规定剔出“不合格”的考生，但对于“体”的要求，当前的现实是“入学权利”大于“素质”的要求，除非有影响特定专业学习的特殊疾病。这种情况下，随处可见的指责是，高考导致学生身体素质的下降。现实中很多中学生尤其在高三阶段每天只睡 6 小时左右，很多学生视力下降等，也确实不乏事实。剩下“智”方面的素质考核，常见的做法是在科目改革上做文章，2004 年开始大规模推行分省命题以来，特别是新课程改革以来，科目改革似乎成为各省市高考改革的头等大事，其人力、物力投入极大，但其中的困惑也是最多，最大的困惑就是期望能通过科目组合特别是减少科目，来达到减轻负担的目的。

但光靠减少高考科目，很难达到减轻负担的目的。高考科目实际是测试考生一定的知识内容的宽度与深度，而这种宽度和深度主要通过科目中的命题环节或其他评价方式来实现。所以不论你如何组合科目，这些知识的宽度其实是课程大纲规定的，自然在高考科目组合上做文章并不是高考改革的实质。而对于学生进入高校学习的要求而言，本科院校一般是要求全面的知识基础。所以，不论你如何组合，不论你要求什么样的选择性，科目内容总是涉及高中的全部课程，至少包括语言、数理、自然、社会、外国语五个基本的领域。至于知识深度，高中课程大纲有高中学习的基本要求，高考有其考试大纲的要求。如果高校招生只利用一次高考的成绩为录取依据，高考的知识深度总是和考生的群体水平成正比，考生的群体水平越高，试卷的难度越大，目的是维持一定的区分度，否则考生分数过度集中在某一分数段，高校招生将难于取舍。这也是为什么通过减少科目不能减轻学生负担的一个原因。换句话说，要降低高考的试卷难度，除非还有别的录取评价元素，否则不足以区分学生。当然，要减轻学生的负担，即使增加了别的录取评价元素，也还是有相当大的困难，因为学生负担与高考录取的竞争性强弱有关，还与自身的承受能力有关。学生的负担大小等于各种社会的、教育的综合压力与学生个体承受力的比值。显然，学生负担重的问题，“本质和根源并不在高考，高考只是使一些问题凸显出来而已”，“考生负担重的本质是竞争性考试中考生力图将自己的能力发挥到极限所致”①。说到底，考生学业负担过重，总体上讲是社会的激烈竞争在教育领域的反映②。

二、异域地区高校招生考试评价体系的原则借鉴

在国际化的开放环境下，越来越多的人注意到，适应高等教育办学目标的多样化要求，与我国高校招生考试评价实际情况不同的是，世界发达国家或地区的高校招生考试学生评价体系，不只有一元的学业评价体系，而是多元的评价体系。也可以说，在学业评价基础上，高考改革主要是在高校招生录取的多元或综合评价指标上做文章。

多元的第一个含义是，高校招生贯彻的是“德智体等全面考核”的原则，考核指标包含德智体等多种元素；多元的第二个含义是，高校招生依据的学业成绩多元，既有考生的全国统一文化考试成绩，也有高中平时的学业成绩，甚至很多研究型大学还要求面试成绩，在此我们也可以说高考科目改革在高校录取评价体系中的功能即使是基础的，但它也是有限的；多元的第三个含义是，高校的类别不同，考核标准不同，理论型的高等院校与技能型的高等院校，招生考核标准不同；多元的第四个含义是，即使同类别高校，

① 刘海峰：《高考竞争的本质与现象》，《高等教育研究》2006 年第 12 期。

② 顾明远：《又该呐喊“救救孩子”了》，《中国教育学刊》2005 年第 9 期。

利用学生多元成绩的比重也不尽相同，大学作为《高等教育法》规定的“独立法人”，完全有权按照自己的学术标准招收学生，这种学术标准可以是大学整体的“划一”要求，也可以是院系的特殊要求，这是大学招生的学术规则问题。当今世界上大多数发达国家的大学包括其院系，通过其制度化的大学招生委员会，都在行使这种学术权力。显然，多元的第一、第二个含义讲的是全面评价和综合评价，第三个含义讲的是分类评价，第四个含义讲的是高校自主评价。

经验表明，尽管世界发达国家或地区的高校录取学生所依据的评价资料不尽相同，但基本的评价目标大体相同，即都是尽可能反映出学生的全面学业水平与个性特长。美国本科院校录取学生，一般采用统一考试成绩和学生高中阶段的平时成绩、学生各方面的能力、特长等成长记录，甚至部分研究型大学还要求面试成绩；日本本科院校招录学生一般以统一考试成绩和高校个别考试或者中学生平时成绩为基本录取依据；欧洲国家如德国、法国的本科院校招录学生（不含考试更为严格的大学校），一般采用全国统一的会考成绩、高中平时成绩，或者是再加上高校的个别考核成绩。韩国高校招生主要采用全国统一的大学修学能力考试成绩，也适当利用高中平时成绩或者大学面试成绩。我国台湾、香港等地区的高校招生，所采用的评价资料与发达国家的情况相似。

还有一个相同点，即都注重高考成绩评价与高中过程考核的结合。其基本的理论假设是，相同的高考成绩表现，可能完全产生于不同的学习过程，而这些学习过程可能包含着反映学生未来学习潜力的素质要素，如学习时间的长短、学习速度的快慢、学习的稳定性与非稳定性程度、学习成绩由低到高或由高到低的发展趋势、学习的兴趣、学习的迁移能力、学习的其他智力与非智力心理品质等。正因为如此，美国高中生的成长信息内容，主要有中学阶段的成绩与课程，同时还有推荐信、申请书、课外活动实绩及面试等诸多彼此很有相关性的因素。日本采用“高中调查书”，使许多大学招收到了适合自己的使命和校风的学生，而他们利用的就是评价高中时的活动的文件、本人填写的志愿理由书、高中以后的活动报告书等材料和面试等。欧洲国家，一般采用高中阶段学生平时成绩。例如，英国大学的录取标准是校外统考与校内测验成绩相结合，校内成绩如“课程作业”最低占20%的比例；法国的综合评价办法是高中毕业会考采用初试与复试综合衡量学生成绩的办法，初试又分笔试与口试，复试有口试或者操作考试；德国毕业证书考试成绩即高校招生的成绩依据，是学生毕业考试成绩与中学平时成绩，且中学平时成绩占了绝对的比重。据此，我们也可以看到，真正的高校招生评价体系改革是十分复杂的。

以上谈的这些评价体系的原则，除了分类评价、自主评价，其他关于考核的主要观点，类似2006年教师节前夕，温家宝总理视察北京市黄城根小学时精辟地谈到的考试制度改革的三个基本原则，即实施素质教育：不是不要考核，而是要求考核具有综合性、全面性和经常性。温总理解释说：综合性，就是要教学生既会动脑，又会动手。全面性，就是要使学生德智体美全面发展。经常性，就是要根据学生长期的学习表现决定成绩。值得深入思考的是，高校招生考试与学业考试的不同性质，具有较高的选拔性与竞争性，所以在具体做法上，需要结合我国的国情进行深入的理性探索。

多元招考的评价体系，显示了多元化的招考制度设计理念与原则。但事实表明在招考评价制度上，没有一个世界公认的模式。真实的历史是各国高考制度都往往与自身的教育传统及国情相适应，如欧洲的教育分流传统，美国的教育地方分权与多样化传统，东亚国家的读书至上、重视考试传统等。多元招考的评价体系，也并非意味着考生没有较重的学习负担，即使是美国中学生要想考上一流的研究型大学，也需要付出艰苦的努力。借用法国著名社会学家P. 布尔迪厄的话说，“普通民众把美国的预备学校想象成学海中的绿洲，或者是高雅的殿堂，但是这种看法是极其天真的。事实上，预备学校是艰苦的地方，从晨曦初现到暮色茫茫，那儿每一个人的生活都按照规章进行着，要靠偷偷摸摸才能够弄到一点自由”①。

三、新课程背景下的高考评价体系改革思路

我国自2001年开始在陕西、海南、山东等省进行基础教育新课程改革试点工作。2001年《基础教育课程改革纲要（试行)》指出，高等学校招生考试制度改革，应与基础教育课程改革相衔接。这里的衔接，自然包含了考试内容的要求，毕竟课程内容的改革必将引起高考命题内容的变化，但最重要的是对高校招生评价体系的要求。

主要原因有三：

---

① P. 布尔迪厄：《国家精英——名牌大学与群体精神》，商务印书馆，2004年，第190页。

其一，在内容上，高校招生统一考试，仅仅是高校共性的文化知识基础考查。而高中学业考试，是对新课程要求的知识与技能、过程与方法、情感态度与价值观等方面的全面考查。在学分制、选修制等情况下，新课程包含的语言与文学、数学、人文与社会、科学、技术、艺术、体育与健康、综合实践活动等 8 大领域，并非都是可以通过高考的笔试能够解决的。

其二，在功能上，高校招生统一考试更注重大学甄别选拔人才，高中学业考试更注重对学生的发展和激励功能。

其三，在高考与基础教育教学的关系上，历史一再表明，高考是基础教育教学的指挥棒。只要升大学特别是家长心目中的好大学、好专业，还是老百姓的普遍愿望，高考考核什么内容，高中往往就会注重什么内容。所以要支持高中素质教育深入实践，高校招生评价体系必须把高中平时成绩纳入其中，特别是把高中学业水平考试评价成绩作为衡量考生素质的一个重要指标。当然发达国家的招考经验表明，各高校利用该成绩的权重，可以根据自己的办学目标要求有所不同，但无论如何必须从各高校的招生章程规定上体现出来。这是解决高考与高中新课程改革目标冲突的根本办法。这样做的好处是有助于高中全面实施课程标准；不这样做的后果是高考考核不了的目标，高中教学就不大可能重视。

结合历史经验教训，参考世界经验，普通高校招生考试评价体系建构的基本思路可以用三句话来概括：一是坚持以综合素质评价为素质教育的风向标；二是坚持以统一考试评价为基本手段；三是加大高校自主招生考试评价的力度。

（一）坚持以综合素质评价为素质教育的风向标

1977 年恢复高考以来，人们对基础教育弊端的批评文章可谓汗牛充栋，并用应试教育一词来概括，常见的说法是“重智轻德体美心（理）说”。有学者干脆讲，甚至连“智”也重视得比较片面。片面性之一，现行高考重智，轻德、体、美、劳，基本上属于“智力中心论”，就此而言，它很像教育史上的“形式训练说”的再现，造成教育过程的偏向性以及由此而来的学生整体素质发展的片面性。片面性之二，就智育而言，现行高考重知识轻能力，基本上属于“知识中心论”，又像是“实质训练说”的贯彻执行，因而对教育过程的导向必然是重知识轻能力，进而又造成学生智能发展的片面性。出现这些片面性主要原因，在于没有“建立一个以学科检测为主，以全面考核为辅的多元化高考制度”①。

这种看法，似乎在教育实践中也不乏事例。最明显的说法是，在高考指挥棒下，学生负担过重导致身体素质降低了，近视眼多了，身心疲惫的多了，心理缺陷的多了等。所以大家呼吁高考指挥棒要指挥学生全面和谐健康地发展，学生发展需要综合评价机制。我们的问卷调查，也得到相同的答案，大家几乎一致的看法是，不建立综合评价的高考机制，学生的发展就会片面，就会畸形，就会影响到国民素质的提高，最终妨害社会的可持续发展。可喜的是，2001 年开始我国在海南、山东等省开始了基础教育新课程改革试点工作，作为配套改革，广东、山东、海南、江苏、宁夏等省区还陆续公布了高考改革的新方案。通观之，首要的亮点，就是在高考中更加注重综合素质评价，这无疑是符合教育与考试评价制度改革的方向。特别是 2014 年国务院出台的高考改革新方案，更是明确把综合素质评价作为基本原则。

1. 综合评价目的指向学生的整体发展

人们一致认为，综合评价是素质教育的风向标。但对综合评价的内涵认识并不一致。按《现代汉语词典》的解释，“综合”一词有两方面的含义，一是指“把分析过的对象或现象的各个部分、各属性联合成一个统一的整体(跟‘分析’相对)；二是指不同种类、不同性质的事物组合在一起，如综合治理，综合平衡，综合大学等”②。

如此，对综合评价就有两个方面的理解。一是对学生素质的统一的整体的评价，如对学生德智体美等的整体的统一的评价，最终表现为对学生品质的某种定性认识，如名次或等级等；二是指对学生各方面的素质进行评价，相当于全面评价的意思。新的全国高考改革方案将实行高考、学业水平考试、综合素质评价的“三位一体”。其实，真正的综合评价更需要统一的整体的评价，需要把高考成绩、平时成绩特别是学业水平考试成绩、个人品质与实际应用能力做一个综合衡量，这样才能更好地判断和预测学生发展的潜力。问题是如果要对学生的素质进行统一的整体的评价，大学该怎么操作？

---

① 胡中锋，等：《我国高考的回顾与反思——兼论“新高考制度”的出发点》，《江西教育科研》1997 年第 4 期。

② 中国社会科学院语言研究所词典编辑室：《现代汉语词典》，商务印书馆，2002 年，第 1672 页。

同时正如家长们关心的，综合素质评价会起到多大程度的作用呢？而这是决定综合评价的实际教育功能和社会功能的关键问题。

2. 综合评价要求全面质性衡量

如上所说，道德修养主要包括考生高中阶段遵纪守法、考试守纪和参加公益活动的情况；文化素质主要包括学生所取得的总学分、必修课程和选修课程的学分，以及参加学科竞赛、科技活动获奖情况等；综合实践主要包括考生参加社会实践、社会服务、研究性学习、实践的情况；身心健康主要包括考生按体质健康、体能素质标准测试的结果，以及体育爱好或特长等；艺术素养主要包括考生在艺术方面的爱好或特长等。

这五个方面的表现，其实属于不同质的素养。抛开检测的真实性和有效性问题不谈，按照系统论的观点，这些不同质的素养即使加权赋分，也不能用叠加的办法来实现统一的整体的评价。这里的方法论，显然最好是把它们调整统一在同质的水平层面上，才可能进行叠加并相互比较优劣。另外的办法，显然只能借鉴西方大学招考的理念，即实行民主集中制，采用教授委员会评审制度，依靠大学招生委员会的集体智慧来做出判断。这无疑是对大学招生体制改革提出了新的要求。

当然，由代表高校声誉的知名教授委员会来选择评价新生的综合素养，也会带来一定的模糊性。例如至今美国中学生也很难确切地说明，它到底是一个什么样的标准，所以他们常常求教于“私人顾问”，希望能顺利地进入所申请的大学。另外，高校的招生费用也相对较高。据哈佛大学学者的介绍，他们用于招生、财政补助和学生打工办事处的年度预算约为 250 万美元，大约有 250 位专职人员在这一机构工作，这位学者没有说明用于招生的费用，但肯定了高成本的观点①。

（二）坚持以统一考试评价为基本手段

大规模考试皆为统一考试，它尤其适用于高考公平竞争中的群体水平比较，比较的范围是全国还是各省，需要根据教育目的以及教育管理责权而确定。就世界经验而论，统一考试评价是高考选才最常用的测试手段。

1. 统一高考是世界性的高校选才方法

高校招生统一考试的基本功能是为高校选才服务，是学生竞争高等教育

① 亨利·罗索夫斯基：《美国校园文化——学生　教授　管理》，谢宗仙，等译，山东人民出版社，1996 年，第 50 页。

资源的基本测试手段。统一考试的定位，一般是高校教育要求的共性的学习能力。就世界范围看，不论其科目如何组合，它们一般都包含了5个基本的学习领域，即语文、数学、外国语、人文科学和自然科学。根据国家统一部署，2016年起全国共有25个省（自治区、直辖市）使用高考全国卷。高考试卷的命制，从分省命题走向未来主要由国家考试中心统一命题。这种命题管理体制变革的逻辑，主要是贯彻执行“公平、质量”等有关国家教育政策理念的结果，也与高考综合改革形势下考试机构的责权划分有一定关系。

国家命题管理体制当年实施分省命题改革的直接动因，主要是基于分散考试安全风险的需要。我国自1952年建立全国统一高考制度以后，实行全国统一命题考试。1958年，曾试行分省命题，但一年后又回到全国统一命题方式。1966年至1976年“文革”中断高考11年，1977年恢复高考，因为非常匆忙，所以实行分省单独命题，到1978年又实行全国统一命题。1987年，上海首先开始高考单独命题试点。2002年北京也开始实行自主命题。但2003年发生的一件高考试卷失窃事件，使得2004年从原先的2个直辖市单独命题增加到11个省市分省命题，其后近半数省市实施了全部或部分科目的自主命题。2003年6月3日，高考试卷被押运到四川南部县后，存放在县教育局的保密室中，并有专人守卫。6月5日下午1点30分，南充市教育局和公安局在巡查下属区县的高考准备情况时，发现南部县的文科试卷被盗。该公共事件使得决策层思考分散考试风险的重要性，即一个省万一泄题了，影响就局限在这个省，考生也就几十万人，不会影响到全国。十余年来近半数省市实施自主命题，很大程度上还契合了各省市基础教育实施新课程改革的不同进展要求，推进了各省市基础教育的因地制宜发展，同时也促进了相关省市对高考制度的改革研究。但分省命题带来的倾斜的高考分数线问题，也受到了社会大众的诟病。

全国绝大多数省市重新回到国家统一命题考试的模式上来，很大程度上是对2010年《国家中长期教育改革与发展规划纲要（2010—2020年）》提出的“公平、质量”等教育政策理念的贯彻落实。相对于分省统一命题考试，国家统一命题考试有自身的优势，除了能邀请全国范围内更权威的学科专家参与命题从而提升考试质量以外，它在高考竞争的意义上也使得相关省市区考生间的考试成绩更具可比性，考试公平的意义得到了更好地彰显，这也符合世界主要发达国家实施高校招生统一考试的价值取向。从教育质量角度反思，各省市负责的高中学业水平考试具有衡量各省高中课程教学质量的直接功能，但国家统一命题考试这把尺子很大程度上具有检测各省市学业水平考试效度与信度的作用，从而间接具有衡量各省高中课程教学质量的功能。不过，随着考生群体能力差异明显的增大，国家统一命题保证质量的难度也明显加大，它很难体现各省市教育教学的特殊性和命题的特色。从考试风险角度看，国家统一考试使得全国范围的考试安全风险增加了，但这也并不意味着分省命题不会出现考试安全或者出题不公平的风险。从命题成本考虑，国家统一命题显然优于分省命题，因为后者一般每个省市的花费在 400 万以上，而国家统一命题一般在 1 500 万左右。可见，考试机构专业化程度高且愿意自主命题的省市仍旧有实行分省命题的必要性。

实施主要由国家教育考试中心统一命题的体制，还与新高考背景下国家与各省教育考试机构的管理责权划分有一定关系。按照《国务院关于深化考试招生制度改革的实施意见》（国发〔2014〕35 号）的规定，2014 年上海、浙江开始试点新的国家高考科目内容改革方案，即“语数外＋6 选 3 门高中学业水平考试＋学生综合素质档案评价”，2017 年以后全国其他各省市开始推广实施，到 2020 年在全国范围内基本形成我国高考改革的新科目内容模式。显然，这 6 门高利害学业水平考试科目的命题任务，加上语数外 3 门高考科目的命题，已经是相当于过去各省市考试院在分省命题形势下承担的 3＋文科综合（政史地）/理科综合（理化生）的命题任务。如果考虑到上述政策文件要求“学业水平考试由省级教育行政部门按国家课程标准和考试要求组织实施”的责权划分，至少语文、数学、外语、政治、历史、地理、物理、化学、生物这 9 门科目的高中学业水平考试，将由各省市考试院负责实施，它们是高考学生综合素质档案评价的重要组成部分，加之 9 门高中学业水平考试科目要分散到高中 3 年去考，不说高质量的命题，单是管理好 9 门学业水平考试的任务与压力，就已经是相当之重。这种形势下，国家教育考试中心主要承担高考科目的统一命题任务，各省市考试机构承担高中学业水平考试的任务，可以更有利于各省市考试机构实施好高质量的学业水平考试并对基础教育发展有更好的导向。而国家教育考试中心则可以集中精力做好高考科目的统一命题，事实上国家教育考试中心也成立了国家教育考试院，致力于继续加强考试机构的专业化建设，提升命题质量。可以预见的是，高考命题管理体制的调整改革，不仅是考生、学校和考试机构等高考利益相关者的利益调整，还会涉及其他相关服务市场的利益调整，但“质量与公平”问题会是我国教育考试改革领域很长时期的政策主题。

2. 水平考试是学科能力的基准阀

智育也具有片面性的说法，与高中学业水平考试的缺失不无关系。20 世纪 90 年代开始广泛推广的会考，性质上和现在的高中学业水平考试几乎相同，但在升学功能上表现出无利害性，加上考试标准没有按照课程标准设计等诸多原因，尽管在部分省市起到了一定的质量保障作用，最后仍然夭折。

高中学业水平考试，是学科能力的基准阀，是我国高中教学水平的保障机制，是大学教育质量提升的基础要求。高考录取引入高中平时学业成绩，特别是学业水平考试成绩。理论上可以帮助我们更好地鉴别学生发展的潜力，对少量的学生来说，可能明显的好处是一定意义上可以避免偶然的失误，导致与自己理想的大学失之交臂。对国家来说，可能更大的意义在于引导中学认真贯彻执行新课程改革的精神，避免不考就不教的最坏局面出现。

增加水平考试的功能，抛开方法的适当性不论，实践上有助于高中教育贯彻全面发展的教育方针，落实课程教学任务的全面实施。事实上，现在连某些直辖市内的某些小学，都只教初中升学要考的几个科目。所以为避免不考就不教、不学的最坏情形，曾经的海南新高考方案中，文科类考生要参加理科科目学考，理科类考生要参加文科科目的学考。基础会考是高中学业水平考试，文科类的会考为物理 100 分、化学 100 分、生物 100 分、通用技术和信息技术 100 分，理化生合卷为一场考试，技术类为一场考试；理科类会考为政治 100 分、历史 100 分、地理 100 分、通用技术和信息技术 100 分，政史地合卷为一场考试，技术类为一场考试。其中基础会考成绩按照卷面实际获得成绩的 10%记入录取成绩总分，按照总分 400 分的要求，理论上 10%的比例即满分为 40 分的会考成绩，会记入高考录取成绩。江苏、天津、上海、山东等地的高考方案中，同样也可见到学业水平测试的科目以及成绩等要求。

(1) 水平考试主要测试认知能力。广义讲，高中学业水平考试，包括纸笔测试，也包括操作考试，还包括那些不能通过纸笔测试的部分内容，如品德、心理素养等非智力的要素，综合衡量这些要素，也是一种综合素质评价。狭义的高中学业水平考试，主要指纸笔测试，即使包括部分理化生实验能力和英语中的听力测试等，但主要还是局限在认识能力范畴。例如，高中学业水平考试包含语言与文学、数学、人文与社会、科学、技术 5 个学习领域，具体科目包括语文、英语、数学、思想政治、历史、地理、物理、化学、生物、信息技术、通用技术等 11 个考试科目。各考试科目主要考查课程必修模块的内容。这方面的能力，我以为主要通过试题质量得到保证。所以我们通常说，命题质量的科学性，是考试改革永恒的主题。

而这方面在多大程度上考查了学生的认识能力，社会批评意见也不少。常见的批评是“高分低能，死记硬背，书呆子”等说法。以科目论，最大的批评意见又集中在英语等人文社会科学的科目上。比如说英语教育，是哑巴英语，是费时较多、收效甚小的不能与人沟通的语言教育等。这说明听说能力的地位或者说权重在英语测试中实在需要提高。当然，从改革方案看，部分省市的方案在英语、数学等科目上加强了能力的考查，这个改革思路从思想、方向上的把握都是合理的，体现了“能力立意”的方向，同时有利于逐步减轻学生死记硬背陈述性知识带来的弊端。

（2）水平考试成绩要求定性评价。实际上，学业水平考试科目多大程度上考查了学生的认识能力，与是否有真正的定性评价机制有关系。这方面的工作专业性强，需要国内外专家的广泛参与，把每个学科的能力真正地描述出来，并分出客观的等级，也是需要耗费大量智力财力的一件事情，是考试机构专业性强弱的体现。

可以说，简单地照搬新课程的标准，未必能推出高质量的学业水平考试，高质量的学业水平考试，离开学科专家对学科基本能力的清晰界定与等级描述，只是简单抓命题队伍建设，很难有立竿见影的长远教育成效。也可以说，清晰界定学科的基本能力和等级描述，正是水平考试定性评价的基础工作。这种意义上，与其说考试机构未来的工作是建立题库，还不如说是花大力气建立科学的水平考试的质量标准。如同国家考试中心戴家干主任谈考试机构的职能和定位时所说，建立题库是当务之急，而题库建设带来的绝不仅是命题模式的改变，它改变的是一个考试机构的工作机制和生存状态。它要求对考试的内容和测量理论，进行大量的深入地研究，在工作机制上确立考试科学的地位并拉动考试科学的研究，保证试题的质量，增强试题的稳定性等①。

高质量高中学业水平考试的建立，对于高考改革的意义十分重大。它有助于高考着重于大学选才的目标，而不需要承担过多过重指挥中学教育教学的责任。任何考试的效度，都是相对于特定的目标而言的，水平考试和高考

---

① 戴家干：《谈教育考试机构的职能和定位》，《教育与考试》2007 年第 1 期。

的分离，使得各自的责任与功能更为明确。同时在高考录取评价中的聚合，则更有助于高校选择更有潜力的学生，也有助于学生根据自己的优势选择专业。

（三）坚持加大高校自主招生考试评价的力度

2003 年教育部在 22 所高校试验的自主招生考试，引起了社会的强烈反响。批评者认为它有“低效益、不公平、易滋生腐败”的弊端。主张高校自主招考者的理由主要有二：一是扩大了高校的招生自主权，二是有利于高校不拘一格选拔人才。

1. 批评观点

所谓低效益，是指高校为自主招考付出的人力、物力、财力等成本大于其产生的教育及社会效益。常见的说法是，自主招生录取的学生中，其实大多数是参加统一招生考试也能考取的，所谓“偏才”和“怪才”并不多。自主选拔录取变成了“降低 20 分录取”，没有达到高校的预期目的。自主招考从命题到组织考试、面试，招生过程更复杂，要经过高中推荐或学生自荐、高校考核排序、高考录取等多项程序，每个步骤都要向社会公示，还时常遇到托关系、递条子的事情，成本实在太高。笔者调查中有的自主招考高校招办也认为，自主招考的效益实在太低，花大量的金钱与精力，做这样一件事情，高校难免缺乏积极性。因而他们认为复旦大学、上海交通大学等高校以自主测试包括面试作为高校招生录取的重要依据，其做法并不可取。

所谓不公平，意思是自主招考中存在地区、学校、城乡不公平的问题，它不适用于我国的不发达地区，不适用于我国的大多数非重点中学，不适用于我国大量的高校尤其是教学型本科院校。有数据显示，在试行自主招生的过程中，各试点院校大多明确指定了招生地区，且多集中在经济、教育较发达地区的省市。广大西部地区和边疆地区很少或基本没有。试点院校明确规定了具有推荐考生参加自主招生资格的中学规格，加上其他硬性的报考条件要求，绝大部分普通中学被拒之门外。这在一定程度上助长了中学生择校的不良风气，必然进一步带来教育不公①。

所谓滋生腐败，意思是学校缺乏自我约束与监督机制，容易产生主动或

---

① 张继明：《从高等教育大众化角度审视高校自主招生》，《湖北招生考试》2005 年第 8 期。

被动的权力寻租。一是中学推荐中的诸多环节难以保证，难免出现“推良不推优”的现象；二是高校难以有效地抵制各种不正之风，导致“关系户”挤占自主招生的名额，剥夺了其他考生权利的公正实现；三是这种自主招考标准具有相当大的主观性，人民群众很难认同这种自主招考制度。

2. 赞成观点

赞成者认为这扩大了高校的招生自主权，这种认识显然有一定的依据。《高等教育法》规定：“高等学校根据社会需求，办学条件和国家核定的办学规模，制定招生方案，自主调节系科招生比例。”这条规定表明高校的招生自主权是有限的自主权，也就是高校的招生方案必须根据社会需求和办学条件的实际情况来制定，高校每年的招生数还必须经过国家有关部门的批准，不能随意增减①。

从《高等教育法》的规定可以清楚地看到，高校“制定招生方案”的有限自主权，并未明确表明包括“举办考试”的自主权。1995 年 3 月 18 日第八届全国人民代表大会通过的《教育法》第 2 章第 20 条规定，国家实行国家教育考试制度。国家教育考试由国务院教育行政部门确定种类，并由国家批准的实施教育考试的机构承办。第 9 章第 79 条规定，非法举办国家教育考试的，由教育行政部门宣布考试无效；有违法所得的，没收违法所得；对直接负责的主管人员和其他直接责任人员，依法给予行政处分。按照上述法规，高校要取得“举办招生考试”的自主权，则只能依靠国家的授权，因为国家批准实施教育考试的机构，只是目前的国家考试中心，以及各省、市、自治区的教育招生考试机构。

2006 年复旦大学、上海交通大学的自主测试实验，也是教育部的授权。可见，高校自主招考实验是高校招生考试举办主体的拓展。尽管目前许多高校并没有举办单独的考试，而主要是依靠中学的推荐以及全国性竞赛的获奖证书等材料，但它确实是对高等教育管理体制的触动，扩大了高校的招考自主权。

有利于高校不拘一格选拔人才。人们常常列举的事例是，高校将中学推荐、国家考试甚至大学自主测试有机地结合起来，所以有利于高校不拘一格选拔人才。当然，其意思无疑是说这样有利于大学培养更高质量的人才。尽管目前自主招考的高校尚未拿出明显的实证研究来支持这一结论，但在高校

① 蒋后强：《高等学校自主权及其限度》，《高等教育研究》2006 年第 2 期。

生源竞争的条件下，2003 年以来越来越多的高校还是加入了自主招考的行列。常识告诉我们，民国时期进行过大学自主招考，当前西方主要发达国家的研究型大学都在进行自主招考，人们很难从科学性上否认这些做法的意义，除非自欺欺人认为笔试方式能检测人的所有重要素质。

3. 加大高校自主招生考试有其独特的教育意义

为什么要推行高校自主招考的政策？实践中反映出的问题，很大程度上还说明并非大家都有理性的认识。当前很多高校教育工作者更多的是就选才谈论选才，至于选择什么类型的人才，选才对育才的影响，对整个国家教育发展的意义，几乎很少谈到。要真正做到选才制度改革尽可能为学校的育才服务，至少需要深入思考以下三个方面的问题，进而理解其教育意义。

(1) 选择“特殊人才”。作为一种高校自主招考制度，其直接目的是选才，最终目的是育才。选择什么类型的人才，是我们每一个高校教育工作者首先需要思考的一个问题。否则，就可能因目标不明而使得选才具有一定的从众性与盲目性，进而影响到高校的育才，特别是中学的育才。

我国高等教育规模持续扩大，1998 年全国高考报名人数为 320 万，2004 年上升至 723 万，2005 年突破 800 万达到 867 万。2006 年高考报名人数再创历史新高达到 950 万，全国高校招生计划为 530 万人，其中本科 260 万人。如此规模的考生数量，全世界没有任何国家可以相比。但是平心而论，大量的高校很少深入思考如何科学选才，以及它对育才的重要意义。现实是，大学“通常都忙于过程，而不是在目标上下功夫，忙于‘怎样’，而不是‘什么’”[①]。招生工作本是高校人才培养工作的重要环节，但现实中的高校招生特别是其标准的制定与学生的评价，几乎不与大学各院系专家发生联系，它反而成为学生管理部门的重要工作。尽管大家也注意到民国时期的高校自主招考制度，挑选出不少学业发展水平并不全面的人，最后真正成了社会的“著名人才”。尽管我们凭常识就知道，走出大学校园后的我们未必都能通过今天的高考而进入名牌大学学习。尽管人们常常大谈人才培养，讲述如何依靠教育使我国由“中国制造”向“中国创造”的发展道路上迈进。但是高校习以为常的，就是依据一次统一高考笔试成绩来判别一个人水平的高低，并按学科考试分数高低录取学生，录取分数线高自然也是高校的骄

① 詹姆斯·杜德达斯：《21 世纪的大学》，刘彤主译，北京大学出版社，2005 年，第 222 页。

傲。除此之外，大学很少考虑如何使选才更符合自身培养目标的要求。

问题的出现，我们谁都可以罗列很多解释的理由，其中选才制度不健全是大家公认的。而我们以为，选才制度不健全与高校的选才目的不清楚有直接的关系，选才目的不清楚又和高校的培养目标不明确，或者说和院系专业人才培养目标联系松散，以至于一般都成为学生管理部门的工作有直接的关系。

抛开理论型与技能型的高等教育总体培养目标不论，普通大学各院系的培养目标实在是多元，每一个专业都不尽相同。或许相同的是，知识经济时代很多高校特别是研究型大学，要求考生的学科基础知识扎实，并有一定的能力。所以自主选拔录取制度变成了“降低 20 分录取”的制度，与此不无关系。结果是，你不用去调查今天的自主招考院校就知道，他们招的大多是基础较为扎实并在全国或国际性奥赛、科技创新大赛、电脑制作大赛等赛事中有获奖经历，在文学、语言、书画等方面具有特殊才能并获有较大奖项(如全国“新概念”作文大赛一等奖）的特殊人才。

大家都知道智力与非智力因素在人成长中的重要性，实践与思考在人的成长中的重要性。而学科考试分数更多的是属于某种智能标准，它们根本不能说明学生面对较微观的教育目标能否取得进步的问题，诸如情绪成熟、道德伦理敏感性、创造力、审美以及与他人合作的能力等①。华中科技大学的杨叔子院士就说过：实践是源泉，学习是基础，思考是关键。可是我们知道，今天高校招生包括教育很少考虑与实践密切相关的素质，而人文社会科学的学习与社会实践更是紧密联系在一起的，举例说教育管理、行政管理等专业的学习等就离不开大量的实践经验基础。按照美国哈佛大学心理学家加德纳教授的多元智能理论，个体身上独立存在着与特定认知领域或知识范畴相联系的至少有七种智能，其中既有传统教育偏爱的逻辑、数理智能，言语、语言智能，也有偏重于技艺和技巧的音乐、节奏智能，视觉、空间智能，身体、动觉智能，还有偏向于心智操作的交流、交往智能，自知、自省智能等②。根据这一理论，个体的智能类型存在着极大的差异。它意味着教育的根本任务，在于根据人的智能结构和类型，采取适合的选才与育才模

① 德里克·博克：《走出象牙塔——现代大学的社会责任》，徐小洲、陈军译，浙江大学出版社，2001 年，第 108～109 页。

② 霍力岩：《多元智力理论及其对我们的启示》，《教育研究》2000 年第 9 期。

式，来发现人的价值，发展人的个性。

这些研究启示我们，选才很重要的一点是要在招考评价指标上同等看待智力因素与非智力因素，至少在人文社会科学领域要同时注重人的认识能力与实践能力，并承认人才的智能差异与类型差异。后者对于高校自主选才来说，就是要注重专业培养目标类型，如学术专家、工程师、高级技师、各种高级管理人才等的特别素养要求。唯其如此，才是高校自主招考需要选择的“特殊人才”，而非一般意义上“学科基础扎实的特殊人才”。所以自主选拔录取制度主要不是“降低20分录取”的制度，仅仅为降低20分的制度，其教育效益必然会大打折扣，就会出现因为总体成绩无法达到冒尖水平，一些在某一方面有突出才能的专才或偏才却无法进入自主招生高校的视线①。

我以为，自主招考与统一招考模式的最大不同之处在于，其选才之道是个性基础上的共性文化基础考查，其首要目标是选择个性化的特殊人才，其选才的首要环节是个性素质的竞赛。人才倾向类型可以按学科分，也可以按上述智能类型分。如果是共性文化基础考查上的个性测试，那主要是选择通识人才。我国长期实行的统一考试模式，就是选择一定意义上的“通才”，如果大学自主招考也实行在统一考试基础的面试等个性测试，最多只是对招收“通才”制度的改进。两种选才之道，从评价指标上说文化基础共性与才能等个性所占的权重显然有区别，前者更重基础，后者更重个性。科举时代曾经存在的“待非常之才”的制科，如果变成常科而以后一种选择通识人才的办法去操作，恐怕就没有“非常之才”了！试想，首先就是很高的划一的文化基础测试淘汰赛，真正的“特殊人才”还有么？历史还告诉我们，伯乐之所以能选准千里马，那是因为伯乐本身就具备识别千里马的素质。自主招考选择的千里马，离不开各院系具备识别千里马素质的伯乐来挑选。需要认真思考的是，我们该由什么样的伯乐来选择特殊人才。

(2) 增加选才管道。要实现不拘一格降人才的理念，历史告诉我们，增加选才管道以形成人才脱颖而出的多元机制是必要的措施。

发端于隋朝的科举考试制度，从唐代开始就有制科以“待非常之才”，以后在宋元明清时期，制科已无足轻重了，人才的选拔集中到常科上。很明显，这里的常科与制科就是不同的管道，其下包含的众多科目，既是管道，实际也是选才的多元机制。

---

① 周大平：《关注高校自主录取的新政策》，《河南教育》2003年第10期。

民国时期，学生上大学的管道，除了1938年到1940年国立、公立大学试行过统一招考外，主要是高校自主招考。1932年实行中学毕业会考以后，高校开始招收会考优秀保送免试生。就统一考试的笔试看，主要分文法商师范、工科、医农三组，高校采用分组标准制录取学生。高校自主招考，则各校标准不同①。这与当时高校多为几百学生的规模有关，更与当时的教育及社会大环境有关。

新中国成立以来，我国高中生的升学管道主要依赖全国统一高考，保送生制度是重要的补充。就统一高考下的科目类别而言，一般为文史类、理工类、艺体类。随着20世纪90年代保送生制度的逐步异化，且统一高考制度的缺陷日渐凸显，即德智体等综合录取办法在大规模统一考试中不能很好体现等诸多负面问题，随着我国高教管理体制的分权趋势，2003年国家开始了22所高校5%招生名额的自主招考试验。我们以为，这是增加了学生中特殊人才升学的管道，标志着我国高校招生考试制度改革进入了一个新的历史时期。目前我国53所高校加入了自主招考的行列，如果按照每所大学每年招收3 000人计算，自主招生的名额就是150人，53所大学就意味着能招收到近8 000名学生。这对于今后每年招生超过500万考生的高考而言，无疑数量上还很小，将来如果我们能挑选出1%比例的真正的多类型特殊人才，即达到5万人的数量时，高校就不辱自身之使命了。看来，对于高校自主招考的规模问题，国家还需要根据教育规模与社会政治、经济条件做出统一规划，以“待非常之才”。无论如何，如果高校能把其中的大部分人培养成世界级的创新人才，那更是国家之幸、民族之幸。这样的自主招考事业，有“低效益之说”，足见学生或人才被视为“工厂产品”的工业主义路线，在高校还很有市场！

当然，高校自主招考的前提是公平公正的社会监督机制，离开这一条，任何部门都可能滋生腐败，高校招考自主权就可能失去意义而谈不上什么社会效益。按照真正的特殊人才标准去公平、公正、公开地选才，我们就不至于因为没有招到某些地区、中学的学生而认为自主招考不公平。当然，自主招考不应当人为划定中学范围或地区，而是符合国家规定的高考报名资格者并自觉有特殊才能者都可报名，这样才能保障相对的招考公平。

(3) 支持基础教育改革。选才对育才的影响一直是我国的一个热点与难

---

① 刘海峰，等：《中国考试发展史》，华中师范大学出版社，2002年，第228～230页。

点问题，“应试教育”一词就反映了这种影响关系。历史清楚地表明，从我国古代的“科举教育”到近代民国时期的“升学主义教育”，再到新中国时期的“应试教育”，选才与育才的目标一致则可以互相促进，如果目标不一致则相互干扰。我们以为这里的目标，一个是体现为全面发展者，一个是体现为有某种特别才能或品质者。

客观地说，高校一般都能认识到自主招考对于大学培养人才的直接意义，但他们常常忽视这种制度安排对中学育才的重要影响，他们常常忘记大学招收的高素质学生来自中学教育，忘记高考制度对中学教育育才的引导，最终影响了大学自身的人才培养质量。在高校招生工作会议上，常常可以听到高校管理人员讲到这样一个观点，那就是高校招收的人才总体上是学生群体中的佼佼者，学生失误的情况总体上是少之又少的。这恐怕也是事实，但听来听去，他们老生常谈的一个逻辑就是，高考的唯一任务似乎是“精确选择笔试的高分人才”。

很多人在讨论高校自主招考的意义时，看不到或者忽视了选才对育才的影响，仅仅就自主选才论选才，这很不够。复旦大学、上海交通大学把面试作为选才的重要依据，从长远来看，就是对基础教育改革的一种支持，符合基础教育改革的大方向。所以大家注意到，复旦大学主管招生的校长蔡达峰说：“最好更多的大学能够一起来改革，各个大学有各大学的选拔标准，中学就会开始调整自己的教育方式。指挥棒多样了，高中的教育就会改变，初中也会调整，小学也会调整……”① 这体现了大学的一种战略眼光和责任感。不过，复旦大学挑选的似乎主要是共性文化考试基础上的人才，实际主要是“通识人才”，即文化基础扎实的人才，而不是“特殊人才”。很大程度上，似乎是对国家主导的统一招考制度在评价效度方面的改进之举。它对基础教育的引导作用似乎主要是中学要注重学生的全面发展，而主要不是鼓励中学发展学生的个性，这种考虑可能与其追求的培养目标有关系。

应该看到，受考试科学性与区域公平性的矛盾影响，我国大规模的统一考试很难在考试评价方式上做出大的调整，但是在各省市范围内实行招生名额较小的高校自主招考方式，却能较好地解决这个问题。如果每个省市都有一所或几所大学自主测试一些统一考试不能测试的教育目标，那各省市的基础教育就会逐步地发生改变。老是期望用国家或省市统一考试模式来解决学

① http://www.htbb.com 透视自主招生考试。

生综合素质评价或个性素质评价问题，来减轻它对基础教育的一些负面影响，很可能是空想。因为大规模的统一考试，面临诸多的两难问题[①]。换个角度思考，不改进选才评价方式，就可能影响到基础教育的高水平发展，可供高校选择的真正高素质人才也就非常有限。育才是长期的过程，而选才往往只在相对短暂的时段，选才对育才的影响，却要通过长期的育才过程来实现。不明白这个道理，高校的选才就会急功近利，停留于仅仅追求学业高分数的模式，贻害教育发展。这就是刚开始实施自主招考，人们就急切地抱怨缺乏“偏才专才”的原因。

总之，高校自主招生考试评价解决的主要是学生的个性考核。不明白这一点，国家考试机构就可能代替高校思维，总试图通过某种统一考试科目设置改革来解决个性问题，其结果自然是很难如愿。承认个性，并非意味着所有高校都必须要进行自主测试，主要原因是社会阶层分化过大的现阶段，自主测试给高校、考生家庭带来的经济成本相对较高，另外高校的办学目标多样但普通高中的办学目标共性居多。目前在我国 53 所重点大学和部分高职院校进行的自主招考实践，实际就是很好的一个改革突破口和试验田。实践也证明，自主招生是对当前统一高考唯分是举的有益补充[②]。高校自主招考制度除了能体现学生的统一考试成绩，还能考查到学生的平时成绩与特长，有利于引导学生的个性发展，有利于学校办出一定的特色。

4. 把中国大学先修课程作为自主招生的一个制度设计

2010 年我国发布的《国家中长期教育改革与发展规划纲要（2010—2020 年）》和《国家中长期人才发展规划纲要（2010—2020 年）》，其中明确提出改进优异学生培养方式，探索高中阶段、大学阶段的拔尖学生培养模式。可是这两个教育阶段如何更好地衔接起来，还需要大力探索。美国大学理事会管理的大学先修课程（Advanced Placement Courses，简称 AP 课程），正是高中、大学课程有效衔接的一种培育未来拔尖创新人才的制度。美国高中优秀学生的大学先修课程考试成绩，在美国精英大学招生中是最为重要的评价指标之一，也是绝大多数高校折抵大学相应课程学分的依据。在我国已经颁布高考改革新方案的背景下，设计好中国的大学先修课程制度，可以为我国选拔具有特长和创新潜质的学生提供重要的选才依据，克服当前

---

① 刘海峰：《高考改革中的两难问题》，《高等教育研究》2000 年第 3 期。

② 钱钟、陈东：《从高考改革走向招录改革》，《考试研究》2006 年第 1 期。

自主招生过于倚重高中学科竞赛成绩的缺陷，引导更多高中优秀学生的个性优势发展，为高校拔尖创新人才培育奠定坚实的基础。

（1）高校自主招生制度面临的新形势及问题。2014 年 9 月国务院颁布的《关于深化考试招生制度改革的实施意见》，提出了我国的新高考改革方案，其中对已实施 10 余年的高校自主招生工作，提出了“完善和规范”的原则要求。同年 12 月，教育部出台了《关于进一步完善和规范高校自主招生试点工作的意见》（简称《意见》）的补充文件，对高校自主招生工作提出了 7 个方面的意见。概括这些指导《意见》，可以看到高校自主招生面临着新的形势，即新的目标定位、新的评价标准和考核方式、新的管理制度安排。新形势下高校自主工作如何适应这一制度安排，自主招生制度如何在实践中更加完善，无疑都是重要的研究课题。

第一，新的目标定位与适应问题。《意见》明确规定，高校自主招生“主要选拔具有学科特长和创新潜质的优秀学生”，即人们所谓的“偏才、怪才”。这意味着高校现在的“主要招生目标”不是过去 10 余年来高校争抢的“学科全面发展、各科分数很高”的考生，而主要是某个学科具有特长和创新潜质但未必是学科全面发展的学生。不过，学科发展全面的学生，是否一定没有特长和创新潜质呢？实事求是地说，有的学生有，有的可能没有。宋代科举中通过了常科考试的人才，往往也去参加制科选拔特殊人才的考试，但通过者也很少，这说明特殊人才一定是在某个学科领域有特别的优势才能。

2003 年 22 所高校实施自主招生以来，高校招生认同的优秀学生，主要是各学科成绩都较好并兼具一定个性特长的学生。某“高水平大学自主招生制度研究”课题组于 2012—2013 年曾经对全国高校教师和学生以及中学的一项大规模问卷调查也显示，73.5%的学生（910 人）、79.0%的大学教师（267 人）和 80.2%的中学教师（142 人），认为大学自主招生应选拔那些综合素质较高、兼具个性特长的人才；而目前招办主任认为实际选拔的学生主要是综合素质较高的人才（76.1%的人），还有就是“学业素质较高的人才”（52.2%的人），而在被调查的 67 所高校中，只有 21 所（31.3%）高校表示选拔到了学有专长的偏才①。于是，我们看到各校通行的选拔手段基本都包

① 该课题是由天津市原考试院院长乔丽娟负责，北京大学、清华大学、复旦大学、南开大学、天津大学、北京师范大学的招生办主任及部分高校老师和中学老师等参与的教育部委托课题。

含了4门以上高中学科的选拔性考试，以挑选出所谓的综合素质更高的人才。这就难免出现了社会批判的悖论，即90%以上自主招生挑选的学生，通过全国统考也基本能考进这些大学，真正需要享受高校加分优惠的特长学生比例非常低，这与国家政策规定的自主招生主要招收偏才、怪才的精神，似乎出现了一定程度的偏差。

不过，这种认识偏差不能说高校理解都有问题，事实上它也有一定道理，毕竟学科发展全面的高分学生群体，总体上知识能力水平更高且往往有着相对较高的创新潜质，毕竟全球的大学都在招收学业素养优秀者，只是他们忽视了这样一个现象，那些在少数学科上分数中等而在某个学科上却有浓厚兴趣与特长的学生，也是优秀的具有创新潜质的人才。所以上述调查问卷中有39.7%的学生（491人）、83.5%的大学教师（283人）和74.7%的中学教师（133人），认为应在自主招生中为那些难以通过统一高考进入大学的偏才和怪才设置专门的选才渠道；偏才的选拔应该依靠高校专家组和社会专门机构联合评鉴，这是学生和老师们的共识。这说明，自主招生制度的存在符合学生素质发展的规律，转变高校自主招生的理念，关键是对招收哪类优秀学生的认识观念需要进一步统一，并在自主招生的实施制度上得到落实。不过，高校自主招生并不排斥学科发展全面且有一定学科特长的学生，这也符合学生个性发展的实际情况。

第二，新的评价标准要求与适应问题。《意见》明确要求“试点高校考核要结合本校相关学科、专业特色及培养要求，确定相应的考核内容，重点考查考生的学科特长和创新潜质。考核由试点高校单独组织，不得采用联考方式或组织专门培训。充分发挥学科专家的作用，探索完善科学、有效、简便、规范的考核方式。如需笔试，考试科目原则上一门、不超过两门”。这项规定，要求每所高校都必须有适合自身培养目标定位的特殊人才选拔标准，高校的考核方式需要从联考重新回归到自主考核的状态。从2003年以来重复高考内容而过分倚重全面学科考试分数的“小高考”教训看，这个评价标准究竟是什么，还需要高校招生实践部门继续探索。

从2015年高校出台的自主招生章程看，尽管各高校考核标准有差异，但最基本的条件都包含了三条：一是几乎全部高校都对学生报考提出了全国性或各省市学科竞赛获奖等级要求；二是高校明确规定了学科选拔性考试为主、面试为辅的考试要求；三是明确规定学生的统一高考分数必须在各省市的重点线以上或者是高校在当地的投档线下最高60分以内的优惠。显然，这种综合评价标准瞄准的选才目标，严格说来，主要是有一定学科竞赛特长的学生。这些学科竞赛，主要是国际国内奥林匹克学科竞赛（数学、物理、化学、生物、信息技术、天文等）、国内全国青少年科技竞赛、小小发明家奖励活动这三大类，其他则是少部分高校提出的某些杂志社举办的作文竞赛、演讲比赛等获奖要求。这说明，教育部文件取消竞赛的高考加分而建议把它作为自主招生的初审条件，起到了切实的引导作用。同时，也说明学科竞赛对培养特长生具有积极教育功能，得到官方的认可，参加学科竞赛事实上成了培养优秀中学生的最为重要的渠道。但这种导向是否会把我国的精英教育，全面引向竞赛教育以至于影响到我国的拔尖创新人才培养质量，也引起了诸多学者的忧虑。

第三，新的管理制度与适应问题。新的目标定位与新的评价标准及考核方式，要求有新的管理制度来保障。对此，《意见》明确要求试点高校考核过程须全程录像，规范录取程序和要求，加强信息公开，并提出严厉查处各类违规行为等。特别变化大的制度安排是，自主招生考核安排在全国统一高考后举行，高校要在 2 月底前发布年度自主招生简章，考生在 3 月底前完成报名申请，高校需要在 4 月底前公示参加学校考核的学生名单，学生最后参加自主招生的考试时间是在 6 月统一高考结束以后。这意味着保障自主招生顺利进行的学校招生管理制度和政府的监管制度更加明确具体，更加具有可操作性。从已经公布的高校自主招生章程看，监管制度几乎都有明确的规定，未来的自主招生制度在选拔程序等诸多方面可能会更加公平、公正。无论如何，自主招生制度的顺利实施，不管在哪一个环节，都需要刚性的监管制度安排，才能应对我国重视人情关系的文化。不过，在选拔学生的基本管理制度安排上，能保障选才目标实现的制度才是科学有效的管理制度。考察发达国家的高校招生制度，大家可以看到他们几乎都有自己的招生理念和评价标准，都有自己职业化或专业化的招生管理队伍①。未来，我国高校如何优化招生管理队伍以提升选才能力，从发达国家高校的招生经验对比来看，仍旧任重道远。当然，如果我国高校实施了大学先修课程制度，在招生专业化队伍建设不够的情况下，这个评价标准的增加或许会减轻高校招生能力提升缓慢的问题。

---

①　刘清华：《加强选才能力建设 实施综合素质评价》，《中国高等教育》2013 年第 10 期，第 42 页。

(2) 大学先修课程制度适合自主招生的目标定位要求。美国大学先修课程 60 余年的实践经验表明，大学先修课程制度适应了美国高校自主招生选拔创新潜质人才的需要。我国新的高校自主招生制度，也具有借鉴美国大学先修课程制度的目标契合性以及实践的必要性，如果是设计合理的大学先修课程制度，还可以超越我国竞赛教育的教育功能，弥补我国高校自主招生过于依赖竞赛教育的某些缺陷，从而健全高校自主招生的综合评价制度。

第一，我国自主招生有实践大学先修课程的现实针对性。从我国教育国情来说，高中学生的学业水平考试在高二已经基本完成，以至于今年有参加全国政协、人大的两会代表建议把高中学制改为两年。且不说这个提案的合理性，但对于优秀学生而言，高三的学习基本就是重复以往学过的内容，的确使得许多很有天赋的学生在不断重复中，把兴趣、创造力和想象力消磨殆尽，进入大学时已经面目全非，大学阶段想要培养创新型人才非常困难①。我国开展中国大学先修课程的研究和实验，正是为了让更多学有余力的中学生发展自己的兴趣、发挥自己的潜能，尽早接触大学课程内容，接受大学思维方式、学习方法的训练，让学生真正享受到最符合其能力和兴趣水平的教育，发展学习和研究能力。同时，大学先修课程项目的实践，还可以改变现有的以高考分数选拔人才的单一体系，推进自主招生综合评价制度改革，推进我国高校拔尖创新人才的培养制度建设。

我国教育部直属高校每年招生在 33 万人左右，这可以说是我国高中最优秀的一部分学生。如果这个群体的高三学习阶段不是在反复复习应试，而是在学习适合我国高校教育目标的大学先修课程，必将大大提升人力资源的质量。与此相比较，美国高中优秀学生每年学习大学先修课程或者类似课程标准的国际文凭课程的学生，合格者大约在 70 万左右。美国开设大学先修课程的高中学校数量，已经超过了美国 2 万多高中学校数量的 70%。我国如果要真正提升教育的国际竞争力，十分有必要贯彻上述两个《纲要》关于培育拔尖创新人才的精神，在课程制度设计上借鉴美国大学先修课程的教育目标追求和课程制度设计精神。

第二，大学先修课程标准适合大学自主招生目标。美国大学先修课程是美国优秀高中生 11、12 年级（相当于我国高二、高三）选修的大学水平的

---

① 戴家干：《试水 CAP 剑指何方?》，《教育与职业》2014 年第 9 期，第 55 页。

课程，是美国高水平大学招生和折抵大学相应课程学分的重要评价依据。该课程是 20 世纪 50 年代美国高中与大学合作的产物，其产生的主要外部原因是提升国家的科技竞争力，以应对苏联的科技竞争挑战。内部原因而言，主要是为了更好地衔接高中教育与大学教育，避免课程内容的重复，让高中的优秀学生更早进入大学并能更早从大学毕业进入研究生院深造，以更早成为美国科技界的领军人物和世界的科技领导者。美国大学先修课程制度的预期目标有三个：

（1）为上大学做准备，提前达到大学水平，提高写作技能和强化问题解决技能，形成攻克难题的学习习惯。

（2）在大学招生中崭露头角，包括证明你的成熟度和大学准备度，表现你锐意进取的意志，展示你优秀的学术潜能。

（3）拓宽你的智力，包括用多样化而独特的观点探索世界，在宽度和深度上学习更多学科，显示质疑、分析、理解的能力与社会责任①。

美国 AP 课程 60 年的实践证明，它优化了大学的招生标准，尤其发展了学生的个性特长优势，让学生更早发现了自己的学科兴趣和优势，提升了美国的精英高中和大学教育质量以及科技的国际竞争力。AP 课程对高中生进大学后的专业学习影响很大，他们往往会选择在 AP 考试中获得优异成绩的学科领域作为自己的专业研究和学习领域，从而在大学有更好的学业表现。AP 课程的设立反映了美国教育重视个性与兴趣、最大限度发挥学生潜能的鲜明特征②。所以这个制度，在很大程度上，也是一种选育特长生和创新潜质者的课程制度。2013 年的数据表明，有超过 200 万学生参加了 390 万个 AP 的考试，其中有超过 110 000 个考试在其他 115 个国家进行，而且除美国外，在其他 63 个国家有超过 600 所学校认可 AP 课程的考试分数③。我国高校自主招生制度的目标定位于学科特长生和创新潜质学生，而这也是大学先修课程制度实践的目标追求。可以说，大学先修课程与自主招生在教

---

① 刘清华：《美国大学先修课程 60 年：卓越和公平的互动》，《高等教育研究》2014 年第 11 期。

② 任长松：《追求卓越：美国高中 AP 课程述评》，《课程·教材·教法》2007 年第 12 期，第 83 页。

③ 陈亮等：《AP 课程的机遇与挑战——专访美国大学理事会副主席王湘波》，《新课程研究》2014 年第 9 期，第 4～6 页。

育对象上都是面对学有余力的、有学科兴趣特长的学生。素质目标上，美国大学先修课程的高层次目的，是培养学生思考、分析和解决问题的能力，培养学生的创新能力和较强的动手能力，撰写实验报告的能力等，这些都是未来的拔尖科技创新人才所必须具备的素质。我国自主招生实践，也正是希望选拔这样一批学有所长并具有创新潜质的学生。

第三，大学先修课程的作用与竞赛教育相比具有互补性。

从自主招生手段来说，我国目前的自主招生初审评价主要是依赖各种学科竞赛获奖等级，这是大学目前为了精准挑选人才的无奈之举，否则就不能按比例挑选出参加自主招考的合格学生。而学科竞赛的实际教育功效究竟如何呢？从目前的研究看，尚存在诸多质疑和争论。以数学竞赛为例，尽管很多研究认为其对培养学生的学科兴趣和思维能力具有积极作用，但数学竞赛几十年来至今没有培育出享誉世界的数学家的事实，说明其教育功效尚未能很好地显现。重庆南开中学杨飞经过调查研究认为，竞赛教育不是精英教育，数学竞赛教育只能培养学生的解题技巧；竞赛教育的教学方法是题海战术，竞赛教育是变相的应试教育；参加竞赛训练的部分学生不是学科的爱好者，80%以上都是为升学而学习的急功近利者；竞赛考试缺乏制度监督，难以确保竞赛考试的规范性和公正性①。这个批评可能过于激烈，但深入思考也并非没有一定道理。笔者调查的几位参与过竞赛工作的某著名大学资深教授也认为，竞赛教育的确有积极的教育功效，学科竞赛能挑选出那些能吃苦的智力特好的学生，但竞赛教育目标毕竟不能等同于学科教育目标，竞赛教育选出的学生也有少部分缺乏创新潜质的，甚至他们进入大学后还出现学习成绩“挂科不及格”的现象。而学科成绩特好的学生，有些尽管没有参加竞赛，但同样也在后来的学习研究中体现出了很高的创新能力，即使在大学学习中也有很多非竞赛学生表现出了比竞赛学生更好的创新能力。这说明学科教育和竞赛教育，在选育特长生和创新潜质学生上具有一定的互补性。过度倚重竞赛教育的自主招生制度，并不是唯一的特长生选育机制，培育创新潜质人才还需要考虑新的高中课程制度安排，特别是大学先修课程制度安排。

从我国竞赛教育的实际情况看，适应高中数学、物理、化学、生物、信息技术、天文等学科的奥林匹克竞赛需要，部分中学为这些竞赛学生增加了大学的相关基础课程和专业课程，且这类课程的师资来源采用的是本校教师

① 杨飞：《竞赛教育：利大乎？弊大乎？》，《教育与管理》2008年第3期，第42～44页。

和外聘大学师资相结合的方式。但这种课程并没有经过科学而严格的设计，其直接课程目标主要是竞赛获奖而非发展更多学生的个性兴趣与特长。大学先修课程正好是弥补竞赛培养体制缺陷的一个办法。按照加德纳的多元智能理论，每个学生都有自己的优势智能，教育的重要任务就是发掘和发展学生的个性特长，大学先修课程的设置无疑能为那些具有学科兴趣和相对学科优势的优秀学生，提供一个全新的高中选修课程机制，激发他们挑战自我的进取精神，发展他们的批判性思维和创新能力。

(3) 适应自主招生的中国大学先修课程制度设计思路。因为国情和教育体制的差异，我国要设计实践的大学先修课程，当然不能是美国大学先修课程的翻版，而是要根据我国大学自主招生选育特长生和创新潜质人才的教育目标要求，以及优秀高中生的实际发展情况，去规划设计相应的课程种类及数量，并制订相应课程标准和教学大纲，以使得我国高中和大学教育在培育创新人才的课程体系上更具有衔接性和统一性。按照课程论的基本理论，任何学校课程的制度设计都需要考虑三个基本问题，即课程从哪里来的课程编制问题，课程如何实施的教学实践问题和课程如何考试评价的问题。按照自主招生目标解决好了这三个问题，尤其是做好了有关这三个问题的顶层制度设计，我国的大学先修课程才能切实发挥出选育创新潜质人才的教育功效。在没有政府介入的情况下，高校个体探索实施大学先修课程制度，则是需要结合本校培养目标和优势学科发展情况，与高中携手打造好自己的大学先修课程。

其一，中国大学先修课程的种类数量与课程编制需要统一规划。在讨论我国大学先修课程来源问题之前，不妨先看看美国大学先修课程的情况。美国大学理事会在其官方网站上，列出了 6 大类学科领域的共计 37 门课程，见表 6-1 所示，这些课程与大学课程具有较好的衔接性，学生对课程的选择能有效反映出自身学习性向和个性能力发展优势。需要说明的是，这些课程增加是一个根据社会进步和科技发展需要的历史发展过程，也是一个逐步完善的科学化过程。比如 1955 年秋天，AP 课程由主管学术能力测验（SAT）的大学理事会（College Board）接手管理，当年设计的考试只有 11 个学科领域，包括美国历史、生物、化学、欧洲历史、法语 4、德语 3 和 4、拉丁语 4 和 5、文学和语文写作、数学（微积分和解析几何）、物理以及西班牙语 3 等。1971 年 5 月，法语 AP 课程考试产生。同年，AP 音乐、AP 影视艺术和 AP 艺术史的课程简介出版并在 1972 年进行了第一次考试。1977

年，有了西班牙语考试。1980 年，有了美术考试。1984 年，计算机科学出现了。1987 年增加了 AP 美国政府与政治，1988 年有了 AP 生物。1989 年开始了 AP 宏观经济和 AP 微观经济。1992 年有了 AP 哲学，1995 年有了 AP 微积分，1997 年有了 AP 统计学，1998 年有了 AP 环境科学，还有世纪之交开始的 AP 地理和 AP 世界史。AP 课程每三年要评价和修订一次，到 1995 年 AP 课程有 29 门①。随着未来科技发展和社会发展需要，美国大学先修课程或许不仅仅是今天存在的 37 门课程。

表 6-1　美国大学先修课程的学科类别与课程数量

学科类别　　课程总数（37 门）	课　　程
1. Arts 艺术　　（5 门）	1. 艺术史；2. 音乐理论；3. 影视艺术（2-D Design)；4. 影视艺术（3-D Design)；5. 影视艺术（美术）
2. English 语文　　（2 门）	1. 英语语言和写作；2. 英语文学和写作
3. History & Social Science 历史和社会科学　　（9 门）	1. 比较政府与政治；2. 欧洲史；3. 人文地理学；4. 宏观经济学；5. 微观经济学；6. 心理学；7. 美国政府与政治；8. 美国史；9. 世界史
4. Math & Computer Science 数学和计算机科学　　（4 门）	1. 微积分 AB；2. 微积分 BC；3. 计算机科学 A；4. 统计学
5. Science 自然科学　　（8 门）	1. 生物；2. 化学；3. 环境科学；4. 物理 B；5. 物理 C（电磁学)；6. 物理 C（力学)；7. 物理 1；8 物理 2
6. World Languages & Culture 外国语言和文化　　（9 门）	1. 中国语言和文化；2. 法国语言和文化；3. 德国语言和文化；4. 意大利语言和文化；5. 日本语言和文化；6. 拉丁语；7. 西班牙语言和文化；8. 西班牙文学与文化；9. 俄罗斯语言和文化（有研究显示，还在计划实施中）

资料来源见美国大学理事会官方网站：http://apcentral.collegeboard.com/Controller.pdf。

美国大学先修课程的编制，由美国大学理事会下设的课程编制委员会具

① Eric Rothschild. Four Decades of the Advanced Placement Program, Society for History Education, Vol. 32, No. 2, Special Issue: Advanced Placement, 1999, 2, pp. 175-206.

体负责。这个课程编制委员会，由 6～8 名资深高中教师和大学教师构成，他们编制课程标准的依据，主要是依据大学相关课程的教学大纲。需要特别说明的是，上述所有这些课程中，美国政府最为重视的学科领域是 STEM (Science，Technology，Engineering，Mathematics)，即科学、技术、工程、数学，他们认为获得这些学位的人数代表一个国家的高科技实力。美国在 50 年代末以后的各个时期都把 STEM 教育提升到国家战略需求的高度。60 年代，许多州还纷纷建立了"科学、技术、工程和数学"的新型公立高中，如弗吉尼亚州的托马斯·杰弗逊科学和数学高中，北卡罗来纳州科学和数学学校，马里兰州的布莱尔科学、数学和计算机磁石高中，罗斯福高中，伊利诺伊数学和科学学院等①。

依据大学的学科规划与拔尖学科人才培养需求，以及多元智能理论印证的学生个性优势发展各有差异的特性，我国大学先修课程的种类，总体上可以包括人文、社会、自然科学方面的 13 个学科大类，即哲学、经济学、法学、教育学、文学、历史学、理学、工学、农学、医学、军事学、管理学、艺术学等。如果平均在每个学科大类里能开设 3 门大学水平的、能激发学生兴趣与特长的课程，则可以有 39 门中国大学先修课程，这与美国 37 门大学先修课程的数量基本相当。当然，实际情况并不是每个学科大类一定是 3 门课程，课程总数也并非一定是 39 门，毕竟课程发展是依据社会发展和科技发展而不断变化的。从高校课程发展改革趋势来具体而论，这些课程主要是偏向通识教育的。就通识教育课程种类说，斯坦福大学 2013 年秋季实行的新通识教育方案对大学先修课程的设置极具启发性。该方案体现了美国高等教育评估专业组织认同的核心成果，旨在培养学生深度阅读、熟练写作、有效交流与批判思维的能力，使学生能够建立不同学科领域之间的联系。其具体课程包含四类：一是思维与行为方法必修课程，包括审美与诠释、社会调查、科学方法与分析、形式推理、应用性量化推理、参与多样性、道德推理、创造性表达等 8 类课程；二是有效思考必修课程，包括自我塑造教育课程，艺术与文化生活方面的课程，科学、技术与医学发展方面的课程；三是写作与修辞必修课程，强调研究式写作；四是外语方面的课程，以促进其他

① Atkinson R. D., Hugo J., Lundgren D., Shapiro M. J. & Thomas J. Addressing the STEM Challenge by Expanding Specialty Math and Science High Schools, NCSSSMST Journal, 2007, 12 (2), pp. 14-23.

课程学习，使学生能适应不同文化的国家的生活、工作、学习与研究①。仔细分析，这四类课程在我国学科目录里，大致对应包含在哲学（审美、推理）、文学（写作、阅读、创造性表达）、法学（社会调查）、艺术学（审美、艺术与文化生活）、医学（全球医学发展趋势）、理学（科学）、工学（技术）等 7 个学科大类里面。再反思美国大学先修课程“历史与社会科学”学科涉及的历史学、经济学、心理学等，可以发现它们几乎覆盖了我国 13 个学科大类，尤其充分体现了培养世界性拔尖创新人才必须培育的基本品质与核心能力素养。

就课程编制而言，我国要贯彻前述两个《纲要》关于培育拔尖创新人才的精神，就需要在国家教育行政主管部门的政策支持下，发挥好我国高校和高中各自的学科优势，在高中和大学的有效合作中编制好大学先修课程。比如可以委托北京大学考试研究院下设的大学理事会，成立各学科的课程编制委员会，把那些愿意参与且获得了国家精品课程或者某些学科实力强的高校相关教师组织起来，分别负责几门大学先修课程大纲编制和教材编写，并得到高中相关学科资深教师的评价与认可，就能解决这个课程编制专业化的问题。这样做的好处就是这些课程的标准是统一的，能得到全国自主招生高校和高中的认可，能符合中国高校自主选育学科特长生的目标需要。

其二，中国大学先修课程的教学实施制度还需要各高校或高中因地制宜。我国大学先修课程的教学，或者由高校自行实施教学，或者需要大学对高中相关教师做好培训，但一定是高校教师主导下的课程标准和教学实践。参照美国的大学先修课程师资，其来源主要是以高中老师为主，教师培训也主要靠为大学和中学提供考试招生服务的大学理事会。我国不同于美国的师资情况是，我国的中学老师有研究生学历的比例远低于美国，加之很多高中教育的实验室条件、图书文献资料等实际教学条件尚不能满足教学要求，让高中教师去承担主要的教学任务显然还不太现实。所以我国实施大学先修课程的教学，在很多需要高质量教师和较高教学设施条件的课程上，目前很大程度上还只能依赖大学老师和大学的教学条件支持。我国大学先修课程的教学需要各省市高校和高中因地制宜实施，它和基础教育课程由各省市负责的教育管理体制以及学校课程选修政策有重要关系。《国家中长期教育改革和

---

① 刘学东：《新思维 新课程——斯坦福大学通识教育改革》，《清华大学教育研究》2014 年第 5 期。

发展纲要（2010—2020年）》第十二条提出“深入推进高中课程改革，创造条件开设丰富多彩的选修课，为学生提供更多选择，促进学生全面而有个性的发展”。《纲要》第十三条提出“推进培养模式多样化，满足不同潜质学生的发展需要。探索发现和培养创新人才的途径”。可见，大学先修课程其实也是高中选修课程的一个拓展课程部分。

当然，高校如果采用“幕课”的在线教学和网上辅导答疑方式，也不失为一种教学机制探索。这方面的案例，如美国斯坦福大学的在线中学教育，实施“天赋少年项目”，把斯坦福大学的先修课程提供给高中的优秀学生①。另外，北京大学开设的部分大学先修课程也挂在了果壳网的MOOC学院里。但总体上讲，网络教学的缺陷是不利于师生之间的交流，特别是不利于学生缄默性知识的获取，较难满足以研究性教学为根本特征的先修课程教学要求。不过，对那些没条件教授大学先修课程的高中而言，也不失为一种学生的远程教学机制和获取优质教育资源的学习机会。

其三，中国大学先修课程的考试评价与成绩使用制度需要各高校自主规定。美国大学先修课程的考试要求在全球都是统一的，其试题命制也主要由大学理事会下设的学科考试委员会统一负责。这并不符合我国高考新方案规定的高校自主招生的考试体制安排。当然，如果是把大学先修课程考试成绩作为学生面向全国自主招生高校的成绩，那也可以实施统一考试。但至少目前尚不具备这个制度条件，所以中国大学先修课程可能更适宜采用大学单独考试的方式。这样，各高校都可以通过自主招生制度，选拔适合本校培养目标要求的学科特长生和创新潜质学生，以促进我国高校和高中精英教育的多样化、特色化发展，也避免了大学之间出现新一轮招生掐尖行为和分数线比较。同时，考试标准的多样化更有利于学生个性特长的培育，也避免了美国大学先修课程实施统一考试制度面临的质量责难教训，比如很多人批评美国大学先修课程在规模扩大的过程中由于更多高中教师参与进来降低了精英教育质量，以至于近50所美国的著名私立高中退出了大学先修课程计划，转而自己开设美国大学招生认可的高水平选修课程。很多著名大学也因此提高了大学承认先修课程学分的标准，要求满分5分才能折抵大学相应课程的学分。还有些大学的某些专业，则干脆取消了大学先修课程成绩折抵大学课程

① 星友启：《创新的斯坦福在线中学教育》，《创新人才教育》2013年第3期，第83～86页。

学分的制度，无论学生在大学先修课程中取得什么样的成绩，也不予折抵相应大学课程的学分。

中国大学先修课程实验，目前在北京、上海、浙江很多省市都开始了局部的课程实践，北京大学自2013年开始已经率先面向全国部分高中的优秀高中生开出了大学化学、大学数学、中国古代文化、中国古代史、电磁学等8门大学先修课程。从北京大学实践情况看，该课程实践还处于初步实验中，还属于北京大学和部分高中自主、自愿承担社会责任的合作实践状态，对于那些承担大学先修课程的高校教师和高中教师而言，这个教学任务其实并不是他们的本职工作，但这份工作实实在在提升了参与高中学生的个性特长发展和高中教师的教学水平，以至于有中学老师感叹认为如果更多综合大学能参与教师培养工作，我国高中的师资质量定会大大改善。与此同时，高校也实际上在自主招生数量极为有限的政策下获得了更好的生源质量。与此对照的是，美国大学先修课程在21世纪初就进入到我国很多省市优质高中的国际部，这些高中通过美国大学招生标准的课程激励机制，在美国大学理事会的课程标准认证和教师培训支持下，我国每年有很多优秀高中生考入了美国的一流大学，相关高中的教师质量也得到了切实的提升。随着优质教育资源的增加，未来的我国大学先修课程也许不仅是自主招生选育创新潜质人才的渠道，也是我国所有大学选育创新潜质人才的一项制度安排。

第三节　深化高校招生机制改革

不断加强和改进高校的招生工作，是贯彻教育部关于高考改革的精神，扩大高校自主权的原则性体现。缺乏对高校招生机制的理性认识，就会出现“高校招生，高校无声”的局面，就会出现政府代替高校设计招生考试标准的局面，高考改革就失去了重要的动力系统，高考的教育功能实现就会出现更多的负面问题。

一、高校招生机制的内涵

所谓高校招生机制，是指高校的招生部门与高校自身、政府、考试机构、高中的工作联系方式。就工作层面而言，与高校自身的联系方式，属于内部工作机制；与其他三个方面的联系方式，属于外部工作机制。

内部工作机制，主要反映招生工作与高校教学的关系。招生工作是高校教学工作的首要环节，招生质量的高低对高校教学有基础性的作用。招生质量高低的体现，是学生结构性的综合素质与高校培养目标的适切度。这里的培养目标，主要是专业性培养目标要求，比如按照学科方向，可以分为目前的艺术类、体育类、文科类、理工类、职业技能类等，它们各自具有自己的适切性素质要求。人才的成长历史或人才学的理论表明，个人如果选择自己的兴趣领域或优势发展领域最容易成功。离开这种适切性要求，不难想象，高等教育培养目标的实现就可能降低质量。当然，更高的专业适切性还要依靠进校后的专业选择来实现，因为学生的志愿填报与高校选择之间，必然有一定的矛盾冲突。所以内部工作机制的核心，是如何建立健全适应本校专业培养目标特点与要求的素质评价体系，并体现在学校的招生章程中，以引导和吸引具有相应素质的学生来报考。

外部工作机制，主要反映招生工作与社会制度保障的关系。

1. 与政府的关系

其主要是处理好招生工作中公平与效率的关系，执行教育行政部门关于依法治招的政策，完善自身的民主招生程序，比如教育部颁布的招考法规与“阳光招生”政策，自觉接受教育行政主管部门的民主监督。

2. 与考试机构的关系

其主要是依法处理好共性学业考试与个性评价的关系，前者是所有高校共性的文化考试，后者是高校自身的特殊要求。就世界经验而言，对共性学业考试成绩的利用，是大学自主权的要求。共性学业考试成绩不等于综合素质的成绩，不等于招生评价的唯一合法资料。只有这样，才能对学生发展乃至民族的综合素质提升，起到健康的文化价值导向。

3. 与高中的关系

其主要是教育系统间以知识能力为基础的不同层级关系，是高中生与高校之间互相选择的关系。高考是联系高等教育的纽带，高等教育促进个体与社会发展的功能，首先要通过高考制度来实现。这些都使得高考对基础教育具有知识能力和功能上的导向性。所以高校招生工作，对基础教育还承载引导、提升学生发展的功能，按照我国教育方针的要求，这种发展方向，一是全面发展，二是个性特长发展。

综上，深化高考改革很大程度上取决于招生机制改革，而招生机制改革很大程度上既取决于招生工作与自身人才培养目标的适切性程度，也取决于与外部工作机制的紧密联系。

二、高校招生工作面临的任务与挑战

在我国高等教育向大众化纵深方向发展的过程中，国务院2014年颁布的《关于深化考试招生制度改革的实施意见》(简称《意见》)，涉及高考公平性和科学性两个根本性问题，这是当前和今后一个时期指导高校招生制度改革的纲领性文件，也是高校招生工作面临的新任务。

(一) 高校招生工作面临的任务

1. 更加重视招生政策的公平性

当前我国高等教育已经逐步实现大众化，但教育资源分配不均，包括师资力量、教学设施等方面的差异导致学生起点较为不平等。不同地域高考生高校入学机会仍然差异明显。北京与上海考生的入学机会明显高于其他29个省市自治区，是其他省份的2～11倍①。对此，《意见》不但提出深入实施高校招生“阳光工程”，大幅减少、严格控制考试加分项目，对招生工作实施第三方监督，建立考试录取申诉机制，还提出了改进招生计划分配方式，提高中西部地区和人口大省的高考录取率，增加农村学生上重点高校的人数。这就必须加强高校招生计划的公平配置，继续坚持向西部倾斜的招生措施，减少重点大学省部共建管理带来的招生过度地方化问题，通过国家和社会对公平招生的监督制度，进一步促进教育公平的实现。

当然，仅仅依靠加强高校招生计划公平分配还不够，还需要加大各地教育资源的公平配置，才能从根本上解决好教育招生公平的问题。有证据显示，加拿大之所以没有出现美国基础教育那样严重的失衡和成绩差距，就是在于各省的教育资源配置较为平衡，从而各地的教育质量水平旗鼓相当，各高校在甄选不同省的申请者时能公平地看待不同生源地学生的高中成绩，认为不同省份的学生，不论他们在哪个高中接受了教育，如果在同一科目的成绩是相同的，那么他们的智力水平和学术背景也是相同的，这是高校在没有全国统一考试的前提下进行公平的学术筛选的基础②。

---

① 汪梦姗、马莉萍：《重点高校招生名额分配》，《教育科学文摘》2016年第3期，第67页。

② 李欣：《高校招生制度的理念、实践与特色》，《教育测量与评价》2016年第8期，第30页。

2. 亟待改进录取政策的科学性

录取政策的科学性，意味着精英高等教育与大众高等教育的同步分类发展，意味着研究型高校的招生需要着眼于拔尖创新人才的培养要求，高职教育的招生工作则着眼于高技能型人才的培养要求，满足经济增长方式的转变对人才选拔与培养工作的新要求。

《意见》提出要改进投档录取模式，推进并完善平行志愿投档方式，增加高校和学生的双向选择机会，但当前高校招生录取方式上，仍以“分数优先、遵循志愿”为原则，采用平行志愿的投档方式进行集中录取。高校仍然不能自设标准单独录取，决定录取结果的关键仍为高考和高中学业水平考试科目的成绩，综合素质档案评价的任务还任重道远。

高校如何依据人才培养目标和办学特色需要，在坚持统一高考的基础上主动探索人才评价标准和机制改革，行使好高校的自主录取权，反映高校的个性化目标追求，任务依然艰巨。这就使得在相当长的时间内，学生进入某一所高校很大程度上仍然依赖统一笔试成绩来决定，高校招生过程中笔试分数仍然是评判一个学生是否优秀的重中之重。

如果高校只是一味追求高分生源，没有专业化或者职业化的队伍建设，没有智能化的学生多元信息收集和处理的决策机制，缺乏对学生素质的长期研究，就不可避免地导致在招生过程中高校无法切实全面地了解学生能力和素质，真正去满足和落实学生的需求和权利，最终不利于实现大学的人才培养功能和高校招生对高中教育的导向作用。

（二）高校招生工作面临的挑战

恢复高考制度 30 多年来，由于国家在 20 世纪 80 年代逐步确立了“学校负责，招办监督”的录取体制，90 年代又基本完成了招生并轨改革，21 世纪初又大规模推行了分省考试与命题体制改革，加上统一招生、保送生、自主招生等多元招生模式的初步形成，以及网上录取的成功实施，可以说招生工作有了较好的制度和技术保障。

但是我们也要清醒地看到，当前高校招生工作面临很多挑战，就机制而论，主要有三个方面：一是高校自身人才培养工作的挑战，二是考生综合评价机制的挑战，三是考试录取等机制的挑战。

第一个挑战，是高校招生与高校任务定位以及专业培养目标多样化相适应的矛盾。关于高校任务定位，上面已经谈到。就学科大类而言，2012 年教育部颁布的《普通高等学校本科专科目录》划分的学科大类有哲学、经济学、法学、教育学、文学、历史学、理学、工学、农学、医学、管理学、军事学、艺术学等 13 个，实际的高校专业数量至少有 506 个，它们是按照知识领域和社会职业门类来进行划分的。这些不同的学科与专业都有不同的人才培养标准。

一般而言，每所大学的发展定位不同，所拥有的学科不同，而且各学科的发展水平也不尽一致。我们的招生工作，如何与高校的发展目标，以及学科的发展要求结合起来，处理好招录标准的共性与个性关系，并把它体现在招生的实际工作中，应当说还有大量的工作可做，它直接关系到各学科专业人才的培养基础。

第二个挑战，是高校招生与考生综合素质评价方面信息缺乏的矛盾，不利于大学的选才。现在高校招生依据的主要是招生统一考试分数，它反映了考生的文化素质基础，但这并不是综合素质的全面体现，还有不少学生不适应大学学习的情况，甚至出现严重的心理问题。这就需要高校主动加强考生综合素质的评价，完善和健全考生综合评价体系。

第三个挑战，是高校招生与考试管理的矛盾。当前高校“被动招生”的机制，明显地带有计划经济的痕迹。所谓“被动招生”，是相对“主动招生”而言，意思是高校不能很好地发挥招生主体的积极性，整个招生过程几乎是一条机械的流水线，考试机构提供了考试科目、分数和送档名额，高校按照总分数与预定招生人数，机械地执行计算机化的网上录取流程操作。整个过程，决定一个考生是否被录取，除了考生填报的志愿之外，制度化的“学业总分数优先”原则起着过于重要的作用，这就往往出现不能兼顾考生学科优势的弊病。以总分投档甚至出现过文、理科错位录取的情况，以至于录进来的考生出现后续学习不适应的问题。

三、努力实现招生机制新突破的初步思考

明确了面临的形势与挑战，高校招生需要在实际工作中深化改革，不断创新，针对上述三个主要矛盾采取切实措施，努力实现高校招生机制的新突破。

（一）加强高校招生工作与教育自身改革的联系

目前有不少国家重点高校，在加强本科教学方面做了很多富有成效的工作。我们有必要按照自身的办学目标定位，以科学的教育发展观为统领，坚持高等教育质量、效益、结构、规模、速度的协调发展，坚持自身的办学特

色，体现自身的办学优势。

作为精英教育的高校招生，要效仿高校面向全国乃至全世界招收教师的做法，要始终坚持生源质量的高标准，坚持面向全国招生，体现多元的校园文化，为学生的品德发展与创新精神与能力的培养，提供软环境支持。结构主义的智能观显示，多元文化的碰撞才能更好地孕育创新型人才，才能更好地加强学生对多民族文化的理解与认同。所以美国精英大学强调：他们不是要录取一群相同的学生，而是要把不同类型的学生组合成一个优异的整体①。他们注重“学校精英结构内多样化的最优搭配程度，从而使学生具有相互学习的最大可能”②。学者黄全愈认为，我国大学招收的77级、78级学生就是不同年龄、能力、资历、区域等的学生的组合，这种“‘藏龙卧虎、五花八门’的生源本身就构成了校园文化的无价财产”，“如此的校园才能促成人才间的互动，形成一个丰富多彩、生动活泼、富于创新的学术社区”③。最能反映这种结构主义智能观的极端事例，是2005年1月美国耶鲁大学把阿富汗塔利班政府的前大使哈希米招收到无学位就读计划中。面对各种批评，耶鲁在其校报上回应：“我们倾向于接受和面对这个负担。为了更清楚地理解阿富汗人民与美国人之间的共性和区别，没有比招收哈希米到我们学校更好的方式了。虽然我们很担忧，但我们学校必须保持活力，我们也必须保持足够的容忍心去探寻其他意识形态的起源。如果哈希米的声音在大学课堂上缺失，我们就是在冒断裂对当今世界的感知的风险。”可以认为，高校的招生工作是展示多元文化的阵地，是构筑各社会阶层理解的重要桥梁。

同时，我们还需要把招生工作纳入到学校整体的教学改革中，与专业教育的培养模式及要求结合起来，在部分人才培养模式改革的专业，比如各种试点班或需要一定社会实践经验基础或实验技能基础的专业，制定特殊评价与招录政策，满足高校专业教育的需要。衡量选才方法是否科学有效，关键是看它能否为本校挑选符合自身培养目标的真才。考试方法目前是世界性的选才方法。但笔试、口试、操作考试等不同方式，各有自己独特的功能。笔试与口试主要检测学生的认知水平、思维能力与学习能力，操作考试主要检

① 陈屹：《诱惑与困惑》，中国社会出版社，2001年，第267页。

② 亨利·罗索夫斯基：《美国校园文化——学生、教授、管理》，谢宗仙，等译，山东人民出版社，1996年，第50页。

③ 黄全愈：《一流的学生从哪里来》，《南方周末》2006年5月18日。

测学生的动手能力，各种实践调查、社会服务活动、校内活动成绩主要检测学生的社会实践意识与一定的社会实践能力，包括个性、特长。所以，世界性的招考改革趋势，共性的是笔试，一般依赖国家的统一考试，其他个性要求需要大学自己检测。最终是依据多种资料进行综合评价，以判断所招学生是否符合培养目标的要求。

（二）加强高校招生工作与高中教育的联系

高中教育是大学教育的基础。高校的任何招生模式，包括自主招生、保送生和特长生的招生，无不与高中教育有着紧密的联系。可以说，加强高校与高中的密切联系，增强彼此的了解，是招生工作的重要一环，是高校招收到适合自身培养目标定位要求的优秀生源的重要保证。高校的招生宣传，实际上是自身文化的宣传，是体现自己办学优势的宣传。

加强与高中教育的联系，最关键的是在招生录取环节上，加强对考生综合素质的评价。不管是普通教育体系还是职业教育体系，高等教育的一个基本特点是其专业性或专门性，因为社会发展需要各级各类的高级专门人才，一个人也不可能精通所有领域的知识技能。按照人才发展的能力倾向性，我们可以把人才分为“通识人才”与“特殊人才”或曰“偏才”。前者是文化基础扎实、发展比较全面的人才，后者是在某些学科知识技能方面有专长的个性化人才。从一定意义上说，高校自主招生的不断完善和健康发展，将意味着把考生引向全面发展与个性发展的方向。所以，部分高校把高中生的学业水平考试成绩以及个性特长，根据自身培养目标的要求，纳入到招生录取标准中，作为重要的参考，是实现引导基础教育发展的重要举措。

当前有观点认为，部分重点高校把高中学业统一水平考试成绩纳入招生的标准，会加重学生的负担。这是一种不科学的说法。教育必然有适当的课业负担，高考的负担是其竞争性造成的，而竞争性是由高校的数量、质量与高中生的数量、质量矛盾决定的。负担的大小，实际是压力与承受力的比值，学生承受不了，就是负担重，压出了很多身心问题，说明负担过重。减轻负担的策略，一般是尽可能提高个体的各种心理承受力，或者是减小各种压力，或者是科学规划选才标准使之尽可能符合学生发展的性向，这样学生对愿意选择学习的报考标准，往往心理负担相对较轻。不过高考常模考试的压力是相对压力，要想消除这种负担不太可能，除非不刻意追求上大学或名校。恢复高考初期，邓小平说：“学生负担太重是不好的，今后仍然要采取措施来防止和纠正。但是，同样明显的是，要极大地提高科学文化水平，没有‘三老四严’的作风，没有从难从严的要求，没有严格训练，也不能达到目的。”① 正是在这种意义上，我国考试中心前主任杨学为先生曾说：“长期以来，不少人历数高考的种种‘罪恶’，其实那并不是考试的‘罪恶’，而是竞争的后果。有的人也承认‘竞争’，也承认‘择优’，却不愿见到‘淘汰’，幻想保留‘择优’而消灭‘淘汰’。”② 压力与承受力的比值即负担理论启示我们，提高学生个体的承受力，如认识能力、一定的实践能力、抗挫折能力等，是教育的重要使命。同时尽可能使学业与考试等压力符合学生身心发展规律，特别是兴趣特长等个性，从而使其乐于承受必要的课业与考试压力。

（三）加强高校招生工作与招考管理机构的联系

“学校负责，招办监督”的录取体制，在保障高考制度的公平性、权威性等方面发挥了积极的作用。但高校招生要转变为“主动招生”的局面，除了继续加强保送生、自主招生、特长生的招生工作外，还需要加强与招考管理机构的沟通与协调，以利于完善这种分别责、权的招考制度，促进考试质量的提升。

不同的人才素质结构要求不同的测评方法。种种证据表明，共性的文化考试主要测试学生的一般性认识能力，特别是客观的知识能力，一些专业适应性的高级智力技能与认知策略，以及其他在人的发展中起着重要作用的智力与非智力素质，很难得到全面的检测。如果高校招生只利用统一考试的成绩做选才依据，除了选择划一化的所谓基础扎实的通识人才外，还可能会淘汰学业发展水平往往并不全面的真正的特殊人才。这不利于大学选择更有专业发展潜能的人才，也难以支持基础教育的育才，尤其是高中新课程改革要求培养的个性人才。

客观地说，高校招生还涉及与教育主管部门的关系问题。但是，只要我们树立科学的教育发展观，把握方向、抓住机遇，就能更好地应对社会与教育发展的挑战，加强并改进高校的招生工作，为高校教育质量的提升提供有力的保障。

---

① 《邓小平文选（1975—1982）》，人民出版社，1983 年，第 101～102 页。

② 转引自杨学为：《高考竞争与国情》，《中国考试改革研究》，北京大学出版社，2001 年，第 413 页。

四、持续推进高校招生综合素质评价

大学招生具有引领基础教育健康发展的社会功能和责任，发挥这些功能和履行这些责任既需要社会提供基本条件，更需要大学主动提高选才能力，更好地履行大学培养高质量人才的职能。当前高水平大学的自主选拔录取实验，已经成为大学自主招生工作的突破口，它打破了恢复高考以来大学招生过度依赖统一高考成绩而导致学生发展失衡的局面，这种突破如果能进一步提升大学的选才能力建设，切实发挥出大学的主体性和创造性，必将有利于国家教育规划纲要中提出的高考“综合评价”原则的贯彻实施，更好地发挥高等教育的各种社会功能。

（一）注重综合素质评价是高校招生需要达成的共识

大学招生对学生的综合素质进行评价，具有非常重要的教育意义，它关系到高校、中学教育的人才培养质量，关系到大学创新潜质人才的选育，关系到创新驱动战略促进社会各项事业发展的成效。高校招生只有注重综合素质评价，才能更好引导基础教育健康发展，它必须成为高校的社会责任。

综合素质评价指向人的个性全面整体发展。综合素质评价的理论前提是将学生个体视为一个整体性的存在，是学生个性的协调发展与充分发展。综合素质评价应该是相对于单项评价或单项评价内部的综合评价而言，它指向的是人的身心整体成长发展，是人的德智体等方面的全面发展，是人的认知、情感态度、人格特征、实践能力的整体发展，是个体与自然世界、社会环境之间的协调共生，而不仅仅是学科知识的习得，更不是简单化地把统一考试测量结果当唯一评价结果直接用于对学生的招生录取，从而避免基础教育长期不能摆脱智育至上的发展观。

综合素质评价符合高校培养目标要求。学生的发展潜能大小取决于人的综合素质高低。恢复高考以来，我国大学招生面临的最大问题，是把大学的培养目标要求等同于学生的高考笔试成绩分数要求，笔试分数似乎就是教育质量的全部。在这种教育理念下，争夺各省市的高考状元或者更高的录取分数线一度成为高水平大学招生的重要任务。其结果是把考试测量的结果夸大到了极致，并不符合人的社会发展成就取决于其综合素质的现实。放眼全球，世界一流大学无不把学业考试成绩当作重要的招生录取标准，但几乎没有一所世界一流大学把它当作唯一标准，这是很多世界一流大学每年拒绝录取上百名考试得满分的学生的原因。他们认为，学生的发展潜能大小，不仅仅取决于学科考试分数，还有人的创新性思维，人的社会责任和积极情感态度，人的挑战力和人的领导力。所谓综合素质很高的学生，就是大学通过教授委员会的质性评价和权威的考试测量评价，发现学生在非学业方面和学业考试方面都比较优秀的学生。这是我国大学自主招生改革应该学习的地方，大学需要建立健全综合评价体系，真正选拔那些学业优秀又具有公益抱负、挑战品质和创新潜能的人才。

综合素质评价能引导基础教育健康发展。综合素质评价是对基础教育智育至上发展观的矫正。长期以来，统一考试因其选拔功能而事实上成了基础教育的指挥棒，似乎学科知识测量结果就是学生的全部发展。遗憾的是，只有学业考试分数作为录取标准导致的结果，就是基础教育唯考试分数至上，学生从早到晚的全部精力，几乎都耗费在书本知识和高强度的作业与试题演练中，尤以初三、高三为甚，它导致大量学生明显感觉身心发展过于失衡，学业负担过重，创新性思维受到一定程度的压制，很多考上重点大学的学生缺乏发展后劲，大学难以培育具有拔尖创新潜质的人才。正确引导基础教育健康发展，大学招生不仅要考虑权威的统一考试成绩，还要考虑大学认证采信的高中平时成绩、学生的各种公益活动表现及特长荣誉，以及考生所受的教育条件和家庭成长背景等。在高等教育大众化的背景下，甚至大学自主招生还可以考虑建立制度化的中国式大学先修课程制度，把这些选修课程学习的成绩作为录取元素，把优秀学生从高三阶段的过度题海训练中解放出来，把他们引导到更具挑战自我的大学基础课程学习中去，更好地适应他们在大学的创造性学习，提升我国的精英教育质量，也最终为统一招生考试朝向标准参照考试的方向改革创造宽松的环境。

（二）高校招生注重综合素质评价必须摈弃一些认识误区[①]

严格说来，没有人反对高校招生实施科学的综合素质评价，他们反对的是不科学的、不公平的综合素质评价。他们担心的是社会诚信水平偏低、基础教育发展不均衡的社会环境下，不恰当的综合素质评价会损害高考的公平性，加剧高考的城乡不公平性。注重人才选拔的效率，不以考试分数为主要的录取标准，用多渠道和多样的方式来考核录取学生，因为没有刚性标准，

① 刘清华：《加强选才能力建设　实施大学招生综合素质评价》，《中国高等教育》2013 年第 10 期，第 42～44。

容易弄虚作假和走后门，损害公平。这是我们提倡建立健全综合素质评价体系时必须注意到的现实情况。这种情况提醒我们，综合素质评价在任何时候都需要坚持刚性的科学性和公平性相统一，而不是简单地理解为公平和效率谁优先的问题。

1. 高校招生实施综合素质评价未必会损害高考的公平性

人们担心高校招生实施综合素质评价会损害高考的公平性，其实是基于不公平的综合素质评价，主要是起点不公平的评价问题。毕竟，人的综合素质发展是先天禀赋和后天环境综合作用的结果，尤其后天教育环境不好会限制人的综合素质提升。我国高考现实反映出的最大问题表现上是高考学生在知识能力方面的城乡差异，实际是考生家庭背景和所受学校教育条件的差距。因此，综合素质评价想要做到公平，势必要考量学生个体的学校与家庭成长背景等指标，比如按照当下我国社会分层现状，我国高中学校有省市示范高中，还有城市的区县重点高中，还有条件更一般的农村高中，而就家庭经济背景来看，有经济资本较好者和弱势者，大学招生综合素质评价中如果不考虑这种学校和家庭环境差异，单纯以认知、情意、社会责任和实践创新能力方面的绝对评价结果为标准去招录学生，必然会导致更大的不公平结果出现。恢复统一高考以来，我国重点大学招收的农村学生比例逐年下降到30%以下，正是以对学生个体的绝对评价结果为录取标准而不考虑考生家庭背景和教育条件产生的现实，这些都属于评价起点不公平的结果。2003 年大学自主选拔录取试验以来，大学探索的各种笔试加面试的综合素质评价结果，同样很少考虑学生个体的成长背景，所以这种评价结果必然难于解决高考综合素质评价不公平的问题，导致人们对一些“自主选拔录取和非重点高中学生没什么关系”的批评。

2. 社会诚信水平偏低等因素不是高校招生不需要推进综合素质评价的理由

人们认为综合素质评价难的主要原因，同样是说社会的诚信水平偏低会损害高考的结果公平。社会诚信水平偏低，会影响学生各种学业成绩信息的真实性。人们担心，如果高校招生要直接利用高中的各种主观评价结果，或者高校自主进行主观评价，学校就可能难以抵挡各种人情关系的侵扰，那势必会出现更大的高考招生不公平。这也是为什么社会十分认同统一考试的理由，因为这种高考测量结果客观、可比、刚性。可什么时候社会诚信水平能更高呢？这种逻辑似乎让大家看到了推进综合素质评价难的可怕后果。但这种逻辑，忘记了高等教育主动引领社会发展的重任，忘记了高校也是社会精神文明建设的主阵地之一。其实纵观世界一流大学招生，同样也面临社会诚信的考验。但解决这个问题的办法，不是去担心、去害怕社会诚信水平低，而是通过大学主动建立权力互相制约的、构成数量众多的教授委员会的集体学术评价机制以及内外部监督诚信的行政权力制约机制去解决，而这个过程就是营造更好的社会诚信环境的过程，是发挥高等教育引领社会文化建设功能的过程。

基础教育发展不均衡，也是大学难以推进综合素质评价的重要理由。20 世纪 80 年代，我国为多出人才、出好人才而大力进行重点学校制度建设，今天这些学校很大程度上成了重点大学的生源地，为我国拔尖创新人才培育做出了较大贡献，但带来的一个结果就是高考强化了重点学校制度，拉大了不同区域高中学校教育条件的差距。而一旦大学招生实行综合素质评价，势必出现很多人担心的会拉大高考升学率的城乡差距，让那些拥有更多更好文化资本和经济资本的学生占尽先机。其实如上所言，解决这个问题的思路同样是需要考察学生个体成长环境，最低限度是在相似评价结果下优先录取处境不利的学生，同时注意评价内容的城乡差异性。

3. 高校招生综合素质评价不同于高中学业综合素质评价

高校招生综合评价是按照大学的培育目标要求建立起来的综合评价体系，它不同于按照高中教育目标要求建立的综合素质评价体系。21 世纪以来，我国高中新课程改革背景下，各省市纷纷开始建立高中教育综合评价体系。纵观这些体系，除了考生父母的单位信息和学生的学校学习简历外，最主要就是高中学业水平考试成绩，高中三年的平时考试成绩及年级排名，其他非学业方面的综合评价体系包括了道德品质、公民素养、学习能力、交流与合作、运动与健康方面的不同评价等级，此外还有研究性学习、社会实践、社区服务方面的评价等级。这些综合评价结果，客观上讲，能用于高校招生目的的信息很有限，因为它们的评价目的在于高中教育的健康发展而不需要刻意追求区分度。于是，高中综合素质评价的现状，成了很多人抱怨大学难以进行综合素质评价的理由。其实大学招生进行综合素质评价，需要有自己的招生理念，并在招生理念的引领下去制定适合自身培养目标要求的综合评价体系。大学招生建构的这种综合评价体系，由于高校培养目标不同而不同，由于不同中学条件而对其认证使用要求并不一致，但总体是要考虑学生的教育条件差异和家庭背景差异，注意评价的客观公正。因此，高校的招生综合评价体系，是高校依据自身培养目标建立并对学生进行评价或认证的结果，是高校多年来逐步实践、修正综合素质评价的结果，他们不会把评价学生的责任推给中学，更不会拿任何一所高中学校提供的学生综合评价信息而不经过权威认证就直接采信使用。因而也尽可能杜绝了给高中或自身带来困扰评价的人情关系问题，保障了高校招生评价的科学性和公平性。

（三）高校要研究制定适切的招生综合评价政策①

按照我国高考改革进程，2017 年以后尤其 2020 年以后，几乎所有高校招生都要实施学生综合素质档案评价。这对多年来习惯依据考试分数录取学生的高校招生而言，无疑是很大的挑战。因为无论是 2003 年以来重点高校的自主招生，还是 2011 年以来浙江省地方院校的自主招生，都没有涉及学生综合素质档案评价问题。所以，如何把握好综合素质档案评价的着力点，是高校招生面临的重大挑战，是否实施得好，对高校而言关系到生源质量，对学生而言关系到是否被公平的录取，对高中而言关系到其对学生发展的多样化引导。这就要求高校任何招生综合评价政策的出台，要有充分的理论依据和实践依据。

1. 制定适切的评价标准

第一，根据培养目标和办学特色制定评价标准。评价标准体现的是生源质量的具体规格要求，是招生理念的具体化，其直接目的是要满足高校的培养目标和办学特色要求。目前我国高校按任务分类，不同高校的办学特色体现在国际化、产学研合作、导师制培养、研究性教学、学生参与管理等诸多不同方面，对学生的素质标准有着不同要求，包括有不同的提档分数。问题是，当高校招生标准不再只是高考成绩，还有学生综合素质档案评价的成绩，那投档比例就会有变化。在学生没有报考相应高校之前，高校不知道会对哪些学生实行综合素质评价，志愿填报之后学生的综合素质档案才有可能进入相关高校。所以高校必须要依据体现本校学生学业素养要求的高考分数，提出投档比例要求，然后对这些投档进来的学生进行综合素质档案评价，高考成绩加上学生档案评价的成绩，最终成为录取学生的依据。高校发布录取学生信息时，可能还要一并发布学生的综合素质档案评价成绩，一方

① 刘清华：《高校怎么制定招生综合评价政策》，《光明日报》2015 年 10 月 6 日第 008 版。

面体现公平公开原则，另一方面也可以引导高中的教育教学和学生的发展。

第二，依据学生大学成功的标准制定招生标准。从国际上看，高校招生综合标准是包括了考试分数体现出的智力评价和其他行为表现体现出来的非智力评价。基于多元智力理论的学生综合素质档案既包含了学生的全面素养情况，也包含了学生的个性优势情况。从 20 世纪 70 年代至今，学者们研究发现能预测学生大学成功的招生综合评价标准，一般包括三大方面 12 个维度，它们分别是：①智力行为表现，包括一般学科知识原理的掌握情况、不断学习能力和对知识的好奇心、艺术欣赏能力和好奇心；②人际行为表现，包括多元文化欣赏能力、领导力、人际交往技能、社会责任和公民关系及参与能力；③内省行为表现，包括身心健康、职业目标定位、适应力及生活技能、坚持力、道德和诚信。这与我国高中学生综合素质档案要求提供的思想品德、学业水平、身心健康、艺术素养、社会实践等五个方面的内容，有相当大的契合度。除了这些内容标准，西方国家高校招生综合评价，还有一个公平性标准是看学生个体的教育背景，包括是否低收入家庭、是否享受国家救济、父母教育水平高低、就读高中开课情况、种族民族情况等。高校招生的国际趋势，是向弱势群体适度倾斜，以把他们导入主流社会。他们认为保障校园生源多样化不但是为了营造更好的校园学习文化，也是社会和谐的基石。生源多样化是解释大学生学习结果的重要变量，不同民族、种族的学生共处一所大学进行各种非正式交往，能提升学生积极的思考能力、智力投入和学习动机，也能影响学生的换位思考能力、改善公民关系、增进多元文化理解以及不同种族民族和谐相处的能力。这也是我国为什么在高校招生中实施贫困地区专项招生计划的主要原因。

第三，借鉴成功智力理论制定评价标准。按照美国著名心理学家斯滕伯格的成功智力理论，成功智力是个体在生活中成功的能力，成功不仅仅是学术成功比如成为一个成功的科学家，还包括成功的运动员、演员、音乐家、作家、会计、水管工人、秘书、企业管理者等。斯滕伯格认为，一个人的成功往往是最大化自己的优势并弥补自己弱势的结果。人们成功得益于发展和有效利用各种混合的创新智力、分析智力、实践智力以及智慧智力。分析智力是指分析和解决问题的能力，强调分析、评估、解释、比较一个问题；创新智力是指利用过去的知识和经验处理新问题的能力，注重创新思维学习，强调综合运用知识探索解决问题的新方法，创作一个作品，发明一个新东西等；实践智力是指适应不断变化的环境，应用知识解决问题的能力，强调实践学习和学以致用；智慧智力是指保证个人在长期或短期通过积极的伦理道德价值观获得福祉的能力。从这一理论看，传统的能力考试设计是不够的，它们过于强调以记忆为基础的分析智力。基于该理论，2001 年斯滕伯格在耶鲁大学推出招生考试的“彩虹项目”研究，2005 年又在塔夫茨大学推出“万花筒项目”，其主导思想是测试上述四种智力，测试方式主要是采用小论文测试。结果表明“万花筒项目”预测了学生的学术成功、课外活动能力和领导力；有效提升了公平性而使得少数民族学生增加了；该测试与传统测试具有一定相关性，申请人、家长、学校辅导员都喜欢而且认为测试对教学也有帮助，即按学生的不同学习和思维类型去教学能促进每个学生的学习，塔夫茨大学也因此建立了学习和教学提高中心。当然，不同类型高校的培养目标与使命不同，高校招生乃至教育教学，对多样化的学生成功理念要有清醒的认识，在评价体系建设上各校要有自己的标准，才有能力选择并培养出学术等多方面成功的学生。

2. 确定适切的综合评价方法

所谓适切的评价方法，是指适应高校评价标准的方法，主要包括定量评价和定性评价，二者都是坚持实证主义的评价立场。就教育评价的国际趋势看，学生综合素质档案评价方法，主要是教师评价队伍基于高校制定的评价标准，采用定性评价为基础并结合定量评价的方法，对学生的全面素养、个性优势以及发展潜质等做出整体价值衡量与判断。招生过程中，评价者要看每个考生处于一个什么样的教育背景，他们分别在高校认定的若干个标准上分别处于一个什么质量等第，考生综合素质整体上处于一个什么等第，然后从最优秀到优秀逐次挑出评价者集体认为的符合招生计划要求的考生数，评价者之间有争议的考生，则交给第三方重新评价，最后交给招生委员会做出最终录取决定。

这样的评价无疑对评价者的素质要求和培训要求非常高，否则不足以具有这种很高的学生评价能力。以美国公立华盛顿大学为例，其招生理念是“服务和贡献于大学的能力以及多样化的教育价值观”，经过教授们讨论后他们把这个理念转化为构成招生评价标准的 19 个问题，诸如申请者的整体学术水平是否很强、是否表现出独立发展的习惯、是否显示出了较好的坚韧、洞察、创意或者对他人与社区的关注，是否是家中的第一个大学生，等等，从而对学生实行综合评价。依据这些问题，评价者会给出“最高推荐 9 分”、“不予推荐 1 分”的类似结论。当两位评审者的评价结果不一致时，会交给第三位评价者处理。

就我国高校的实际情况看，学生综合素质档案采用何种方法去评价是我国高考改革面临的新问题。从之前取得的自主招生经验来看，我国高校自主测试尤其是面试也体现了一定的定性评价理念，但总体上录取学生还是依赖定量评价，而且由于其外显的公平性更易于被广大学生及其家长认同。因此，在综合评价方法方面，如何走出缺乏定性评价的定量评价崇拜，我国高校还有很大的探索空间。

3. 建立健全教师评价队伍和体制

教师评价体制建设旨在提升教师对学生综合素质档案的评价能力，最终提升高校的招生力，从而保证综合素质档案得以发挥实际的参考作用。在以统一高考成绩为招生录取标准的时代，谈不上教师评价队伍建设，招生老师只需要依据学生总分，依据考生志愿从高分到低分直到录取计划完成即可。因为这个原因，高校招生办的常设机构，人员编制一般只有几个人，招生季节人手不够时临时找几个人帮忙即可。

在依赖多元标准录取学生的背景下，这种评价体制显然难以适应新的综合评价任务要求。我们可以看到美国各高校的常设招生机构人员一般都在20～50人左右，其下属部门一般包括中学沟通、招生宣传、考生申请、资料录入、素质评价、学生录取、研究决策等相互连锁的部门。他们的招生管理不仅视招生为科学评价学生的工作，还非常关注大学招生和大学教育的关系，大学招生和中学教育的关系，大学招生和社会协进的关系。从招生评价组织建设来看，不但有招生委员会负责制定具体招生管理政策，还有学术事务的最高决策者和领导者即大学学术委员会。而无论公立、私立大学的招生委员会，其人员构成除了大学各方面代表，还有高中学校代表、学生及学生家长代表。就招生评价队伍看，比如斯坦福大学招生办常设25席评审员，他们依据招生委员会制定的招生评价标准，从3.6万申请者中先挑出1.5万人，再交由另聘的28席评审员去评审学生的档案材料，让他们依据标准再从中挑选出排名前20%的学生，交由学校的招生委员会去讨论表决，最终形成录取决议。该校培训聘用评价教师需要两周时间，两轮阅评考生申请材料需1个月左右，而最终形成录取结果则需要招生委员会两周时间讨论通过。这表明，学生综合素质评价需要建立健全评价队伍和体制，提升招生公信力，才能切实保证综合素质评价发挥实际作用。

以上初步讨论，主要是高校招生的域外经验与理论探讨，它不但是高校制定招生章程时面临的认识问题，也构成了社会大众直观认识学生综合素质档案在招生中的参考作用的观察点。希望这些讨论，有助于高校招生根据实际情况建立健全符合自身培养目标与办学特色的学生综合素质评价体系，招收更具发展潜质的学生，培育生源更加多样化的校园文化，切实推进高等教育和高中教育的多样化，引导每个学生全面而有个性地发展。

第四节　价值观视野下的高考制度变革

从价值观的视野来探讨高考制度的变革，有助于我们找到制度变革的路径趋向。用基本的价值理念来指导高考制度改革，可以减小风险，甚至规避风险。本节试图从三个基本的价值理念出发来探讨高考制度与政治、社会、教育的全局关系，以前瞻高考制度变革的大方向。

一、权力观：学术权力与行政权力的分权

高等教育的权力最终来自知识，“大学的存在时间超过了任何形式的政府，任何传统、法律的变革和科学思想，因为它们满足了人们的永恒需要。在人类的种种创造中，没有任何东西比大学更经受得住漫长的吞没一切的时间历程的考验”①。这就像中华人民共和国的诞生，必须提起中国共产党的革命史。问题是在高考制度改革中，哪些是属于学术权力处理的事情，哪些是属于行政权力处理的事情，两者不同的职能目标差异在哪里。

有学者认为：目前所谓的统一高考实际上是对高等学校办学自主权的基本否定。因为我们的高等学校不能做得像企业一样，能够自主地选择他的原料。如果没有原料的采购权，那么我认为这个机构在法律上不独立。这个问题就是典型的关于大学与政府在高考改革中的权力关系问题。

高考制度包含招生与考试制度，没有人否定它是大学入学制度的一个基本环节。大学作为《高等教育法》规定的“独立法人”，完全有权按照自己的学术标准招收学生，这种学术标准可以是大学整体的划一要求，也可以是院系的特殊要求。这是大学招生的学术规则问题。当今世界上大多数发达国家的大学包括其院系，通过其制度化的大学招生委员会都在行使这种学术权

① 王承绪主编，约翰·S·布鲁贝克：《高等教育哲学》，浙江教育出版社，1987年，第27页。

力。以美国为例，SAT 学术性向考试由专门的民间考试机构负责，SAT 总分为 1 600 分，如果考生的分数在 1 400 分以上的，可以选择到耶鲁大学、哈佛大学、麻省理工学院这类名牌高校就读并申请奖学金；在 1 200 分以上的，可选择到州立大学等四年制高等院校入学；在 1 000 分左右的，则可选择到各市的两年制社区学院上学，先拿准学士学位，再继续修学分去拿本科的学士学位。以日本为例，大学入学考试中心附属于文部省，具体负责第一次考试，第二次考试即个别考试由高校自己负责，对考试成绩的利用由高校负责。以欧洲为例，考试由中央与地方分工管理，英国的 16 岁考试即 GCSE 考试，由附属于“中学考试与评价委员会”以及各地区 GCSE 考试委员会协作管理，18 岁考试（GCE A-level 及 GCE AS-level）则主要由 8 个地区考试委员会来组织与实施。对考试成绩的利用则各大学不同，GCE A-level 考试，牛津和剑桥通常要求考生 3 门成绩都是 A，一般综合性大学要求 2 门成绩为 B，一门成绩为 C，多科技术学院 2 门主科成绩为 C 即可；法国，考试由巴黎设立的国家大学入学考试中心制定标准，各学区委员会具体组织与实施，综合大学凭会考成绩申请入学，各大学校实行严格的竞争式入学；德国，考试由各完全中学所设的“考试实施委员会”负责组织与实施，大学并不派人参加，一般大学由学生申请入学，特殊科类如医学还需另外实施特别考试或者由全国分发中心分配入学。

不过，大学行使这种权力还要遵守国家关于学生受教育权的法律规定，即大学招生的权力必须以保障学生的公平竞争权利为基础。当前世界各国招收学生的基本手段都是依赖国家或民间考试机构举办的权威的、一定范围内的统一考试和大学的考试，包括笔试、面试以及其他有效的能力证明，这种条件下形成的地域录取人数差异，包括种族差异、城乡差异、性别差异等，最后都需要通过“配额制度”来平衡，即通过照顾弱势群体来达到相对的结果平衡。这种配额制度，实际上就是国家保障不同地域学生公平受教育权的法律规则。显然，大学是自身入学标准的控制者，政府则是学生平等受教育权规则的控制者，他们都需要遵循国家的教育法律法规。

我国的情形与美国考试机构属于私立的中介机构不同，因为考试机构是国家教育行政的一部分，因而很大程度上同时行使了招生监督权与考试举办权。这与世界上某些国家或地区两权分离的情形，即招、考两权分离有很大的不同。就世界范围而言，考试机构的建立通常有三种模式。第一种，考试机构作为政府的行政机构而建立，负责它所管辖地区的教育，其缺陷在于这种机构会沦为政府的工具，受到政治压力的很大影响。第二种，考试机构由那些考试结果的主要享用者建立。这些享用者通常是高等教育院校，他们要参与到选拔申请者的工作中去，这种情况下，选择功能占据主导地位。历史上，第二种模式占主导地位，其主要目的就是为高校选拔学生。其缺陷是考试机构要受到大学利益的主宰，他们的利益未必与学生的利益相同。第三种，考试过程中的所有各方，包括教师、教育管理者、工作人员、高等教育院校、政府以及各种委员会都是“相关利益者”，他们充分而平等地在考试机构的董事会中占有自己的一席之地。尤其是随着中等教育的扩大，公共考试同时具备颁发证书的功能，这种董事会模式，就可能是比较理想的模式①。它符合民主政治与教育的制度架构。

无论如何，学术权的职能目标主要在于提升考试质量，行政权的职能目标主要在于保障公平，考试机构的建立主要出于公共管理职能的需要，但专业化是其基本的目标。“证据清楚地表明，没有任何一个国家的政府打算放弃它驾驭高等教育系统的责任，但是这个趋势是朝向远距离驾驭——为高等教育的发展提出宽阔的参数，而把大部分细节和创始工作留给各院校。若干国家的政府或者愿意考虑从对高等教育的直接控制后退，或者已经采取实质性的措施在朝这个方向前进。”②

二、公平观：考试公平与区域公平的平衡

高等教育始终分配着职业的等级和社会地位，它为谁服务是一个历史的进程。大学过去很长时期是为少数人服务的，随着高等教育大众化，今天享有高等教育的机会已经不是一件十分困难的事情了。不过一个人必须达到一定的学业标准，才能享有这种权利。由于高等教育资源的供给质量始终存在差异，人的兴趣各有不同，这使得高考制度成为一种经济资源或者文化资本、社会资源的分配制度，分配的公平性成为任何国家关注的一项焦点政策。

我国“不患寡而患不均”的文化传统，更是高度关注这项制度。许多人

① Dan E Inbar 等：《教育政策基础》，史明洁等译，教育科学出版社，2003 年，第 293～294 页。

② 弗兰斯、范富格特主编：《国际高等教育政策比较研究》，王承绪主译，浙江教育出版社，2001 年，第 415 页。

都注意到以下事实，《中国青年报》2006年调查显示，有89.3%的人认为，目前全国重点大学招生指标的分配是不公平的；京沪地区比中西部地区拥有更多教育资源和文化资源，基础教育投资和先天条件大大优于中西部地区；京沪考生更容易考上当地名校。以湖北省为例，据不完全统计，恢复高考制度30多年来，清华、北大在湖北省每校每年招生人数不足百人，在北京市每校每年招生不低于500人，而湖北省总人口7 500万人左右，北京市总人口1 500万人，人口相比两者相差5倍，招生人数两者相差5倍，按人口平均算，北京市是湖北的25倍，即同等人口条件下，如果湖北省只有一个招生指标，北京市却拥有25个指标，如此等等。

《中华人民共和国宪法》规定，每个公民拥有平等的受教育权利。在建设社会主义和谐社会中，中西部地区人大代表呼吁要求中央给平等机会，法律上公平，政策上平等。这种呼吁应当说是完全正当的。不过，我们始终要注意的是，考试公平关注的“机会均等”是起点与程序公平，更多的不是结果相同。

区域公平关注的“机会均等”却是人们希望的机会的相等，更多的是一种结果公平。“平等主义的战斗口号在整个历史上声震寰宇，就是因为它反对的是不劳而获的各种特权。真正的挑战不是民主主义向英才主义提出的挑战，而是平等向特权提出的挑战。”① 所以在考试公平与区域公平的关系上如何保持平衡，这里有个方法论问题，即是在考试公平基础上来平衡区域公平，还是在区域公平基础上来平衡考试公平？

如果是在区域公平基础上来平衡考试公平，按照今天我国基础教育的分省管理政策，那就是各省市按照人口比例，确立招生人数。问题是各省市内部是不是还得如法炮制，直到把招生计划分到每一所中学呢？因为分省命题以后，很多边远地区的中学老师认为，命题的城市中学趋向，是一个隐形问题。果真如此，那结果就是择校问题矛盾缓解，人们转而会要求各学校教育资源的平等。

对于国家所属大学的招生，如果是在考试公平基础上来平衡区域公平，那就得依靠全国统一考试，或者说在目前各省市统一考试后把各省市的考试

---

① 王承绪主编，约翰·S·布鲁贝克：《高等教育哲学》，浙江教育出版社，1987年，第68页。

结果做等值调整，然后确立每个考生的实际分数，并按照各省市考生的实际分数，确立招生计划，并适当照顾弱势省市。果真如此，那学生择校问题，高考移民问题，依然会朝向能增加录取机会的地区。

就世界教育发展经验来看，精英教育与大众型教育分类发展，前者主要关注考试公平，注重严格的学术标准，后者同时关注考试公平和区域公平，主要解决人的受教育权问题，一般设有基本的入学标准①。

另外，高校对弱势群体单独招录，相对非弱势群体而言，本质上也就是适当降低录取标准，承认教育起点的巨大差异，以通过高考这一分层和分流途径，把他们导入主流社会，缓解社会的不公平或者说兼顾社会公平。对于残疾人来说，全纳教育固然重要，适当降低录取要求的“全纳高考”也有必要，这是我国已经实行的政策。不过，对于特别贫困的地区来说，适当降低录取标准的意义同样重要。我国是经济发展不平衡的国家，东部与西部、城市与乡村存在着巨大的发展差异，许多特困地区的高中几十年往往都没有考上一个大学生，当前教育机会不均更是加剧②，考试公平适当兼顾区域公平具有必要性。所幸的是，我国已经意识到这个问题且当前正在施行“一村一名大学生工程”。这方面，国家仍然需要在充分调查的基础上，制定短期、中期、长期的招生计划，分期分批地通过高校实施，渐进地改变特困地区因教育贫困导致的教育与经济贫困恶性循环的现实。

以美国经验看，尽管美国教育民主化取得的成绩有目共睹，学生想上大学，基本上都可以找到相应的院校。但对高选拔性或高选择性的大学而言，受制于较高录取标准和学费，劣势群体仍然很难进入。事实也表明，即使给他们优先权使他们进入这类高校（“肯定行动计划”），他们的学业成绩也不能令人满意。因此加强大学与中学的联系，从中小学阶段就改进他们的学业成绩，是未来的发展趋势。例如，1998 年 2 月克林顿公布了“上大学有希望”计划。该计划将拨款 1.4 亿美元，其目标是鼓励年轻人树立远大的目标，留在学校里并努力学习，然后上大学。该计划力图改善低收入社区中大学和中学的伙伴关系，五年内给 3000 所中学的 100 万名学生辅导、支持和

① 刘清华：《发达国家高校招生考试与学校教育关系的共同特征》，《考试研究》2004 年第 2 期。

② 《我国教育机会不均加剧》，http://www.sina.com.cn，《中国青年报》2003 年 2 月 22 日。

帮助。

当今我国的高考公平问题是历史的过程与产物，能否达到考试公平与区域公平的相对平衡，取决于法制的进程。不管是学术权力还是行政权力，都需要规则的制约，这是人性使然。学术权力的行使，不要忘记大学权力最终来自知识。行政权力的行使，不要忘记政府的权力最终来自广大劳动人民。在“决定高等教育为谁服务”时，老百姓最关心的是国家采取的措施，能否确保高等教育机会的公正，对这样有益的政府干预，就不必担什么心①。

三、素质观：认识能力与实践能力的兼顾

素质标准是获取大学入学机会的重要条件。人们对“素质”一词的理解共识，就是认为它是先天与后天的合金，是相对稳定的人的内在品质，包括生理、心理品质等，是人不断发展的基础。说一个人的素质很高，是依据人的行为表现而做出的评价。认识能力与实践能力是人的行为表现力量，是素质的外显特征。

认识能力，表现为一种认识世界、反映世界的观念活动能力，在学校教育中，它是人与文化特别是表现为科技文化知识的课程互动的结果。在教育心理学中，认识能力，包括智力技能和认知策略。当前的入学考试，主要测试的就是人的一般智力技能，一种运用符号办事的能力，是处理外部世界的能力，包括辨别、概念、规则、高级规则，如推理能力，运算能力，写作能力等，其核心是人的知识和推理规则。至于认知策略，主要是对内办事的能力，处理内部世界的能力，是自我控制与调解的能力；加涅认为它是学习者用以支配自己的心智加工过程的内部组织起来的技能，其核心是思维策略。认知策略既包括认知过程的注意策略、信息编码策略和信息提取策略，也包括思维过程的策略，如概念形成、创造性解决问题的策略，以及表现为个体对自己的认知过程和结果的意识的反省认知策略②。这是目前测试中一直被忽视的方面，也是创造性解决问题所需要的更为重要的能力。例如，笔试中我们常常要求学生给出答案，但是并不要求学生陈述其思考问题的过程与思维方法，这在很大程度上掩盖了学生真实的思维品质。只是凭借学生给出的

---

① 王承绪主编，约翰·S·布鲁贝克：《高等教育哲学》，浙江教育出版社，1987年，第69～70页。

② 邵瑞珍主编：《学与教的心理学》，华东师范大学出版社，1990年，第101页。

答案对他们的素质进行评价，同样的分数，有的学生可能只是调动了记忆能力和一定的理解能力，表现为考完后很快就忘记而并没有什么真正的能力。而有的学生则可能调动了诸多思维品质，但受程式化的要求给出最终答案的限制，并未表现出真正的潜力，然而，恰恰是这种能力，最终影响了人的发展水平。

实践能力，表现为一种利用世界、改造世界的物质活动能力。它是在真实情景下，在工作中形成的。实践能力的高低，除了和认识能力直接相关外，还和实际工作中的磨炼相关。缺乏真实情景下的大量练习，就只能是纸上谈兵。缺乏工作实践，做人文社会科学方面的应用研究就感觉特别困难。即使是在课堂中学习人文社会科学知识，老师如果没有大量的案例讲解，学习的迁移也很难发生，知识最终是外在于人的，如果知识是外在于老师的，那就更是影响一个人的实践能力。如果需要考核学生的实践能力，学校就要开设一定的活动课程或者社会实践课程，然后通过权威的、定性的评价给出学生的等级分数。单单依靠笔试，别说大规模考试，就是通过若干年大学的学习，也不可能解决实践能力缺乏的问题。

当前的教育特别强调培养人的创新素质与实践能力，不能有效地解决上述两种能力的测试，选择人才的结果可能大打折扣。“高分低能”的说法，说的正是具有一定的智力技能，而认知策略与实践能力缺乏的学生的表现。从学生素质上讲，高考改革要把握正确方向，关键是要认清目前学生素质的病状所在。依笔者拙见，这种弊端的主要表现就是上述认知策略和社会要求的某种动手与实践能力的缺乏。而要改善这种状况，势必要同时改革学校课程与测试内容及相应方法。否则就会出现社会指责的那种状况，即：中学生为应试而学而背的众多知识，一旦考完便即刻作废，既没有很好的内化为自身素质，更不能转化为生存能力与技能。高中毕业生不会写公文、不会记账、不懂公关礼仪，不能打理自己的生活。

世界上任何国家，应试一般都是检测教育目标的基本策略，也是升学的必然途径。应试教育正是反映了教育与考试的这种关系。古今中外的教育历史显示，否定这种关系例如取消考试，对人的发展是一种灾难。没有考试的检测，谁也不敢妄断一个人的素质发展水平如何，至于考试分数，它只是一种考试公平的社会制度安排，对于考试分数的责难，在大规模选拔性考试中也就是没有办法的办法。如果不用分数而改用等级，同样起着社会分层的作用。实际上，当今人们对考试的责难，正是对只有笔试而且是有一定问题的笔试的责难。而要从技术上解决这个问题并不是难事，难就难在社会发展、教育发展水平的不平衡而导致的地区差异太大，命题和答题要求以及学校的课程设置，都会面临诸多的公平性矛盾。因此，国家要真正解决这个问题，就需要真正采取精英教育和大众型教育分类发展的策略，对于精英教育，主要关注考试公平。

“综合评价”列入招生评价体系是人们的又一争议性诉求。笔试考分不再是唯一标准等，是否使高考的社会负面效应愈加凸现出来，高考录取是否将变成“权、钱、学”的交易所，确实是一个社会政治与文化问题。依笔者愚见，只要坚持精英教育与大众教育分类发展的策略，甚至其他一般大学招生规则要求，则完全可以实践，招生标准的责权在大学，这不是行政权力的问题。世界主要发达国家都在实践，儒家文化圈的国家或地区也在实践。比如：韩国教育人力资源部发布了《2008 年后大学录取制度改善试行方案》，意图从根本上改变当下韩国高校以高考成绩为主要衡量标准的录取方式，在以后的录取工作中，不再看考生高考具体分数，而是参考其高考成绩分类等级和日常成绩做出综合评定。但是高中生活纪录的成绩在很大程度上是由高中老师决定的，这其中难免掺杂他们的主观好恶，更何况一些思想层面的东西本就难以量化。即使这个成绩是客观公正的，每个高中的水平也是参差不齐，以在一所高中内的表现决定一个学生在全国大学录取中的位置有失公平。所以高校能否以及多大程度上采信这个成绩有待考察。

高考的科目设置问题，也是新课程改革后人们担心的问题。对于科目设置，首先必须解决的是政治论的问题，即现行的科目不管如何设置，在现有命题体制下，它一定是各省市所有大学对新生入学的基本学业水平检测，它只是大学的共性要求，而不是个性，那种给考生选择一科的做法，最多也只是一定程度反映了考生容易拿高分的优势学科与兴趣。真正的个性，一定是大学自己特殊的要求。只占大学招生总数 5%的大学自主招生实验，有人认为成本高、收效低，人才选拔的标准和手段尚不完善，诚信体系尚有待建立[①]。这里，实际上也是在说自主招考目前发挥的功能还很有限，不过其教育意义是深远的。所以一般都认为，通过大范围的统一考试组织形式特别是以前的国家统一考试，既节约了人力、物力、财力，也科学、公正、高效。当然，考虑到基础教育的分省管理体制，如今实行的是分省命题体制，目的

① 宗俊峰、王燕：《关于自主招生政策的思考》，《北京教育》（高教版）2005 年第 4 期。

是促进教育的多样化发展。不过，就大规模统一考试而言，它永远只能测试全国范围或省市范围的课程共性。所以有学者说，高考是国家组织的统一考试，需要的就是权威性、统一性，根本不需要满足“众口”，而恰恰要用高考指挥棒统一“众口”。事实上，没有统一“众口”，学生间如何比较呢？

还有一个政治论问题，是科目的难度以及与学生负担的关系问题，这是考试与人的发展问题。理论上，学生负担 P 的大小，取决于高考的客观压力 O 与学生个体的承受力 S 的比值，即 O/S=P。高考的客观压力，主要包含考试内容的广度、考试的难度、考试的方式、高考的影响力（高考的利害性或功能大小）等；学生的承受力，主要包含学生的身体、智力与非智力素质。显然，如果要减轻学生的负担，要么是减轻高考的客观压力 O，要么是增大学生的承受力 S。就客观压力 O 而言，我国的历史经验表明，考试内容的广度如高考科目的数量，一般要能反映中学核心的教学内容，在这个要求下科目数量可以增减；考试的难度，一是相对难度，常模参照考试决定这是由学生的群体水平决定的，它是一个“水涨船高”的过程。二是绝对难度，随着科技进步、教育发展，它在逐步增大，在教学大纲未变的情况下则有相对的稳定性；考试形式如单科与综合科、记分方式、考试次数等，可以考虑尽可能满足教育教学的需求；高考的影响力或利害性程度，因为目前的社会经济、文化、教育等现状，它直接影响到个人的就业、职位升迁与流动，影响到个人的受教育机会与水平，无疑这种高影响力的、高利害的考试，也就客观上使学生背负着非常大的压力。至于学生个体的承受力 S，历史的逻辑是，总体上学生的智力在提高，但身体、非智力心理素质则不一定同步，因此学生个体的负担大小不等。一般说来，智力水平很高、学习成绩很好的学生，如果身体、非智力心理素质很高，他的各种负担无疑相对较小；如果身体、非智力心理素质较差，则身心负担较大。对于智力水平较低、学习成绩位次靠后的学生而言，其学习负担无疑较重，但是如果其身体、心理素质很高，其身体、心理负担则很可能较低。可见，在科目设置问题上，我们不能减轻的是科目的相对难度，我们能够做的是减轻绝对难度，如不合理的科目、内容等其他压力，或者说是提高学生的承受能力。

高考的科目设置，还需要解决认识论的问题。前已述及，科目改革实质是知识内容改革，所以加强命题或评价方式改革才是真正的任务。当前的考试理论研究，往往重视制度与技术方面，对内容与评价方式研究不够，这实际上是忽视了真正的核心目标，即忽视了真正的质量标准，而这恰恰对中学教学质量起着全局性引导作用，对高校教学质量产生根本性的影响。在这种意义上，每一个学科专家都可以发表自己的见解，到底自己的学科领域，什么知识最有价值，应该测试什么。离开知识内容本身的价值与合法性去谈论什么信度、效度，必然是舍本逐末。道理十分简单，什么样的知识都可能区分学生，都可能有信度、效度。这就是为什么现在很多学者以“应试教育”为批评靶子，来指责教育脱离生活、脱离实践的根本原因。

科目测试，主要解决的是认识能力的问题。教育心理学中一般包含认知能力和认知策略，哲学上一般认为包含认知能力和评价能力①，这里的评价能力相当于认知策略中的反省性认知策略。按照知识论的分类，这种认知能力，可以包含人文知识、社会知识和自然知识方面的能力②。这些知识的广度，有课程大纲和考试大纲的要求，如果这些要求合理，考试是对教育目标的检测，新课程有新标准，还有什么可担心呢？

关于科目设置的合理性问题，受科学技术知识、社会政治、经济制度以及人的身心发展水平等全面影响。当前，很有争议的主要是政治与英语科目的测试问题。政治测试成绩与思想政治素质的相关性到底如何，不能妄加评论，按照观察，应该不是很高。否则，就会得出几亿人的政治素养不高的结论，道理很简单，若他们来参加测试未必都能得到高分。

至于外语科目的设置，不同的专业与职业要求可能不完全一致。当前有人建议可以降低难度，把它作为标准参照的水平考试。如果专业有特殊要求，大学可以自己规定。我们以为这是很有道理的，至少它不能与母语等量齐观，让每一个人都来面对英语考试的相对难度，这不符合语言应用要求，也不符合社会政治、经济制度的多样化人才需求，也不符合学生的身心发展水平，因为学生们没有如母语般地从生下来就有的语言使用环境。

还有一个高考成绩与道德水平相关性的问题。有的研究结论显示，按照一定的道德标准，如辨别善恶、是非、美丑的能力，正确认识自我与他人关系，对社会或集体的责任心、正义感，孝敬父母、尊敬师长之心，关心帮助同学、朋友的友情，生活中有道德荣辱感、羞耻心，较远大的社会理想和人生目标，勇于牺牲自我利益的意志，克服困难争取胜利的精神等方面，高成绩整体上与高道德水平相关，但低分数未必代表低道德水平③。如同政治科

---

① 江传月：《评价的认识本质和真理性》，中山大学出版社，2005 年，第 156 页。

② 石中英：《教育哲学导论》，北京师范大学出版社，2002 年，第 163～179 页。

③ 萧成勇，等：《学生高考成绩与道德品质的相关性研究》，《教育科学研究》2005 年第 3 期。

考试一样，果真与科目考试相关，那又会得出几亿人的道德素养不高的结论。看来，政治、外语的考试性质亟须变为标准参照的基本水平考试。不过可以肯定的是，全世界的学校教育都以知识教育包括自然、社会、人文知识教育为基础，关注认识能力与实践能力的提升。

以上权力观的探讨关系到政府的管理效率与水平，公平观的探讨关系到社会的政治稳定，素质观的探讨关系到考试与教育质量，最终是人的发展。高考制度不论如何变迁，其基本的价值理念最好是朝向有助于提升人的发展。

而形成科学的人才观任重而道远。德才兼备是中国社会传统人才观的精髓。孙中山领导的资产阶级革命派建立了中华民国以后，确立了崭新的人才观，即培养具有民主共和精神与健全人格的新型人才，确立了道德教育、世界观教育、实利主义教育、军国民教育和美感教育“五育”并举的教育方针。新中国成立后，提出了德、智、体等全面发展的综合素质人才观，当前更是突出了创新精神与实践能力的培养，鼓励学生的个性发展等要求。这需要很多部门的支持，高校对此也需要做出回应，力求用科学的人才观指导招生改革，在国家统一考试基础上，尽可能采用多元化的评价方式，选择与自身培养目标定位相符合的人才，同时对高校与中学的育才产生更积极的影响，实现深层次文化价值理念的引导，促进教育的全面发展与个性发展。

主要参考文献

一、著作部分

[1] 国家教委政策法规司法规处. 中华人民共和国教育法适用大全 [M]. 广州：广东教育出版社，1995.

[2] 教育部教育年鉴编纂委员会. 第二次教育年鉴（二）[M]. 北京：商务印书馆，1948.

[3] 稻盛和夫，梅原猛. 回归哲学——探求资本主义的新精神 [M]. 卞立强，译. 上海：学林出版社，1996.

[4] 中国教育年鉴：1949—1981 [M]. 北京：中国大百科全书出版社，1984.

[5] 教育大词典：增订本（上）[M]. 上海：上海教育出版社，1998.

[6] 邓小平文选：(1975—1982)[M]. 北京：人民出版社，1983.

[7] 邓小平文选：第3卷 [M]. 北京：人民出版社，1994.

[8] 邓小平文选：第2卷 [M]. 北京：人民出版社，1994.

[9] 潘懋元，刘海峰. 中国近代教育史资料汇编·高等教育 [M]. 上海：上海教育出版社，1993.

[10] 潘懋元. 潘懋元论高等教育 [M]. 福州：福建教育出版社，2000.

[11] 潘懋元. 新编高等教育学 [M]. 北京：北京师范大学出版社，1996.

[12] 杨学为. 中国考试改革研究 [M]. 北京：北京大学出版社，2001.

[13] 刘海峰. 科举考试的教育视角 [M]. 武汉：湖北教育出版社，1996.

[14] 刘海峰，等. 中国考试发展史 [M]. 武汉：华中师范大学出版社，2002.

[15] 廖平胜. 考试学 [M]. 武汉：华中师范大学出版社，1988.

[16] 贾非. 各国大学入学考试制度比较研究 [M]. 沈阳：辽宁教育出版

社，1990.
[17] 陈玉琨. 教育评价学 [M]. 北京：人民教育出版社，1999.
[18] 陈玉琨，等. 90 年代美国的基础教育 [M]. 桂林：广西师范大学出版社，1998.
[19] 吴世淑. 国外高等学校招生制度 [M]. 海口：南海出版公司，1992.
[20] 熊明安. 中华民国教育史 [M]. 重庆：重庆出版社，1997.
[21] 熊明安. 中国近现代教学改革史 [M]. 重庆：重庆出版社，1999.
[22] 袁仲孚. 今日美国高等教育 [M]. 上海：上海翻译出版公司，1988.
[23] 林宝山. 美国教育制度及改革动向 [M]. 台北：台湾五南图书出版公司，1991.
[24] 王廷芳. 美国高等教育史 [M]. 福州：福建教育出版社，1995.
[25] 顾明远，梁忠义. 世界教育大系——高等教育 [M]. 长春：吉林教育出版社，2000.
[26] 顾明远，梁忠义. 世界教育大系——美国教育 [M]. 长春：吉林教育出版社，2000.
[27] 韩家勋，孙玲. 中等教育考试比较研究 [M]. 北京：人民教育出版社，1999.
[28] 吴中仑. 当今美国教育概览 [M]. 郑州：河南教育出版社，1994.
[29] 叶澜，黄书光. 中国基础教育改革的文化使命 [M]. 武汉：教育科学出版社，2001.
[30] 陈志江. 当今日本教育概览 [M]. 郑州：河南教育出版社，1994.
[31] 埃德蒙金. 别国的学校和我们的学校——今日比较教育 [M]. 王承绪等，译. 北京：人民教育出版社，2001.
[32] 石井透. 战后日本教育的回顾与前瞻 [M]. 王符等，译. 广州：暨南大学出版社，1991.
[33] 朱永新，等. 当代日本教育改革 [M]. 太原：山西教育出版社，1992.
[34] 香山健一. 为了自由的教育改革 [M]. 刘晓民，译. 北京：高等教育出版社，1990.
[35] 李家永. 当今英国教育概览 [M]. 郑州：河南教育出版社，1994.
[36] 教育部国际合作与交流司. 世界 62 个国家教育概况 [M]. 北京：首都师范大学出版社，2001.
[37] 王承绪. 世界教育大系——英国教育 [M]. 长春：吉林教育出版

社，2000.
[38] 邢克超，李兴业．世界教育大系——法国教育［M］．长春：吉林教育出版社，2000.
[39] 梁晓华．当今法国教育概览［M］．郑州：河南教育出版社，1994.
[40] 顾明远，梁忠义，李其龙．世界教育大系——德国教育［M］．长春：吉林教育出版社，2000.
[41] 李昌芳，梁翠英．当今德国教育概览［M］．郑州：河南教育出版社，1994.
[42] 廖其发．新中国教育改革研究［M］．重庆：重庆出版社，1996.
[43] 廖大海．走向现代教育——减轻学生过重课业负担新探索［M］．北京：北京大学出版社，2000.
[44] 陈浩．中国高等教育改革潮走笔［M］．武汉：武汉大学出版社，1999.
[45] 汪继红．全国中小学校内及选拔考试现状与改革建议的综合调研报告［M］．武汉：湖北人民出版社，2001 (1)：235.
[46] 苗春德．宋代教育［M］．郑州：河南大学出版社，1992.
[47] 邓嗣禹．中国考试制度史［M］．南京：考选委员会印行，1936.
[48] 谢青，汤德用．中国考试制度史［M］．合肥：黄山书社，1995.
[49] 宋荐戈．中华近世通鉴——教育专卷［M］．北京：中国广播电视出版社，2000.
[50] 藤田英典．走出教育改革的误区［M］．张琼华，许敏，译．北京：人民教育出版社，2001.
[51] 罗伯特·蒙哥马利．考试的新探索［M］．黄鸣，译．南宁：广西人民出版社，1984.
[52] 大塚丰．现代中国高等教育的形成［M］．黄福涛，译．北京：北京师范大学出版社，1998.
[53] 亨利·罗索夫斯基．美国校园文化——学生　教授　管理［M］．谢宗仙，等译，济南：山东人民出版社，1996.
[54] 马克·伊克斯坦，等．迈向大学之路：各国的考试政策与实务［M］．陈坤田等，译．台北：台北心理出版社有限公司，1996.
[55] 王伟廉．高等教育学［M］．福州：福建教育出版社，1995.
[56] 霍益萍．法国教育督导制度［M］．北京：人民教育出版社，2000.
[57] 梁忠义．梁忠义日本教育文集［M］．长春：东北师范大学出版社，

2001.
[58] 徐辉. 英国教育史 [M]. 长春：吉林人民出版社，1993.
[59] 滕大春. 美国教育史 [M]. 北京：人民教育出版社，1994.
[60] 邓伟志. 中等教育 [M]. 长春：吉林教育出版社，2000.
[61] 黄光扬. 教育测量与评价 [M]. 上海：华东师范大学出版社，2002.
[62] 王汉澜. 教育评价学 [M]. 开封：河南大学出版社，1995.
[63] 张厚粲. 心理测验与考试：能力和行为表现的测量 [M]. 北京：中国轻工业出版社，2002.
[64] 张厚粲. 心理与教育测量——海峡两岸学术研讨会论文集 [M]. 杭州：浙江教育出版社，1997.
[65] 贾非. 考试制度研究 [M]. 成都：四川教育出版社，1995.
[66] 贾非. 考试与教学 [M]. 长春：吉林教育出版社，1994.
[67] 张宝昆. 大规模教育考试的社会控制功能研究 [M]. 昆明：云南大学出版社，1999.
[68] 葛大汇. 升学考试的问题与对策研究——对“应试教育”的剖析 [M]. 上海：华东师范大学出版社，2001.
[69]《符合素质教育要求的中小学校内考试理论和操作体系研究》课题组. 中小学素质教育考试的理论和方法 [M]. 武汉：华中师范大学出版社，2001.
[70] 顾明远，孟繁华. 国际教育新理念 [M]. 海口：海南出版社，2001.
[71] 刘昕，马世晔，胡平. 中国考试史专题论文集 [M]. 北京：高等教育出版社，1999.
[72] 伯顿·克拉克，等. 高等教育新论——多学科的研究 [M]. 王承绪等，编译. 杭州：浙江教育出版社，1988.
[73] 谢作栩. 中国高等教育大众化发展道路的研究 [M]. 福州：福建教育出版社，2001.
[74] 邵瑞珍. 学与教的心理学 [M]. 上海：华东师范大学出版社，1990.
[75] 王新霞. 中国教育面临的紧要问题 [M]. 北京：经济日报出版社，2002.
[76] 国家教委考试管理中心. 第三届全国普通高等学校招生考试改革科研讨论会论文选编（考试部分）[M]. 高等教育出版社，1989.
[77] 国家教委考试中心. 第四届全国教育考试科研讨论会论文选编 [M]. 北京：中国和平出版社，1993.

[78] 国家教委考试中心. 第五届全国教育考试科研讨论会论文集 [M]. 北京: 高等教育出版社, 1997.
[79] 刘晋伦. 能力与能力培养 [M]. 济南: 山东教育出版社, 2001.
[80] 陈屹. 诱惑与困惑 [M]. 北京: 中国社会出版社, 2001.
[81] 艾萨克·康德尔. 教育的新时代——比较研究 [M]. 王承绪等, 译. 北京: 人民教育出版社, 2001.
[82] 克拉克·克尔. 高等教育不能回避历史——21 世纪的问题 [M]. 王承绪, 译. 杭州: 浙江教育出版社, 2001.
[83] P. 布尔迪厄. 国家精英——名牌大学与群体精神 [M]. 杨亚平, 译. 北京: 商务印书馆, 2004.
[84] 詹姆斯·杜德达斯. 21 世纪的大学 [M]. 刘彤, 主译. 北京: 北京大学出版社, 2005.
[85] Dan E Inbar, 等. 教育政策基础 [M]. 史明洁, 等译. 北京: 教育科学出版社, 2003.
[86] 江传月. 评价的认识本质和真理性 [M]. 广州: 中山大学出版社, 2005.
[87] 石中英. 教育哲学导论 [M]. 北京: 北京师范大学出版社, 2002.
[88] 佐佐木享. 大学入学制度 [M]. 东京: 大月书店, 1984.
[89] 祝怀新. 英国基础教育 [M]. 广州: 广东教育出版社, 2003.

二、论文部分

[1] 潘懋元. 试论素质教育 [J]. 教育评论, 1997 (5): 6-8.
[2] 潘懋元. 我对招生考试的基本看法 [J]. 湖北招生考试, 2002 (2): 4.
[3] 顾明远. 又该呐喊“救救孩子”了 [J]. 中国教育学刊, 2005 (9): 1-3.
[4] 杨学为. 高考四十年 [J]. 中国考试, 1997 (2): 5-9.
[5] 杨学为. 莫把高考当作单纯的“智育” [J]. 求实, 1996 (22): 32.
[6] 马金科. 高考能力考查的研究与实践 [J]. 高等教育研究, 2000 (3): 32-35.
[7] 廖平胜. 论高考中送才与选才的衔接 [J]. 华中师院学报, 1984 (1): 73-79.
[8] 刘海峰. 传统文化与高校招生考试改革 [J]. 上海高教研究, 1995

(3)：41-44.
[9] 刘海峰. 再论传统文化与高考改革 [J]. 上海高教研究，1996 (1)：42-45.
[10] 刘海峰. 高考改革中的两难问题 [J]. 高等教育研究，2000 (3)：36-38.
[11] 刘海峰. 高考改革中的全局观 [J]. 教育研究，2002 (2)：21-25。
[12] 刘海峰. 高考与录取制度改革的教育与社会视角 [J]. 中国教师，2004 (2)：12-15.
[13] 刘海峰. 高考改革公平为首还是效率优先 [J]. 高等教育研究，2011 (5)：1-6.
[14] 刘海峰. 科举制对西方考试制度影响新探 [J]. 中国社会科学，2001 (5)：188-202.
[15] 刘海峰. 科举存废与高考存废 [J]. 高等教育研究，2000 (2)：39-42.
[16] 刘海峰，李立峰. 高考改革与政治经济的关系 [J]. 教育发展研究，2002 (6)：34-38.
[17] 刘海峰. 高考竞争的本质与现象 [J]. 高等教育研究，2006 (12)：27-31.
[18] 郑若玲. 高考竞争与科目改革 [J]. 高等教育研究，2000 (4)：41-44.
[19] 郑若玲. 高考对社会流动的影响——以厦门大学为个案 [J]. 教育研究，2007 (3)：46-50.
[20] 郑若玲. 考试公平与区域公平：高考录取中的两难选择 [J]. 高等教育研究，2001 (6)：53-57.
[21] 郑若玲. 高考公平的忧思与求索 [J]. 北京大学教育评论，2010 (2)：14-29.
[22] 郑若玲. 我们能从美国高校招生制度借鉴什么 [J]. 东南学术，2007 (3)：156-160.
[23] 郑若玲，陈斌. 高校招生综合评价录取改革的困境与出路 [J]. 高等教育研究，2014 (10)：11-15.
[24] 郑若玲. 自主招生公平问题探析 [J]. 中国地质大学学报（社会科学版），2010 (6)：49-54.
[25] 张亚群. 高校自主招生改革：动因、问题与对策 [J]. 北京大学教育

评论，2010 (2)：30-42.

[26] 张亚群. 高校自主招生的价值取向与选拔机制 [J]. 中国高等教育，2013 (24)：35-37.

[27] 张亚群. 燕京大学自主招生的特点及其借鉴意义 [J]. 高等教育研究，2013 (4)：90-98.

[28] 张亚群：科举评价：标准、视野与影响，中国地质大学学报（社会科学版)，2005 (5)：2-6.

[29] 张亚群. 人才选拔制度的历史转折——高考恢复 30 年省思 [J]. 东南学术，2007 (4)：11-15.

[30] 张亚群. 清末奖励科名考试的实施与变革 [J]. 高等教育研究，2003 (2)：90-95.

[31] 刘清华. 美国大学先修课程 60 年：问题、改革及评价 [J]. 外国教育研究，2015 (10)：3-14.

[32] 刘清华. 从科举兴废看考试招生制度改革的方向 [J]. 国家教育行政学院学报，2015 (2)：60-65.

[33] 刘清华. 美国大学先修课程 60 年：卓越与公平的互动 [J]. 高等教育研究，2014 (11)：102-109.

[34] 刘清华. 加强选才能力建设实施大学综合素质评价 [J]. 中国高等教育，2013 (10)：42-44.

[35] 田建荣. 高考形式的统一性与多样化 [J]. 高等教育研究，2000 (4)：45-48.

[36] 周作宇. 教育、社会分层与社会流动 [J]. 北京师范大学学报 2001 (5)：85-91.

[37] 冯增峻. 全国统一高考制度与中华民族创新精神 [J]. 华东师范大学学报（教育科学版)，2001 (12)：26-31.

[38] 胡中锋，董标，李方. 我国高考的回顾与反思——兼论构想“新高考制度”的出发点 [J]. 江西教育科研，1997 (4)：62-67.

[39] 胡中锋，董标. 高考科目改革新走向 [J]. 瞭望新闻周刊，1999 (26)：48-50.

[40] 董标，胡中锋. 应试教育的辩护——评价新时期十七年基础教育发展的基本原则 [J]. 海南师院学报，1997 (3)：40-42.

[41] 董标，胡中锋. 高考模式变换：问题与影响 [J]. 课程教材教法，2000 (11)：41-44.

[42] 韩广才，符永宏，兰登明. 我国现行高考招生制度的问题透视 [J]. 江苏理工大学学报（社会科学版），2000 (3)：54-56.
[43] 张建仁. 试论明代教育管理的特点 [J]. 华东师范大学学报（教育科学版），1992 (1)：55-62.
[44] 李立峰. 教育公正视野中的高考录取制度改革——兼论考试公平与区域公平之争 [J]. 湖北社会科学，2007 (9)：156-158.
[45] 罗立祝. 高校招生考试制度对城乡子女高等教育入学机会差异的影响 [J]. 高等教育研究，2011 (1)：32-41。
[46] 高耀明. 民国时期高校招生制度述略 [J]. 高等师范教育研究，1997 (4)：69-74.
[47] 教育部公布专门学校大学校中学校招生办法训令 [J]. 教育杂志. 1919，11 (3)：11.
[48] 朱师逖. 大学统一招生能代替中学毕业会考吗 [J]. 教与学月刊，1940，5 (4)：1.
[49] 毕业会考问题研究专号 [J]. 教育杂志，1936，26 (4)：20-25.
[50] 樊本富. 我国高校自主招生的制度选择 [J]. 教育科学，2009 (2)：50-53.
[51] 杨学为. 广西今年的高考改革——暨纪念全国统考五十周年 [N]. 中国教育报，2002-5-17.
[52] 瞿振元. 深化改革依法治招 [N]. 中国教育报，2001-12-5 (5).
[53] 朱文琴. 为何对保送生一压二严 [N]. 光明日报，2001-03-08 (C1).
[54] 钱钟. 关于高考改革的若干思考 [N]. 光明日报，2002-01-22 (A3).
[55] 戴海崎. 等值误差理论与我国高考等值的误差控制 [J]. 江西师范大学学报（哲学社会科学版），1999 (1)：29-35.
[56] 罗永泰，李小妹. 高考入学成绩对后续课程影响的统计分析 [J]. 数理统计与管理，1996 (3)：14-16.
[57] 钱钟，吴祖俭. 高考成绩与发展潜力的相关性研究 [J]. 江苏高教，2002 (3)：39-41.
[58] 别学君，李祖超. 大学成绩与高考成绩相关关系的统计分析 [J]. 建材高教理论与实践，1997 (4)：49-52.
[59] 吴苾雯. 他们为什么“逃离”大学 [J]. 书摘，2002 (6)：41-44.
[60] 王策三. 保证基础教育健康成长——关于由“应试教育”向素质教育转轨提法的讨论 [J]. 北京师范大学学报，2001 (5)：59-84.

[61] 李鸣. 素质教育与应试教育不应对立——访清华大学教授、中国青少年发展基金会副主任秦晖 [N]. 人民政协报，2001-02-13 (006).

[62] 钱民辉. 教育处在危机中，变革势在必行——兼论“应试教育”的危害及潜在的负面影响 [J]. 清华大学教育研究，2000 (4)：40-48.

[63] 任建胜. 素质教育与考试 [J]. 教育研究，1998 (7)：64-68.

[64] 臧铁军. 21 世纪高中毕业会考的使命与任务 [J]. 教育研究，2000 (9)：41-43.

[65] 葛大汇. 升学考试面临的问题——上海高考、中考问题调查研究报告之一（摘要）[J]. 中小学管理，2000 (6)：15-17.

[66] 陈时见. 美国大学录取新生的标准及特点 [J]. 广西高教研究，1995 (2)：87-89.

[67] 胡庆芳. 决不让一个高中生掉队——美国高中课程改革研究 [J]. 全球教育展望，2002 (3)：32-37.

[68] 王玉衡. 美国标准化测验的问题与质疑 [J]. 比较教育研究，2002 (9)：18-22.

[69] 李亚东，田凌晖. 多元智能理论关照下的学生评估 [J]. 全球教育展望，2002 (9)：27-30.

[70] 张宜年，史亚杰，张德伟. 日本大学招生考试制度的多样化 [J]. 外国教育研究，2002 (6)：43-46.

[71] 李其龙. 让每一个学生的特长得到充分发展——德国普通高中阶段课程研究 [J]. 全球教育展望，2002 (3)：18-21.

[72] 霍力岩. 多元智力理论及其对我们的启示 [J]. 教育研究，2000 (9)：71-76.

[73] 易慧清. 正本清源：保持教育目的本色——兼谈素质教育回归问题 [J]. 东北师范大学学报，1996 (5)：93-98.

[74] 廖平胜. 论高考制度与学校教育的关系 [J]. 华中师范大学学报（哲社版），1987 (6)：105-111.

[75] 萧成勇，朱引芳. 学生高考成绩与道德品质的相关性研究 [J]. 教育科学研究，2005 (3)：41-44.

[76] 宗俊峰，王燕. 关于自主招生政策的思考 [J]. 北京教育（高教版），2005 (4)：40-42.

[77] 钱钟，陈东. 从高考改革走向招录改革 [J]. 考试研究，2006 (1)：33-43.

[78] 周大平. 关注高校自主录取的新政策 [J]. 河南教育，2003 (10)：8-9.

[79] 蒋后强. 高等学校自主权及其限度 [J]. 高等教育研究，2006 (2)：57-61.

[80] 张继明. 从高等教育大众化角度审视高校自主招生 [J]. 湖北招生考试，2005 (8)：68-72.

[81] 朱永新. 关于文理分科的思考 [J]. 民主，2005 (8)：17.

[82] 王凯. 英国学生评价现状及发展趋势研究 [J]. 全球教育展望，2002 (10)：67-70.

[83] 张文军. 英国 14～19 岁学校教育评价制度改革轨迹及趋势 [J]. 教育发展研究，2004 (3)：30-32.

[84] 徐树成、鲁樱樱. 英国 GCSE 考试制度的特色及其对我国会考制度改革的借鉴意义 [J]. 河西学院学报，2003 (3)：100-103.

[85] 徐火辉，曹亦薇. 英国统考模式及相关课程剖析 [J]. 比较教育研究，2003 (1)：58-62.

[86] 汪继红. 学校教育考试究竟试什么 [J]. 湖北招生考试，2005 (2)：40-43.

[87] 孙复初. 应试教育的危害、风源、及其治理思路 [J]. 湖北招生考试，2006 (4)：33-37.

[88] 孙东东. 走出高考认识误区，推进高考实质性改革 [J]. 湖北招生考试，2004 (10)：4-9.

[89] 唐滢. 超越自我追求卓越——美国新 SAT 介述 [J]. 湖北招生考试，2005 (2)：61-64.

后　记

本书原是我参与刘海峰教授主持的教育部哲学社会科学研究重大攻关项目（03JZD0038）的研究成果，2007 年 10 月由华中师范大学出版社首次出版，这次修订再版，包含了我 2007 年以来在南开大学高等教育研究所持续研究这一领域的部分最新成果共计 11 万余字。2008—2012 年我先后承担了天津教育招生考试院委托的多项教育部重点课题研究，2013 年我主持了教育部人文社科基金课题“美国 AP 课程制度研究”，2014 年我主持了国家社科基金课题“学校利益相关者视角下实施高考新方案的教育功效研究”等。本书名为《高考与教育教学的关系研究》，其中的“高考”、“教育”两个关键词，是我能有机会上大学的重要原因。我 1989 年参加高考，那年全国高考平均录取率大约为 23%，而对于家乡重庆市奉节县高中学生的高考而言，是远低于全国的高考录取率，很多同学在预考以后就失去了参加正式高考的机会。所以每每听闻文人墨客激情赞美家乡瞿塘峡的险峻之美时，我知道这其实是交通的不便，生活的艰辛，教育的落后，顿时也就体会到统一高考制度对于弱势考生的最大好处，的确是“反求诸已”，是相对的“公平竞争”。

高考与教育有内在的社会联系。随着我国高等教育大众化的快速推进，“高考”、“教育”在家乡有了新的变化，高中生考上大学已不是很难的事情。没有根本变化的，是高考与教育的内在联系，高考选才的竞争规律、指挥棒规律、双刃剑规律，始终对教育发挥着很大的作用。中国古代近 1300 年的科举教育，民国时期的分数主义教育，新中国建立以来出现的应试教育，乃至于美国的多样化教育，欧洲国家的分流教育，日本的偏差值教育，高考与教育的这种内在联系同样如此。只是，社会政治经济、文化环境越宽松，教育资源特别是优质教育资源越丰富，教师群体的水平越高，高中教育的指挥棒调整起来则相对更容易，科学选才与公平选才的目标更容易实现。不过，科学调整高中教育的指挥棒，公平调节高考竞争的机会，政策上需要依赖政府主管部门的顶层制度设计，需要做大高等教育资源特别是优质高等教育资源这个“蛋糕”，需要依赖大学招生、中学教育、考试命题机构的共同努力。高考制度是高中教育与高等教育的衔接机制，美国大学先修课程 60 年的实践表明，要改革高考制度必须依赖高中与高校这两个主体的长期紧密合作。

高考改革需要科研先行。重视研究是美英国家产生世界一流考试机构并敢于把考试推向世界各国的内在原因。我国考试机构重视考试研究，曾经是教育部考试中心杨学为主任领导下开创的传统，很大程度上是他倡导并推动了我国的高考制度研究特别是考试历史研究。高考制度是每个老百姓都能评点几句的制度，是事关每个读书人社会流动的教育制度，是事关每个学子获取高等教育机会的利益分配制度，是近年来“两会”教育代表频频热议的难点和热点问题。即使 2014 年国务院颁发了《关于深化考试招生制度改革的实施意见》，教育部出台了《关于加强和改进普通高中学生综合素质评价的意见》等若干高考改革的配套文件，这个话题也远未结束。好的高考政策出台需要依赖大量研究者持续而扎实的理论研究，需要学者们有长期甘坐冷板凳的学术精神。在中国的学术环境下，尽管每个读书人都经历过大大小小无数次考试，但考试招生制度改革方面的教育社会学研究、管理学研究抑或是测量学研究，在国内绝大多数高校或许都不会被认为是主流的学术，甚至在国内已公开发行的 5～6 本专业性学术期刊中尚没有一本所谓的 SSCI 核心期刊，但它们在中西方国家层面都是涉及社会公平与效率的重要学术。

高考研究需要理论与实践结合。本书的出版和再版，要特别感恩厦门大学首创“科举学”的刘海峰导师，博士学习期间他常用“学问之根苦，学问之果甜”激励我们，用“有几分证据说几分话”教诲我们，用“古今中外”的学术视野启迪我们。感恩高等教育学创始人潘懋元先生，他常用“要做学问先做人”、“治学先治史”、“敢为天下先”等学术准则引导我们。还有博士学习期间王伟廉教授的课程论思想，邬大光教授的西方高等教育管理思想，周末老师们举办的学术沙龙，定期的学术会议，以及融东西方哲学、经济学、人类学等的厦大博士生“政治”课程等，它们是深深根植于我们心灵深处的精神财富，牵引并激励着我们的学术研究。高考制度的实践性太强，高考研究需要以实践为依托，从而得以在研究高考制度时心中有个实践，有个高考改革的全局观。在此，还要特别感谢原南开大学招生办赵桂敏主任，给我很多参与自主招生实践工作的机会。感谢北京大学考试研究院院长、原北京大学招生办秦春华主任，给我很多参与高校招生综合评价制度改革和大学先修课程建设研讨的机会。感谢原天津教育招生考试院乔丽娟院长、岳伟副院长、李战伦处长，给我参与天津市高考改革方案研制的机会。感谢现任天津教育招生考试院秦贤宝副院长以及《考试研究》编辑部葛鸿贵主任，给我参与刊物审稿校稿的学习机会。我从重庆到长春到厦门的求学经历，从重庆到福州到天津的工作经历，从中学教学到高校管理再到高校教学与研究的岗位经历，从国内调研到国外研讨考察的研究经历，让我深深体悟到无论中外国家，老百姓的人性皆是相似的，而包括高校在内的社会正式与非正式制度环境是差异较大的；任何社会要求的德智体美全面发展都是相对的素质要求，而适合个体的智能优势发展才是绝对的生存发展素质要求；任何社会都渴求人人公平竞争的制度环境，但竞争胜出者几乎都是通过个人努力打拼和其所拥有的社会资本、经济资本和文化资本综合决定的。这也是高考改革面对的真实实践。

拙著付梓还要感谢华中师范大学出版社的老师们，他们对书稿进行了非常细致的修改，提出了十分中肯的意见。所有这些，必将为我将来的研究工作，奠定更好的基础。学然后知不足，敬请各位专家、读者批评指正。

刘清华

2016 年 3 月于南开大学周恩来政府学院